O INTERESSE PÚBLICO SOB A CRÍTICA DA TEORIA CRÍTICA

CONTRACORREN

LUASSES GONÇALVES DOS SANTOS

O INTERESSE PÚBLICO SOB A CRÍTICA DA TEORIA CRÍTICA

São Paulo

2021

CONTRACORRENTE

Copyright © EDITORA CONTRACORRENTE

Alameda Itu, 852 | 1º andar
CEP 01421 002
www.loja-editoracontracorrente.com.br
contato@editoracontracorrente.com.br

Editores

Camila Almeida Janela Valim
Gustavo Marinho de Carvalho
Rafael Valim

Equipe editorial

Coordenação de projeto: Juliana Daglio
Revisão: Carla Carreiro
Revisão técnica: Lisliane Pereira
Diagramação: Denise Dearo
Capa: Maikon Nery

Equipe de apoio

Fabiana Celli
Carla Vasconcelos
Fenando Pereira
Lais do Vale

Dados Internacionais de Catalogação na Publicação (CIP)
(Câmara Brasileira do Livro, SP, Brasil)

Santos, Luasses Gonçalves Dos
    O Interesse público sob a crítica da teoria crítica / Luasses Gonçalves Dos Santos. -- 1. ed. -- São Paulo : Editora Contracorrente, 2021.

    ISBN 978-65-88470-39-8

    1. Direito 2. Direito administrativo 3. Interesse público (Direito administrativo) 4. Teoria crítica I. Título.

21-60662   CDU-35(81)

Índices para catálogo sistemático:

1. Brasil : Direito administrativo 35(81)

Aline Graziele Benitez - Bibliotecária - CRB-1/3129

@ @editoracontracorrente
f Editora Contracorrente
🐦 @ContraEditora

Ó Catirino, menino
Pombo que escapa ao morcego
Naquele ponto elevado
Seu sangue quer preservar
Ó Catirino inquilino
Sossega lá no Sossego
Morro dos mais sossegados
Onde ele veio morar
Tô quieto, sossegado
Eu não vou mais trabalhar
Nasci pra ser humilhado
É mais negócio deitar
Vou deitar até rolar
E sonhar pra melhorar
Ninguém vai me escravizar
Sou dono e não empregado
Tenho a vida pra gastar
Não gasto, nem sou gastado
Vou me economizar
Não vou ser esvaziado
Pro meu patrão engordar
Homem não consome o Homem

(Candeia e Arthur Poerner, *Morro do Sossego* – samba censurado
pela Ditadura Militar em 1971 por "*incentivar a luta de classes*")

Se o operário soubesse
Reconhecer o valor que tem seu dia
Por certo que valeria
Duas vezes mais o seu salário
Mas como não quer reconhecer
É ele escravo sem ser
De qualquer usurário
Abafa-se a voz do oprimido
Com a dor e o gemido
Não se pode desabafar
Trabalho feito por minha mão
Só encontrei a exploração
Em todo lugar

(Cartola, Nelson Sargento e Alfredo Português – *Samba do Operário*)

Para Izaltina e Ananias.
Para Ana e Benjamim.
Para Marinalva e João Benjamim.
Para Etienne.

Agradecimentos a Angela Cássia Costaldello, Romeu Felipe Bacellar Filho, Clèmerson Merlin Clève, Tatyana Scheila Friedrich, Celso Ludwig, Carlos Frederico Marés, Gilberto Bercovici, Ricardo Marcelo Fonseca, Adriana da Costa Ricardo Schier e Manoel Caetano Ferreira Filho, mestres e professores fundamentais para minha formação acadêmica e de vida.

SUMÁRIO

PREFÁCIO

Ao mesmo tempo em que as Constituições do século XX incorporaram os conflitos sociais e econômicos e buscaram se remodelar conjuntamente com as mudanças estruturais sofridas pelo Estado, o Direito Administrativo continuou preso aos mesmos moldes liberais do século XIX, entendendo o Estado como um inimigo. Nestes termos, inspirados na cisão Estado e sociedade (=mercado), a única tarefa do Direito Administrativo é a defesa do indivíduo contra o Estado. Esta dificuldade de atualização do Direito Administrativo é marcada pela célebre frase de Otto Mayer: "O Direito Constitucional passa, o Direito Administrativo permanece".[1] Não por acaso, o Direito Administrativo é um dos campos jurídicos que mais tem recebido propostas de modernização ou mudança, em geral no sentido de sua redução ou flexibilização, visando diminuir a capacidade de atuação do Estado em favor de poderosos interesses econômicos.

O centro de todo debate do Direito Administrativo está na concepção de interesse público. Preservar e agir de acordo com o interesse público é o dever fundamental da Administração Pública. O interesse público é indisponível por parte da Administração Pública, fundamentando o *"dever da boa administração"*: o administrador público deve atuar e esta atuação deve ocorrer em uma determinada direção, expressa nas diretrizes e princípios constitucionais. Mesmo os autores que recentemente vêm defendendo a "relativização" ou mesmo o fim da supremacia do interesse público sobre os interesses privados[2] concordam que é

---

[1] *"Verfassungsrecht vergeht, Verwaltungsrecht besteht"*.

[2] Vide, por todos, HÄBERLE, Peter. *Öffentliches Interesse als juristisches Problem*: Eine

dever do Estado e da Administração Pública a proteção aos direitos fundamentais e o respeito à Constituição.[3]

Qualquer análise crítica que se queira fazer sobre o Direito Administrativo, portanto, não pode deixar de partir da concepção de interesse público. Esse desafio foi o que Luasses Gonçalves dos Santos enfrentou ao elaborar a tese de doutorado defendida com maestria na Universidade Federal do Paraná, sob a firme e serena orientação da Professora Angela Cassia Costaldello, e de cuja banca examinadora tive a honra de participar.

Luasses propõe a investigação do princípio da supremacia do interesse público sob a perspectiva da Teoria Crítica, buscando demonstrar suas possibilidades, mas também os seus limites. Não se trata de um trabalho que tem por objetivo a substituição do interesse público pelos interesses privados, como tantos que preenchem as prateleiras das livrarias jurídicas nos últimos anos. Pelo contrário, o presente livro tenta reconstruir a concepção de interesse público para, a partir dela, buscar uma via alternativa, progressista e emancipatória. Trata-se de uma reflexão destinada a reconfigurar os alicerces do Direito Administrativo em bases inteiramente novas.

Este livro demonstra como é cada vez mais urgente e necessária a construção de um Direito Administrativo que antes de servir aos mercados ou aos interesses econômicos privados, seja efetivamente democrático e um instrumento a serviço da emancipação social.

São Paulo, junho de 2020.

Gilberto Bercovici

Professor Titular de Direito Econômico e Economia Política da Faculdade de Direito da Universidade de São Paulo. Professor do Programa de Pós-Graduação em Direito Político e Econômico da Universidade Presbiteriana Mackenzie. Professor do Programa de Mestrado em Direito da Universidade Nove de Julho.

Analyse von Gesetzgebung und Rechtsprechung, 2ª ed. Berlin, Berliner Wissenschafts Verlag, 2006, pp. 52/53, 60-70 e 525-552.

[3] HÄBERLE, Peter. *Öffentliches Interesse als juristisches Problem:* Eine Analyse von Gesetzgebung und Rechtsprechung, 2ª ed. Berlin, Berliner Wissenschafts Verlag, 2006, pp. 351-359.

APRESENTAÇÃO

Dentre tantos temas consolidados e estruturados com uma mesma matriz por décadas, o interesse público, é um dos que se destaca e que, neste livro do Luasses Gonçalves dos Santos, intitulado "*O interesse público sob a crítica da teoria crítica*", resultado da sua tese de doutoramento junto à Faculdade de Direito da Universidade Federal do Paraná, recebe tratamento inovador.

Muitos são os textos e as reflexões a respeito do tema, no Brasil e no estrangeiro, em especial no século XX e início desta quadra de século. No entanto, a incursão nas investigações filosóficas e teóricas, acompanhadas do percurso histórico, desde o século XIX, demonstram a possibilidade de uma construção diversa, cujas repercussões no Direito Administrativo contemporâneo denotam que o assunto é infindável e sempre aberto a constantes compreensões.

O conteúdo do livro, sem dúvida, é fruto de um amplo estudo, cuja rica pesquisa é orientativa para outros ramos do Direito por se fincar em lições de Filosofia e Teoria Geral do Direito. Adiciona-se ainda que a linha de elaboração seguida é fundamentalmente marxista e crítica, assentada na dialética e em suas variações, implicando em uma apreciação original sobre este polêmico e multifário instituto do interesse público. Portanto, a obra não se restringe ao Direito Administrativo, não obstante este seja o seu ponto de partida.

Com este livro, Luasses Gonçalves dos Santos preenche uma lacuna reflexiva sob um viés incomum a respeito do interesse público, até então quase intocado pela doutrina nacional e pela teoria crítica, com a densidade e apoio de fontes essenciais.

Por essa e outras tantas razões que o leitor poderá, por si, concluir que é obra indispensável para quem busca horizontes elastecidos sobre um dos pilares do Direito Administrativo e do Direito Público.

Curitiba, janeiro de 2021.

Angela Cassia Costaldello
Professora Titular de Direito Administrativo da Faculdade de Direito da UFPR.

BREVE NOTA SOBRE O CONTEXTO DE ELABORAÇÃO DESTE LIVRO

Este livro é o resultado do término do meu ciclo acadêmico formativo. Trata-se do trabalho de conclusão do doutoramento em Direito realizado perante a Universidade Federal do Paraná, cuja orientação foi inicialmente realizada pelo professor titular Dr. Clèmerson Merlin Clève, até sua aposentadoria, sendo assumida até o respectivo encerramento pela professora titular Dra. Angela Cássia Costaldello. Se o primeiro estágio da minha formação se deu na Pontifícia Universidade Católica do Paraná, onde me graduei em Direito, foi na UFPR que iniciei e concluí a maturação da minha formação como pesquisador, adquirindo os instrumentos necessários para desenvolver a carreira docente, frequentando os cursos de mestrado e doutorado do programa de pós-graduação em Direito.

Tenho orgulho em afirmar que minha formação foi concluída em uma das principais universidades do país, que conta com um programa de pós-graduação em Direito com reconhecimento nacional e internacional, não apenas em relação à qualidade da pesquisa ali desenvolvida, mas também pela orientação crítica da base curricular e do corpo docente. Festejo a universidade pública, gratuita e de qualidade, cuja preocupação central é a melhoria das condições de vida das pessoas a partir da ciência, pesquisa e extensão.

Como toda tese de doutoramento, o processo de construção foi árduo e longo, às custas de muito suor e dedicação, mas, também, com a alegria de realizar uma pesquisa de cunho crítico e emancipatório.

No início, queria "abraçar o mundo" e realizar a revolução. Limites, contradições e equívocos foram objetiva e cirurgicamente observados por uma exigente banca de qualificação de tese, composta pelos professores Celso Ludwig, Clèmerson Merlin Clève e Gilberto Bercovici. O necessário recomeço foi, na verdade, a possibilidade de reavaliar os rumos da crítica que se pretendia fazer à dogmática do Direito Administrativo, sobretudo em relação à ausência de concretude, totalidade e historicidade de institutos e conceitos consagrados pela doutrina administrativista.

Havia uma certeza: o incômodo com o aspecto especulativo e essencialmente abstrato da categoria interesse público. Foram necessários ajustes metodológicos e intensa pesquisa em referenciais teóricos não inseridos na primeira etapa da pesquisa. O resultado foi uma tese de doutoramento que adota o método da teoria crítica, com o intuito de contribuir para que o Direito Administrativo possa assumir um caráter mais progressista e emancipatório, a partir de uma clara opção ética pelas pessoas que efetivamente dependem do Estado para a melhoria das suas condições de vida.

Passados mais de dois anos desde a banca de defesa[4] e aprovação da tese, enfim chegou o momento e a oportunidade de torná-la em livro. Decidi manter o texto original da pesquisa, com algumas poucas alterações em termos de linguagem, primeiro para fins de registro histórico do marco de conclusão de uma importantíssima etapa da minha vida acadêmica; segundo, com o objetivo de oferecer ao leitor a possibilidade de acessar e avaliar (por que não?) o conteúdo da tese de doutoramento, com suas qualidades e defeitos devidamente registrados pela banca de avaliação.

---

[4] A banca foi formada pelos seguintes professores: Angela Cassia Costaldello (orientadora); Gilberto Bercovici; Adriana da Costa Ricardo Schier. Francisco Cardozo Oliveira; e Celso Luiz Ludwig.

Significa que este livro representa a integralidade do trabalho de conclusão do doutorado em Direito na UFPR. Logo, limites, equívocos, acertos, incompletudes são resultado desse peculiar processo de formação e amadurecimento de minha condição de pesquisador. Manter o texto como defendido perante a banca de avaliação é, em alguma medida, uma tentativa de compartilhar com os leitores a minha experiência e, não menos importante, de submeter ao crivo da comunidade acadêmica as análises críticas, provocações e proposições que integram a tese.

Com esse breve e necessário alerta, desejo uma excelente e crítica leitura.

INTRODUÇÃO

Esta obra é fruto de um incômodo, um desconforto que gerava aflição (e ainda aflige) desde os bancos acadêmicos da graduação em Direito, quando tive contato com as disciplinas dogmáticas vinculadas ao Direito Público, mormente com o Direito Administrativo.

O Direito Administrativo, por se constituir em uma das vertentes dogmáticas mais próxima do "poder" instituído, despertou imediato interesse, na medida em que "falava" da organização e da contenção das estruturas burocráticas de poder, ou seja, da estruturação do poder político do Estado na forma de Administração Pública.

Identificava-se, no entanto, uma contradição quase insolúvel: o Direito Administrativo constituía-se na vertente dogmática, por excelência, mais próxima e dependente das relações políticas, mas, ao mesmo tempo, era o ramo dogmático em que a doutrina defendia abertamente a desvinculação dos fundamentos políticos. Se por um lado a política é que engendra a necessidade de surgimento e desenvolvimento do Direito Administrativo, por outro, a própria dogmática administrativista nega que seu respectivo conteúdo possua fundamento político, advogando, na verdade, a extirpação de qualquer fundação nesse sentido.

O aprofundamento de estudos na disciplina de Direito Administrativo provocou a reflexão, cada vez mais, sobre a refutação do elemento político pela dogmática e pelos juristas administrativistas. A proposta de um trabalho científico precisa ser a expressão de um enigma teórico a que o respectivo pesquisador se coloca como objetivo de apontamento, se possível, de resolução, logo, é a problematização de um tema, ou, de forma mais sintética, a tese é *uma questão*, como orienta François Ost.[5] Por sua vez, a questão inicial que fundamenta a proposta de tese deste livro é se a dogmática administrativista brasileira realiza (e por quais razões) essa separação entre o Direito Administrativo e a realidade política e social, em que se ignoram os conflitos e antagonismos sociais.

A hipótese que se apresenta é que a postura em geral dos administrativistas, contra o fundamento político do Direito Administrativo, é resultado de um certo encantamento com essa vertente dogmática, o que simboliza que o Direito Administrativo vem sendo tratado e manipulado com a prospecção do que "deveria ser" e não como "ele é". Há uma espécie de crença na qual o Direito Administrativo tem que se constituir na sua idealização e que as impurezas externas (políticas, no caso) precisam ser extirpadas e combatidas. Nesse processo, aceitam-se apenas as contingências internas, as quais são formuladas no âmbito "científico" da dogmática administrativista, resultado do seu *fechamento operacional* e da *referência a si mesmo*, características (negativas) próprias do Direito moderno, como bem ressalta Raffaele de Giorgi.[6]

---

[5] OST, François. "A tese de doutorado em Direito: do projeto à defesa". *Revista de Estudos Constitucionais, Hermenêutica e Teoria do Direito*. São Leopoldo, vol. 7, n. 2, pp. 98-116, mai./ago. 2015, p. 101.

[6] "É assim que as velhas estruturas de classe transformam-se em formas de diferenciação. Na sociedade moderna, as estruturas classe tornam-se formas de especificação funcional, livres de condicionamentos externos, naturais, mas de qualquer modo, capazes de construir externalizações, isto é, autolimitações. O direito da sociedade moderna livra-se desses condicionamentos, isto é, da natureza, da razão, dos estamentos, das classes e, como direito positivo, funda-se sobre si mesmo, torna-se o resultado de si próprio e estabiliza-se como aquisição evolutiva desta sociedade. O que é necessário no direito moderno é apenas a sua contingência, ou seja, a referência a si *mesmo*, o seu fechamento operacional, a sua cegueira no plano das operações como condição de sua visão. Por isso o direito não se coloca mais o problema da justiça, e nem mesmo o problema da distribuição. Ele não se funda nos princípios, mas os constrói. Como resultado de diferenciação, o direito deve reproduzir a sua diferença. Por isto, o problema do direito não são os princípios, que são construídos a partir da de sua própria aplicação, mas sim as diferenças que o direito produz e com base nas quais se reproduz como direito". GIORGI, Raffaele de. *Direito, democracia e risco*: vínculos com o futuro. Porto Alegre: Sergio Antonio Fabris Editor, 1998, p. 155.

INTRODUÇÃO

Há um encantamento com o Direito Administrativo, uma espécie de relação apaixonada que pouco permite refletir sobre as contradições que incidem sobre esse ramo dogmático e sobre o Direito em geral, especulando-se uma inexistente e inviável condição autônoma do Direito Administrativo independente de fatores sociais e políticos externos e complexos. Dentre os conceitos e institutos jurídicos manejados no âmbito do Direito Administrativo, entende-se que o conceito de interesse público revela de que forma os jusadministrativistas brasileiros se esgueiram dos antagonismos sociais e políticos, com o objetivo de constituir uma vertente jurídica provida de autonomia e legitimidade científica. Não apenas por ser um dos conceitos mais importantes em toda estrutura do Direito Administrativo, mas por conta também da sua importância para a reprodução e sustentação dos aparelhos burocráticos capitalistas, o interesse público se revela como instituto jurídico que precisa ser analisado e destrinchado, porém, sob uma abordagem não ortodoxa.

O que se pretende é submeter o conceito de interesse público à investigação crítica, o que representa realizar uma avaliação desse instituto jurídico de forma não aleatória,[7] mas a partir de uma matriz epistêmica definida e diferente da que se aplica tradicionalmente em relação ao Direito Administrativo. Opta-se pela Teoria Crítica[8] como referência

---

[7] A definição do paradigma epistemológico não aleatório representa a escolha do pesquisador pelo viés de tratar das *anomalias* contidas no domínio da pesquisa, em que se opta por se contrapor ao paradigma clássico dominante no âmbito do Direito Administrativo. Nesse sentido: "Portanto, a questão muito específica que se coloca ao doutorando é saber se ele vai desenvolver a sua tese como 'defesa e ilustração' do paradigma clássico ou se dará ênfase ao exame sério das anomalias que se apresentam em seu domínio – seja porque ele conclui, então, pela necessidade de mudar o paradigma no final de uma análise mais ou menos séria dos dogmas estabelecidos, seja porque na verificação de fato a anomalia não atingirá a fecundidade explicativa do paradigma analisado". OST, François. "A tese de doutorado em Direito: do projeto à defesa". *Revista de Estudos Constitucionais, Hermenêutica e Teoria do Direito*. São Leopoldo, vol. 7, n. 2, pp. 98-116, mai./ago. 2015, p. 105.

[8] A referência à teoria crítica diz respeito à opção por uma perspectiva teórica que objetiva identificar o objeto de pesquisa como *realmente é*, mas tendo no horizonte o que *deveria ser*, enquanto potencialidade. A teórica crítica opera no mundo real e se inclina à exigência de se cumprir as promessas não cumpridas na ordem vigente. Nesse sentido, a definição de Celso Luiz Ludwig adianta o que se entende por teoria crítica: "Creio,

teórica, com o intuito de esmiuçar o conceito de interesse público para trazer à tona origem estrutural e histórica, como elemento fundamental para a reprodução das relações capitalistas, principalmente em relação à forma de atuação dos aparelhos do Estado; e, também, para se propor uma via alternativa que se revele mais concreta, progressista e emancipatória.

O fio condutor desta análise crítica é o conflito social como fenômeno inexorável na sociedade capitalista, assim como defende-se, em conjunto, a contemporaneidade da categoria classe social e do papel histórico da classe trabalhadora e dos sujeitos excluídos do processo produtivo. Tais premissas críticas serão a base para se delimitar a contradição e a não factibilidade de se aludir a um conceito de interesse geral, sobretudo no contexto brasileiro e latino-americano, nos quais imperou (e ainda impera) uma lógica *sui generis* de constituição das classes sociais decorrente do processo estamental colonial e da exploração da escravidão.

Com isso, busca-se demonstrar que o conceito de interesse público é fragilizado, a ponto de não se sustentar teoricamente, quando submetido à crítica da teoria crítica, mormente quando seguida a linha teórica materialista-histórica iniciada por Karl Marx. É dizer, adota-se como bússola a teoria crítica em que se visa identificar as origens do conceito

---

em síntese, posso afirmar que a *Teoria Crítica* tem como ponto fundamental mostrar *como as coisas realmente são* — objetivo de uma *teoria* —, porém *a partir* da perspectiva de *como deveriam ser*. Isso porque as coisas poderiam ser, mas não são (afinal, as coisas têm potencialidades que não são realizadas). Nessas condições, fazer *teoria crítica* significa que só posso entender o mundo a partir do que ele poderia ser. Compreender o mundo desde o melhor que nele está embutido, mas não efetivado. Não se trata aqui do interessante tema da *utopia*. O tema é o tema da factibilidade, porque se trata do que as coisas são nas suas potencialidades. Portanto, na perspectiva de uma *teoria crítica* quem diz apenas o que as coisas são diz só parte do mundo; diz o que é, e não diz a parte que ainda pode ser. Dois são os aspectos que devem ser considerados. O primeiro, que percebe que o mundo como deveria ser é parte do mundo como ele é (assim a teoria que 'descreve' o mundo como é pode ser crítica na medida em que inclui no mundo a parte que diz como ele deveria ser). E segundo, a teoria para ser crítica deve saber reconhecer quais são os fatores que impedem que o mundo seja melhor do que ele é. E, portanto, a teoria crítica na inventa a sociedade ideal; ela atua no mundo presente e exige que nele se realize aquilo que ele promete, mas não realiza". LUDWIG, Celso Luiz. *Para uma Filosofia jurídica da Libertação*: paradigmas da filosofia, filosofia da libertação e direito alternativo. 2ª ed. São Paulo: Conceito, 2011, p. 152.

de interesse público para, na sequência, descortinar os objetivos e necessidades estruturais que se escondem "por detrás" do discurso generalista, abstrato e especulativo desse conceito.

Porém, a demonstração da fragilidade do conceito de interesse público, ao ser contrastado com a crítica da teoria crítica, exige, na sequência, a proposição de uma rota alternativa de elaboração das teorias no âmbito da dogmática do Direito Administrativo. Não basta, nessa perspectiva, apenas propalar as inconsistências que permeiam o conceito de interesse público se não há nada *mais* progressista para se colocar em seu lugar, pois, na ausência do conceito já fixado, pode ser imposto outro conceito ou elemento jurídico ainda mais conservador. Nesse sentido, é preciso propor alternativa teórica que possa auxiliar na superação das fragilidades e contradições do conceito de interesse público, indo além da mera crítica denunciativa, e que, ao mesmo tempo, mostre-se viável no plano da prática administrativa, ou seja, de ser aplicada na rotina decisória da Administração Pública.

Alerta-se, no entanto, que os limites de tempo e de profundidade para elaboração desta obra acabaram por restringir o desenvolvimento da parte propositiva, na qual se apresenta um projeto de substituição do conceito de interesse público, com a alusão da emergência de um *interesse do povo*, enquanto critério definidor da legitimação e da orientação das ações dos aparelhos burocráticos estatais. A parcela de crítica ao conceito de interesse público foi mais aprofundada, em termos de contraposição às considerações teóricas elaboradas no campo da teoria crítica, levando a cabo a proposição de um conceito alternativo cujas bases de justificação ainda não foram completamente desenvolvidas. É reconhecer que a fração propositiva desta obra, em que se propõe a emersão do *interesse do povo*, carece de maior expansão e aprofundamento teórico com vistas à aplicação prática, uma vez que se constitui ainda como ideia preliminar vinculada ao processo de construção de uma dogmática crítica do Direito Administrativo.

O trajeto que se propõe, para o estudo crítico do conceito de interesse público e para o "semear" de uma proposta que altere o referencial criticado, resume-se a quatro capítulos no intento de melhor dividir e recortar metodologicamente a incursão pela teoria crítica, de forma a preservar ao máximo a coerência teórica e metodológica.

O primeiro capítulo vislumbra demonstrar o desenvolvimento do conceito de interesse público na doutrina do Direito Administrativo brasileiro. Delimita-se que o referido conceito foi trabalhado de forma tímida pelos jusadministrativistas brasileiros até meados dos anos 1960, quando foi desenvolvido por Celso Antônio Bandeira de Mello, em paradigmático artigo científico publicado no ano de 1967, no qual se inicia a construção de um sistema autônomo e científico do Direito Administrativo, o chamado *regime jurídico-administrativo*, cujos alicerces eram os princípios da supremacia do interesse público e a indisponibilidade do interesse público. A ideia principal que sustenta esse sistema próprio é o controle dos atos estatais, a partir da extirpação da política e de outros elementos não jurídicos da esfera de realização e controle dos atos administrativos.

Formula-se nesse mesmo capítulo inaugural o paralelo entre a ideia de sistema defendido por Celso Antônio com as convicções traçadas por Hans Kelsen e a sua *Teoria Pura do Direito*, demonstrando-se que o administrativista brasileiro bebeu da fonte kelseniana, seja de forma direta, a partir da leitura das obras do jusfilósofo austríaco, seja porque a obra do jurista brasileiro foi claramente influenciada por juspublicistas estrangeiros e nacionais, os quais também estavam premidos pela lógica do isolamento do Direito em relação à política e a outras formas científicas de tratar os fenômenos sociais. Pode-se adiantar o levantamento da hipótese de que a teoria sobre o regime jurídico-administrativo, em que o conceito de interesse público possui elementar função, é fruto não apenas da influência teórica exercida pelos doutrinadores que antecederam Celso Antônio, mas também porque ele estava inserido em contexto histórico e social de repressão e de exceção, no qual a defesa da legalidade, como fator contrário ao fundamento político autoritário, constituía-se em instrumento estratégico contra o regime militar, tal como o próprio contexto de exceção em que Kelsen estava inserto e que ensejou a formulação da sua teoria "purificadora".

O conceito de interesse público, protegido e identificado pela lógica do insulamento do Direito Administrativo em relação à política e a outros fatores não jurídicos, é ainda a forma dominante estabelecida na dogmática administrativista brasileira de estabelecer o critério de atuação do Estado e de seus aparelhos burocráticos. Salvo teses opostas formuladas sob prisma mais conservador e sustentadas em orientação neoliberal, o conceito de interesse público permanece inabalado e sustenta teses no seio do Direito Administrativo que objetivam refinar o conceito, somando-o a outros elementos de legitimação, porém, sem adentrarem nas relações entre Direito e Política (em sentido amplo).

No capítulo segundo inicia-se a incursão crítica propriamente dita, em que o conceito de interesse público é posto à prova da teoria crítica. Antes de penetrar na crítica marxista, passa-se pelo estudo da filosofia de Hegel sobre o interesse universal e a vitalidade das categorias da totalidade e da dialética para a existência do seu conceito. A filosofia hegeliana densa e complexa refuta o isolamento teórico e científico e afirma a preponderância e centralidade do processo histórico, demonstrando que o conceito de interesse público é frágil, mesmo sob o ponto de vista de uma filosofia tipicamente moderna burguesa, porém dotada de extremo refinamento por meio do método dialético.

As considerações de Hegel preparam o terreno para a crítica que Marx, por meio do método materialista histórico, promove à própria noção de interesse universal e à filosofia hegeliana em geral, à qual se atribui o equívoco de tomar o concreto pelo abstrato, em que o conceito de interesse geral vem antes da própria concretude das determinações políticas. Outras teorias que desenvolvem ainda mais o materialismo marxiano são apresentadas, e destacam a crítica à noção de interesse geral com a denúncia do caráter estrutural e de classe do discurso de neutralidade e imparcialidade da ação estatal e do critério do interesse público. Demonstra-se que a classe social se constitui como categoria válida contemporaneamente e que, nessa lógica, as contradições de se aludir ao interesse público ficam ainda mais salientes.

Por meio das mediações da sociologia crítica, o conceito de interesse público fica ainda mais fragilizado e sem alicerce quando se traz à tona todo o contexto histórico e político da formação das classes sociais no Brasil. O processo colonial que colocou o país na periferia do mundo, escorado na escravidão e na relação estamental, resultou em uma revolução burguesa *sui generis*, cujos efeitos e estruturas sociais possuem reflexos indeléveis até os dias atuais, o que gera constrangimento à adoção de um conceito de interesse público.

Mantendo a perspectiva crítica, o capítulo terceiro visa identificar como as escolas e movimentos de teoria crítica do Direito podem contribuir para a crítica ao conceito de interesse público. Foram escolhidos os movimentos e escolas críticos mais representativos, cujas linhas teóricas se admitem claramente marxistas ou que, ao menos, admitem a influência do materialismo histórico nas suas respectivas produções teóricas: *Critical Legal Studies* (Estados Unidos); *Critique du Droit* (França), *Uso Alternativo do Direito* (Espanha), movimento de teoria crítica latino-americano e teoria crítica do Direito no Brasil. A questão que se põe é de que forma o conceito de interesse público resiste às reflexões críticas das escolas e movimentos de crítica ao Direito. Pode-se adiantar que tais movimentos de teoria crítica do Direito já trilharam árduo percurso em relação a desnudar o Direito, em revelação às origens liberais do discurso jurídico e o seu protagonismo no processo de reprodução das relações sociais e econômicas capitalistas. O conceito de interesse público não possui diferente sorte.

Interessa, justamente, verticalizar as teorias críticas sobre o Direito em geral formuladas por esses movimentos, com o sentido de se extraírem fundamentos para a respectiva crítica do conceito de interesse público. Aliado a isso, observa-se que os referidos movimentos críticos não apenas descortinam a essência do discurso jurídico, mas também compreendem o Direito como campo de disputa estratégico para a introdução de avanços sociais emancipatórios concretos. Os movimentos críticos reconhecem, sobretudo, a ligação e a função política do Direito, envidando caminho oposto ao "purismo" científico inspirado em Kelsen, e, nesse sentido, compreendem que o Direito não se reduz a instrumento de dominação de classe (ainda que essa definição de repressão constitua sua substância) e que pode ser manejado de forma estratégica no sentido de se contrapor aos antagonismos e diferenças sociais, desde que se proponha a criar alternativas críticas conscientes e factíveis.

Nesse quadro, resta não se contentar apenas com a denúncia da função não progressista de um determinado instituto jurídico. Portanto, o quarto capítulo tem por objetivo propor, ainda que parcialmente, uma alternativa para o conceito de interesse público, o que acaba por suscitar a possibilidade de um Direito Administrativo pautado em viés teórico sustentado na teoria crítica. Para tanto, sugere-se uma base epistemológica diferente da tradicional, em que se opte pela superação dos processos de domínio hegemônico como premissa para a produção dogmática, no qual o Direito Administrativo se converta conscientemente em instrumento de práticas e políticas emancipatórias e progressistas.

Nesse último momento, busca-se demonstrar que a dogmática do Direito Administrativo pede, com urgência, por uma nova forma de pensar seus pressupostos teóricos, ou seja, é preciso trazer concretude e vitalidade às categorias e conceitos do Direito Administrativo, para que se tenha a coragem de suplantar o tão arraigado conceito de interesse público por algo dotado de maior factibilidade.

Assim, chega-se ao final do quarto capítulo com a pretensão de se propor a introdução do conceito de *interesse do povo*, tomando-se as precauções possíveis para que não se adentre na mesma metafísica objeto de crítica em relação ao conceito de interesse público. É dizer respeito a um novo critério para a legitimação e norteamento da atividade do Estado e de seus respectivos aparelhos, no qual inexiste a falsa pretensão de neutralidade e imparcialidade, pois o Estado deve operar em benefícios dos interesses dos oprimidos pelo processo social capitalista. É dizer, de antemão, que *Povo*, na concepção eleita, representa a massa de dominados, ou seja, a classe trabalhadora, bem como grupos e indivíduos que estão à margem do processo produtivo. Operários, pequenos produtores rurais, indígenas, quilombolas, refugiados, migrantes e todos os que constituem a grande massa dos excluídos passam a ser o objeto e a fonte de legitimação da atividade do Estado e de sua estrutura burocrática.

Capítulo I

INTERESSE PÚBLICO E A DOGMÁTICA DO DIREITO ADMINISTRATIVO BRASILEIRO: A CONSTRUÇÃO DE UM CONCEITO

1.1 AS BASES IDEOLÓGICAS DO DIREITO ADMINISTRATIVO E A INTRODUÇÃO DA IDEIA DE INTERESSE PÚBLICO NO BRASIL

A perspectiva teórica que domina o cenário brasileiro do Direito Administrativo acerca da conceituação e função do interesse público pertence à escola encabeçada por Celso Antônio Bandeira de Mello, sua principal referência teórica e figurativa, o qual encara esse ramo do Direito como um local de batalhas em favor do Estado democrático e de uma sociedade com mais igualdade. Não há como negar que a orientação dos estudos e ensinamentos desse notório jurista brasileiro foram (e ainda são) essenciais à inclinação da doutrina administrativista brasileira (ainda que não seja em sua totalidade) em se preocupar com um processo social mais justo, em que o Direito adquire papel fundamental, especialmente a partir da promulgação da Constituição Federal de 1988.[9]

---

[9] Vale destacar que Celso Antônio Bandeira de Mello não figurava sozinho nesse embate,

O protagonismo de Celso Antônio Bandeira de Mello é reconhecido por outros renomados administrativistas brasileiros, que festejam e exaltam a sua edificação teórica, o que decorre do aspecto inaugural da sua (agora clássica) teoria sobre o conceito de interesse público, bem como sobre a função estruturante desse conceito em relação aos princípios que sustentariam a própria atuação do Poder Público. É dizer, reconhecem em Celso Antônio o precursor de um redesenho do próprio Direito Público brasileiro, cujos traços autoritários e conservadores foram, a partir da sua doutrina, redefinidos, "voltando-se à valorização da cidadania e dos direitos humanos, e homenageando o conteúdo axiológico das disposições constitucionais".[10]

A ideia de submissão da Administração Pública à legalidade já havia se difundido na doutrina do Direito Administrativo brasileira desde a segunda metade do século XIX, com forte inspiração na doutrina estrangeira.[11] Porém, coube a Celso Antônio introduzir a perspectiva teórica de submissão da Administração Pública às normas jurídicas que lhe afetam a partir da incidência dos princípios da *supremacia do interesse público* e da *indisponibilidade do interesse público*, cujo objetivo seria justamente de satisfazer o interesse público, "em detrimento de interesses egoísticos dos particulares ou exclusivamente pessoais do administrador

---

principalmente em relação à edificação de um processo de construção de teses jurídicas que se adequassem aos anseios de revitalização da democracia. Nesse sentido, juristas como Geraldo Ataliba dividiam a mesma trincheira.

[10] BACELLAR FILHO, Romeu Felipe; HACHEM, Daniel Wunder. Apresentação. *In:* BACELLAR FILHO, Romeu Felipe; HACHEM, Daniel Wunder. *Direito Administrativo e Interesse Público*: estudos em homenagem ao professor Celso Antônio Bandeira de Mello. Belo Horizonte: Fórum, 2010, p. 15.

[11] Nesse sentido, Walter Guandalini Jr. demonstra que o Direito Administrativo no Brasil da segunda metade do século XIX, nas obras de Furtado de Mendonça e José Rubino de Oliveira, visava delimitar e regulamentar os atos praticados pela Administração, no sentido de organizar o poder político. Ao Direito Administrativo cabia, finalmente, regular os atos praticados pela Administração na sua relação com os administrados, protegendo o bem público, superando distinções e privilégios, para atingir uma concepção uniforme e igualitária de direitos e deveres. A lei era fonte central do Direito Administrativo e, consequentemente, da Administração Pública. GUANDALINI JÚNIOR, Walter. *História do direito administrativo brasileiro*: formação (1821-1895). Curitiba: Juruá, 2016, pp. 233-239.

público", como bem resumem Romeu Felipe Bacellar Filho e Daniel Wunder Hachem.[12]

Em seu *Curso de Direito Administrativo*,[13] Celso Antônio dedica algumas páginas para definir as "bases ideológicas do Direito Administrativo", revelando, de alguma medida, a preocupação em não desvincular essa vertente da dogmática do Direito diante da sua inevitável faceta política. Daquele trecho é possível extrair a concepção desse jusadministrativista em relação ao papel do Direito e do Direito Administrativo na estruturação da sociedade e do Estado capitalistas.

De plano, Celso Antônio refuta o que chama de *impressão difusa* ou *fluida* de que o Direito Administrativo se constitui como o ramo criado "em favor do poder, a fim de que ele possa vergar os administrados", definindo que tal concepção é *equivocada* e *antitética*. Defende que o Direito Administrativo deva ser considerado "como efetivamente é",[14] ou seja, um conjunto de limitações e de deveres às atividades desenvolvidas pelo Poder Público e não como mera aglutinação dos poderes estatais.[15]

Nessa análise específica sobre os pilares ideológicos do Direito Administrativo, Celso Antônio afirma que as teorias que enaltecem a ideia de *poder* no âmbito da atuação do Estado são *supreendentemente falsas*, bem como destoantes da História e da *razão de ser* do Direito Administrativo.[16] Refere à concepção de que o Direito Administrativo

---

[12] BACELLAR FILHO, Romeu Felipe; HACHEM, Daniel Wunder. Apresentação. *In:* BACELLAR FILHO, Romeu Felipe; HACHEM, Daniel Wunder. *Direito Administrativo e Interesse Público*: estudos em homenagem ao professor Celso Antônio Bandeira de Mello. Belo Horizonte: Fórum, 2010, p. 16.

[13] MELLO, Celso Antônio Bandeira de. *Curso de Direito Administrativo.* 30ª ed. São Paulo: Malheiros, 2013.

[14] Nota-se, desde já, que Celso Antônio possui uma ideia apriorística "do que é", ou seja, sua concepção acerca desse ramo do Direito envolve claramente uma perspectiva de verdade, levando-nos a questionar, de antemão, se essa base ideológica é, na verdade, a fundamentação ideológica do Direito que o próprio Celso Antônio admite, e não a sustentação ideológica desse ramo dogmático-jurídico em termos sistêmicos sociológicos e políticos.

[15] MELLO, Celso Antônio Bandeira de. *Curso de Direito Administrativo.* 30ª ed. São Paulo: Malheiros, 2013, pp. 43/44.

[16] "Assim, esta impressão generalizada que enaltece a ideia de Poder, entretanto, e

é resultante do advento do Estado de Direito, como forma de antítese às formas absolutistas precedentes, disciplinando o poder estatal e conferindo direitos aos administrados. É a constituição de um ramo do Direito que surge para regular a conduta do Estado na estreiteza das disposições legais, cujo objetivo principal é a proteção do cidadão contra o exercício indevido do poder estatal. Constitui-se, por excelência, como *direito defensivo do cidadão*.[17]

Essa base ideológica atribuída ao Direito Administrativo por Celso Antônio é fundamentada em clássicas premissas filosóficas modernas: (i) a igualdade formal e a teoria do contrato social, defendidos por Rousseau; e (ii) a separação de poderes, de Montesquieu. Assim, o modelo de Estado de Direito reflete um esquema de controle do Poder, atingindo o Estado e, consequentemente, quem maneja o controle estatal, admitindo que o Estado de Direito seria um "gigantesco projeto político, juridicizado, de contenção do Poder e de proclamação da igualdade de todos os homens".[18]

---

ainda que desgraçadamente até hoje seja com frequência abonada nas interpretações dos diversos tópicos do Direito Administrativo, nas quais se trai claramente um viés autoritário, é surpreendentemente falsa, basicamente desencontrada com a História e com a razão de ser do Direito Administrativo". MELLO, Celso Antônio Bandeira de. *Curso de Direito Administrativo*. 30ª ed. São Paulo: Malheiros, 2013, p. 47.

[17] "Em suma: o Direito Administrativo nasce com o Estado de Direito, porque é o Direito que regula o comportamento da Administração. É ele que disciplina as relações entre Administração e administrados, e só poderia mesmo existir a partir do instante em que o Estado, como qualquer, estivesse enclausurado pela ordem jurídica e restrito a mover-se dentro do âmbito desse mesmo quadro normativo estabelecido genericamente. Portanto, o Direito Administrativo não é um Direito criado para subjugar os interesses ou os direitos dos cidadãos aos do Estado. É, pelo contrário, um Direito que surge exatamente para regular a conduta do Estado e mantê-la afivelada às disposições legais, dentro desse espírito protetor do cidadão contra descomedimentos dos detentores do exercício do Poder estatal. *Ele é, por excelência, o Direito defensivo do cidadão* – o que não impede, evidentemente, que componha, como tem que compor, as hipóteses em que os interesses individuais hão de se fletir aos interesses do todo, exatamente para a realização dos projetos de toda a comunidade, expressados no texto legal. É, pois, sobretudo, *um filho legítimo do Estado de Direito só concebível a partir do Estado de Direito: o Direto que instrumenta, que arma o administrado, para defender-se contra os perigos do uso desatado do Poder*". MELLO, Celso Antônio Bandeira de. *Curso de Direito Administrativo*. 30ª ed. São Paulo: Malheiros, 2013, pp. 47/48.

[18] MELLO, Celso Antônio Bandeira de. *Curso de Direito Administrativo*. 30ª ed. São Paulo: Malheiros, 2013, p. 49.

Ainda que reconheça a existência do embate entre o que chama de "membros da coletividade" contra os "detentores do Poder" – sem aludir diretamente às classes sociais –, subjaz a confiança de Celso Antônio no Direito Público, em especial no Direito Administrativo, como instrumento que garante "a instauração progressiva de garantias ao indivíduo contra aqueles que exercem o Poder". Há claramente uma crença no Direito Administrativo, como reflexo do próprio Estado de Direito, de algo que pode ser moldado a partir da sua exterioridade. É dizer, o Direito Administrativo é produto da racionalidade moderna, em especial dos juspublicistas que moldaram racionalmente a sua construção, a fim de atingir um sistema de controle do poder estatal, em reverência aos direitos reconhecidos aos cidadãos. Aliás, Celso Antônio afirma que os administrativistas que observam no Direito Administrativo a reunião dos elementos de *Poder* estatal incorrem em grave equívoco, pois se orientam para o autoritarismo.

Para esmiuçar os pressupostos e o próprio conteúdo da sua noção e centralidade do interesse público, é necessário identificar como seus paradigmas de Teoria do Estado se caracterizam por uma vertente claramente social-democrata-liberal.

Nota-se que a perspectiva traçada por Celso Antônio, acerca dos fundamentos ideológicos do Direito Administrativo, refere-se mais à sua idealização de delimitar o norte ideológico quisto por ele em relação ao desenvolvimento e interpretação desse ramo dogmático jurídico que propriamente identificar a raiz ideológica estrutural dessa vertente. Ao prometer apresentar a raiz ideológica do Direito Administrativo, Celso Antônio entrega uma análise carregada do desenvolvimento teórico que ele entende ser inerente a esse ramo do Direito, independendo das perspectivas estruturais sociológicas e políticas, as quais, na sua opinião, no máximo servem para macular a pureza do Direito Administrativo, cuja finalidade é garantir os direitos do cidadão contra as arbitrariedades estatais.

Os alicerces ideológicos do Direito Administrativo delineados por Celso Antônio indicam a maneira como constrói a sua concepção de interesse público e assinala a importância dessa categoria para formulação da sua teoria. Expor a defesa de Celso Antônio de que o Direito

Administrativo é instrumento jurídico dotado de autonomia científica, cujo desenvolvimento se dá por parte da doutrina que racionalmente "compreende" o Estado de Direito, revela aspectos importantes sobre as formulações acerca do interesse público, as quais são dotadas de abstração e especulação.

A introdução do conceito de interesse público e suas repercussões principiológicas como eixo central do Direito Administrativo tem como marco temporal o celebrado artigo de Celso Antônio Bandeira de Mello, intitulado "O conteúdo do Regime Jurídico-Administrativo e seu valor metodológico", publicado em 1967, e que romperia com a tradição dita autoritária da dogmática administrativista até então dotada de protagonismo.[19]

Antes da proposta vanguardista de Celso Antônio, havia menções pouco precisas sobre a relevância do interesse público e sua repercussão principiológica na sustentação sistêmica do Direito Administrativo, e, quando havia, sequer se ventilava a noção da primazia de um interesse geral à parte dos interesses estatais.[20]

---

[19] O vanguardismo de Celso Antônio Bandeira de Mello em relação à imposição de centralidade do conceito de interesse público, em especial na sua faceta de supremacia sobre os interesses privados, é reconhecido e enaltecido quase que unanimemente pelos administrativistas brasileiros e também de outros países, como bem representa Daniel Wunder Hachem: "Diversamente de outros princípios jurídicos, reconhecidos de longa data no sistema normativo brasileiro, a supremacia do interesse público foi afirmada como norma jurídica norteadora do regime jurídico-administrativo a partir de construções doutrinárias, delineadas ao final da década de 1960. Sem embargo de outras referências presentes na doutrina, que faziam alusão à ideia de prevalência do interesse público sobre o interesse particular, foi somente com as teorizações formuladas por Celso Antônio Bandeira de Mello que a supremacia do interesse público restou identificada como princípio jurídico, ganhando sustentação específica mediante argumentação dotada de rigor científico". HACHEM, Daniel Wunder. *Princípio constitucional da supremacia do interesse público*. Belo Horizonte: Fórum, 2011, p. 41.

[20] Walter Guandalini Jr. defende que apenas no final do século XIX e início do XX, com a reforma operada por Benjamim Constant, a disciplina de Direito Administrativo adquire um conteúdo disciplinar, no sentido de absorver e tratar das intervenções mais incisivas do Estado sobre a sociedade, aproximando-se, em termos de conteúdo e objetivos, do pensamento sobre Direito Administrativo que se produzia na Europa desde o final do século XVIII, "revestindo-se das feições modernas em que reconhecemos hoje".

Veja-se que Themístocles Brandão Cavalcanti afirmava que a função do Direito Administrativo se resumia a "instrumento da ordem, a harmonia da vida do Estado e da administração", visando permitir o desenvolvimento das relações jurídicas e dos interesses da Administração Pública,[21] e enquadrava tal perspectiva no viés autoritário denunciado por Celso Antônio quando aludiu às bases ideológicas.[22]

Oswaldo Aranha Bandeira de Mello, no entanto, já aludia sobre o vínculo entre atuação administrativa e o *bem comum*, sendo este *bem comum* o objetivo a ser perseguido pelo que denominava de Estado-poder, cabendo ao Direito Administrativo a ordenação do próprio ente estatal de "dar a cada um de seus membros [cidadãos] a participação que lhe é devida nesse bem". Destacava, ainda, que a noção de *bem comum* depende da harmonia entre os membros da sociedade e da efetivação de melhores *condições de bem-estar coletivo*, sendo necessária a imposição de normas gerais e abstratas para determinar o que é desejável para a *melhor vida social* e para a atuação dos indivíduos.[23]

Sem aludir especificamente ao conceito de "interesse público", muito menos aos princípios dele decorrentes, Seabra Fagundes defendia que a Constituição é a norma fundamental criadora do Estado e que

---

Aliás, Guandalini afirma, por fim, que até meados de 1930 não houve transformações significativas nesse quadro organizativo do Direito Administrativo brasileiro. As noções, conceitos e fundamentação ideológica pertinentes ao direito moderno, vinculados ao Estado e formatação social próprios do capitalismo, só são absorvidos pela doutrina nacional ao final do século XIX e início do século XX. Isso significa que a influência da doutrina estrangeira, sobretudo europeia, sobre a ciência do Direito Administrativo no Brasil só se efetiva a partir desse referido período, é dizer, as conotações e feições realmente burguesas só se efetivam tardiamente, de maneira concomitante ao próprio desenvolvimento *sui generis* da revolução burguesa econômica e política operada nacionalmente. Cf. GUANDALINI JÚNIOR, Walter. *História do direito administrativo brasileiro*: formação (1821-1895). Curitiba: Juruá, 2016, p. 250.

[21] CAVALCANTI, Themístocles Brandão. *Curso de Direito Administrativo*. 4ª ed. Rio de Janeiro: Freitas Bastos, 1956, p. 29.

[22] MELLO, Celso Antônio Bandeira de. *Curso de Direito Administrativo*. 30ª ed. São Paulo: Malheiros, 2013, p. 44.

[23] MELLO, Oswaldo Aranha Bandeira de. *Princípios gerais de Direito Administrativo*, vol. 1, 3ª ed. São Paulo: Malheiros, 2010, p. 214.

organiza os poderes públicos. A Constituição é a própria "expressão primária e fundamental da vontade coletiva, organizando-se juridicamente no Estado, que com ela principia a existir e segundo ela demanda os seus fins".

Referindo-se às Constituições pós-liberais, Seabra Fagundes afirma que tais Cartas cediam às conceituações de direitos individuais que irrompiam em razão do desequilíbrio na ordem econômica e social, e que a estrutura do Estado passava a se submeter a novas experiências e o tornava instrumento de realização e equilíbrio em dois aspectos: (i) *na ordem política pelo fortalecimento da autoridade*; e (ii) *na ordem econômica pela proteção ao trabalho e subordinação do capital aos interesses sociais.*[24]

A construção de Celso Antônio mostra-se mais incisiva e precisa ao se centrar na delimitação do eixo nevrálgico do sistema de Direito Administrativo, sustentado pelos princípios da *supremacia do interesse público sobre o particular* e *indisponibilidade do interesse público*. A nova fundamentação proposta seria capaz de superar as explicações estruturais dogmáticas construídas anteriormente, em especial as noções de *serviço público*, *"puissance publique"* e *utilidade pública.*[25] Sem aludir à delimitação do conceito de interesse público, há clara alusão a sua abrangência e importância nesse artigo inaugural, ao esmiuçar os princípios decorrentes do próprio interesse público. É dizer que a partir da sua tese sobre o regime jurídico-administrativo e seus respectivos princípios estruturantes, é possível extrair os primeiros elementos que servirão de baldrame para o desenvolvimento do atual conceito de Celso Antônio sobre interesse público.

Todavia, como o "novo" sempre carrega alguma coisa (ou várias) do velho, alguns dos traços daquilo que o próprio Celso Antônio viria a criticar como fundamentação autoritária do Direito Administrativo ainda estão presentes nesse início de evolução da sua tese sobre o interesse

---

[24] FAGUNDES, M. Seabra. *O controle dos atos administrativos pelo Poder Judiciário.* 4ª ed. Rio de Janeiro: Forense, 1967, p. 1.

[25] MELLO, Celso Antônio Bandeira de. "O conteúdo do regime jurídico-administrativo e seu valor metodológico". *Revista de Direito Público*, n. 2, São Paulo, pp. 44-61, out./dez. 1967, p. 46.

público. Desenvolvendo sua percepção sobre o princípio da supremacia do interesse público sobre o privado, afirma que o Estado está em posição superior em relação aos particulares, em posição de comando que se expressa unilateralmente, com vistas ao *interesse estatal*. Tal interesse manifesta-se no *interesse do todo social*, ou seja, a finalidade da atuação estatal é a realização do bem comum, ainda que ocorra a assimetria entre o interesse público e os interesses particulares.[26]

Delimitando o princípio da *indisponibilidade do interesse público*, fica evidenciada a relação de dependência apontada por Celso Antônio entre a atuação estatal e a defesa do interesse público, ao afirmar que os interesses da coletividade não estão à livre disposição da Administração, a qual tem por finalidade apenas curá-los em harmonia com o ordenamento jurídico vigente. Não há liberdade do agente e do órgão estatal sobre os interesses públicos, os quais estão sob a guarda tão somente do Estado, essencialmente na sua faceta legislativa, o que torna a estrutura administrativa e o próprio gestor público meros instrumentos.[27] Não é por acaso que o Direito Administrativo, até hoje, possui no princípio da legalidade seu principal pilar de sustentação, ao significar a reverência do Estado e de sua estrutura aos anseios da coletividade, obtidos por meio do processo legislativo e da consequente emanação de leis. O interesse público é fixado pela via legal e sujeita o administrador público sob a forma de comando.[28]

Desde o início da sua construção teórica, é patente como Celso Antônio fundamenta sua tese na afirmação de existência de interesses generalizáveis, que efetivamente representam a síntese do que o corpo social deseja, exprimíveis por meio dos comandos legais emanados pelo

---

[26] MELLO, Celso Antônio Bandeira de. "O conteúdo do regime jurídico-administrativo e seu valor metodológico". *Revista de Direito Público*, n. 2, São Paulo, pp. 44-61, out./ dez. 1967, p. 47.

[27] MELLO, Celso Antônio Bandeira de. "O conteúdo do regime jurídico-administrativo e seu valor metodológico". *Revista de Direito Público*, n. 2, São Paulo, pp. 44-61, out./ dez. 1967, pp. 48/49.

[28] MELLO, Celso Antônio Bandeira de. "O conteúdo do regime jurídico-administrativo e seu valor metodológico". *Revista de Direito Público*, n. 2, São Paulo, pp. 44-61, out./ dez. 1967, p. 51.

Estado sob a determinação da sociedade por meio de seus respectivos representantes políticos. É nesse raciocínio que se justifica a sua defesa do princípio da isonomia, ao censurar qualquer atitude da Administração que trate de forma desigual "àqueles cujos interesses representa".[29-30]

A parte final do seu texto inaugural revela o esforço de Celso Antônio em dotar o Direito Administrativo de rigor científico, todavia, de cunho eminentemente positivista de tipo kelseniano, ao reconhecer que o sistema por ele defendido, chamado de *regime jurídico-administrativo*, seria o único meio para uma "visão purificada dos institutos de direito administrativo", de modo que tal procedimento *eliminaria* a indevida intromissão de fatores extrajurídicos no plano dos fatores jurídicos. A única perspectiva cabível à Ciência do Direito é a formal, e a concretude dessas formas jurídicas que envolvem as relações de cunho administrativo depende, antes, da identificação do regime jurídico administrativo, pois só com a adoção desse método é que se pode evitar o "plano instável dos conceitos extrajurídicos". É dizer, a tarefa precípua do jurista administrativista é identificar, perante a atuação concreta, a racionalidade do microssistema do Direito Administrativo pautado em um complexo de regras e princípios próprios.[31]

---

[29] MELLO, Celso Antônio Bandeira de. "O conteúdo do regime jurídico-administrativo e seu valor metodológico". *Revista de Direito Público*, n. 2, São Paulo, pp. 44-61, out./dez. 1967, p. 54.

[30] A teoria de Celso Antônio sobre o princípio da isonomia vai sofrer sensível refino com a substituição pelo princípio da igualdade, em que fica patente sua deferência à necessidade de tratamento desigual pelo Estado das situações e pessoas igualmente atingidas pela desigualdade. Contudo, observa-se na sua teoria, principalmente na sua obra mais específica sobre o tema, a preocupação com desigualdades contidas no plano das relações individuais, não se chegando ao plano das desigualdades entre classe sociais ou qualquer outra análise de conteúdo mais estrutural ou sistêmico". Cf. MELLO, Celso Antônio Bandeira de. *Conteúdo jurídico do princípio da igualdade*. 3ª ed. São Paulo: Malheiros, 2008.

[31] "Nota-se, além disso, que, afinal, este é, definitivamente, o único suporte para uma visão 'purificada' dos institutos de direito administrativo. Só esse procedimento elimina vestibularmente a imisção entre os fatores jurídicos e extrajurídicos. A perspectiva formal – única compatível com o exame ortodoxo da Ciência do Direito – depende, em suas aplicações concretas, por inteiro, da identificação do regime administrativo. De outro modo, como surpreender noções técnicas, como a personalidade administrativa, por

Importa destacar o método adotado por Celso Antônio, no qual envida todos os esforços para "retirar" ou negar ao conjunto sistêmico que norteia o Direito Administrativo todo e qualquer fator subjetivo efetivo. Ou seja, o sistema de normas e princípios próprio do *regime jurídico administrativo* é dotado, *a priori*, de racionalidade suficiente para determinar as atividades e as decisões tomadas no âmbito da Administração Pública. Essa construção de Celso Antônio de eliminação das subjetividades, como forma factível de atuação no seio da atividade estatal, resta ainda mais evidente ao defender a total separação entre os *fatores jurídicos* e os *fatores extrajurídicos*, em que se propõe (abstrata e especulativamente) eliminar todos os fatores exteriores à racionalidade jurídica, chegando a classificar as influências exteriores nas formulações teóricas do Direito Administrativo como "deformações":

> Não há como formular adequadamente um conceito jurídico fora deste rigor metodológico. Com efeito, se o conceito formulado não se cinge rigorosamente ao propósito de captar um determinado regime – cuja composição admite apenas as normas editadas pelo direito positivo e os princípios acolhidos na sistemática dele – será desconforme com sua própria razão de ser (identificação da disciplina que preside um dado instituto). Essa deformação sucederá sempre que se agreguem ao conceito trações metajurídicas, isto é, quaisquer ingredientes ou conotações que não sejam imediatamente derivados das próprias normas ou dos princípios por ela encampados. Eis porque noções como finalidade pública,

---

exemplo? Sem remissão ao regime norteador delas cair-se-ia, inexoravelmente, no plano instável dos conceitos extrajurídicos. Se o que importa ao jurista é determinar em todas as hipóteses concretas o sistema de princípios e regras aplicáveis – quer seja a lei clara, obscura ou omissa – todos os conceitos e categorias que formule se justificam tão só na medida em que através deles aprisione logicamente uma determinada unidade orgânica, sistemática, de normas e princípios. A razão de ser desses conceitos é precisamente captar uma parcela de regras jurídicas e postulados que se articulam de maneira a formar uma individualidade. O trabalho teórico do jurista construído como é, à vista de aplicações práticas, resume-se e explica-se na tentativa de descobrir a 'rationale' que congrega e unifica um complexo de cânones e normas". MELLO, Celso Antônio Bandeira de. "O conteúdo do regime jurídico-administrativo e seu valor metodológico". *Revista de Direito Público*, n. 2, São Paulo, pp. 44-61, out./dez. 1967, pp. 56/57.

utilidade pública, interesse público, bem público, pessoa pública, ato administrativo, autarquias, auto-administração e quaisquer outros conceitos só têm sentido para o jurista como sujeitos ou objetos submetidos a um dado sistema de normas e princípios; em outras palavras, a um regime.[32]

A defesa de racionalidade do sistema jurídico administrativo atinge o ápice quando Celso Antônio afirma que princípios jurídicos, incluídos os princípios de Direito Administrativo, são *livremente* determinados pelos homens; que os legisladores possuem legitimidade para modificá-los ou derrogá-los, cabendo ao jurista a função de reconhecer esses princípios e aplicá-los em face das hipóteses que se apresentem.[33]

É a ideia de liberdade plena do "homem", dotado de igualdade, exercida por meio da atividade legislativa, em que se ignoram as disputas sociais e os desníveis de classe, e no processo de representação. Os princípios não seriam, nesse caso, fruto dos processos concretos resultantes das relações sociais de produção e reprodução do capitalismo, mas escolhas "livres" da própria sociedade como um todo, uma síntese de seus interesses, cujo representante legislativo é o instrumento para sua eclosão no mundo jurídico. Na visão de Celso Antônio, não interessam ao jurista "as realidades substanciais ou infra-estruturais", mas tão somente a interpretação sistêmica do que está dado no plano normativo e principiológico, independentemente das questões sociológicas e políticas inseridas no processo de construção e inserção no mundo dessas mesmas normas e princípios, ou mais explicitamente: "As noções que importam ao jurista são aquelas qualificadas pelo sistema normativo, isto é, definidas em função de um regime. Por isso mesmo, de nada lhe adianta recorrer aos conceitos anteriores sobre os quais já incidiu o juízo do legislador".[34]

---

[32] MELLO, Celso Antônio Bandeira de. "O conteúdo do regime jurídico-administrativo e seu valor metodológico". *Revista de Direito Público*, n. 2, São Paulo, pp. 44-61, out./dez. 1967, p. 57.

[33] MELLO, Celso Antônio Bandeira de. "O conteúdo do regime jurídico-administrativo e seu valor metodológico". *Revista de Direito Público*, n. 2, São Paulo, pp. 44-61, out./dez. 1967, p. 58.

[34] MELLO, Celso Antônio Bandeira de. "O conteúdo do regime jurídico-administrativo

Essa maneira de conceber o Direito Administrativo, a partir de um dos seus centrais conceitos, demonstra o viés positivista e normativista de inspiração claramente kelseniana, resultado de influências teóricas juspositivistas administrativistas estrangeiras e nacionais, que marcam severamente a forma como o próprio Direito Administrativo e sua dogmática se desenvolvem no Brasil, sendo a produção de Celso Antônio Bandeira de Mello um legítimo fio condutor para se abordar essa questão.

1.2 AS INFLUÊNCIAS E MODELOS ADOTADOS NA CONSTRUÇÃO DA NOÇÃO BRASILEIRA DE INTERESSE PÚBLICO: A INSPIRAÇÃO KELSENIANA

O modelo de Direito Administrativo e, consequentemente, de conceito de interesse público moldados por Celso Antônio Bandeira de Mello tornaram-se a pedra de toque de toda uma escola do Direito Administrativo no Brasil, em que a delimitação de um sistema próprio, o regime jurídico-administrativo, a perspectiva da imposição de interesses gerais sobre os particulares e o princípio da supremacia do interesse público sobre o privado constituem-se pilares fundamentais de toda a construção teórica.

Ainda que se ressalte o ineditismo das ideias encabeçadas por Celso Antônio Bandeira de Mello no que tange à delimitação do regime jurídico-administrativo e do princípio do interesse público, é importante identificar a origem dessa edificação teórica, a fim de apreender quais foram os referenciais científicos e teóricos que influenciaram o referido jurista na construção das suas ideias, o que, consequentemente, leva à própria demarcação do desenvolvimento do Direito Administrativo no Brasil e da sua respectiva dogmática. Portanto, mostra-se necessário delimitar quais eram os marcos teóricos que lhe davam suporte, sobretudo quando ele lança mão da sua clássica teoria sobre conceito de interesse público e o conteúdo do regime jurídico-administrativo.

Assim como todos os juristas de seu tempo, é notório que Celso Antônio Bandeira de Mello foi influenciado por juristas estrangeiros,

e seu valor metodológico". *Revista de Direito Público*, n. 2, São Paulo, pp. 44-61, out./ dez. 1967, p. 59.

especialmente europeus e, não com menos importância, por juristas publicistas brasileiros que já ensaiavam a fixação de uma escola nacional de Direito Administrativo, como se depreende das referências no seu artigo inaugural e paradigmático de 1967 e o seu *Curso de Direito Administrativo*, em que aponta a existência de um regime próprio ao Direito Administrativo, apoiado no conceito de interesse público, com menções a juristas estrangeiros e brasileiros.[35]

De forma direta, no artigo de 1967, ainda na parte introdutória, Celso Antônio trata do clássico "debate" entre León Duguit e Gaston Jèze sobre a noção de serviço público, consignando sua preferência pela teoria que "buscava um critério jurídico, deduzível a partir do 'regime' atribuído pela lei", logo, a teoria formulada por Jèze. Celso Antônio manifesta que sua insatisfação com a teoria de Duguit se deve justamente ao fato de que é lastreada na realidade social, apoiada em um fundamento sociológico do serviço público, faltando-lhe a perspectiva de critério, sob o ponto de vista jurídico.[36] A escolha pela linha teórica de Jèze,[37]

---

[35] É necessário frisar que se trata aqui de um levantamento cercado de inevitáveis e necessárias limitações. Uma análise mais profunda acerca do cabedal teórico que influenciou toda a geração de juristas publicistas brasileiros após os anos 1950, aplicando-se adequadamente métodos da História do Direito, em que se aprofunda todo o aspecto das influências concretas de vida e ideológicas dos autores e os contextos históricos, ainda carece de ser realizada e, por óbvio, não é o objetivo desta obra.

[36] MELLO, Celso Antônio Bandeira de. "O conteúdo do regime jurídico-administrativo e seu valor metodológico". *Revista de Direito Público*, n. 2, São Paulo, pp. 44-61, out./dez. 1967, p. 45; MELLO, Celso Antônio Bandeira de. *Curso de Direito Administrativo*. 30ª ed. São Paulo: Malheiros, 2013, p. 56.

[37] As construções teóricas de Gaston Jèze influenciaram sobremaneira a própria noção de interesse público constituída por Celso Antônio Bandeira de Mello: "En Francia – y se puede decir que en todo Estado civilizado contemporáneo – el derecho administrativo tiene por objeto determinar exactamente los poderes del gobierno y la administración, a fin de permitir lograr eficacia, y, al mismo tiempo, dar a los particulares la garantía, de que no se sacrificarán sus derechos intereses. Desde luego, es preciso asegurar que el interés general prevalecerá sobre los intereses particulares: el gobierno y la administración representan interés general. Por los demás, no puede descuidarse este punto de vista. Los particulares serían las primeras víctimas, ya que el gobierno y la administración, si no tuviesen la certeza de que respetarán sus poderes, no consentirían limitación. Como ellos tiene a su disposición la fuerza pública, la usarían y aun abusarían de ella. Resulta más hábil mantener estos poderes, limitándoles siempre. El derecho administrativo concilia

em certa medida, já revela a orientação de Celso Antônio Bandeira de Mello em adequar a sua teoria a uma perspectiva de isolamento da disciplina do Direito Administrativo enquanto ciência, afastando-se de concepções que sobreponham conceitualmente aspectos sociológicos e que sejam tributários a uma noção de totalidade.

A teoria de Jèze fundamentou a demarcação e a justificação do regime jurídico-administrativo enquanto conjunto de princípios jurídico-administrativos que caracterizam tal sistema. Tratando do princípio da igualdade ou isonomia, Celso Antônio Bandeira de Mello identifica em Jèze a matriz da ideia que consagraria a existência de *regras especiais* e *teorias jurídicas especiais* em relação às atividades administrativas, reconhecendo que coube ao jurista francês o incomparável e profundo trabalho de "descobrir aqueles princípios que caracterizam o regime administrativo, ainda que nominalmente os reportasse ao serviço público".[38] Jèze, ainda em 1930, consignava como princípio fundante da teoria geral de funcionamento dos serviços públicos a submissão dos interesses particulares ao interesse geral;[39] fixou a inalienabilidade dos interesses públicos[40] e introduziu os princípios da continuidade dos serviços públicos e da igualdade na fruição da sua prestação.[41]

---

razonablemente los poderes de la administración y los derechos de los particulares". JÈZE, Gaston. *Principios generales del Derecho Administrativo.* vol. 1, Buenos Aires: DePalma, 1948, pp. 30/31.

[38] MELLO, Celso Antônio Bandeira de. "O conteúdo do regime jurídico-administrativo e seu valor metodológico". *Revista de Direito Público,* n. 2, São Paulo, pp. 44-61, out./ dez. 1967, p. 55.

[39] "En Francia, tres ideas capitales dominan, en la actualidad, toda la teoría general del funcionamiento de los servicios públicos; a saber: *1ª idea. – Subordinación de los intereses particulares al interés general a que responde el servicio público".* JÈZE, Gaston. *Principios generales del Derecho Administrativo.* vol. III. Buenos Aires: DePalma, 1948, p. 4.

[40] "Los gobernantes tienen el derecho y el deber de organizar los servicios públicos, es decir, de dictar reglas que tengan por fin satisfacer en la forma más completa posible las necesidades de interés general, experimentadas en un momento dado, en determinado país. Esta obligación es indiscutible". JÈZE, Gaston. *Principios generales del Derecho Administrativo.* vol. III, Buenos Aires: DePalma, 1948, p. 7.

[41] "(...) *la igualdad de los usuarios* ante el servicio público es la regla fundamental, esencial: no se trata de un hecho, *es el derecho.* Sobre este punto, no hay duda posible". JÈZE,

Assim como vários doutrinadores de seu tempo, Jèze defende a separação entre a técnica jurídica e os aspectos da política que envolvem determinado instituto de interesse do Poder Público. A despeito de reconhecer que o direito é essencialmente envolvido por questões sociais e políticas, Jèze identifica que é sempre possível distinguir os problemas de ordem política e os problemas de ordem jurídica, quando se trata de determinada questão a envolver os serviços públicos.[42]

Os doutrinadores franceses têm especial importância para Celso Antônio Bandeira de Mello, para a compreensão do próprio sentido do Direito Administrativo enquanto conjunto de regras administrativas que formam um sistema, um regime jurídico próprio. Tal relação de dependência resta clara na introdução da noção de *puissance publique* formulada por Celso Antônio, com a distinção dos atos de impérios dos atos de gestão, elencando como autores relevantes, nos séculos XIX e XX, Batbie, Aucoc, Ducrocq, Laferrière, Barthélemy, Bonnard, Jèze, Rolland e Laubadère. Faz breve alusão à teorização de Waline sobre utilização das noções de utilidade pública e interesse geral, que teria sido abandonada por ausência de precisão da ideia de utilidade e aplicação *pouco firme*.[43]

A fundamentação da sua explicação sobre a noção de serviço público que melhor se adequa aos princípios que sustentam sua teoria de regime jurídico-administrativo – princípios da supremacia do interesse público e indisponibilidade do interesse público – está fundamentalmente lastreada, primeiro e parcialmente, em Georges Vedel e sua teoria sobre a conjugação entre Poder Executivo e o conceito de *puissance publique*, constante na obra *Droit Administratif*, cuja edição citada data de 1958. Leva à adoção da noção de regime administrativo, no sentido de contemplar as noções de

---

Gaston. *Principios generales del Derecho Administrativo*. vol. III, Buenos Aires: DePalma, 1948, p. 18.

[42] JÈZE, Gaston. *Principios generales del Derecho Administrativo*. vol. I. Buenos Aires: DePalma, 1948, p. 7.

[43] MELLO, Celso Antônio Bandeira de. "O conteúdo do regime jurídico-administrativo e seu valor metodológico". *Revista de Direito Público*, n. 2, São Paulo, pp. 44-61, out./dez. 1967, p. 46; MELLO, Celso Antônio Bandeira de. *Curso de Direito Administrativo*. 30ª ed. São Paulo: Malheiros, 2013, p. 58.

"separação das autoridades administrativas e judiciárias, a prerrogativa de tomar decisões executórias, o princípio da legalidade e o da responsabilidade do Poder Público".[44] Vedel, assim como seus contemporâneos, justificava a existência de um sistema próprio ao Direito Administrativo, isolando a disciplina do Direito Privado e, também, o quanto fosse possível, eliminando a influência com os aspectos políticos que permeavam a própria Administração.[45]

Valendo-se das teorias de Jèze e Vedel, Celso Antônio Bandeira de Mello apoia suas impressões e conclusões acerca de um regime jurídico próprio ao Direito Administrativo na obra de Jean Rivero, apontando que o juspublicista francês vai além em relação aos seus compatriotas, renovando o critério da *puissance publique*, ao aludir à atuação administrativa como exorbitante da atividade privada, com suporte em um regime de prerrogativas e limitações, o que teria ensejado a introdução da expressão *"gestão pública"*.[46] De igual maneira, Rivero também propugnava a formatação de um regime próprio destinado à atuação do Poder Público, levando Celso Antônio Bandeira de Mello a suscitar que a ideia de imposição de um regime de sujeições ao Poder Público, e não apenas de prerrogativas (como defendia

---

[44] MELLO, Celso Antônio Bandeira de. "O conteúdo do regime jurídico-administrativo e seu valor metodológico". *Revista de Direito Público*, n. 2, São Paulo, pp. 44-61, out./ dez. 1967, p. 46; MELLO, Celso Antônio Bandeira de. *Curso de Direito Administrativo.* 30ª ed. São Paulo: Malheiros, 2013, p. 58.

[45] "Comme on le verra à loisir, cette règle a donné à l'Administracion et au droit administratif français un aspect très original. C'est d'elle qu'est sortie la jurisdicion administrative, c'est-à-dire un ensemble tribunaux qui, sous l'autorité du Conseil d'Etat, connaissent des litiges administratifs. En outre, la soumision de ces litiges à une jurisdicion spécialiseé n'appliquant pas les règles du droit privé a pemis la constituicion du droit administratif comme corps de règles autonomes". VEDEL, Georges. *Droit administratif.* Paris: Universitaires de Paris, 1958, p. 10.

[46] De forma mais específica: "Rivero, discípulo de Berthelemy, propugna a conjunção das noções de *puissance public*, em sua forma primitiva, e de restrições especiais em razão da legalidade e obrigatoriedade dos atos administrativos". MELLO, Celso Antônio Bandeira de. "O conteúdo do regime jurídico-administrativo e seu valor metodológico". *Revista de Direito Público*, n. 2, São Paulo, pp. 44-61, out./dez. 1967, p. 46; MELLO, Celso Antônio Bandeira de. *Curso de Direito Administrativo.* 30ª ed. São Paulo: Malheiros, 2013, p. 58.

Duguit), já possuía sustentação teórica na própria obra de Rivero, *Droit Administratif*.[47-48]

Em sentido semelhante, quando Celso Antônio trata da incidência do princípio da indisponibilidade do interesse público, pautando-se na aplicação do princípio da legalidade e suas atenuações, há citação direta à obra de Rivero e, ainda, às percepções de Waline e Vedel.[49]

Mas não foram apenas os juristas franceses a influenciar direta e incisivamente a atual doutrina do interesse público e do regime jurídico-administrativo. Fritz Fleiner, jurista suíço que se esmerou no estudo do Direito Administrativo alemão, por meio da obra *Les Principes Généraux du Droit Administratif Allemand,* é citado por Celso Antônio Bandeira de Mello em duas oportunidades em seu artigo de 1967. Fleiner é invocado com o intuito de legitimar a tese de que o princípio da legalidade é decorrência natural do próprio princípio da indisponibilidade do interesse público, uma vez que, para o suíço, a Administração Pública seria posta em movimento pela própria força da lei, a qual imporia, em idêntico sentido, a limitação à atuação estatal.[50] Em um segundo momento, na

---

[47] "D'une part les règles du droit administratif se différencient des règles du droit privé en ce qu'elles confèrent aux organes publics des pouvoirs qui ne sauraient exister dans les rapprrts entre particuliers : c'est l'ensemble des prérogatives de puissance public. Mais à l'opposé, le droit administratif impose souvent, à l'administration, des obligations beaucoup plus strictes que celles que le droit privé fait peser sur les particuliers ; par exemple, ceux-ci chisissent librement le but de leurs activités, alors que l'administration est atreinte à la poursuite du seul intérêt général ; ils choisissent librement leurs cocontractants, alors que, pour l'administration, ce choix fait une grande part à des procédures de désignation automatique. On pourrait multiplier les exemples de ces dérogations au droit commun que font l'administration, non plus puissante, mais plus liée, que les particuliers entre eux". RIVERO, Jean. *Droit administratif*. Paris: Dalloz, 1960, pp. 31/32.

[48] Este apontamento consta apenas no *Curso de Direito Administrativo*. MELLO, Celso Antônio Bandeira de. *Curso de Direito Administrativo*. 30ª ed. São Paulo: Malheiros, 2013, p. 74.

[49] MELLO, Celso Antônio Bandeira de. "O conteúdo do regime jurídico-administrativo e seu valor metodológico". *Revista de Direito Público*, n. 2, São Paulo, pp. 44-61, out./ dez. 1967, p. 50; MELLO, Celso Antônio Bandeira de. *Curso de Direito Administrativo*. 30ª ed. São Paulo: Malheiros, 2013, p. 79.

[50] MELLO, Celso Antônio Bandeira de. "O conteúdo do regime jurídico-administrativo e seu valor metodológico". *Revista de Direito Público*, n. 2, São Paulo, pp. 44-61, out./dez.

justificação de que a atividade administrativa é submissa a uma finalidade cogente, em relação a qual a Administração é obrigada a proteger e fazer valer os interesses públicos por meio do *influxo* do princípio da legalidade, Fleiner é alçado à condição de teórico que lança a *"feliz fórmula"* de que é a lei a impulsionadora da atividade administrativa.[51] A teoria de Fleiner, cuja obra data de 1933, já mirava o sentido de fechamento do sistema de Direito Administrativo em um conjunto de regras próprias, no entanto, ainda com a perspectiva de satisfação dos interesses do Poder Público. Ou seja, assim como os juspublicistas franceses, Fleiner, sob a influência direta de Otto Mayer, apontava que ciência jurídica pautava a criação de um sistema próprio do Direito Administrativo, um conjunto de conhecimentos de natureza jurídica de Direito Público, um direito especial a atingir a Administração Pública.[52]

Celso Antônio faz referência, ainda, a Ernst Forsthoff para alicerçar seu pensamento sobre a incidência do princípio da indisponibilidade

---

1967, p. 49; MELLO, Celso Antônio Bandeira de. *Curso de Direito Administrativo*. 30ª ed. São Paulo: Malheiros, 2013, p. 78

[51] MELLO, Celso Antônio Bandeira de. "O conteúdo do regime jurídico-administrativo e seu valor metodológico". *Revista de Direito Público*, n. 2, São Paulo, pp. 44-61, out./ dez. 1967, p. 53; MELLO, Celso Antônio Bandeira de. *Curso de Direito Administrativo*. 30ª ed. São Paulo: Malheiros, 2013, p. 85

[52] "Con la expresión 'Derecho administrativo' no si indica en Alemania, al contrario de Francia, una clase especial de Derecho. Considerado en su más amplio sentido, el Derecho Administrativo comprende todas las normas jurídicas que regulan la actividad de las autoridades públicas administrativas, importando poco que estos preceptos administrativos pertenezcan al derecho público o al derecho privado. Pero la ciencia jurídica no admite este concepto en un sentido tan amplio, antes bien considera que en Alemania el desarrollo de los principios jurídicos especiales para la Administración pública se ha hecho, regularmente, sólo en aquellos casos en que la normas generales de Derecho privado, penal y procesual, en toda su extensión, no puedan proteger, o lo hagan insuficientemente, los intereses especiales de la Administración pública. Basándose en este desarrollo puede contarse hoy día en Alemania como pertenecientes al Derecho administrativo, en sentido estricto, sólo los preceptos de naturaleza jurídico-publica, que forman en su conjunto, un Derecho especial de la Administración pública. Por lo tanto, Derecho administrativo, en el sentido de las explicaciones subsiguientes, no es otra cosa que el Derecho público elaborado para satisfacer las necesidades de la Administración publica". FLEINER, Fritz. *Instituciones de Derecho Administrativo*. Barcelona: Labor, 1933, pp. 50/51.

do interesse público, indicando parte da obra em o que jurista alemão apresenta a mediação entre o princípio da legalidade e as liberdades individuais.[53] Forsthoff, assim como Fleiner, possui influência aberta de Otto Mayer, reconhecendo-o como fundador da ciência moderna do Direito Administrativo alemão. Com efeito, Forsthoff defende o desenvolvimento de uma Administração cada vez mais complexa e dotada de mais competências, exacerbada com a vigência do Estado de Direito, tornando cada vez mais difícil a totalidade da própria estrutura estatal, gerando a fragmentação da unidade administrativa. Tal fenômeno só pode ser remediado com a demarcação de uma direção unitária que reúna todas as ramificações das funções administrativas sob um único e mesmo vetor de princípios gerais comuns, cujo protagonismo caberia à ciência do Direito Administrativo. Porém, Forsthoff alude à determinação de uma autonomia científica ao Direito Administrativo que não seria de cunho meramente positivista, mas que, assim como asseverava Otto Mayer, iria além do direito positivo para reconhecer as realidades e dilemas concretos em torno da vida administrativa.[54]

Forsthoff defende a construção de uma ciência do Direito Administrativo autônoma, porém não engessada pelo positivismo radical, apontando que apenas um Direito Administrativo que se preocupe com os problemas e atividades reais da Administração pode ter pretensões efetivamente científicas.[55]

Note-se, contudo, que a tendência precípua da doutrina continua sendo a de isolamento científico do Direito Administrativo, para conferir-lhe legitimidade científica. O Direito Administrativo não deveria se ater meramente ao plano do positivado, mas deve, ao mesmo tempo, compreender e solucionar os problemas e vicissitudes da própria rotina da

---

[53] MELLO, Celso Antônio Bandeira de. "O conteúdo do regime jurídico-administrativo e seu valor metodológico". *Revista de Direito Público*, n. 2, São Paulo, pp. 44-61, out./dez. 1967, p. 49.

[54] FORSTHOFF, Ernst. *Tratado de Derecho Administrativo*. Madrid: Instituto de Estudios Politicos, 1958, pp. 90/91.

[55] FORSTHOFF, Ernst. *Tratado de Derecho Administrativo*. Madrid: Instituto de Estudios Politicos, 1958, p. 92.

Administração Pública. Entretanto, não quer dizer que a doutrina reconheça a necessidade de diálogo e envolvimento com outras ramificações das ciências sociais. Logo, ainda que em um primeiro momento as conclusões de Forsthoff pareçam ter caráter menos isolacionista em relação à ciência do Direito Administrativo, percebe-se que o debate se restringe tão somente à refutação de um positivismo ingênuo e radical do final do século XIX, o que resultará na construção de propostas como a da teoria da discricionariedade administrativa.

Embora não haja a indicação direta da obra de Otto Mayer, sobretudo em relação à defesa de uma cientificidade e sistematização do Direito Administrativo, as teses do jurista alemão constituem-se como fundamento estruturante da teoria encabeçada por Celso Antônio, sobre o regime jurídico-administrativo e o conceito de interesse público. O jurista alemão Mayer, em sua clássica obra sobre o Direito Administrativo alemão, aponta que sua teoria é tributária de se separar a ciência jurídica do Direito Administrativo dos demais ramos da ciência, e afirma que o Direito Administrativo, assim como o Direito em geral, é possuidor de unidade própria, e que a relação com as ciências sociais levaria a uma indesejada separação das concepções jurídicas que formam determinado ramo. Otto Mayer é peremptório: era necessário estabelecer um método próprio ao Direito Administrativo.[56]

Nesse movimento de verticalização da atuação estatal com fundamento em um regime próprio de regras e teorias, Otto Mayer é pioneiro em atrelar a atuação administrativa ao exercício da soberania popular, por meio da lei. Com fundamento em Rousseau, cabia a toda estrutura estatal, incluindo todos os funcionários, juízes e até o Chefe de Estado, seguir as regras gerais estabelecidas no plano legislativo, o que significava concluir que a atuação estatal só era legítima se atendesse à *vontade geral*, a qual se manifestava por meio da lei.[57] Tal submissão à *vontade geral*, expressada por meio da lei, orientadora indelével da atuação administrativa e dos atos

---

[56] MAYER, Otto. *Derecho Administrativo Alemán*. t. 1. Buenos Aires: Depalma, 1982, pp. 22-24.

[57] MAYER, Otto. *Derecho Administrativo Alemán*. t. 1. Buenos Aires: Depalma, 1982, p. 72.

administrativos, eram os fatores que caracterizavam a existência ou não da forma "Estado de Direito" em um determinado Estado.[58]

Os juristas publicitas italianos são, também, orientadores na construção teórica da noção predominante de interesse público. Não obstante se observar apenas uma citação no artigo de 1967, a referência a Giovanni Miele é de extrema importância para compreender o contexto teórico no qual Celso Antônio Bandeira de Mello enraizou sua tese em relação ao regime jurídico-administrativo e, por consequência, sua noção de interesse público.

Na referida alusão ao jurista italiano na parte derradeira do artigo, Celso Antônio Bandeira de Mello volta todo seu esforço para justificar que, ao jurista em geral, especialmente do Direito Administrativo, cabe preocupar-se com a "investigação, raciocínio e construção teórica, *única e exclusivamente no regime*".[59] Defende o administrativista brasileiro que as *realidades substanciais* ou *infraestruturais* influenciam o legislador na construção da norma e o que importa aos juristas são as noções "qualificadas pelo sistema normativo, isto é, definidas em função de um regime".[60] Celso Antônio respalda sua tese em Miele para abrigar uma realidade própria para o Direito, realidade na qual o discurso jurídico se confronta apenas com ele mesmo, e torna inapropriada a comparação com outras realidades, seja do *mundo natural, histórico* ou *metafísico*. A perspectiva de separação entre os "mundos" do Direito e das demais "realidades" é em um sentido de isolamento das disciplinas jurídicas dos demais elementos que gravitam e formam as relações sociais.

Discorrendo sobre as bases ideológicas do Direito Administrativo, Celso Antônio aponta em Cyr Cambier, jurista belga administrativista

---

[58] MAYER, Otto. *Derecho Administrativo Alemán*. t. 1. Buenos Aires: Depalma, 1982, pp. 84/85.

[59] MELLO, Celso Antônio Bandeira de. "O conteúdo do regime jurídico-administrativo e seu valor metodológico". *Revista de Direito Público*, n. 2, São Paulo, pp. 44-61, out./ dez. 1967, p. 58.

[60] MELLO, Celso Antônio Bandeira de. "O conteúdo do regime jurídico-administrativo e seu valor metodológico". *Revista de Direito Público*, n. 2, São Paulo, pp. 44-61, out./ dez. 1967, pp. 58/59.

e constitucionalista, em obra de 1968, fundamento teórico para sustentar a ideia de poder, central para o Direito Administrativo, que não significa a adoção de uma concepção autoritária de atuação do Poder Público em relação aos administrados, mas sim que o Direito Administrativo e seus institutos só se legitimam na proporção em que servem à coletividade, ou seja, para o atendimento das suas necessidades gerais e, assim, justifica-se o exercício da autoridade. O trecho citado de Cambier por Celso Antônio representa que o poder se transforma em dever e o comando torna-se ordenamento, o que faz o brasileiro suscitar, com base nessa teoria, a naturalidade da sustentação da legitimidade da Administração em torno do "servir" e não do "impor".[61]

Na parte em que justifica as fontes do Estado de Direito, cuja sustentação estaria nas elaborações de Rousseau e Montesquieu, ou seja, nas premissas de igualdade entre os homens e controle do poder, Celso Antônio Bandeira de Mello vale-se da argumentação elaborada por Afonso Rodrigues Queiró, jurista português que trata do controle da atuação administrativa e do desvio de poder, e que aponta os fundamentos centrais do Estado de Direito delimitados nos pensamentos de Rousseau e Montesquieu.[62] A perspectiva traçada por Queiró é de apresentar e justificar a existência de um poder discricionário, ou em que se admite o conceito de Estado de Direito formatado pela ciência do Direito Administrativo, logo, um conceito que o próprio Queiró chama de "Administração Legal", com base nas considerações de Hans Kelsen.[63] Deste modo, o juspublicista português adere à concepção de isolamento

---

[61] MELLO, Celso Antônio Bandeira de. *Curso de Direito Administrativo*. 30ª ed. São Paulo: Malheiros, 2013, p. 45.

[62] Em idêntico sentido, Queiró manifestou-se pouco tempo depois da sua obra primeira: "Aquilo que é Estado de Direito, forçosamente, é Montesquieu e Rousseau, talvez mais Rousseau do que Montesquieu. O Estado de Direito não é fórmula, no nosso ponto de vista que exclua fins econômicos, sociais, de cultura, ou éticos". QUEIRÓ, Afonso Rodrigues. "A teoria do desvio de poder em Direito Administrativo". *Boletim da Faculdade de Direito da Universidade de Coimbra*, suplemento ao vol. XVI, Coimbra, pp. 41-78, 1942, p. 47.

[63] QUEIRÓ, Afonso Rodrigues. "A teoria do desvio de poder em Direito Administrativo". *Boletim da Faculdade de Direito da Universidade de Coimbra*, suplemento ao vol. XVI, Coimbra, pp. 41-78, 1942, p. 49.

científico do Direito Administrativo, enquanto ramo dotado de autonomia suficiente para estruturar teoricamente a atividade administrativa, mas se vê premido a resolver o dilema da influência de fatores "externos" ao Direito para a resolução de questões concretas da Administração e que envolvem a necessidade de escolhas por parte do administrador real. Queiró não foge à tendência de considerar a cientificidade do Direito Administrativo assentada na autonomia e na coerência interna, afastando o Direito das influências dos outros campos, em que pese admitir as contradições que a vida real impunha a esse sistema fechado, levando-o à consideração da discricionariedade.

A teoria dos atos discricionários e, consequentemente, a forma de controlá-los, não é outra coisa senão a imperiosa necessidade de admitir e resolver as complexas questões materiais que se apresentam ao Poder Público, cujas resoluções demandam mais orientações concretas e subjetivas que comandos abstratos legais podem, em regra, oferecer. Além de outras influências importantes, observa-se que Queiró tem como fundamento para sua teoria do ato discricionário o pensamento de Hans Kelsen e toda a teoria da norma fundamental. Um dos pilares teóricos utilizados para justificar a necessária existência de margem discricionária para atuação administrativa está justamente na perspectiva de isolamento do Direito, enquanto ciência dotada de coerência própria e pretensão de verdade, sem levar em conta outros elementos sociais e políticos.[64] O problema jurídico resolve-se juridicamente e resulta que o ato discricionário possui sua legitimação na aplicação da própria lei e, sobretudo, da Constituição.

Com referência à obra de 1960, *Sistema Istituzionale del Diritto Amministrativo Italiano*, Celso Antônio cita Renato Alessi apenas na formulação do seu *Curso*, resultando em ausência de indicação do juspublicista italiano no artigo de 1967, o que, contudo, não significa que não houve influência de suas ideias para a teoria brasileira. As citações a Alessi dizem respeito à celebre distinção criada na doutrina em relação à existência e separação entre interesse público primário e interesse público

---

[64] QUEIRÓ, Afonso Rodrigues. *O poder discricionário da Administração*. 2ª ed. Coimbra: Coimbra Editora, 1948, p. 135.

secundário, atribuindo-lhe a perspectiva teórica de que os interesses secundários só adquirem legitimidade quando coincidem com os interesses primários.[65] A conceituação de Alessi é reconhecida por Celso Antônio como fundante e justificadora da sua teoria sobre o interesse público.[66] Alessi, assim como outros juristas publicistas italianos da mesma geração, tende a enclausurar a disciplina do Direito Administrativo a partir de uma lógica sistêmica própria.

Em uma breve passagem no *Curso de Direito Administrativo,* há referência ao jurista espanhol Fernando Garrido Falla como sendo o responsável pela definição do binômio "prerrogativas da Administração – direitos dos administrados", binômio esse que sustentaria o próprio Direito Administrativo, dando-lhe "fisionomia" e indicando, com o entrosamento dos termos, se determinado Estado pende mais para o autoritarismo ou para a democracia.[67] Importa destacar que Falla é, também, um teórico do Direito Administrativo que preza pela autonomia científica dessa vertente do Direito Público, reconhecendo que a lógica jurídica tende à unidade, o que a aproxima da perfeição.[68] Partindo da lógica de unidade e isolamento científico, Falla indica que a supremacia do interesse público sobre o privado é um *dogma* para o Direito Administrativo, porém, define que os interesses da Administração Pública são, na verdade, o interesse público, o que *"engloba los intereses de cada uno de los ciudadanos que forman parte del Estado"*, portanto, interesses convergentes.[69]

Outro jurista espanhol que se mostra como sustentáculo das construções teóricas de Celso Antônio é Eduardo García de Enterría, para vincular a ideia de legalidade à atuação administrativa e de surgimento

---

[65] ALESSI, Renato. *Sistema Istituzionale del Diritto Amministrativo Italiano.* Milão: Doot. Antonio Giufrrè Editore, 1953, pp. 151/152.

[66] MELLO, Celso Antônio Bandeira de. *Curso de Direito Administrativo.* 30ª ed. São Paulo: Malheiros, 2013, pp. 67/68 e 73.

[67] MELLO, Celso Antônio Bandeira de. *Curso de Direito Administrativo.* 30ª ed. São Paulo: Malheiros, 2013, p. 57

[68] FALLA, Fernando Garrido. *Las transformaciones del Regin Administrativo.* 2ª ed. Madrid: Instituto de estudos políticos, 1962, p. 82

[69] FALLA, Fernando Garrido. *Las transformaciones del Regin Administrativo.* 2ª ed. Madrid: Instituto de estudos políticos, 1962, p. 86

de direitos subjetivos aos cidadãos em caso de lesão ou ameaça causada pelo ente estatal. Celso Antônio destaca que Enterría aponta que a legalidade não dá suporte apenas à delimitação de um aparato burocrático e racional à Administração, posto que se revela como instrumento de garantia à liberdade dos cidadãos quando há uma atuação ilegal do ente estatal.[70] Não fugindo à regra dos publicistas que fundamentam a edificação teórica de Celso Antônio Bandeira de Mello, coube ao jurista espanhol apontar o Direito Administrativo como uma vertente do Direito que tem como objeto a Administração Pública e que visa impor limites à atuação estatal, equilibrando a relação entre prerrogativas e sujeições. Com adesão à perspectiva de isolamento, Enterría afirma que o desafio perene do Direito Administrativo é exatamente a manutenção desse equilíbrio, sempre no sentido de garantir o atendimento ao interesse geral e os direitos dos particulares. Para Enterría, ainda que ocorra a preocupação com as vicissitudes da concretude e dos desafios diários enfrentados pelo Poder Público e pelos cidadãos, é papel dos juristas administrativistas a função de transformar o caráter metafísico do Direito Administrativo em técnica, pois é a realização dessa função que lhe garante um papel importante no seio das ciências sociais.[71]

Vale mencionar que outros juristas estrangeiros já emitiam ideias e teorias – nos anos em que Celso Antônio gestava sua teoria sobre o regime jurídico-administrativo e conceito de interesse público. Mesmo que não se observe citação direta, o pensamento do administrativista brasileiro está recheado de categorias e definições trabalhadas por juspublicistas como Guido Zanobini[72] e Massimo Giannini,[73] em especial a preocupação de dotar o Direito Administrativo de conteúdo e lógica sistêmica próprios.

---

[70] MELLO, Celso Antônio Bandeira de. *Curso de Direito Administrativo*. 30ª ed. São Paulo: Malheiros, 2013, p. 64.

[71] ENTERRÍA, Eduardo García de. *La lucha contra las inmunidades del Poder em el derecho administrativo*: poderes discrecionales, poderes de gobierno, poderes normativos. Madrid: Civitas, 1983, pp. 11/12.

[72] Cf. ZANOBINI, Guido. *Corso di Diritto Amministrativo*, vol. 1, 5ª ed. Milão: Dott A. Giuffrè, 1947.

[73] Cf. GIANNINI, Massimo Severo. *Diritto Amministrativo*, vol. 1. Milão: Dott. A. Giuffrè, 1970.

Na mesma sintonia teórica, estão Marcelo Caetano e Jorge Hector Escola. É notória a utilização dos posicionamentos e perspectivas teóricas lançadas por juristas publicistas estrangeiros, havendo uma inegável congruência em relação à noção kelseniana de isolamento da ciência jurídica e do Direito Administrativo.

Nos textos ora investigados de Celso Antônio (o clássico artigo de 1967 e o seu *Curso*), observa-se também o uso e inspiração recorrente e fundamental da doutrina brasileira de Direito Administrativo, basicamente desenvolvida em meados da metade do século XX e que estava extremamente influenciada pelo que se desenvolvia, em termos de ciência do Direito, no exterior, em especial na Europa.

De maneira muita clara, um dos pontos centrais da doutrina brasileira a sustentar a construção de Celso Antônio foi Rui Cirne Lima, responsável por uma das principais contribuições ao Direito Administrativo brasileiro, com o objetivo de lhe traçar plano científico próprio. No artigo de 1967, o administrativista gaúcho[74] é destacado para dar suporte à tese do princípio da indisponibilidade do interesse público como suporte inseparável da estrutura do regime jurídico-administrativo.[75] Em sua referida obra, Cirne Lima consigna que na *noção de administração* – de forma oposta à propriedade e à inerente liberdade em relação à definição dos seus fins pelo proprietário –, "o bem se não entende vinculado à vontade ou personalidade do administrador, porém, à finalidade impessoal a essa vontade deve servir". Logo, administração vincula-se à ideia de atividade em que não há *senhor absoluto*.[76] Essas lições de Cirne Lima levam Celso Antônio a concluir que atividade administrativa se refere a bens e interesses que não estão disponíveis ao administrador, pelo contrário, trata-se de uma obrigação o cuidado com

---

[74] LIMA, Ruy Cirne. *Princípios de Direito Administrativo*. 5ª ed. São Paulo: Revista dos Tribunais, 1982.

[75] MELLO, Celso Antônio Bandeira de. "O conteúdo do regime jurídico-administrativo e seu valor metodológico". *Revista de Direito Público*, n. 2, São Paulo, pp. 44-61, out./ dez. 1967, pp. 48/49.

[76] LIMA, Ruy Cirne. *Princípios de Direito Administrativo*. 5ª ed. São Paulo: Revista dos Tribunais, 1982, pp. 20/21.

finalidade para quais bens e interesses estão destinados, cujo sentido só pode ser extraído da ordem legal que se sobrepõe.[77]

Tal qual seus contemporâneos, Rui Cirne Lima não se furta em escrever um capítulo inicial em sua obra referida para tratar do Direito Administrativo enquanto ramo especial do Direito e do Direito Público, com o intuito de demonstrar a sua condição de ciência autônoma. A pretensão de Cirne Lima é de isolamento da disciplina, pois destaca a existência de normas pertinentes ao Direito Administrativo como ramo do direito positivo e que definem a sua aplicabilidade. Tais normas seriam de aplicação privativa e comporiam o próprio Direito Administrativo, levando à exclusão de "outra qualquer regulamentação jurídica para as mesmas relações de fato".[78] Assim se compõe a própria noção de sistema ao Direito Administrativo, depois desenvolvida por Celso Antônio Bandeira de Mello, e que possui no princípio da *utilidade pública* o vetor central da sua operação, melhor definido pelo próprio Cirne Lima: "forma-se o Direito Administrativo do acúmulo de regras de direito sobre o princípio da utilidade pública".[79]

Das definições de Cirne Lima, observa-se, aliás, o próprio germe da noção de interesse público e da sua supremacia diante dos interesses privados, formatada por Celso Antônio e consolidada na doutrina administrativista nacional. Parte-se da ideia de *utilidade pública*, de matriz francesa, em que o Direito Administrativo é tratado como o curador do *bem individual* e do *bem coletivo*, ou seja, dos interesses dos indivíduos e do interesse geral, porém, orientando-se ao bem da sociedade organizada como um fim em si mesma, e que resulta na necessidade de reconhecer as "relações dos indivíduos entre si ou com o agregado". De forma sutil, Cirne Lima deixa clara a prevalência do interesse público

---

[77] MELLO, Celso Antônio Bandeira de. "O conteúdo do regime jurídico-administrativo e seu valor metodológico". *Revista de Direito Público*, n. 2, São Paulo, pp. 44-61, out./dez. 1967, p. 49.

[78] LIMA, Ruy Cirne. *Princípios de Direito Administrativo*. 5ª ed. São Paulo: Revista dos Tribunais, 1982, p. 21.

[79] LIMA, Ruy Cirne. *Princípios de Direito Administrativo*. 5ª ed. São Paulo: Revista dos Tribunais, 1982, p. 17.

sobre o privado: "Dando expressão ao mesmo pensamento, diziam as antigas leis que a utilidade pública prefere sempre à particular".[80]

Cirne Lima afirma a ideia de que o Direito Administrativo possui especialidade suficiente para formar um *direito especial*, dotado de autonomia, criando um sistema orgânico[81] com conteúdo próprio e lógica específica, o que mostra, com efeito, a manifesta pretensão do administrativista de isolar o Direito Administrativo em relação às demais áreas do Direito e, consequentemente, diante de influências e contradições pertinentes à política, economia, sociologia, entre outras. Não ao acaso, Cirne Lima consigna, como suas fontes doutrinárias, vários juristas europeus igualmente citados por Celso Antônio no curso da construção da sua teoria, responsáveis justamente pela definição e defesa do Direito Administrativo enquanto ramo científico dotado de uma lógica sistêmica própria. Barthélemy, Jèze, Waline, Laubadère, Otto Mayer, Fritz Fleiner, Forsthoff, Zanobini, Alessi, Giannini e Miele[82] são juristas que aparecem em ambos os estudos, ou seja, Cirne Lima e Celso Antônio "bebem da mesma água" estrangeira para construir suas teorias, cabendo ao administrativista gaúcho o trabalho de "quebrar a pedra" da absorção dessas teorias alienígenas, cujo trabalho de polimento e de definição das formas coube ao segundo.

Ainda na seara da doutrina brasileira, salta aos olhos a magnitude de toda a teoria elaborada por Oswaldo Aranha Bandeira de Mello para construir uma coerente ciência em relação ao Direito Administrativo, cujo extenso e denso conteúdo foi absorvido e deglutido por Celso Antônio Bandeira de Mello, com influência e determinação no sentido da tese do regime jurídico-administrativo e, consequentemente, do conceito de interesse público.[83]

---

[80] LIMA, Ruy Cirne. *Princípios de Direito Administrativo*. 5ª ed. São Paulo: Revista dos Tribunais, 1982, p. 18.

[81] LIMA, Ruy Cirne. *Princípios de Direito Administrativo*. 5ª ed. São Paulo: Revista dos Tribunais, 1982, p. 17.

[82] LIMA, Ruy Cirne. *Princípios de Direito Administrativo*. 5ª ed. São Paulo: Revista dos Tribunais, 1982, pp. 46/47.

[83] No artigo de 1967, Celso Antônio cita um longo trecho de obra de Oswaldo Aranha (artigo publicado em 1964, na *Revista da Universidade Católica de São Paulo*) para

Na principal obra de Oswaldo Aranha, *Princípios Gerais de Direito Administrativo*, cuja primeira edição é de 1969, consta com clareza sua orientação para uma teoria do Direito Administrativo com sentido científico próprio, voltada a ordenar toda a atividade do Estado em relação à organização e aos modos e meios de ação, com vistas a atender o *interesse do todo social*.[84]

No percurso de tomar corpo científico, o Direito Administrativo teria alçado à condição de um "sistema jurídico científico na discussão da natureza de seus institutos", cujos princípios que lhe dão sentido são formados por um corpo de doutrina próprio que informa o direito positivo. É nesse contexto que o Direito Administrativo se aparta da Ciência da Administração e adquire, como finalidade de estudo, a natureza jurídica dos institutos relacionados à organização e ação estatal, possuindo na *utilidade pública* o seu objeto. À ciência da Administração, por sua vez, caberia o estudo dos princípios para se atingir a *utilidade pública*.[85] A diferença proposta por Oswaldo Aranha é sutil, porém, extremamente sintomática à pretensão de isolamento do Direito Administrativo em relação às demais influências e construções científicas de outros campos. Há uma divisão de atribuições entre o Direito Administrativo e a Ciência da Administração. Cabe ao primeiro a preocupação com os institutos em torno da atividade do Estado tão somente relacionados ao seu aspecto jurídico; ao segundo concerne dar conta dos demais elementos políticos, econômicos e sociais que gravitam no entorno da ação e organização estatal.

O anseio de apartar resta definitivamente presente na teoria de Oswaldo Aranha, no momento em que defende o Direito Administrativo

---

esclarecer a pertinência de sua tese sobre a inevitável posição superior da Administração em relação aos particulares, como fator elementar para que o interesse público seja atingido e que essa disparidade decorre de uma certa *ordem natural* do direito interno. MELLO, Celso Antônio Bandeira de. "O conteúdo do regime jurídico-administrativo e seu valor metodológico". *Revista de Direito Público*, n. 2, São Paulo, pp. 44-61, out./dez. 1967, p. 47.

[84] MELLO, Oswaldo Aranha Bandeira de. *Princípios Gerais de Direito Administrativo*, vol. 1, 3ª ed. São Paulo: Malheiros, 2007, p. 72.

[85] MELLO, Oswaldo Aranha Bandeira de. *Princípios Gerais de Direito Administrativo*, vol. 1, 3ª ed. São Paulo: Malheiros, 2007, p. 93.

como o direito estatal que organiza o Estado na consecução do bem comum, o que demanda uma concepção teleológica desse ramo jurídico. Impõe-se, para tanto, o estabelecimento de normas gerais e abstratas que prescrevem o que Estado-poder delimita como "desejável para uma melhor vida social, tranquila e próspera".[86] Ao admitir a perspectiva teleológica, é aberta a intenção de Oswaldo Aranha em elevar o Direito Administrativo ao patamar de ramo da ciência jurídica, cujos elementos formativos de ordem "extrajurídicas" deveriam ser extirpados ou ignorados, e as metas da dogmática jurídica seriam apenas a organização e ação estatais no plano jurídico isolado. Em compasso com os demais administrativistas brasileiros da primeira metade do século XX e um pouco adiante, Oswaldo Aranha aponta sua inspiração nos juristas administrativistas estrangeiros, na maior parte europeus, mas faz alusão também a juspublicistas latino-americanos.[87] São fontes doutrinárias que coincidem (não por acaso) e estão presentes nas obras de Celso Antônio Bandeira de Mello e de Oswaldo Aranha Bandeira de Mello, assim sinalizam a proximidade dos fundamentos teóricos de suas teorias, inspiradas nos mesmos autores e nas mesmas teorias.

O conjunto da obra de Caio Tácito também se mostra essencial no processo de formação da Escola encabeçada por Celso Antônio Bandeira de Mello, cujo recorte teórico é utilizado para fundamentar a percepção de Celso Antônio sobre a necessária existência de uma Administração autoritária, no Estado de Direito, em relação ao poder de polícia disposto ao Poder Público, com o fito de restringir direitos e liberdades individuais em nome do interesse público, o que não demandaria lesão ao princípio da legalidade, uma vez que as garantias constitucionais aos indivíduos carregam consigo a "supremacia dos interesses da coletividade".[88] Celso Antônio utiliza a teoria de Caio Tácito para demonstrar que à Administração Pública cabe executar as competências legais estatais por meio de seus

---

[86] MELLO, Oswaldo Aranha Bandeira de. *Princípios Gerais de Direito Administrativo*, vol. 1, 3ª ed. São Paulo: Malheiros, 2007, p. 214.

[87] MELLO, Oswaldo Aranha Bandeira de. *Princípios Gerais de Direito Administrativo*, vol. 1, 3ª ed. São Paulo: Malheiros, 2007, pp. 134-138.

[88] MELLO, Celso Antônio Bandeira de. "O conteúdo do regime jurídico-administrativo e seu valor metodológico". *Revista de Direito Público*, n. 2, São Paulo, pp. 44-61, out./ dez. 1967, p. 48.

órgãos e agentes, cujas atividades foram impostas legalmente por meio da atividade legislativa. Ainda tratando do princípio da legalidade, Celso Antônio escora-se nas definições de Caio Tácito para concluir que o exercício da competência discricionária exige o cumprimento da finalidade legal em relação à execução da respectiva competência normativa imposta, e que a configuração do desvio de poder enseja exatamente a antítese do objetivo do princípio da legalidade.[89]

Mesmo que não se observe a disposição direta de Caio Tácito em tratar da Ciência do Direito Administrativo enquanto item ou capítulo de seus textos a merecer (por ele) atenção específica, pode-se observar que o referido administrativista adota a postura de tratar o Direito Administrativo como ramo específico do Direito em geral.[90] Não há qualquer menção de Caio Tácito à relação do Direito Administrativo com outros ramos científicos ou experiências concretas, pois, pelo contrário, para ele existe toda uma sistemática doutrinária e legal construída que permite o controle dos atos administrativos pelo Poder Judiciário em razão de desvio de poder, sem que isso represente qualquer atentado ao Direito Administrativo. Mesmo a margem de liberdade concedida ao administrador público, na consecução das suas competências, estaria dentro de um parâmetro de razoabilidade e necessidade concreta para que os fins legais fossem efetivamente atingidos, sem que se demande (ao menos de forma direta) o diálogo com outras realidades ou construções teóricas provenientes de outras ciências. Pautando sua teoria em juristas do quilate de Guido Zanobini, Jellinek, Roger Vidal e Hauriou, Tácito emplaca sua construção teórica a partir dos postulados de isolamento da ciência do Direito Administrativo, assim como seus inspiradores estrangeiros e seus contemporâneos brasileiros.

---

[89] MELLO, Celso Antônio Bandeira de. "O conteúdo do regime jurídico-administrativo e seu valor metodológico". *Revista de Direito Público*, n. 2, São Paulo, pp. 44-61, out./ dez. 1967, p. 51.

[90] TÁCITO, Caio. *Direito Administrativo*. São Paulo: Saraiva, 1975; TÁCITO, Caio. "A Administração e controle de legalidade". *Revista de Direito Administrativo*, vol. 37, São Paulo, pp. 1-11, jul./set. 1964; TÁCITO, Caio. "O abuso de poder administrativo no Brasil: conceito e remédios". *Revista de Direito Administrativo*, vol. 56, São Paulo, abr./jun. 1965, pp. 1-26.

Com considerável número de citações a doutrinadores brasileiros, Celso Antônio destaca a contribuição de Victor Nunes Leal,[91] juspublicista de renome, cuja obra *Problemas de Direito Público* é referida para tratar dos atos discricionários e cumprimento da respectiva finalidade legal, cuja desatenção levaria à violação da própria prescrição legal expressa ou implícita.[92] Em que pese não se identificar a preocupação específica em demarcar o terreno próprio do Direito Administrativo, não pairam dúvidas acerca da sua compreensão compartimentada dessa vertente do Direito para Leal. Primeiro, porque alude indiretamente a um sistema próprio do Direito Administrativo para justificar a existência e necessidade competência discricionária, não obstante a possibilidade de controle pela via jurisdicional. Segundo, porque escolhe como supedâneo teórico justamente os autores estrangeiros que adotam a postura de segregação da ciência do Direito Administrativo. Victor Nunes pauta parte da sua pesquisa em nomes como Duguit, Fritz Fleiner, Rafael Bielsa, Hauriou e Jèze,[93] revelando grande proximidade com a própria linha metodológica adota por Celso Antônio na delimitação de sua teoria sobre o regime jurídico-administrativo.

Surge também o nome de José Cretella Júnior, citado no texto de 1967 por Celso Antônio com o intuito de justificar a imposição e a incidência do princípio da legalidade, bem como a tese de ocorrência de vício em caso de atos administrativos praticados à margem da lei, do que emerge outro "subprincípio", casos de excesso ou de desvio de poder.[94] A obra de Cretella citada é *Do Desvio de Poder*, de 1964, na qual a prática do desvio de poder ou de abuso é esmiuçada à luz da doutrina

---

[91] A carreira e vida de Victor Nunes Leal guardam um fato importante. Nomeado ministro do Supremo Tribunal Federal por Juscelino Kubitschek em 1960, foi absurdamente cassado pela Ditadura Militar, no Governo Costa e Silva, após a edição do Ato Institucional n. 5, em 1969.

[92] MELLO, Celso Antônio Bandeira de. "O conteúdo do regime jurídico-administrativo e seu valor metodológico". *Revista de Direito Público*, n. 2, São Paulo, pp. 44-61, out./ dez. 1967, p. 51.

[93] LEAL, Vitor Nunes. *Problemas de Direito Público*. Rio de Janeiro: Forense, 1960.

[94] MELLO, Celso Antônio Bandeira de. "O conteúdo do regime jurídico-administrativo e seu valor metodológico". *Revista de Direito Público*, n. 2, São Paulo, pp. 44-61, out./ dez. 1967, p. 51.

estrangeira e nacional, sob o prisma de conferir o máximo de caráter científico possível a um dos aspectos dogmáticos do Direito Administrativo, particularmente a questão do controle dos atos administrativos.[95] Baseando-se em Otto Mayer, Fleiner, Duguit, Laubadère, Waline, Alessi, Marcelo Caetano, Cirne Lima, Seabra Fagundes e outros tantos juristas estrangeiros e nacionais, Cretella Júnior é um dos exemplos do desenvolvimento do Direito Administrativo no Brasil, no sentido de adoção de critérios técnicos próprios e sistêmicos, os quais não se preocupam com a *atividade social* – que caberia à Ciência da Administração – mas apenas com a atividade e controle dos órgãos estatais indispensáveis à forma constitucional do Estado.[96]

No mesmo contexto, autores como Seabra Fagundes e Hely Lopes Meirelles são igualmente citados por Celso Antônio, tanto no artigo de 1967 como em seu *Curso*. O primeiro, contudo, em sua principal contribuição, *O controle dos atos administrativos pelo Poder Judiciário*, não traça de forma deliberada uma teoria do Direito Administrativo como eixo científico dotado de lógica e conteúdo próprios, mas, nas entrelinhas, está a ascendência sofrida por autores estrangeiros que pretendiam insular o Direito Administrativo das demais influências "externas". Não se observam maiores preocupações com os embates sociais concretos e suas repercussões, pois o objetivo central era desenvolver uma teoria própria que justificasse o caráter científico do Direito Administrativo, o que, no caso de Seabra Fagundes, foi verticalizado na análise do ato administrativo e da possibilidade de controle.[97]

Por outro lado, Hely Lopes Meirelles define um conceito de Direito Administrativo como sistema de princípios jurídicos que rege a atuação e os fins do Estado, sem, contudo, realizar uma maior incursão na perspectiva do Direito Administrativo enquanto ciência e a necessidade de isolamento

---

[95] CRETELLA JÚNIOR, José. *Do desvio de poder*. São Paulo: Revista dos Tribunais, 1964.

[96] CRETELLA JÚNIOR, José. *Direito Administrativo*. São Paulo: Revista dos Tribunais, 1962, pp. 33/34.

[97] FAGUNDES, M. Seabra. *O controle dos atos administrativo pelo Poder Judiciário*. 4ª ed. Rio de Janeiro: Forense, 1967.

dessa área jurídica. Observa-se que Meirelles admite, ainda que de maneira tímida, a relação do Direito Administrativo com outras áreas da ciência, para além do Direito, porém, com a finalidade expressa de aperfeiçoamento dos institutos jurídicos e normas vinculados ao Direito Administrativo, conforme a ordem jurídica vigente.[98]

De todo modo, pode-se atribuir importância ímpar para o desenvolvimento dos conceitos e teoria sobre o regime jurídico-administrativo de Celso Antônio, enquanto a tentativa de criar um sistema próprio e dotado de valor metodológico para o Direito Administrativo, a produção teórica de Geraldo Ataliba, principalmente a sua proposição e fundamentação de um sistema constitucional tributário brasileiro. Na construção da teorização do regime jurídico-administrativo, a ideia de Geraldo Ataliba é elevada à condição de supedâneo teórico inevitável, uma vez que teria identificado as raízes da noção de sistema e de ciência verticalizada ao Direito Tributário. Na procura em "conhecer o Direito Administrativo como um sistema coerente e lógico, investigando liminarmente as noções que instrumentam sua compreensão sob uma perspectiva unitária",[99] Celso Antônio busca em Ataliba o fundamento filosófico para justificar sua pretensão em justificar um sistema próprio para o Direito Administrativo, assim como o tributarista logrou fazer com o Direito Tributário. A questão essencial foi a adaptação realizada da noção de *sistema* utilizada por Ataliba,[100]

---

[98] "Com as Ciências Sociais o Direito Administrativo mantém estreitas relações, principalmente com a Sociologia, com a Economia Política, com a Ciência das Finanças e com a Estatística. Como disciplinas sociais, ou antropológicas, atuam no mesmo campo do Direito – a sociedade – apenas como rumos e propósitos diversos. Enquanto as Ciências Jurídicas visam estabelecer normas coercitivas de conduta, as Ciências Sociais (não jurídicas) preocupam-se com a formulação de princípios doutrinários, deduzidos dos fenômenos naturais que constituem o objeto de seus estudos, mas desprovidos de coação estatal. A essas Ciências, o Direito Administrativo pede achegas para o aperfeiçoamento de seus institutos e de suas normas, visando ajustá-los, cada vez mais e melhor, aos fins desejados pelo Estado, na conformidade da ordem jurídica preestabelecida". MEIRELLES, Hely Lopes. *Direito Administrativo Brasileiro*. 20ª ed. São Paulo: Malheiros, 1995, pp. 33/34.

[99] MELLO, Celso Antônio Bandeira de. O conteúdo do regime jurídico-administrativo e seu valor metodológico. *Revista de Direito Público*, n. 2, São Paulo, pp. 44-61, out./ dez. 1967, p. 44.

[100] "O caráter orgânico das realidades componentes do mundo que nos cerca e o caráter

a qual se encaixava para o anseio de se delimitar um regime único de Direito Administrativo, posto que o desenvolvimento dessa disciplina do Direito e a própria definição global das suas tendências dependeriam, segundo Celso Antônio, da identificação "das ideias centrais que norteiam na atualidade [o Direito Administrativo]" e da sistematização dos princípios e subprincípios que forma sua *organicidade*.[101]

É importante frisar que a noção de *sistema* adotada por Geraldo Ataliba possui inspiração na doutrina de ciência do Direito formulada por Hans Kelsen. A partir da noção sistêmica que justifica a função e preponderância das constituições nacionais, o tributarista nacional retira seu fundamento e compreensão de *sistema*, bem como reconhece, na lição de Kelsen, o "postulado epistemológico da unidade fundamental do sistema jurídico".[102] A verticalização isoladora de Ataliba, em propor um sistema próprio ao Direito Tributário, reside, portanto, nos fundamentos teóricos de Kelsen de "purificação" das ciências jurídicas em relação às demais influências "externas".[103]

---

lógico do pensamento humano conduzem o homem a abordar as realidades que pretende estudar, sob critérios unitários, de alta utilidade científica e conveniência pedagógica, em tentativa de reconhecimento coerente e harmônico da composição de diversos elementos em um todo unitário, integrado em uma realidade maior. Essa composição de elementos, sob perspectiva unitária, denomina-se *sistema*. Os elementos de um sistema não constituem o todo, com sua soma, como suas simples partes, mas desempenham cada um sua função coordenada com a função dos outros". ATALIBA, Geraldo. *Sistema constitucional tributário brasileiro*. São Paulo: Revista dos Tribunais, 1968, p. 4.

[101] MELLO, Celso Antônio Bandeira de. "O conteúdo do regime jurídico-administrativo e seu valor metodológico". *Revista de Direito Público*, n. 2, São Paulo, pp. 44-61, out./dez. 1967, p. 44.

[102] ATALIBA, Geraldo. *Sistema constitucional tributário brasileiro*. São Paulo: Revista dos Tribunais, 1968, p. 3.

[103] Curiosamente, na parte instrutória da sua proposição de *Sistema*, Geraldo Ataliba discorre consideravelmente sobre o problema da doutrina brasileira de Direito Público em relação à "colonial admiração pela cultura europeia e na compreensão simplista e acrítica de doutrina jurídica, importada às toneladas e mal digerida", afirmando que existe um direito público brasileiro dotado de sistematização própria, ou melhor, "autenticamente indígena", o qual deve se sobrepor à mera tradução de normas e doutrinas estrangeiras. Entretanto, o que se viu na sequência, pelo menos no Direito Administrativo, foi a continuidade da busca pela inspiração estrangeira. Se antes a Europa

Percebe-se que os doutrinadores estrangeiros, influenciadores determinantes e que subsidiam a construção teórica de Celso Antônio Bandeira de Mello, esmeram-se em dotar o Direito Administrativo de uma cientificidade própria, na busca de um contínuo isolamento teórico no sentido de conferir sentido próprio e uma lógica sistêmica endógena à ciência desse ramo do Direito. Nesse sentido, Mannori e Sordi, em estudo sobre a história do pensamento jurídico do Direito Administrativo, esclarecem a maneira como o Direito Administrativo adquiriu sua respectiva "especialização",[104] e como se constituía em um projeto científico específico dos próprios juristas administrativistas.[105]

---

se constituía como fonte central do conhecimento, a América do Norte passou a exercer papel determinante na posição de produtor de paradigma de doutrina e sistematização.

[104] A "conquista da especialidade" pelo Direito Administrativo, na virada para o século XX, significando o seu isolamento e definição de essência própria, assim como a construção de uma sistemática definida, é identificado por Mannori e Sordi: "Lo Stato di diritto, nel modello continentale, si è confermato l'assetto statuale dotato di un 'diritto ammnistrativo ben regolato': anche l'amministrazione è stata 'neutralizzata' dal diritto, la sua attività è stata formalizzata nella mera produzione di atti, ma è satà ontologizzata come *puissance*, come direta portatrice delaa sovranità. All'*autonomia* dei rapporti interprivati l'amministrazione contrappone l'*eteronomia* delle proprie manifestazioni di volontà: è emersa una stretta equivalenza tra l'attuazione dei fini dello Stato e le forme imperative di attività, che acentua la specialità dell'ordinamento amministrativo e dissolve il precedente equilibrio tra specialità del soggetto e unità dell'ordinamento. Il modelo continental sta assumendo i suoi contenuti più tipici, tutti fondati su um'identità pubblico-autoritativa dell'attività amministrativa. (...) Scorrendo le pagine di Otto Mayer come Fritz Fleiner, di Santi Romano come di Oreste Raneletti, e pure quelle. Riche di argomentazioni e di accenti diversi, ma anche di prospettive al fondo non dissimili, di Maurice Hauriou come di Léon Duguit, si scopre facilmente che il diritto amministrativo non costruisce la propria parte generale in modo induttivo, elaborando i dati offerti dal diritto positivo. Muove, invece, da una definizione quasi fideistica di amministrazione; isola una certa essenza amministrativa, che ipostatizza come naturale, e da questa fa derive principi e criteri di costruzione sistematica: l'amministrazione è soggetto per natura diseguale; sprigiona una forza propria; è 'an sich frei': è libera per definizione". MANNORI, Luca; SORDI, Bernardo. *Storia del diritto ammnistrativo*. Roma: Laterza, 2006, pp. 373 e 375.

[105] Mannori e Sordi revelam o desenvolvimento do Direito Administrativo europeu na virada para século XX, apontando o movimento de construção do Direito Administrativo como projeto científico específico e não como *mera figura impressionista*, cujos institutos e princípios gerais foram resultado de um trabalho dos juristas publicistas e não de uma construção dos legisladores. Torna-se possível a definição do Direito

Afirma-se o argumento de que os desenvolvimentos teóricos realizados por Celso Antônio Bandeira de Mello, por influência direta da doutrina estrangeira e a forma de desenvolvimento do Direito Administrativo nos países centrais europeus, especialmente sobre o conceito de interesse público e a formação do regime jurídico-administrativo, estavam premidos pela ideia de isolamento do Direito Administrativo, com o intuito de conferir lógica e sentido sistêmico a esse ramo do Direito, para possibilitar a formulação de uma ciência própria e dotada de legitimidade suficiente para se afastar das demais "ingerências" da concretude social e política.[106]

Administrativo, enquanto ramo, com suporte na ideia de um *único conceito público*, sem a necessidade de maiores amparos normativos: "Queste definizioni nascondevano, tuttavia, anche um potente efetto costruttivo che, al contrario dele immagini più venate di autoritarismo, sarà destinato a rimanere impresso in modo assai più duraturo all'interno degli instituti del diritto amministrativo continentale, resistendo non di rado anche alla trasformazione degli stessi modelli costituzionali. Non siamo quindi di fronte a mere figure impressionistiche, ma un vero e proprio proggeto scientifico, che si dimostra dotato di una portata normativa notevolissima per siste giuridici ispirati al primato della legge. Il modello amministrativo ottocentesco si consolida, infatti, in modo definitivo, in assenza di ogni base codicistica e su una piattaforma legislativa tutto sommato modesta. Istituti e principi generali non sono difiniti dal legislatore: sono, invence, il frutto de 'lavoro giuridico' dei giuristi. Il resultati della pubblicizzazione si ottengono dal solo 'concetto de pubblico', senza bisogno di particolari supporti normativi". MANNORI, Luca; SORDI, Bernardo. *Storia del diritto ammnistrativo*. Roma: Laterza, 2006, p. 378.

[106] A obtenção da especialidade e do isolamento científico do Direito Administrativo, no sentido de ser a disciplina detentora da verdade sobre o Estado, faz com que o juristas publicistas coloquem-no como alternativa à própria política, o que, na visão de Mannori e Sordi, somado a objetivos anti-individualistas e na pretensão de distanciamento do Direito Constitucional, leva esse novo ramo do Direito à exaltação dogmática da autoridade: "È un progetto ben consapevole dela própria missione costrutiva, quello che la scienza di diritto pubblico dell'Europa continentale si assume nell'elaborazione della parte generale del diritto amministrativo: un progetto segnato però di forti venature antiindividualistiche e che si spiega anche per una crescente separazione del tavolo di lavoro dell'ammnistrativista da quello, sino a questo momento parallelo o appena sopraelevato, del constituzionalista. La separazione tra il 'tronco' e i 'rami' delle discipline fondamentali del diritto pubblico; la conseguente autonomizzazione di un ordinamento amministrativo che non solo riconosce sempre meno le sue 'teste di capitolo' nel diritto costituzionale, ma addirittura si pone, in alternativa alla costituzione e alla politia, come il vero e unico depositario dell'essenza della statualità, contribuiscono alla grande esaltazione dogmatica del"autorità che si celebra nel definitivo consolidamento della specialità ammnistrativa". MANNORI, Luca; SORDI, Bernardo. *Storia del diritto ammnistrativo*. Roma: Laterza, 2006, p. 379.

1.3 O DIREITO ADMINISTRATIVO SOB A FORMA DE SISTEMA E A ADOÇÃO DE UM ISOLAMENTO TEÓRICO-CIENTÍFICO DE INSPIRAÇÃO KELSENIANA: A SUSTENTAÇÃO EPISTEMOLÓGICA PARA O CONCEITO DE INTERESSE PÚBLICO

O objetivo pretendido neste tópico é demonstrar a influência direta de Kelsen na proposição teórica elaborada por Celso Antônio Bandeira de Mello, inspirando-o a propor a ideia de regime jurídico-administrativo.

Na vasta obra de Celso Antônio Bandeira de Mello, não são muitas as referências diretas a filósofos, sociólogos ou, ainda, filósofos do Direito, sendo uma de suas características a fundamentação das suas teorias em Direito Administrativo em autores juspublicistas e de outras áreas da dogmática jurídica. Entende-se que a lógica estrutural jurídica que sustenta as teorias de Celso Antônio Bandeira de Mello, essencialmente em relação ao regime jurídico-administrativo e sua concepção de interesse público, está lastreada no conjunto de obras de Hans Kelsen, tendo lugar de destaque a sua *Teoria Pura do Direito*.

Não é puro acaso que a principal fundamentação contida na obra *O conteúdo jurídico do princípio da igualdade* é justamente a Teoria Pura do filósofo austríaco. Nas primeiras páginas, Kelsen é citado no entrelaçamento entre o princípio da igualdade e o cumprimento da lei, citando-se trecho em que defende que os órgãos aplicadores da lei não possuem qualquer liberdade para formular distinções não contidas na própria lei, ou ainda, que a norma deve ser aplicada conforme a norma.[107]

Em seguida, Celso Antônio defende a relativização da aplicação do princípio da igualdade, uma vez que há situações em que se mostra necessária a discriminação, sendo Kelsen a expor que a igualdade consignada na Constituição não exprime o tratamento idêntico das pessoas em relação às normas, sendo legítimo o reconhecimento de distinções entre crianças e adultos, homens e mulheres etc. Em citação adiante,

---

[107] MELLO, Celso Antônio Bandeira de. *O conteúdo jurídico do princípio da igualdade*. 3ª ed. São Paulo: Malheiros, 2008, p. 10.

qualificando Kelsen como *mestre insuperável*, Celso Antônio explica a necessidade de se cumprir a igualdade na formação da lei e a igualdade *perante* a lei, sendo a posição de Kelsen o sustentáculo da respectiva fundamentação.[108]

No *Curso de Direito Administrativo*, observa-se que Celso Antônio se refere a Hans Kelsen em algumas oportunidades. Nas primeiras quatro citações, Celso Antônio utiliza-se das lições de Kelsen para justificar algumas posições em relação a institutos verticalizados do Direito Administrativo, em que revela também alguma discordância em alguns pontos específicos. Na primeira menção, em nota de rodapé[109] à obra *Teoría General del Derecho y del Estado* do jusfilósofo austríaco, são tratadas as funções do Estado (Executiva e Legislativa), bem como frisa-se a distinção de concepções entre Oswaldo Aranha Bandeira de Mello (Executivo e Judiciário) e o próprio Kelsen. A segunda está inserida no contexto da análise de Celso Antônio em relação à diferença entre lei e regulamento,[110] no qual aponta lição de Kelsen – a quem qualifica como *insuspeito* – de que o poder Legislativo conteria maior legitimidade democrática em relação ao Executivo, pois é formado por eleições proporcionais que garantem uma maior pluralidade de representação. Tratando de existência e validade do ato administrativo, observa-se a terceira citação[111] a Kelsen, entretanto agora para criticá-lo – sem esquecer de antes reverenciá-lo – em relação à sua posição de que os planos da existência e validade se confundem um único plano. A quarta referência dá-se na apresentação dos requisitos do ato administrativo; Celso Antônio destaca a distinção sobre a *vontade* e o *ato jurídico*, qualificando a lição de Kelsen como *magistral* e *insubstituível*.[112] Sobre os efeitos da invalidação do ato administrativo e seu caráter

---

[108] MELLO, Celso Antônio Bandeira de. *O conteúdo jurídico do princípio da igualdade*. 3ª ed. São Paulo: Malheiros, 2008, pp. 11 e 15/16.

[109] MELLO, Celso Antônio Bandeira de. *Curso de Direito Administrativo*. 30ª ed. São Paulo: Malheiros, 2013, pp. 29/30.

[110] MELLO, Celso Antônio Bandeira de. *Curso de Direito Administrativo*. 30ª ed. São Paulo: Malheiros, 2013, pp. 371/372.

[111] MELLO, Celso Antônio Bandeira de. *Curso de Direito Administrativo*. 30ª ed. São Paulo: Malheiros, 2013, pp. 391/392.

[112] MELLO, Celso Antônio Bandeira de. *Curso de Direito Administrativo*. 30ª ed. São Paulo: Malheiros, 2013, p. 397.

constitutivo, surge o quinto momento em que Kelsen é lembrado, todavia para destacar nesse caso que a posição do jurista austríaco era divergente da adotada por Celso Antônio.[113]

Há, também, citações polêmicas e, talvez, contraditórias. Ao tratar da definição de serviços públicos e do respectivo vínculo com critérios e padrões vigentes *em dada época e sociedade,* Celso Antônio remete-se a Kelsen para amparar sua visão sobre Direito, norma e interpretação:

> Que assim seja não deve causar surpresa alguma, pois o Direito se vale de palavras: é uma linguagem; um meio de comunicação. Como em toda a linguagem, há um emissor (o legislador) e um receptor (a Sociedade), o qual lhes apreende a significação segundo a conotação e a denotação que as palavras têm em dado tempo e espaço. Esta significação está, obviamente, influída pelos fatores que influem nos homens, a saber, seus condicionantes políticos, morais, socioeconômicos, psicológicos e psicossociais. Este fenômeno é comum e inevitável. A norma jurídica, com suas palavras, persiste no mundo do "dever-ser"; os fatos e comportamentos assistem no mundo do "ser", cada qual pertencendo a um plano lógico irredutível ao outro, como ensinou Kelsen. Sem embargo, a norma existe para ser aplicada, e, para tanto, necessita ser entendida. É o problema da "interpretação", que necessariamente precede a aplicação. *A interpretação é feita por homens, que entendem as normas em função dos condicionantes aludidos. Assim, é a interpretação que especifica o conteúdo da norma.* Já houve quem dissesse, em frase admirável, que o que se aplica não é a norma, mas a intepretação que dela se faz. Talvez se pudesse dizer: o que se aplica, sim, é a própria norma, porque *o conteúdo dela é pura e simplesmente o que lhe resulta da intepretação.* De resto, Kelsen já ensinara que a norma é uma "moldura". Deveras, quem lhe outorga, afinal, o conteúdo específico, em cada caso, é o intérprete, ubicado no mundo do "ser" e, por isto, circunstanciado pelos fatores que daí advêm.[114]

---

[113] MELLO, Celso Antônio Bandeira de. *Curso de Direito Administrativo.* 30ª ed. São Paulo: Malheiros, 2013, p. 487.

[114] MELLO, Celso Antônio Bandeira de. *Curso de Direito Administrativo.* 30ª ed. São Paulo: Malheiros, 2013, pp. 710/711.

A passagem acima revela um Celso Antônio que fala claramente em liberdade de interpretação da norma, reconhecendo de maneira taxativa que no momento da aplicação fatores externos ao Direito inevitavelmente permeiam e influenciam o intérprete. De forma ainda mais clara, admite que *condicionantes políticos, morais, socioeconômicos, psicológicos e psicossociais* estão em ação perante o intérprete no momento de aplicação e incidência da norma.

Hans Kelsen é referência indelével na teoria e na ciência do Direito moderno, sendo responsável por uma das mais sólidas e perenes edificações teóricas do Direito de todos os tempos, cujos efeitos são sentidos e seguidos ainda hoje. A força de um pensamento que se ajustava às novas exigências do Estado de Direito do século XX não poderia ser ignorada pelos pensadores que se dedicavam à remodelada estrutura estatal, transmutada em prestadora de serviços e submissa ao império da lei.

Não é por acaso que vários dos fundamentos presentes nas obras de Direito Público do segundo quarto do século XX passaram a aludir às Constituições como fundamento político aceitável e principal da estrutura jurídica, constituindo-se o princípio da legalidade o suporte principal da atuação da Administração, cujo fim era o interesse público fundamentado no sistema normativo vigente, com respeito aos direitos subjetivos individuais.[115]

---

[115] A superação dos regimes totalitários do início do século XX levou à adoção de sistemas políticos pautados no valor absoluto das pessoas e dos direitos a serem garantidos, resultando em modelos jurídicos tipicamente formais e positivistas centrados na pessoa e na neutralidade e controle do Estado: "Se as palavras de ordem da visão totalitária do Estado são a onipotência do poder e a irrelevância dos sujeitos e de deus direitos, é compreensível que os novos sistemas políticos que surgem na Europa sobre as cinzas dos regimes vencidos queiram fundar-se sobre o valor absoluto da pessoa e sobre direitos (civis, políticos e sociais) que para ela devem ser garantidos. Neste quadro, a antiga tensão entre o caráter 'absoluto' da soberania e a exigência de limitar sua força devastante torna a colocar-se me múltiplas direções. Em primeiro lugar, a pessoa e os direitos aparecem como o centro de uma ordem que encontra no Estado não um fim, mas um instrumento: volta-se a se fazer ouvir a ideia (em qualquer modo com a mesma essência origens 'contratualista' da soberania moderna) de uma legitimação funcional da soberania. Em segundo lugar, o caráter neutro do estado é acentuado, como o trâmite de uma ordem caracterizada pelo politeísmo de valores, pela multiplicidade de fés e pela

Como bem expõe Pietro Costa, Kelsen foi o primeiro a romper com os fundamentos oitocentistas do Estado de Direito, ao defender a atenção precípua no ordenamento jurídico e não mais na metafísica do poder e das pessoas, bem como ao definir a hierarquia normativa e consagração da Constituição como eixo fundamental, impondo limites e controle à atividade do legislador. Foi Kelsen quem delimitou de forma severa a distinção entre os planos do "ser" e do "dever ser", os quais se desenvolvem e se exaurem "dentro das fronteiras de uma representação 'formal' do ordenamento".[116]

O dilema que Kelsen se propôs a resolver com sua teoria Pura do Direito foi a celeuma envolvida na separação entre a forma do direito e a matéria política, pois, em última medida, o fundamento político sempre emergia para justificar, ao cabo, a legitimação de determinada norma legal ou constitucional ou mesmo de princípio do Direito, caindo-se, ao final, sempre na política.[117]

A solução de Kelsen é bem conhecida. Procura-se delimitar a autonomia do Direito frente à política, livrando-o dessa "impureza", com o objetivo de que até a última instância as discussões e temas do Direito fossem de cunho jurídico. Especifica o Direito enquanto sistema de normas que possui fundamento em si mesmo, afastando-se de outros sistemas normativos (religião e moral) e da *ordem dos factos* (política, utilidade, organização espontânea das coisas).[118] A norma encontra sua

---

valorização das diferenças. Em terceiro lugar, ganha um novo entusiasmo a exigência de repensar criticamente a trajetória da soberania 'moderna': aquela soberania 'hobbesiana' que parece agora intrinsicamente exposta à tentação de uma excessiva invasão, perigosa para a liberdade dos indivíduos e dos grupos". COSTA, Pietro. *Soberania, representação, democracia*: ensaios de história do pensamento jurídico. Curitiba: Juruá, 2010, p. 96.

[116] COSTA, Pietro. "O Estado Direito: uma introdução histórica". *In:* COSTA, Pietro; ZOLO, Danilo. *O Estado de Direito*: história, teoria e crítica. São Paulo: Martins Fontes, 2006, p. 162.

[117] HESPANHA, António Manuel. *Cultura jurídica europeia*: síntese de um milénio. Coimbra: Almedina, 2015, p. 423.

[118] Afirma Paolo Grossi que a purificação e a simplificação do direito fazem parte do projeto iluminista: "O elogio da lei consistia sobretudo no elogio da norma, certa e clara, ficando absorvido o problema do seu conteúdo em uma confiança ilimitada

validade no Direito, mais especificamente na pirâmide normativa com topo ocupado pela Constituição, cujo fundamento jurídico é pressuposto.[119]

O monismo jurídico de Kelsen, como denomina Luiz Fernando Coelho, em que a estatalidade do Direito é reforçada, impõe a ideia de que apenas o direito positivo é válido e legitimo, pois é proveniente do poder soberano, e é o "único que tem na coerção sua característica ontológica fundamental; e o aparelho coercitivo implicado pela ordem jurídica é legitimado por essa mesma ordem".[120] Kelsen reduz o Estado ao Direito, mas apenas ao direito positivo, constituindo-se a teoria pura kelseniana em uma teoria geral do Direito, logo, uma teoria do direito

---

no legislador, uma confiança que logo se revelaria mal depositada, como teria demonstrado com eloquência o uso e o abuso do instrumento legislativo feito não só pelas democracias burguesas, como também pelos regimes totalitários do século XX. Tratou-se de uma operação drasticamente redutiva: o universo sócio-político-jurídico passava a ser reduzido a dois protagonistas, Estado e indivíduo, com a anulação quase que total da sua complexa articulação. Iniciava-se a realização da grande promessa contida na mais autentica mensagem iluminista; a sociedade passava a ser reduzida a uma pureza de linhas. Transferir-se-ia para ela a pureza de linhas geométricas que os novos estudiosos das ciências naturais identificavam, dia após dia, de modo sempre mais evidente, abaixo da emaranhada natureza física. Redução da velha complexidade sócio-política-jurídica em uma estrutura simples, o mais simples possível, seguida de apressada identificação da complexidade como caótica desordem e da simplicidade em linearidade e essencialidade. Florescia, deste modo, uma mentalidade que tinha como pano de fundo o horror e o desprezo em relação à velha complexidade. Esquecia-se um aspecto bastante relevante: aquela complexidade significava história viva cotidianamente vivida, significava historicidade de princípios, regras, instituições, a nova ordem, por sua vez, assumia sempre mais a figura de um modelo abstrato catapultado na cotidianidade. Uma opção clara parecia guiar o novo modelo jurídico, um modelo que deveria subordinar a multiformidade da experiência: generalidade e abstração. O direito, justamente ser concebido como abstrato, facilmente se tornava um sistema unitário e coerente, espelho e cimento da unidade política do Estado. Tal fenômeno representava, também, maior risco para uma dimensão da sociedade naturalmente vocacionada a uma função essencial ordenadora: o risco de tornar-se uma substancial mitificação". GROSSI, Paolo. *Mitologias jurídicas da modernidade*. 2ª ed. Florianópolis: Fundação Boiteux, 2007, pp. 131/132.

[119] HESPANHA, António Manuel. *Cultura jurídica europeia*: síntese de um milénio. Coimbra: Almedina, 2015, pp. 423/424.

[120] COELHO, Luiz Fernando. *Teoria crítica do Direito*. 2ª ed. Porto Alegre: Sergio Antonio Fabris Editor, 1991, p. 262.

positivo, cuja lógica é o isolamento do Direito, como bem define Luiz Fernando Coelho.[121]

Sintetizando a estrutura da teoria kelseniana, Clèmerson Merlin Clève frisa que a intenção de Kelsen era justamente *depurar* a ciência jurídica, com o fito de extirpar "objetos de conhecimento próprios de outras áreas do saber, quanto das interferências ideológicas", ou seja, o objeto a ser contemplado era apenas a norma jurídica, fruto do *reino do dever-ser*, idealmente concebida e "sem qualquer correspondência com o império sensitivo da experiência humana". Não há, com efeito, espaço nessa teoria para "devaneios" ideológicos; pelo contrário, a crítica posterior à teoria pura de Kelsen tem fundamento na postura de ignorar os fatores ideológicos que permeiam o Direito. De qualquer forma, Clève deixa claro que o jusfilósofo austríaco possui importância e influência ímpar no pensamento jurídico contemporâneo, constituindo-se como verdadeiro *divisor de águas*.[122]

Ainda que de maneira sintética, é necessário destacar que a teoria "purista" do Direito de Kelsen, não obstante seu protagonismo e relevância, cujos efeitos são sentidos ainda nos dias atuais, sofre críticas severas em relação a sua abstração[123] e idealismo, o que resultou em inúmeros debates

---

[121] "Hans Kelsen identifica o Estado ao direito, ao reduzir epistemologicamente o objeto da ciência do direito às normas positivas; para ele, o dualismo do direito Estado não tem fundamento científico que possa sustentá-lo, pois o fato Estado é uma comunidade de homens, a qual apenas pode ser unitariamente concebida pelo pensamento científico em uma ordem normativa que regula a conduta mútua dos homens que pertencem a esta comunidade; e falar de uma comunidade constituída por uma ordem normativa é falar de uma ordem coercitiva: o direito". COELHO, Luiz Fernando. *Teoria crítica do Direito*. 2ª ed. Porto Alegre: Sergio Antonio Fabris Editor, 1991, p. 262.

[122] CLÈVE, Clèmerson Merlin. *O direito e os direitos*: elementos para uma crítica do direito contemporâneo. 3ª ed. Belo Horizonte: Forum, 2011, p. 54.

[123] Sobre a opção pela abstração, Paolo Grossi desnuda a *a-historiedade* e *a-socialidade* da modernidade jurídica: "Existia, depois, uma escolha, escolha fundamental da modernidade jusnaturalista, que parecia deita na medida para cimentar mais o fechamento em si das diversas individualidade: a escolha pela abstração, ou seja, o raciocinar sobre modelos e para modelos, e a consequente des-historicização e desfactualização jusnaturalista e iluminista. Abstraído da sociedade – o dissemos – era o Estado/pessoa, e sua manifestação normativa, a lei, era teorizada como geral, rígida e abstrata; lei igual

e elaboração de teorias críticas do Direito em relação à essa perspectiva *normativista*. Um dos embates mais ruidosos envolveu a crítica de Evguiéni B. Pachukanis,[124] e sua teoria marxista em relação ao Direito, na qual o jurista russo identifica que o direito objetivo não se esgota na norma ou na regra, isto é, para se afirmar que o Direito existe objetivamente é necessário "saber se o conteúdo normativo tem lugar na vida, ou seja, nas relações sociais", e aponta como um dos principais equívocos do *jurista-dogmático* o desvincular da análise jurídica em relação à existência ou não de determinado *fenômeno social objetivo*.[125]

Luis Alberto Warat, a seu modo, destaca que Kelsen reformulou o *princípio do egocentrismo textual*, tendo como consequência a marginalização teórica de todas as dimensões políticas do Direito. Denuncia Warat que o alto grau de *vagueza* nas convenções implícitas, tal qual a Teoria Pura

---

para todo um povo de crassamente desiguais, primeiro passo na superação das velhas e iníquas desigualdades de ordens mas apenas um primeiro passo que, satisfazendo-se em uma conclamação puramente retórica de igualdade, mantinha sua substancia punitiva para o socialmente fraco, o pobre, o ignorante, ou seja para a grande maioria. (...) A escolha, que agora assinalamos e que é um sinal sonoro da modernidade jurídica, nela provoca imediatamente um outro sinal no nível da manifestação e comunicação do direito: regras abstratas, ou seja, não contaminadas pela factualidade cotidiana, regras gerais e rígidas, que não se dobram às circunstâncias particulares e pretendem ter uma projeção unitária prescindindo do caráter móvel e acidentado do terreno histórico, que podem e devem ter uma imobilização escrita num texto de papel permeável a mudança e refratário à incidência do desgaste histórico. E, em perfeita coerência, a civilização jurídica burguesa é civilização de *déclarations*, de caras, de Códigos, que flutuam *impassíveis* por sobre o devir histórico. (...) Mas um risco percorreu perenemente a modernidade: renegando a intrínseca historicidade do direito, operou-se uma natural separação com relação à experiência e com o ambiente. Risco que, em momentos marcados por um maior caráter estático, pôde até ficar sepultado mas que, por outro lado, explodiu quando a virulência e a rapidez da mudança socioeconômica colocou a nu o sufocamento de várias forças e a evidência de que o direito se desnatura, passando de ordenamento respeitoso para prisão constritora". GROSSI, Paolo. "Para além do subjetivismo jurídico moderno". *In:* FONSECA, Ricardo Marcelo; SEELAENDER, Airton Cerqueira Leite. *História do Direito em perspectiva*: do antigo regime à modernidade. Curitiba: Juruá, 2008, p. 27

[124] As teses de Pachukanis constituem-se em importante marco teórico, essencialmente na perspectiva de se demonstrar a crítica à noção de interesse geral a partir da concepção do Direito como relação social, o que será realizado em capítulo específico.

[125] PACHUKANIS, Evguiéni. B. *Teoria geral do direito e marxismo*. São Paulo: Boitempo, 2017, p. 99.

acarreta, na verdade "permite reintroduzir clandestinamente, acima das intenções excludentes da política, relações de força que tornam o discurso imediatamente político".[126]

Além da influência em relação à delimitação do Direito Administrativo sob a formatação de um sistema próprio e isolado cientificamente, é possível identificar em Kelsen a própria raiz do conceito de interesse público construída por Celso Antônio Bandeira de Mello. Com efeito, pode-se encontrar também, a partir da obra de Kelsen, a fagulha que possibilita ao jusadministrativista brasileiro desenvolver toda a sua teoria sobre o conceito de interesse público, tão festejada até os dias atuais.

O vínculo entre o jusfilósofo austríaco e o jusadministrativista brasileiro por certo vai além da mera influência decorrente da leitura direta das obras ou, ainda, da citação de outros juristas estrangeiros e nacionais que também se inspiravam nas teses kelsenianas. Uma breve análise do contexto histórico em que os dois elaboraram suas respectivas teses pode revelar muito mais de que se imagina, constituindo-se o levantamento do contexto da vida social e do momento histórico vivido extremamente relevantes para se compreender os motivos da orientação de seus estudos, conforme impõe a metodologia própria da História do Direito, ressaltada por Ricardo Marcelo Fonseca.[127]

---

[126] WARAT, Luis Alberto. "A partir de Kelsen". *In:* PRADO, Luiz Régis; KARAM, Munir (Coord.). *Estudos de filosofia do Direito*: uma visão integral da obra de Hans Kelsen. São Paulo: Revista dos Tribunais, 1984, p. 98.

[127] "Estas formas de glorificação da positividade jurídica vigente podem ser muito bem representadas em duas grandes 'linhas temáticas' que são típicas da historiografia jurídica positivista: a 'história das fintos' e a 'história da dogmática'. De fato, estas duas linhas servem como uma luva à consecução de uma concepção 'naturalizadora' do direito atual ou então de uma concepção imbuída da noção de 'progresso' dentro da história do direito. Enquanto a primeiro (história das fontes) descreve a pura e simples evolução das normas jurídicas editadas pelo Estado – aqui incluída principalmente a lei, a segunda (história da dogmática) descreve a evolução das doutrinas e conceito utilizados pelos juristas para expor o direito por eles considerado vigente. Tais concepções tem um substrato em comum: conceber que o passado jurídico é formado exclusivamente por aquilo que o legislador faz (no primeiro caso) ou por aquilo que os doutrinadores jurídicos pensaram e escreveram (no segundo caso), sendo que os demais aspectos da vida sócias são solenemente ignorados, ficando o direito, nas palavras de Coelho, como

Como bem explicita António Manuel Hespanha, um dos grandes feitos de Kelsen foi ter logrado defender a autonomia do saber jurídico, bem como a sua "natureza formal e a sua indisponibilidade em relação a pontos de vista de natureza filosófica ou ideológica", nos anos entre 1930 a 1950, período caracterizado justamente por intensos debates político-ideológicos. Considera Hespanha o fato de que Kelsen era um constitucionalista, proclamador da supremacia da Constituição e de sua inderrogabilidade pela vontade do poder, inserido na conjuntura do primeiro constitucionalismo alemão, período este em que haveria uma forte tendência à legitimação do Direito a partir de *decisões do puro poder*. Com efeito, Kelsen e sua teoria refletiam a noção de defesa do Direito em contraposição à sua subversão pela política autoritária, ou seja, o seu formalismo é "*a recusa de deixar que a validação do direito decorra de pontos de vista filosóficos ou políticos cuja efetividade era menor do que a da Constituição*".[128]

A conclusão de Hespanha é de que Kelsen construiu sua teoria de purificação do Direito no sentido de um manifesto, cujo objetivo era se contrapor aos regimes totalitaristas de seu tempo, salvaguardando o Direito das *conveniências* do poder e das legitimações fundadas meramente na política.[129] De alguma maneira, na linha das conclusões de Hespanha, Kelsen visa livrar o Direito dos aspectos da política como forma de resposta política contra os efeitos dos regimes totalitários que imperavam naquele momento histórico, objetivando, de todo modo, a unificação de uma sociedade atomizada.

No entendimento de Pietro Barcellona: "*permitir la coexistencia de lo que Weber e Kelsen llamarían el moderno 'politeísmo de los valores' (...), de*

---

uma instância hipostasiada, como algo que pudesse ser concebida e explicada de uma modo trans-histórico, independente das vicissitudes do devir. (...) E, sobretudo, pode-se observar que essas formas de conceber o direito são tributárias de uma estratégia teórica que é *presentista*, e, por ser escrava do presente, comete o supremo pecado para um historiador: o anacronismo". FONSECA, Ricardo Marcelo. *Introdução teórica à História do Direito*. Curitiba: Juruá, 2012, p. 64.

[128] HESPANHA, António Manuel. *Cultura jurídica europeia*: síntese de um milénio. Coimbra: Almedina, 2015, p. 425.

[129] HESPANHA, António Manuel. *Cultura jurídica europeia*: síntese de um milénio. Coimbra: Almedina, 2015, pp. 425/426.

manera que se impida la resolución del individualismo en el desorden y en el conflicto permanente" .[130]

Não se pode ignorar que Celso Antônio propõe uma teoria de fechamento do Direito Administrativo em relação aos demais campos do conhecimento, principalmente diante da política, em um dos momentos mais sensíveis da história política brasileira. Lembre-se de que poucos anos antes havia ocorrido o golpe militar, em 1º de abril de 1964, com inegáveis rupturas no processo democrático até então vigente. Ainda mais grave, cerca de um ano depois da publicação do artigo referido, ocorreria a imposição do Ato Institucional n. 5, pelo governo Costa e Silva, no qual várias garantias constitucionais e fundamentais foram extirpadas do regime jurídico vigente. Tratava-se de um momento de tensão institucional e social sem precedentes na história nacional, com repercussões importantes na esfera acadêmica, e que estimulou a produção de várias correntes e segmentos do pensamento no sentido de se contrapor à ordem autoritária instituída.

A hipótese que se adota é que Celso Antônio Bandeira de Mello agiu de forma muito semelhante a Kelsen. No ano de 1967, ele já era um jovem professor de Direito Administrativo da Pontifícia Universidade Católica de São Paulo (PUC/SP), instituição na qual havia ingressado na condição de docente em 1963, e, com certeza, não estava alheio aos acontecimentos políticos e sociais que ocorriam a sua volta. Basta lembrar que a própria PUC/SP se constituía em importante reduto de resistência ao regime militar, onde os acadêmicos e docentes chegaram a enfrentar, em 1977, uma emblemática invasão[131] pelas forças policiais e militares, no momento em que ocorria o 3º Encontro Nacional dos Estudantes.

Pelas posições políticas progressistas tomadas no curso de sua vida, Celso Antônio Bandeira de Mello constitui-se em baluarte de defesa do Estado Democrático e de justiça social, e em intelectual que jamais se furtou em tomar lado no plano político-acadêmico para defender suas

---

[130] BARCELLONA, Pietro. *El individualismo propietario*. Madrid: Trotta, 1996, p. 25.

[131] A invasão da PUC-SP marcou um dos momentos mais tensos do Regime Militar. Disponível em: https://pt.wikipedia.org/wiki/Invas%C3%A3o_da_Pontif%C3%ADcia_Universidade_Cat%C3%B3lica_de_S%C3%A3o_Paulo_em_1977. Acesso em: 19 de março de 2021.

convicções, as quais foram direcionadas nos últimos anos a se contrapor aos desideratos da globalização e do neoliberalismo. Consta em seu *Curso de Direito Administrativo* forte crítica ao atraso no processo de desenvolvimento das instituições democráticas brasileiras, em que resta patente a contraposição de Celso Antônio aos regimes autoritários, sobretudo o da Ditadura Militar.[132]

Percebe-se que Celso Antônio lança sua teorização sobre a delimitação de um regime jurídico-administrativo, no qual visa extirpar as fundamentações e influências de cunho político do exercício das competências administrativas, exatamente no período mais truculento e violento da Ditadura Militar. Naquele contexto, a proposição de um regime jurídico que pusesse freios à atuação desmedida de quem estava à frente do Poder podia ser considerada até certo ponto "revolucionária", pois tinha por finalidade, ao que tudo indica, colocar algum limite ao exercício da atuação administrativa, o que naquele momento da história só poderia ser feito, de fato, por meio da incidência inescapável de um sistema jurídico com aura científica e neutra, já que a via política democrática simplesmente não mais existia. O Direito, com efeito, podia se constituir enquanto instrumento de efetivação de certos avanços democráticos, no sentido de

---

[132] "Tais equívocos seriam particularmente nocivos e perigosos, pois quaisquer enganos dos quais resultem mais poderes para o Executivo são muito bem aceitos no País. É que o Brasil mal conhece instituições políticas democráticas. Desde 1500 – quando foi descoberto – até o presente momento não experimentou mais que pouquíssimos anos de cambaleante democracia política, o que ocorreu entre 1946 e 1964, e desde 1986 (democracia social, até o advento das espetaculares realizações do Governo Lula, não teve um único dia). Com efeito, durante o período colonial e imperial é obvio que não se cogitava de democracia. Durante a República Velha, sabidamente, também não houve espaço para sua implantação e as eleições 'a bico de pena' cuidavam zelosamente de impedir-lhe o nascimento. Sobrevindo a Revolução de 1930 e subsequente implantação da ditadura getulista, o país continuou insciente do que seria esse regime, só conhecido nos países civilizados. Finalmente, com a Constituição de 1946 desvendou-se para nós o mundo até então desconhecido da democracia. Contudo, em 1º de abril de 1964 o Golpe Militar se encarregou de desvanecer esses sonhos, implantando uma nova ditadura (a dos generais), que se manteve até 1986, em seu final disfarçada por configuração mais branda. Só aí, então, iria reencetar-se a experiência democrática, e ainda assim tisnada por uma infindável sucessão de decretos-leis, principalmente, e de depois de medidas provisórias, uns e outras de inconstitucionalidade obvia, mas sempre recebidos com exemplar naturalidade por todo o País". MELLO, Celso Antônio Bandeira de. *Curso de Direito Administrativo*. 30ª ed. São Paulo: Malheiros, 2013, p. 107.

impor aos "administradores" ligados ao regime autoritário alguma forma de obstar abusos em relação à condução da máquina pública.

Se Kelsen formatou a sua Teoria Pura do Direito para se contrapor aos regimes totalitários de sua época, como explica Hespanha, Celso Antônio Bandeira de Mello construiu sua teoria sobre o regime jurídico-administrativo em momento histórico muito semelhante, sendo que os efeitos daquele momento político por certo influenciaram de forma importante o desenvolvimento dos seus estudos e das suas proposições. Saber se a edificação da tese sobre o regime jurídico-administrativo foi fruto de uma contraposição consciente ao regime autoritário iniciado em 1964 depende, por óbvio, de estudo mais aprofundado e verticalizado para se extrair, talvez pessoalmente, as intenções de Celso Antônio ao lançar o artigo em 1967.

Sob esse ponto exposto, os conceitos de regime jurídico-administrativo e, consequentemente, de interesse público e suas primazias, desenvolvidos pioneiramente por Celso Antônio Bandeira de Mello, têm matriz direta na Teoria Pura do Direito de Hans Kelsen.

1.4 O CONCEITO DE INTERESSE PÚBLICO DEFENDIDO PELA ESCOLA ADMINISTRATIVISTA ENCABEÇADA POR CELSO ANTÔNIO BANDEIRA DE MELLO

O processo de redemocratização, após décadas de regime de exceção sob as rédeas dos militares e com o suporte da elite nacional, desaguou na promulgação da Constituição Federal de 1988 e nas promessas sociais nela contidas, impondo a Celso Antônio Bandeira de Mello, assim como a boa parte da doutrina,[133] a necessidade de adaptação[134] da sua teoria sistemática

---

[133] "A doutrina predominante no período de redemocratização acabou sendo a de valorização do interesse público, seja como contrapeso aos excessos da Administração Pública (e do foco no ato administrativo como exercício de um Poder Público), seja como meio jurídico de equilíbrio entre liberdades, direitos individuais e bem comum. Equilíbrio este realizado nos contornos internos da atividade administrativa, pois não há qualquer sentido em se imaginar a aplicação do princípio da supremacia do interesse público fora desta atividade, por exemplo, tomando-o como informador das atividades judicial e legislativa". GABARDO, Emerson. *Interesse público e subsidiariedade*: o Estado e a sociedade civil para além do bem e do mal. Belo Horizonte: Fórum, 2009, p. 291.

[134] Importa destacar que não é objetivo aqui retomar todo o curso de construção das

sobre o regime jurídico-administrativo,[135] agregando novos elementos na construção do seu conceito de interesse público.

A premissa central de Celso Antônio é que o Direito Administrativo, assim como o Direito Público em geral, ocupa-se da realização do interesse público, fato esse que seria notório e sabido,[136] possuindo, consequentemente, importância a delimitação da noção jurídica de interesse público.[137] A ideia de Celso Antônio era (e ainda é) de fincar no âmbito do Direito Administrativo no que consiste o interesse público, a partir de uma perspectiva dotada de extrema pretensão de objetividade.

Celso Antônio dedica-se a defender que o conceito de interesse público não se contrapõe aos interesses privados dos indivíduos, bem como admite se constituir em *interesse do todo*, pertinente ao *próprio conjunto social*, mas que não representa meramente a soma dos interesses individuais. Adverte ser indispensável entender que inexiste separação absoluta entre esse *interesse do todo* e os *interesses individuais*, posto que aquele se constitui como "função qualificada" deste, ou seja, "uma forma específica, uma manifestação".[138] Trata-se de uma relação complexa entre as perspectivas dos interesses envolvidos, e que, de alguma maneira, Celso Antônio tenta prevenir de denúncias paradoxais, em que realiza a diferenciação do interesse do indivíduo, isoladamente considerado, dos interesses de cada um dos membros da sociedade, em que atribui a este último conjunto a formação do interesse público.[139]

---

teorias e da Escola encabeçadas por Celso Antônio Bandeira de Mello. Sobre esse desenvolvimento teórico-acadêmico, Daniel Hachem já discorreu de forma exaustiva e perfeita, constituindo-se sua obra como referência inevitável.

[135] HACHEM, Daniel Wunder. *Princípio constitucional da supremacia do interesse público*. Belo Horizonte: Fórum, 2011, p. 57.

[136] MELLO, Celso Antônio Bandeira de. *Curso de Direito Administrativo*. 30ª ed. São Paulo: Malheiros, 2013, p. 59.

[137] MELLO, Celso Antônio Bandeira de. *Grandes temas de Direito Administrativo*. São Paulo: Malheiros, p. 181.

[138] MELLO, Celso Antônio Bandeira de. *Curso de Direito Administrativo*. 30ª ed. São Paulo: Malheiros, 2013, p. 60.

[139] "Embora seja claro que pode haver um interesse público contraposto a *um dado* interesse individual, sem embargo, a toda evidência, não pode existir um interesse público

Celso Antônio diferencia o que consistiria em interesses individuais ou particulares pertinentes ao âmbito de vivência da pessoa, quer dizer, interesses que dizem respeito ao que ele chama de *assuntos da vida particular* concernentes à pessoa ou a grupos de pessoas singularmente consideradas. Apontando em outro sentido, há os interesses dessas mesmas pessoas ou grupos quando considerados como partícipes *de uma coletividade maior*, é dizer, enquanto membros da sociedade, sendo estes últimos interesses que formam o conceito de interesse público. Com efeito, Celso Antônio ressalta que o interesse público nada tem de autônomo, uma vez que é formado pelos interesses das partes, ou seja, dos partícipes desse todo social, e, assim, o interesse público pode ser delimitado como *categoria jurídica* que se constitui, na verdade, como faceta dos interesses dos indivíduos.[140]

A conclusão, então, é de que o interesse público só se legitima na medida em que traduz os interesses das partes, quando reflete e é veículo de realização dos interesses dos membros do corpo social, sendo necessário que se apresentem nessa condição formal, perante a sociedade e o Estado. Celso Antônio apresenta, então, o seu clássico e festejado conceito de interesse público,[141] até hoje considerado pela maioria da doutrina administrativista brasileira como o ápice teórico da estrutura do Direito Administrativo.[142]

---

que se choque com os interesses de cada um dos membros da sociedade. Essa simples e intuitiva percepção *basta para exibir a existência de uma relação íntima, indissolúvel, entre o chamado interesse público e os interesses ditos individuais.* É que, na verdade, o interesse público, o interesse do todo, do conjunto social, nada mais é que a *dimensão pública dos interesses individuais*, ou seja, dos interesses *de cada indivíduo enquanto partícipe da Sociedade (entificada juridicamente no Estado)*, nisto se abrigando também *o depósito intertemporal desses mesmos interesses*, vale dizer, já agora, encarados eles em sua continuidade histórica, tendo em vista a sucessividade das gerações de seus nacionais". MELLO, Celso Antônio Bandeira de. *Curso de Direito Administrativo*. 30ª ed. São Paulo: Malheiros, 2013, pp. 60/61.

[140] MELLO, Celso Antônio Bandeira de. *Curso de Direito Administrativo*. 30ª ed. São Paulo: Malheiros, 2013, p. 61.

[141] "*Donde, o interesse público deve ser conceituado como o interesse resultante do conjunto dos interesses que os indivíduos* **pessoalmente** *têm quando considerados* **em sua qualidade de membros da Sociedade e pelo simples fato de o serem**". MELLO, Celso Antônio Bandeira de. *Curso de Direito Administrativo*. 30ª ed. São Paulo: Malheiros, 2013, p. 62.

[142] Alguns administrativistas chegam a determinar que o conceito elaborado por Celso Antônio Bandeira de Mello sobre o interesse público, bem como sua repercussão enquanto núcleo sistêmico do Direito Administrativo, seria insuperável, como, por

Decorrente do referido conceito, Celso Antônio deriva outros dois conceitos que revelam o seu apego à abstração e à especulação do sujeito e do seu papel social. Primeiro, afirma que o conceito de interesse público por ele delimitado evitaria o *falso mito* de que os interesses públicos não são interesses particulares, ou seja, que são estranhos entre si; disso resulta que se há a atuação estatal fora dos limites do interesse público, portanto ilegal, e que se convertem em algum tipo de prejuízo, eclodem direitos subjetivos públicos contra essa atuação estatal ilegítima.[143] Segundo, evitaria, ainda, a falsa compreensão de que todo e qualquer interesse defendido pelo Estado se constituiria em interesse público, ou seja, "que todo o interesse público é exclusivamente um interesse do Estado", com a diferenciação de interesses públicos *primários* de interesses públicos *secundários*. Os interesses *primários* são os interesses públicos, propriamente ditos; os interesses *secundários* significam, a partir de uma máxima abstração, que o Estado, não obstante seja o encarregado "por excelência" de contemplar o interesse público, em razão da sua personificação jurídica, pode ter interesses próprios, individuais, ou seja, são interesses individuais do Estado, tal como de qualquer outro sujeito, os quais não assumem, *de per si,* a feição de interesses públicos. Porém, a legitimidade desses interesses *secundários*, meramente atinentes ao Estado personificado, só se efetiva quando coincide com os interesses primários.[144-145]

---

exemplo, Paulo Roberto Ferreira Motta: "Celso Antônio Bandeira de Mello é o responsável pela introdução da conceituação do interesse público (que ele denomina, modestamente, de noção) e de sua supremacia em face do interesse privado no Direito Administrativo brasileiro. A teoria por ele elaborada, a partir da introdução do conceito (noção) de interesse público, mostra-se insuperável. Com efeito, ao descrever o regime jurídico-administrativo, partindo de aportes do Direito comparando, notadamente, Santi-Romano e Renato Alessi, e das lições de juristas pátrios como Oswaldo Aranha Bandeira de Mello e Ruy Cirne Lima, o citado professor colocou o Direito Administrativo, no Brasil, em um patamar inigualável". MOTTA, Paulo Roberto Ferreira. "Direito Administrativo: Direito da supremacia do interesse público". *In:* BACELLAR FILHO, Romeu Felipe; HACHEM, Daniel Wunder. *Direito Administrativo e interesse público*: estudos em homenagem ao professor Celso Antônio Bandeira de Mello. Belo Horizonte: Fórum, 2010, p. 222.

[143] MELLO, Celso Antônio Bandeira de. *Curso de Direito Administrativo*. 30ª ed. São Paulo: Malheiros, 2013, pp. 63-65.

[144] MELLO, Celso Antônio Bandeira de. *Curso de Direito Administrativo*. 30ª ed. São Paulo: Malheiros, 2013, pp. 66-67.

[145] A teoria brasileira sobre a separação entre interesses *primários* e *secundários* é claramente

Celso Antônio, enfaticamente, defende a doutrina do interesse público e, consequentemente, o princípio da sua supremacia sobre o interesse privado, com a consignação de dura crítica às teses que mitigam o interesse público em face de direitos fundamentais individuais, as quais seriam *pedestres* ou *desassistidas de mínimo bom senso*.[146]

O conceito de interesse público proveniente da tese lançada e desenvolvida por Celso Antônio serve de paradigma a todo o sistema do Direito Administrativo brasileiro (com algumas exceções mais conservadoras) e, justamente por isso, precisa sofrer a todo tempo provações, ou seja, precisa ter a sua validade acadêmica e prática questionada corriqueiramente, para que não se torne instrumento do autoritarismo que o próprio Celso Antônio se arvorou em combater quando lançou sua tese, no ano de 1967.

Nesse sentido, é necessário pinçar a tese do interesse público da seara isolada e incomunicável do Direito Administrativo, para colocá-la à prova de teorias aprofundadas no campo das ciências sociais, em especial a sociologia, filosofia e teorias críticas do Direito. É óbvio que esse campo social é extremamente vasto e possui inúmeras vertentes e recortes. Ao se

---

inspirada na doutrina administrativista italiana, como reconhece Celso Antônio, e significa uma clara tautologia. Divide-se aquilo que é indivisível, reconhecendo *a posteriori* tal impossibilidade. Primeiro, delimita-se abstratamente e com arbítrio que o Estado assume uma personificação jurídica, dotada de tal magnitude que lhe permite ter interesses próprios, como se subjetivamente a figura estatal fosse capaz de realizar atos racionais por si mesma, sem qualquer intervenção e mediação das pessoas reais. Delimitar um Estado que assume traços de subjetividade em suas ações é por bem separar os interesses da coletividade, os quais não podem ser maculados por interesses que não advenham da sociedade, ou das partes que a compõe. De maneira fictícia, separam-se então os interesses da sociedade e interesses do Estado, como se, de fato, ambos estivem plenamente apartados. Ocorre que o Estado é a estrutura criada por essa mesma Sociedade para gerir e impor seus interesses, é dizer, cabe ao Estado tão somente realizar os interesses públicos e nada mais, significando que, ao cabo de toda a teoria, é inevitável reconhecer que os interesses *secundários* só adquirem legitimidade quando coincidem com os interesses *primários*, o que, consequentemente, significa que o interesse "apartado" voltou a ser uno, um só, e que tal distinção reflete um mero jogo de abstração que não possui qualquer amparo real.

[146] MELLO, Celso Antônio Bandeira de. *Curso de Direito Administrativo*. 30ª ed. São Paulo: Malheiros, 2013, p. 69.

reconhecer essa complexidade, e diante de uma clara ausência de estudos nesse sentido no campo do Direito Administrativo, opta-se por recortar a análise para o campo da teoria crítica.

1.5 AS VARIAÇÕES E AS TENTATIVAS DE DESENVOLVIMENTO DO CONCEITO DE INTERESSE PÚBLICO NO BRASIL: PROPOSTAS PROGRESSISTAS E CONTESTAÇÕES CONSERVADORAS

Nos tópicos anteriores, demonstrou-se que o conceito de interesse público no Brasil tem em Celso Antônio Bandeira de Mello o pioneirismo de proposição e de fundamentação teórica, ainda nos idos do final dos anos 1960, a partir da defesa de existência e aplicabilidade de um regime jurídico e científico próprio ao Direito Administrativo. A fundamentação que sustenta a incidência do princípio do interesse público e, consequentemente, da sua supremacia sobre o interesse privado e a sua indisponibilidade, está amparada em um sistema pretensamente fechado (vide a teoria do ato discricionário) e endógeno do regime jurídico-administrativo. Na adoção desse sistema próprio, os elementos de ordem política, econômica e social em geral são racionalmente excluídos (às vezes, apenas ignorados) do âmbito de análise do jurista administrativista, buscando fazer do Direito Administrativo uma categoria da ciência que se desenvolve alheia às transformações e embates que ocorrem no mundo das coisas concretas, da vida real.

Inserido nessa perspectiva de fechamento, por meio da incidência do regime jurídico-administrativo, é inevitável que o conceito de interesse público seja envolvido pelas mesmas premissas e que acabe assumindo comportamento semelhante na sua aplicação, voltando-se para as questões que surgem no âmbito do próprio Direito Administrativo.

Ainda que a proposição no Brasil da teoria do regime jurídico-administrativo e a da incidência precípua do princípio do interesse público tenha logrado atingir seu quinquagésimo aniversário, ao tomar por referência o artigo de Celso Antônio, de 1967, a sua força enquanto matriz do pensamento jusadministrativista continua intacta, ou melhor, é admitida e celebrada até os dias atuais, havendo novas intepretações acerca da sua amplitude à luz da Constituição e dos Direitos Fundamentais. As gerações que se sucederam, salvo exceções que serão abordadas adiante neste texto, admitiram e admitem o regime jurídico-administrativo como eixo central das construções teóricas sobre o Direito Administrativo, em que o conceito de interesse público possui papel fundamental no processo hermenêutico e na construção de novas categorias no Direito Administrativo.

É raro se observar a clareza de exposição de pressupostos do pensamento tal como firmada por Fernando Dias Menezes de Almeida. Na obra *Formação da teoria do Direito Administrativo no Brasil*, o referido administrativista compromete-se a deixar claro qual o sentido de Teoria do Direito que adota em sua tese. Partindo da distinção entre "filosofia do direito" e "teoria do direito", Menezes de Almeida deixa claro que não refuta a perspectiva kelseniana e aponta que a teoria do Direito tem por objetivo uma busca dos seus fins, para apartá-lo das abordagens ideológicas, pois caberia apenas à "doutrina" do Direito a "função de exercer autoridade sobre o modo de ser do direito vigente e de expressar opinião pessoal". Para Menezes de Almeida, a teoria do Direito possui viés científico e neutro, buscando uma *verdade* intrínseca ao próprio Direito que precisa ser revelada pelo jurista, o que permite, consequentemente, ao seu ver, o favorecimento à pluralidade, no sentido de *pluralidade de concepções da realidade*, na qual as várias opiniões e pensamentos concretos dos *membros da sociedade* estariam contemplados. De forma mais específica, a adoção de uma ideia de teoria do Direito dotada de neutralidade ideológica e não submissa a ideias pessoais criaria "um patrimônio intelectual coletivo e plural, fundamental para ampliar os horizontes das decisões que definirão os rumos das sociedades humanas". A segunda consequência de se adotar uma teoria do direito distante das "amarras" ideológicas e políticas seria a de relacionar a essa teoria do direito a ideia de liberdade, no sentido de "liberdade interna do pensamento, a liberdade de expressão do pensamento, liberdade de cátedra, que impulsionando a criação da matéria-prima da teoria, veem-se potencializadas na dimensão coletiva resultante".[147]

---

[147] ALMEIDA, Fernando Dias Menezes. *Formação da teoria do Direito Administrativo no Brasil*. São Paulo: Quartier Latin, 2016, pp. 71/72.

De forma transparente, Menezes de Almeida adota a forma da Teoria do Direito na qual os elementos ideológicos e políticos seriam extirpados – ainda que abstrata e especulativamente – da sua formação e do seu fundamento. Busca uma legitimação e uma verdade de conteúdo no próprio Direito, uma vez que o fenômeno jurídico se constitui como um "instrumento intelectual, próprio da humanidade, de garantia progressista e plural de sua liberdade".[148-149]

Teses lançadas nos últimos anos no Brasil têm reafirmado o protagonismo da ideia de regime jurídico-administrativo e das noções de interesse público e da sua supremacia sobre os interesses privados, com o objetivo de se contrapor à vertente do Direito Público que tem colocado em xeque a própria sustentação teórica do princípio do interesse público e da sua primazia.

Dentre as teses[150] comprometidas com o avanço social e que se valem de uma estruturação a partir da lógica empreendida na delimitação da construção do regime jurídico-administrativo, possui relevância o trabalho formulado por Emerson Gabardo, em que refuta o papel subsidiário da Administração Pública e propõe a *felicidade* como fundamento

---

[148] ALMEIDA, Fernando Dias Menezes. *Formação da teoria do Direito Administrativo no Brasil*. São Paulo: Quartier Latin, 2016, p. 73.

[149] A postura de isolamento científico do Direito fica ainda mais clara com a citação de Menezes de Almeida à Miguel Reale, cujo trecho se extrai da própria fonte: "Nosso primeiro dever é crer no Direito, não apenas na Justiça como valor a ser realizado, mas na dignidade do Direito como ciência, como forma de sabedoria que encontra em si mesma a sua razão de ser, e que, quanto mais olha para o passado, mais sente crescer a confiança em suas possibilidades". REALE, Miguel. *De dignitate jurisprudentiae*: oração de paraninfo aos bacharelandos da Faculdade de Direito da Universidade de São Paulo, em 1951. São Paulo: USP, 1951, p. 29.

[150] Não se constitui em objetivo central deste livro apresentar todo o espectro de teses alinhavadas no Brasil que defendem o regime jurídico-administrativo e que, na sua maioria, acabam por desenvolver essa categoria. Assim, foram eleitos quatro autores que representassem esse campo do pensamento no Direito Administrativo: Emerson Gabardo, Daniel Wunder Hachem, José Anacleto Abduch Santos e Ricardo Marcondes Martins. Outros jusadministrativistas igualmente importantes que igualmente aderem e desenvolvem o regime jurídico-administrativo: Romeu Felipe Bacellar Filho, Juarez Freitas, Weida Zancaner, Angela Cassia Costaldello, Adriana da Costa Schier, Márcio Cammarosano, Lígia Melo de Casimiro e outros.

do princípio do interesse público. Refere-se à obra *Interesse público e subsidiariedade,*[151] em que Gabardo aprofunda e transita por vários institutos do Direito Administrativo e de Teoria do Estado, com foco central nos fundamentos de sustentação política do Estado contemporâneo e nos princípios que balizam a atuação da Administração Pública, em especial o interesse público.

Observa-se que Gabardo, ao justificar sua posição em uma variedade grande de autores nacionais e estrangeiros, acaba por consignar que a grande referência no Brasil, em relação ao princípio do interesse público, é ainda Celso Antônio Bandeira de Mello, pela noção do duplo caráter do interesse público como fundamento do regime jurídico-administrativo, no aspecto de supremacia e de indisponibilidade, com adesão ao conceito lançado por Celso Antônio de que o interesse público não se constitui na mera somatória dos interesses de cada um dos membros da sociedade.[152] Entende que a noção de interesse público defendida por Celso Antônio é típica dos juspublicistas do terceiro quartel do século XX, os quais valorizam o interesse público como "critério de identificação do Direito Administrativo", todavia, de maneira distinta da "construção defendida por autores da sociologia e da ciência política", admitindo, portanto, a linha neokelseniana de insulamento do Direito Administrativo diante das demais influências "não jurídicas". A opção pela lógica kelseniana fica ainda mais clara: nas escolhas delimitadas pela lei, o que é próprio do âmbito da Administração Pública, não há a liberdade de escolhas pautadas pela política, o que seria próprio da esfera legislativa, entendendo-se que ao administrador cabe adequar o interesse público e os interesses particulares envolvidos em uma dada situação concreta, em que sempre haverá prevalência normativa e axiológica do primeiro em relação ao segundo, o que significa que o interesse público é um "pré-requisito da própria sobrevivência social".[153]

---

[151] GABARDO, Emerson. *Interesse público e subsidiariedade*: o Estado e a sociedade civil para além do bem e do mal. Belo Horizonte: Fórum, 2009.

[152] GABARDO, Emerson. *Interesse público e subsidiariedade*: o Estado e a sociedade civil para além do bem e do mal. Belo Horizonte: Fórum, 2009, p. 290.

[153] GABARDO, Emerson. *Interesse público e subsidiariedade*: o Estado e a sociedade civil para além do bem e do mal. Belo Horizonte: Fórum, 2009, pp. 290/291.

A inovação de Gabardo, desenvolvendo o conceito pioneiramente exposto por Celso Antônio, é de somar às bases estruturais do princípio do interesse público a necessidade de justificação da sua aplicação no *princípio da felicidade*, o qual se constituiria em base fundamental do "caráter republicano do Estado democrático de Direito, constituído na modernidade e, particularmente, no Brasil". A própria perspectiva de subsidiariedade da atuação do Poder Público cairia por terra, já que no sistema constitucional brasileiro, o princípio da supremacia do interesse público teria "forte caráter contestatório de uma atuação do Estado de natureza meramente acessória ou desprestigiada".[154]

O princípio do interesse público, bem como suas facetas que estruturam o regime jurídico-administrativo (supremacia e indisponibilidade), é temperado a partir da noção e da incidência do *princípio da felicidade*, ou seja, o próprio sentido da lógica de justificação da existência e da aplicabilidade do interesse público sofre, na visão de Gabardo, uma espécie de mutação em que a sua finalidade extrema se revela na atuação estatal que promova a felicidade na sociedade como um todo. A intenção é prover o princípio do interesse público de elementos que garantam uma melhor efetividade e relação com a emancipação dos indivíduos, logra manter a lógica traçada desde Celso Antônio Bandeira de Mello, no sentido de continuar a pretensão de isolamento do Direito Administrativo em relação aos aspectos políticos e sociais que permeiam sua aplicação e existência.

As relações cada vez mais complexas do Poder Público com a sociedade, bem como o desenvolvimento de novas tecnologias e o processo de expansão das relações sociais em âmbito global, apresentam novos desafios, ao mesmo tempo em que os antigos dilemas ainda não foram superados e demandam contínua preocupação. Nesse contexto, José Anacleto Abduch Santos apresenta tese sobre a efetivação dos direitos fundamentais por meio da imposição da supremacia do interesse público.[155]

---

[154] GABARDO, Emerson. *Interesse público e subsidiariedade*: o Estado e a sociedade civil para além do bem e do mal. Belo Horizonte: Fórum, 2009, p. 292.
[155] SANTOS, José Anacleto Abduch. *Direitos fundamentais*: efetividade mediante afirmação da supremacia do interesse público. Curitiba, 2012, 189 f. Tese (Doutorado em Direito) – Programa de Pós-Graduação em Direito, Universidade Federal do Paraná.

Assim como Gabardo já havia realizado, José Anacleto tem por objetivo contrapor-se às críticas formuladas por parcela da doutrina brasileira de Direito Público, principalmente vinculada ao Direito Constitucional, que defende a inexistência da supremacia do interesse público sobre o privado quando estão em jogo direitos fundamentais individuais.

José Anacleto adere à noção de que a atividade estatal demanda a posição de autoridade, o que importa reconhecer a existência de prerrogativas "de superioridade jurídica pública que alçassem o Estado a uma posição jurídica que possibilitasse a imposição de dever ou obrigação jurídicas aos particulares, independentemente de seu consentimento ou anuência". Consigna que os poderes inerentes à atuação estatal só se legitimam quando utilizados na "estrita e estreita via de cumprimento de seus misteres constitucionais públicos", ou seja, a legitimidade da ação estatal se funda na ideia de dever para com os administrados.[156] Assim, o jurista paranaense tem como premissa um Direito Administrativo preocupado com elementos normativos e interpretativos das normas cogentes, em relação ao Poder Público, cujos elementos externos ao conteúdo eminentemente jurídico são forçosamente extirpados ou ignorados.

Com intuito de trazer novos elementos à construção do regime jurídico-administrativo e da prevalência do interesse público, José Anacleto propõe que o interesse público esteja amparado na garantia da participação popular no processo de construção do conteúdo da norma, a qual vinculará a atuação administrativa. Fundando-se na teoria do agir comunicativo de Habermas, ele defende os mecanismos de participação e de controle na construção e delimitação do conteúdo da lei e da sua respectiva implementação, com destaque à Administração que deve apenas dar "cumprimento a normas prefixadas, mediante juízos impessoais, posicionando a atividade pública no âmbito da racionalidade pragmática".[157]

---

[156] SANTOS, José Anacleto Abduch. *Direitos fundamentais*: efetividade mediante afirmação da supremacia do interesse público. Curitiba, 2012, 189 f. Tese (Doutorado em Direito) – Programa de Pós-Graduação em Direito, Universidade Federal do Paraná, p. 73.

[157] SANTOS, José Anacleto Abduch. *Direitos fundamentais*: efetividade mediante afirmação da supremacia do interesse público. Curitiba, 2012, 189 f. Tese (Doutorado

O objetivo de Anacleto é introduzir, na racionalidade do regime jurídico-administrativo, as referências e construções teóricas filosóficas do *agir comunicativo* criado por Habermas, na tentativa de dotar a atuação administrativa de maior legitimidade na busca pela democracia, na medida em que reverencia a participação popular por meio de instrumentos institucionais na elaboração da norma e na consequente aplicação dela pelo Poder Público. Não se trata, todavia, de refutação à lógica do insulamento do Direito Administrativo, mas de refinamento, ao passo em que se introduz a noção teórica que continua a defender o não diálogo do Direito com a política e outras ciências sociais. Restringe-se a admissão das relações e contradições da política até o momento em que a norma é elaborada, com a negação da influência externa no instante da aplicação, e exige-se do Administrador neutralidade e imparcialidade, ainda que todo o seu entorno "exale" política por todos os "poros".

O administrativista Daniel Wunder Hachem, por sua vez, trata da relação entre o Poder Público e a efetivação de direitos fundamentais sociais. Possui como central a preocupação em demonstrar que cabe à Administração Pública, para além do Legislativo e do Judiciário, a promoção dos direitos fundamentais sociais, o que não geraria "conflito imanente entre Poder Público e cidadão". De forma mais direta, Hachem aponta que o interesse público, com efeitos vinculantes à atuação estatal, forma-se com a tutela dos direitos fundamentais, sendo "imprescindível que essa tutela seja igualitária, estendendo para todos os cidadãos que estejam em igual situação, os benefícios que são concedidos individualmente".[158]

Para Hachem, a mera submissão à lei, na perspectiva estrita, já não possui sentido em relação à atuação da Administração Pública, pois o espectro de vinculação estatal aumentou substancialmente, fruto de

---

em Direito) – Programa de Pós-Graduação em Direito, Universidade Federal do Paraná, p. 162.

[158] HACHEM, Daniel Wunder. *Tutela administrativa efetiva dos direitos fundamentais sociais*: por uma implementação espontânea, integral e igualitária. Curitiba, 2014, 614 f. Tese (Doutorado em Direito) – Programa de Pós-Graduação em Direito. Universidade Federal do Paraná, p. 554.

mudanças na Teoria do Direito e no Direito Constitucional, ocasionando impactos no Direito Administrativo.[159]

Nota-se a pretensão de dar novo colorido ao regime jurídico-administrativo, conferindo-lhe novos fundamentos e conteúdo, compatibilizando-o às transformações do Direito e da Administração Pública, sobretudo em relação ao fenômeno da constitucionalização do Direito Administrativo. Entretanto, no cerne da questão, não se identifica alteração substancial, é dizer, formula-se uma teoria que amplia a submissão do Poder Público na sua atuação administrativa a imposições de ordem normativa mais abrangentes que a mera lei ordinária, englobando tratados de direitos humanos e a Constituição Federal, com a imposição do atendimento aos direitos fundamentais sociais, os quais nada mais são, em última instância, que a própria concretização do interesse público. A tese de Hachem constitui-se em um processo de esmiuçar e delimitar o próprio conteúdo do interesse público, em contraposição às críticas e teses de que a respectiva prevalência sobre direitos privados, na forma de direitos fundamentais individuais, não mais seria aplicável em decorrência da força das imposições contidas na Constituição Federal de 1988.

---

[159] "Todas essas mudanças na Teoria do Direito e no Direito Constitucional, conforme se explicou no início deste capítulo, geraram impactos no Direito Administrativo. Reconhece-se que a lei é apenas um dos elementos normativos que norteia a atuação administrativa, entre outras fontes jurídicas que passaram a revestir-se de normatividade – inclusive superior a da legislação ordinária – como é o caso da Constituição, com suas regras e princípios expressos e implícitos, e das convenções internacionais de direitos humanos. Ao lado da *legalidade estrita*, figuram também como critérios de validade dos atos administrativos a *constitucionalidade* e a *convencionalidade,* além da *autovinculação* aos atos normativos praticados pela própria Administração, impondo a esta última o dever de respeitar em sua atividade esses quatro níveis de normatividade jurídica. Para sintetizar essa ampla gama de parâmetros jurídicos vinculativos ao agir administrativo, fala-se em princípio da *juridicidade* (ou *legalidade em sentido amplo*). Portanto, ainda que a Administração Pública permaneça submetida ao respeito à lei formal por si só, não parece argumento suficiente para inadmitir, em termos absolutos, que os órgãos administrativos possam deixar de aplicar leis que se afigurem inconstitucionais. A problemática é mais complexa do que isso". HACHEM, Daniel Wunder. *Tutela administrativa efetiva dos direitos fundamentais sociais*: por uma implementação espontânea, integral e igualitária. Curitiba, 2014, 614 f. Tese (Doutorado em Direito) – Programa de Pós-Graduação em Direito. Universidade Federal do Paraná, p. 347.

Com a adoção de perspectiva semelhante, Ricardo Marcondes Martins ataca de forma ainda mais incisiva o *movimento neoliberal* que teria *assolado o cenário jurídico brasileiro*, principalmente para refutar a ideia de introdução de cláusulas arbitrais[160] nos contratos celebrados pelo Poder Público, e invoca, sobretudo, o princípio da *indisponibilidade do interesse público*. Com apontamento de equívocos nas interpretações formuladas por Renato Alessi, Caio Tácito e Otto Mayer, afirma Martins inexistir qualquer parcela de liberdade ao Poder Público de dispor de direitos públicos, posto que seu fim único é a busca do bem comum para a concretização do interesse público.[161]

---

[160] Sobre como as cláusulas arbitrais em contratos administrativos se consolidaram no cenário brasileiro: "Se o empresário brasileiro afirmasse na Europa Ocidental a desconfiança no Judiciário europeu, muito provavelmente, mais do que desprezado, seria alvo de descortesias. Aqui, diante de uma imprensa que faz a cabeça da população ignorante, do Poder Executivo e Legislativo corruptos, de uma ciência jurídica incipiente, de uma cultura xenófila, as pretensões estrangeiras encontram terreno fecundo. Tornou-se comum a inserção de cláusulas arbitrais nos *contratos de concessão*". MARTINS, Ricardo Marcondes. *Estudos de Direito Administrativo neoconstitucional*. São Paulo: Malheiros, 2017, p. 66.

[161] "A doutrina de Otto Mayer é um ótimo exemplo do seguinte *vício metodológico*: supor que o Estado possa assumir a *situação jurídica de um particular* e, pois, submeter-se ao *regime de direito privado*. Ocorre que o regime privado é baseado na *liberdade individual* e na *autonomia da vontade*, na assegurada possibilidade de busca de interesses egoísticos. É um regime incompatível com a natureza do Estado, que, por definição, é um ente instrumental, existe para o cumprimento de uma *função* – vale dizer, para a busca do bem comum, para a concretização do interesse público. O Estado jamais – e não há exceção nessa assertiva – pode buscar a realização de meros interesses privados, só pode buscar o interesse público. Enfim: mesmo quando se submete às regras de direito privado, mesmo quando se aproxima da situação de proprietário, de empresário, de comerciante, o Estado não se apresenta como Administração Fiscal, mas como Administração Pública. Enfatiza-se: jamais se afasta do regime de direito público, mesmo quando se submete às regras de direito privado. Submeter-se a um regime consiste em se submeter a determinados princípios fundamentais. É possível se submeter a regras de direito civil, trabalhista, comercial, sem se afastar do regime de direito administrativo. Administração Pública e regime de direito privado são, pois, expressões inconciliáveis. Diante disso, a pressuposição de *interesses públicos disponíveis* decorre de um *vício metodológico*, de um *vício de premissa teórica*, da equívoca pressuposição de que a Administração possa assumir a posição jurídica de um particular e se afastar do regime de direito público". MARTINS, Ricardo Marcondes. *Estudos de Direito Administrativo neoconstitucional*. São Paulo: Malheiros, 2017, pp. 71/72.

Com a defesa incisiva do regime jurídico-administrativo, nos moldes delimitados há cerca de meio século, Martins deixa bem clara sua contrariedade às cláusulas de arbitragem em contratos celebrados pela Administração Pública, com fundamento na impossibilidade de o Poder Público atribuir decisão última (coisa julgada) sobre questão que envolva o interesse público à arbitragem privada, em razão de aplicação do princípio da supremacia do interesse público sobre o privado.[162] É dizer, os dois pilares do regime jurídico-administrativo estão, na visão de Martins, mais sólidos do que nunca, e sustentam com firmeza a rechaça de teorias e ideias que tentam deslocar o Poder Público para o âmbito das relações privadas e seu espectro lógico-normativo.[163]

A construção de novas teses que desenvolvem o conceito de interesse público, elaboradas por Gabardo, José Anacleto, Hachem e outros tantos jusadministrativistas brasileiros, não logrou alterar de forma representativa o paradigma neokelseniano contido no regime jurídico-administrativo. Ainda que se considere o alargamento das imposições normativas à Administração, na forma de deferência ao princípio da juridicidade, nota-se na dogmática o mesmo anseio em separar o Direito Administrativo das possíveis influências decorrentes da política e outros processos sociais, em que se atrela a atuação do Poder Público a uma lógica estritamente jurídica, em que pese tenha que se reconhecer se tratar de uma lógica mais ampla que aquela prevista nos primórdios da teoria lançada por Celso Antônio Bandeira de Mello.

Compreende-se que as novas formulações teóricas delimitadas com base no regime jurídico-administrativo em que se vincula o interesse público à efetivação do *princípio da felicidade*, ao *agir comunicativo habermasiano*, ou à efetivação dos direitos fundamentais de maneira espontânea e igualitária, não logram fazer com que o Direito Administrativo e, mais

---

[162] MARTINS, Ricardo Marcondes. *Estudos de Direito Administrativo neoconstitucional*. São Paulo: Malheiros, 2017, p. 80.

[163] Ricardo Marcondes Martins configura-se como um dos administrativistas mais ortodoxos contemporaneamente, uma vez que defende a aplicação da lógica do regime jurídico-administrativa sem qualquer verniz ou eufemismos, sob a notória e direta influência da perspectiva teórica publicista traçada por Celso Antônio Bandeira de Mello.

especificamente, o conceito de interesse público, abranjam a totalidade e o caráter dialético das relações sociais concretas.[164] Por mais que se tenha intentado aprofundar as ideias de sistema, com o intuito de que o Direito Administrativo enfrentasse novos desafios e contradições decorrentes do desenvolvimento da Administração Pública e da sociedade, ainda não se observa uma preocupação mais efetiva com os processos sociais reais e os conflitos engendrados no seio da sociedade, nos quais os elementos políticos, econômicos e culturais estão inevitavelmente ligados à atuação

---

[164] Mesmo os defensores da alternativa constitucional, em defesa da Constituição enquanto "instituição" que transcende a dicotomia "público x privado" e que deve ser protegida e considerada, compreendem que os elementos políticos concretos da sociedade precisam ser considerados e exaltados, pois é necessária uma sociedade efetivamente política, como assevera Maurizio Fioravanti: "Há apenas um ponto obscuro na supremacia da Constituição, mas que não é insignificante. Diz respeito ao futuro da sociedade democrática. A sociedade dos nossos Pais Constituintes, na Itália e na Europa, em pleno século XX, era organizada nos partidos. Hoje não temos mais aqueles partidos, naquela mesma forma. A nossa sociedade parece estar, de fato, à procura de novas instituições, de novas solidariedades, em suma, de uma nova identidade. Pode ser que se trate de uma busca que se revelará fértil no transcurso do tempo. É a todos evidente, no entanto, a atual condição de fragilidade e de incerteza. Aqui está o ponto crítico. Isso porque a Constituição pode se defender de modo mais ou menos eficaz em face dos poderes incomensuráveis. Mas não está sozinha. O melhor e mais sólido fundamento da Constituição – de resto, o único possível – é precisamente a consciência de sua necessária dependência de qualquer coisa outra que a precede. Em uma palavra, aquilo que a Constituição pressupõe para se colocar como norma suprema é a própria existência de uma sociedade suficientemente coesa, dotada de instrumentos que a permitam ser uma sociedade política, e não simplesmente uma sociedade de indivíduos dotados de direitos mais ou menos perfeitamente garantidos. E, portanto, não apenas uma simples *societas,* na qual o vínculo basilar é exclusivamente a comum titularidade de direitos, mas também uma *universitas,* ou seja, uma unidade de escopo, a qual se liga por compartilhamento, ligado pelo entendimento comum de perseguir algumas finalidades fundamentais. Em uma palavra, uma sociedade política e não apenas uma sociedade civil. Essa é hoje a questão na ordem do dia das democracias contemporâneas. Não há supremacia da Constituição sem sociedade política, e não há sociedade política sem instrumentos estáveis de participação e sem a procura, conturbada e problemática, de um princípio de unidade. Sem tudo isso, a Constituição vacila. Em suma, é verdade que podemos contar com a Constituição como protetora dos nossos direitos, como limite à exorbitância de todos os poderes, sejam públicos ou privados, mas não podemos jamais nos esquecer de que também a Constituição, por seu turno, conta conosco". FIORAVANTI, Maurizio. "Público e Privado: os princípios fundamentais da Constituição democrática". *Revista da Faculdade de Direito da UFPR*, Curitiba, n. 58, pp. 7-24, 2013, pp. 23/24.

do Poder Público e das pessoas que estão à sua frente.[165] A abstração, a especulação, a exigência de postura de neutralidade e imparcialidade em um ambiente tipicamente dominado pela política e pelos mais variados interesses, sobretudo de classe, ainda dominam as análises e as teses no Direito Administrativo, havendo pouca (ou nenhuma) elaboração de análises mais cruas e realistas do ponto de vista das relações sociais.[166] Tal

---

[165] Alguns poucos estudos sobre o *interesse público* chegam a adentrar superficialmente no espinhoso terreno da teoria crítica. Porém, em que pese constarem algumas categorias próprias da teoria crítica, como a *totalidade* e a dialética, não conseguem se desgarrar das amarras dogmáticas da abstração e da especulação, tornando a própria categoria *interesse público* uma espécie de dogma que precisa de constante reafirmação. Por exemplo, Luis Manoel Fonseca Pires faz alusão a uma pretensa análise do *interesse público sob uma razão crítica*, em capítulo específico de artigo científico em que se propõe a tratar da pós-modernidade e do Direito Administrativo. Pires chega a citar Alysson Mascaro, um dos pensadores e autores mais importantes da teoria crítica contemporânea do Direito no Brasil, especialmente um trecho em que Mascaro aponta a importância da revelação das engrenagens presentes em uma sociedade estruturada em *classes sociais*. Mas Pires, infelizmente, não capta a essência do método da teoria crítica, e afirma que o *interesse público* seria objeto tão somente de *mau emprego* e que no conceito de *interesse público* haveria "outras e novas sendas à construção de uma sociedade justa e solidária", ou seja, uma perspectiva não dotada de crítica em relação ao próprio instituto *interesse público*, enquanto categoria dotada de extrema abstração e especulação, a qual, justamente, não dá conta da *totalidade* e da *dialética* que envolve o processo social concreto, em especial de uma sociedade demarcada em classes sociais, como afirma Alysson Mascaro. PIRES, Luis Manuel Fonseca. A pós-modernidade e o interesse público líquido. *A&C – Revista de Direito Administrativo & Constitucional*, Belo Horizonte, a. 13, n. 52, pp. 133/144, abr./ jun. 2013, pp. 138-141.

[166] Importante destacar como são refutadas no âmbito da doutrina do Direito Administrativo brasileiro teses e análises sustentadas em argumentação e perspectivas críticas, sobretudo de matriz marxista. É o que se extrai, por exemplo, da repulsa de Daniel Wunder Hachem e de Emerson Gabardo, no momento em que tecem dura consideração ao posicionamento de Marçal Justen Filho (curiosamente classificado como marxista, quando seu posicionamento pessoal e seu conjunto de obras apontam para um viés claramente liberal): "Outros autores, ainda, desenvolvem sua crítica a partir de uma perspectiva marxista, destacando a natureza 'dominante', 'simbólica' ou 'alienante' do Direito Administrativo, como o faz, destacadamente, Marçal Justen Filho ao propor a existência de um 'Direito Administrativo do Espetáculo', utilizando-se das interessantes especulações de Guy Debord (ainda fundadas no clássico, porém ultrapassado, conceito de ideologia como falsa consciência)". GABARDO, Emerson; HACHEM, Daniel Wunder. "O suposto caráter autoritário da supremacia do interesse público e das origens do Direito Administrativo: uma crítica da crítica". *In:* BACELLAR

fato reflete a fragilidade de alguns dogmas até hoje dominantes no Direito Administrativo, como o próprio conceito de interesse público, ainda que se considere os respeitáveis desenvolvimentos teóricos formulados recentemente por jusadministrativistas que possuem tendência progressista.

Contudo, há um movimento na esfera do Direito Administrativo (e no Direito Público mais generalizado) de suposta refutação ao regime jurídico-administrativo e, principalmente, contrário à existência e eficácia do princípio da supremacia do interesse público sobre o privado. Tal movimento é que impulsionou, diga-se de passagem, em boa parte, as contraofensivas teses que defendem o regime jurídico-administrativo e seus princípios estruturantes – inclusive as citadas anteriormente –, as quais aludem a equívocos conceituais dos pensadores que defendem uma espécie de revisão do regime administrativo.

Não se adentrará nos pormenores da celeuma, mas revela-se importante, ao menos, pontuar algumas das teses[167] que nos últimos anos vêm se contrapondo à noção até então hegemônica de prevalência do interesse público em relação ao privado, e que dá ênfase especial à colisão da ação estatal em relação aos direitos fundamentais individuais. Os argumentos dessa corrente são contestação a uma suposta atuação autoritária do Poder Público em relação aos particulares, a qual não teria fundamento válido na atual concepção de democracia e de vigência de direitos fundamentais na Constituição Federal de 1988.

Em tese apresentada para a ascensão ao cargo de professor titular da Universidade Estadual do Rio de Janeiro, Daniel Sarmento formulou uma espécie de "teoria geral da Dignidade da Pessoa Humana no Brasil", em que trata dos vários aspectos jurídicos-constitucionais possíveis que permeiam o tema. Dentre tantos aportes, Sarmento propõe-se a analisar criticamente a relação entre dignidade da pessoa humana e o *organicismo*,

---

FILHO, Romeu Felipe; HACHEM, Daniel Wunder. *Direito Administrativo e interesse público*: estudos em homenagem ao Professor Celso Antônio Bandeira de Mello. Belo Horizonte: Fórum, 2010, p. 156.

[167] A intenção é demonstrar um panorama geral dessa corrente, apontando seu caráter pouco progressista e vinculado à ideia neoliberal de Estado.

este último em especial em sua faceta estatal moderna. De plano, Sarmento sentencia: "o organicismo parte, em geral de supostas descrições da realidade social, mas delas extrai prescrições para o funcionamento da comunidade política, de viés autoritário".[168]

Para Sarmento, o organicismo formatado no Brasil tem como fundamento, desde a sua origem mais remota, o *desprezo pelos direitos dos indivíduos*, e é ainda fundamento de teses para justificar a existência e aplicabilidade de *princípio da supremacia do interesse público*, para enquadrar esse discurso e quem o adota como *organicista*, com citação específica às posições de Celso Antônio Bandeira de Mello, Maria Sylvia Zanella Di Pietro e Daniel Wunder Hachem.

Sarmento enquadra o discurso que sustenta a construção teórica do regime jurídico-administrativo como ultrapassado e em descompasso com o viés democrático e protecionista da dignidade da pessoa humana, contido na Constituição Federal de 1988. Assim, Sarmento identifica como tese mais progressista aquela lançada por Luís Roberto Barroso,[169] no sentido de que o interesse público que prepondera não tem relação

---

[168] SARMENTO, Daniel. *Dignidade da Pessoa Humana na Ordem Constitucional Brasileira*: conteúdo, trajetória e metodologias. Rio de Janeiro, 2015, 392 f. Tese (Concurso de Professor Titular de Direito Constitucional) – Faculdade de Direito. Universidade Estadual do Rio de Janeiro, p. 114.

[169] Sobre a constitucionalização do Direito Administrativo e as repercussões: "O Direito Administrativo é um dos mais afetados pelo fenômeno da constitucionalização. A partir da centralidade da dignidade pessoa humana e dos direitos fundamentais, a relação entre Administração e administrados é alterada, com a superação ou releitura de paradigmas tradicionais, sendo de se destacar: *a) a redefinição da ideia de supremacia do interesse público sobre o particular*, com o reconhecimento de que os interesses privados põem recair sob a proteção da Constituição e exigir ponderações em concreto; *b) a conversão do princípio da legalidade administrativa em princípio da juridicidade*, admitindo-se que a atividade administrativa possa buscar seu fundamento de validade diretamente na Constituição, que também funciona como parâmetro de controle; *c) a possiblidade de controle judicial do mérito do ato administrativo*, com base em princípios constitucionais como a moralidade, a eficiência, a segurança jurídica e, sobretudo, a razoabilidade/proporcionalidade". BARROSO, Luís Roberto. "A constitucionalização do Direito e suas repercussões no âmbito administrativo". *In:* ARAGÃO, Alexandre Santos de; MARQUES NETO, Floriano de Azevedo (Coord.). *Direito Administrativo e seus novo paradigmas.* Belo Horizonte: Fórum, 2008, p. 63.

direta com os interesses da coletividade, mas se trata da ponderação proporcional entre os interesses do indivíduo e os interesses da coletividade, tendo como critério, caso a caso, o "respeito à razão pública e à dignidade da pessoa humana".[170]

A crítica incisiva de Sarmento é de que o viés organicista, próprio do regime jurídico-administrativo, atenta contra a ideia de valor intrínseco da pessoa, já que possuiria no Estado seu fim e não apenas um meio ou instrumento.[171] Com efeito, Sarmento posiciona-se no sentido de refutar "percepções que enxerguem cada indivíduo apenas como um componente de qualquer entidade coletiva", pois cada pessoa deve ser tratada *como um fim em si* e não como elemento de uma *entidade maior*, principalmente estatal.[172] Nesse sentido, a supremacia do interesse público é vista como fator que impossibilita sopesamentos, "premiando de antemão, com a vitória completa e cabal, o interesse público envolvido, independentemente das nuances do caso concreto, e impondo o consequente sacrifício do direito fundamental contraposto".[173]

---

[170] SARMENTO, Daniel. *Dignidade da Pessoa Humana na Ordem Constitucional Brasileira*: conteúdo, trajetória e metodologias. Rio de Janeiro, 2015, 392 f. Tese (Concurso de Professor Titular de Direito Constitucional) – Faculdade de Direito. Universidade Estadual do Rio de Janeiro, pp. 116-118.

[171] "Sob o prisma jurídico, o organicismo se revela absolutamente incompatível com o princípio da dignidade da pessoa humana, que impõe sejam as pessoas sempre tratadas como fim, e nunca como meios – consoante o célebre imperativo categórico kantiano –, confrontando-se também com todo o ideário do Estado Democrático de Direito, que se baseia no reconhecimento do valor fundamental da autonomia pública e privada do cidadão. Portanto, independentemente das preferências filosóficas e ideológicas nutridas pelo intérprete, não há como sustentar a compatibilidade entre o organicismo e uma Constituição como a de 88, que, já no seu art. 1º, define o Estado brasileiro como Estado Democrático de Direito, e tem, no seu epicentro axiológico, o princípio da dignidade da pessoa humana". SARMENTO, Daniel. "Supremacia do interesse público? As colisões entre direitos fundamentais e interesses da coletividade". *In:* ARAGÃO, Alexandre Santos de; MARQUES NETO, Floriano de Azevedo (Coord.). *Direito Administrativo e seus novo paradigmas*. Belo Horizonte: Fórum, 2008, p. 103.

[172] SARMENTO, Daniel. *Dignidade da Pessoa Humana na Ordem Constitucional Brasileira*: conteúdo, trajetória e metodologias. Rio de Janeiro, 2015, 392 f. Tese (Concurso de Professor Titular de Direito Constitucional) – Faculdade de Direito. Universidade Estadual do Rio de Janeiro, pp. 119/120.

[173] SARMENTO, Daniel. "Supremacia do interesse público? As colisões entre direitos fundamentais e interesses da coletividade". *In:* ARAGÃO, Alexandre Santos de;

A compreensão de que o Direito Administrativo ainda está sustentado em paradigmas ultrapassados e autoritários é compartilhada também por Marçal Justen Filho, em celebrado e criticado artigo em que analisa um *Direito Administrativo do espetáculo*. Para Marçal, ignoram-se as transformações do constitucionalismo do final do século XX, o que resulta em um Direito Administrativo de "concepções e institutos que refletem uma visão autoritária da relação entre Estado e indivíduo", em que a supremacia do interesse público seria a evidencia mais latente desse quadro, na medida em que "incorpora o germe da rejeição à importância do particular, dos interesses não estatais e das organizações da sociedade".[174]

Ao vincular o Direito Administrativo às perspectivas da *sociedade do espetáculo* e do *Estado do Espetáculo*,[175] Marçal identifica a vigência de um *Direito Administrativo de espetáculo*, no qual se implementam ações imaginárias do governante que demandam conceitos e expressões técnico-científicas, para uma *Plateia* alheia e ao mesmo tempo dependente, que precisa ser iludida por meio de todo aparato estatal do espetáculo: "sob esse enfoque, é indispensável a criação de um conjunto de conceito jurídicos que neutralizem as divergências e suspendam o senso crítico do expectador".[176] O Direito Administrativo criticado por Marçal é aquele em que o indivíduo, o ser humano, não é considerado protagonista da História, dos processos políticos e sequer do Direito, cuja sustentação epistemológica são os princípios, os quais são destituídos de conteúdo material e que permitem "a ampla criatividade do governante para desenvolver imagens de uma falsa submissão a controles". O Direito Administrativo, com

---

MARQUES NETO, Floriano de Azevedo (Coord.). *Direito Administrativo e seus novo paradigmas*. Belo Horizonte: Fórum, 2008, p. 133.

[174] JUSTEN FILHO, Marçal. "O Direito Administrativo de espetáculo". *In:* ARAGÃO, Alexandre Santos de; MARQUES NETO, Floriano de Azevedo (Coord.). *Direito Administrativo e seus novo paradigmas*. Belo Horizonte: Fórum, 2008, p. 67.

[175] Pertinente às obras de Guy Debord, *La société du spetacle*, e de Fabio Merusi, *Dallo Stato Monoclasse allo Stato degli interessi aggfegati*.

[176] JUSTEN FILHO, Marçal. "O Direito Administrativo de espetáculo". *In:* ARAGÃO, Alexandre Santos de; MARQUES NETO, Floriano de Azevedo (Coord.). *Direito Administrativo e seus novo paradigmas*. Belo Horizonte: Fórum, 2008, pp. 72/73.

efeito, estaria fundado em princípios que sinalizam *figuras imaginárias*, tais como a "ordem pública", o "ato político" e o "interesse público".[177]

Marçal Justen Filho propõe uma *reconstrução* do Direito Administrativo pautada na redução da concentração do poder político, em que se respeite a primazia do ser humano em relação ao Direito e ao Estado, reafirmando a natureza instrumental do Estado. Nessa toada, Marçal ainda defende a *superação* do princípio da supremacia do interesse público, por ser incompatível com a ordem jurídica vigente, na medida em que afirmaria *a priori* a inferioridade do indivíduo frente à figura estatal, pois tal supremacia seria consagrada somente em Estados totalitários, nos quais é eliminado o vínculo entre o ser humano e a condição de sujeito de direito.[178]

Indo além, o referido administrativista considera a própria impossibilidade concreta de se estabelecer um "factível interesse público", em decorrência da amplitude de interesses envolvidos.[179] A solução proposta por Marçal passa pela derrocada da ideia de regime jurídico-administrativo e de seus princípios pilares, em que assume protagonismo a supremacia dos direitos fundamentais e a submissão do Estado perante tal ordem, constituindo-se critério central da própria *juridicidade e da validade da atividade estatal* em relação à proteção dos direitos das minorias.

---

[177] JUSTEN FILHO, Marçal. "O Direito Administrativo de espetáculo". *In:* ARAGÃO, Alexandre Santos de; MARQUES NETO, Floriano de Azevedo (Coord.). *Direito Administrativo e seus novo paradigmas.* Belo Horizonte: Fórum, 2008, pp.74/75.

[178] JUSTEN FILHO, Marçal. "O Direito Administrativo de espetáculo". *In:* ARAGÃO, Alexandre Santos de; MARQUES NETO, Floriano de Azevedo (Coord.). *Direito Administrativo e seus novo paradigmas.* Belo Horizonte: Fórum, 2008, pp. 77-79.

[179] "Mais ainda, é impossível afirmar a existência de um "interesse público" único e unitário. Na generalidade das hipóteses, existem diversos interesses tutelados pela ordem jurídica, todos merecedores de idêntica proteção. A decisão concreta a ser adotada sempre pressuporá a identificação efetiva e cristalina desses diversos interesses. Bem por isso, afirmar o "princípio da supremacia do interesse púbico" não fornece qualquer critério para identificar a solução compatível com o direito. É indispensável verificar, em face do caso concreto, quais são os interesses em conflito e, somente então, produzir a solução mais compatível com os valores protegidos". JUSTEN FILHO, Marçal. O Direito Administrativo de espetáculo. *In:* ARAGÃO, Alexandre Santos de; MARQUES NETO, Floriano de Azevedo (Coord.). *Direito Administrativo e seus novo paradigmas.* Belo Horizonte: Fórum, 2008, p. 79.

Em sentido muito semelhante às percepções de Sarmento e Marçal Justen Filho, as teses de Paulo Ricardo Schier e Gustavo Binenbojm, em relação à fragilidade e à limitação do conceito de interesse público, possuem relevante reverberação na doutrina publicista brasileira, a partir do enfrentamento da questão sob a lógica da prevalência dos direitos fundamentais individuais.

Schier[180] compreende o princípio da supremacia do interesse público como instrumento de políticas estatais autoritárias de realização constitucional, em que direitos e garantias constitucionais individuais acabam sendo derrogadas em nome dos *reclames* do Estado. Sem negar sua existência e validade do conceito de interesse público no sistema constitucional brasileiro, a perspectiva de Schier é submeter o citado princípio a uma cláusula geral de restrição de direitos fundamentais, na qual seja limitado não o conteúdo (indeterminado) mas a própria forma desse, no sentido de impugnar a "entronização do interesse público em patamar hierárquico superior àquele ocupado pelos direitos e liberdades individuais". Nessa perspectiva, a partir da noção de *unidade constitucional*, os interesses privados e o interesse público não se negam e tampouco se excluem, em que se refuta a existência de uma prevalência *a priori* de um sobre o outro, e prevalece a necessidade de ponderação ante o caso concreto, ou seja, *o conflito não se presume*: deve ser real. A ponderação é do próprio interesse público frente aos direitos fundamentais individuais possivelmente afetados e colidentes, em que se fragiliza a noção de supremacia em qualquer situação.[181]

Por sua vez, Gustavo Binenbojm, ainda que um pouco mais enfático, não se afasta muito das conclusões de Schier, no sentido de

---

[180] Ressalte-se que a análise e a classificação realizada em relação ao posicionamento de Paulo Ricardo Schier se refere especificamente à crítica por ele formulada ao princípio da supremacia do interesse público sobre o privado, a qual se entende conservadora. Isso não significa que o referido jurista não possua posicionamentos progressistas em relação a outros temas e categorias jurídicas e filosóficas.

[181] SCHIER, Paulo Ricardo. Ensaio sobre a supremacia do interesse público sobre o privado e o regime jurídico dos direitos fundamentais. *Cadernos da Escola de Direito e Relações Internacionais da Faculdades do Brasil*, vol. 1, n. 2, Curitiba, pp. 55-72, jan./ jun. 2003.

identificar, no princípio da supremacia do interesse público, vício de legitimidade democrática desde a sua origem em relação à forma da sua imposição. Questiona o caráter de primazia invariável do interesse público que o afasta do processo de ponderação em relação aos interesses privados possivelmente envolvidos. Sem negar a validade e vigência do princípio do interesse público, a ideia de Binenbojm é de questionar a perspectiva da sua supremacia *a priori,* propondo atrelar a obtenção do conteúdo do interesse público a partir do postulado da proporcionalidade, é dizer, de um procedimento racional que envolva "a disciplina constitucional de interesses individuais e coletivos específicos, bem como um juízo de ponderação que permita a realização de todos eles na maior extensão possível".[182]

Em relação a essas proposições contrárias à supremacia do interesse público, formadoras de uma espécie de corrente, entende-se que elas são mais conservadoras em relação às teses que defendem o conceito de interesse público e o regime jurídico-administrativo. As tentativas de impugnação da noção de supremacia do interesse público realizam a retirada dos véus que cobrem o próprio conceito de interesse público, sob seu manto de neutralidade e generalidade, na perspectiva de rompimento do regime jurídico-administrativo, após quase cinquenta anos de preponderância inegável, com o objetivo claro de não haver mais dúvidas sobre a regra do jogo: não há interesses que *a priori* devam preponderar, ainda que sejam da coletividade, cabendo às situações de momento, a partir da lógica econômica estrita e do mercado, que determinarão qual a postura a ser adota pelo Poder Público.

A tendência das críticas formuladas ao regime jurídico-administrativo, em contraposição ao suposto caráter autoritário dos princípios que o sustentam, é de substituir as abstrações e não de superá-las. Note-se que a especulação do interesse público, neutro e imparcial, é substituída pela dignidade da pessoa humana, o coletivo pelo individual, mas ambos dotados da mesma abstração e ausência de relação com as questões materiais e com

---

[182] BINENBOJM, Gustavo. "Da supremacia do interesse público ao dever de proporcionalidade: um novo paradigma para o direito administrativo". *Revista de Direito Administrativo*, n. 239, Rio de Janeiro, jan./mar. 2005, pp. 1-31.

os conflitos concretos, sobretudo ignorando as contradições sociais e a diferença entre interesses. Vislumbra-se um refluxo individualista, próprio do neoliberalismo, ao fluxo de prevalência do coletivo do Estado Social, cujo ataque crítico se dá exatamente naquilo que o regime jurídico-administrativo tem de mais frágil: a abstração extrema e a ausência de relação com a realidade, frutos da aposta na generalidade e neutralidade da própria concepção de interesse público. Porém, a alternativa suscitada não se mostra menos fictícia, pelo contrário, aposta no indivíduo como centro das ações estatais, como se esses indivíduos não estivessem premidos por relações sociais concretas igualmente dotadas de contradições, pois estão inseridas em um contexto de totalidade dialética composto pela interação social de grupos e interesses, sobretudo no que tange às relações das classes sociais.

Capítulo II

ALTERNATIVA CRÍTICA DO DIREITO ADMINISTRATIVO BRASILEIRO E A DESCONSTRUÇÃO DO PARADIGMA IDEAL DO INTERESSE PÚBLICO COMO POSSIBILIDADE DE EMANCIPAÇÃO CONCRETA: CRÍTICA À FACTIBILIDADE CONCRETA DA TEORIA DO INTERESSE GERAL A PARTIR DA PERSPECTIVA DE CLASSE SOCIAL

2.1 TOTALIDADE E DIALÉTICA COMO CATEGORIAS FUNDAMENTAIS DA NOÇÃO DE INTERESSE UNIVERSAL

Uma análise crítica precisa partir da origem do seu objeto de análise, pautando a origem histórica e estrutural de determinado fenômeno ou instituto teórico. À guisa de identificação das fragilidades e inconsistências presentes na conceituação e uso do conceito de interesse público pela doutrina do Direito Administrativo, mostra-se necessário chegar à origem da possibilidade crítica, o que remete, na presente hipótese, delimitar o primeiro ponto de contraposição, ou seja, a vestibular contribuição teórica que permite lançar questionamentos sobre a clássica noção de interesse público.

Consignou-se no capítulo antecedente que o conceito de interesse público que se pretende analisar está envolvido em um contexto de construção teórica de matriz kelseniana, cuja orientação é de delimitação e desenvolvimento de um campo científico próprio do Direito Administrativo, no qual os elementos políticos, econômicos, sociais e culturais são extirpados da construção das teses e conceitos jurídicos, na perspectiva de dotar os institutos jurídicos de cientificidade suficiente para que sejam neutros e imparciais.

Considerando que o objetivo deste livro diz respeito à adoção de uma linha de teoria crítica, com o intuito de desmitificar o conceito de interesse público, revelando seu caráter carregado inexoravelmente de ideologia e de política, constituindo-se em elemento central para a reprodução das estruturas do capital, principalmente as vinculadas ao aparato estatal, volta-se ao que se considera a primeira linha possível de análise crítica à noção posta de interesse público. Delimita-se de que maneira não estão presentes os fundamentos da totalidade e da dialética, revelando de plano, em termos de teoria crítica, a limitação e fragilidade teórica da noção dominante e vigente de interesse público.

Para a realização de tal missão, faz-se necessário resgatar algumas lições e teorias da densa e complexa filosofia de Hegel, sobretudo acerca das suas ideias sobre a constituição do *interesse universal* e a centralidade da razão na figura histórica do Estado moderno,[183] tendo como fundamentos essenciais as categorias filosóficas da totalidade e da dialética.

---

[183] Sobre a centralidade da razão no Estado em Hegel, Norberto Bobbio bem introduz: "A partir do ensaio sobre direito natural, a tensão entre direito e eticidade se torna um dos motivos constantes do pensamento de Hegel: neste contraste, o direito representa sempre o momento da abstração; a eticidade, a concretude viva. A partir deste contraste básico se seguem outros, infinitos: entre mecanicismo e organicismo, entre agregado de indivíduos e povo, entre relação formal e nexo substancial, entre relação recíproca e solidariedade. Mas Hegel não é um romântico. Hegel toma posição contra as últimas manifestações do jusnaturalismo não para destruí-lo, mas para torna-lo real, para recuperar sua exigência mais profunda, que é aquela da racionalidade do Estado, e portanto – se é verdade que o traço constante do jusnaturalismo moderno é a racionalização da vida social através do Estado – para conduzi-lo às últimas consequências. Com a diferença de que a racionalidade que Hegel busca não é o cálculo hobbesiano, mas a razão objetiva que se revela nas instituições históricas e que, como tal, não está *acima* e sim *dentro da* história". BOBBIO, Norberto. *Estudos sobre Hegel*: direito, sociedade civil, Estado. 2ª ed. São Paulo: Unesp; Brasiliense, 1995, pp. 72/73.

2.1.1 A construção de uma filosofia do Estado: a dialética constituição do interesse universal

O conjunto da obra filosófica de Hegel é tão vasto quanto complexo. E, de alguma maneira, iniciar a análise sobre qualquer um dos termos trabalhados por esse filósofo alemão demanda um certo pragmatismo e uma certa dose de autoritarismo acadêmico, no sentido de começar "por algum lugar". Aqui, resolve-se partir de sua obra talvez mais introdutória em relação a toda construção teórica que viria na sequência; é dizer, em *Introdução à História da Filosofia,* a filosofia hegeliana concede algumas indicações sobre em que se constitui o *interesse universal* e sua relação com a racionalidade, mostrando-se como um bom início para impulsionar a difícil, porém importantíssima, verificação da presença da *totalidade* e da *dialética* enquanto categorias filosóficas, as quais serão fundamentais para o desenvolvimento do restante deste trabalho, especialmente no sentido de identificar os traços históricos e filosóficos ainda presentes na categoria jurídica e política do conceito de *interesse público.*

O início da perspectiva hegeliana de construção e centralidade da categoria do interesse universal está pautado principalmente em relação ao surgimento de uma filosofia. Para que ocorra a ruptura que faz emergir a filosofia no seio de um povo, deve ocorrer a preocupação com as necessidades da vida, o temor das paixões deve ter desaparecido; deve-se ter ocorrido a extinção do simples interesse finito do sujeito, e a consciência ter se desenvolvido muito, a fim de demonstrar interesse em objetivos universais. A filosofia só surge em um povo quando este houver abandonado a tendência unilateral provocada pelas necessidades e interesses pelo particular; as paixões já devem ter-se tornado indiferentes ou esclarecidas. A primeira forma de existência de um povo é a moral simples, a religião singela, a vida em particularidade. Mas a elevação do espírito ocorre de maneira posterior em relação à imediata individualidade.[184]

Hegel ainda não se atém ao Estado especificamente, mas, referindo-se ao surgimento de uma filosofia, fica claro que as subjetividades

---

[184] HEGEL. G. W. F. *Introdução à História da Filosofia.* São Paulo: Hemus, 1976, p. 88.

individuais devem submergir em relação aos interesses e objetivos universais, possibilitando o surgimento de uma filosofia objetiva e elevada em relação ao espírito.

Trabalhando o universal, a liberdade, e o indivíduo, Hegel aponta que aceitar e querer o direito, a moralidade e o bem significa que se quer algo universal, posto que tais elementos são universais, os quais, por outro lado, já não se constituem mais como individualidades naturais. Havendo leis justas, resulta que o universal foi levado a objeto, ou seja, o respectivo povo que institui essa lei justa quer e pensa o universal; esse querer em relação ao universal é que possibilita a liberdade. Quem quer a lei quer possuir a liberdade, e Hegel deixa ainda mais claro que o interesse universal exige a subordinação dos interesses particulares.[185]

Se não há como objeto da vontade "o universal", Hegel afirma que ainda não existe o ponto de vista da liberdade. Havendo apenas o interesse particular, trata-se de uma vontade finita, sendo que tal finitude da vontade começa onde o pensar chega a ser livre por si, onde nasce o universal. A vontade que se quer finita ainda não se concebeu como universal. Assim, mais uma vez, a noção de liberdade objetiva depende do interesse universal, o que exige a subordinação dos interesses particulares. A vontade do particular em si, sem se subordinar ao interesse geral, ainda não se concebeu como universal e, portanto, não pode ser considerada racional. É a consciência que se tornou universal que permite a constituição da liberdade, pois o *impulso* da vontade particular, enquanto inclinação em relação a alguma questão, existe apenas enquanto *algo particular*, não se constituindo ainda como um universal.[186]

---

[185] "Este caráter do universal tem que tomar por base a vontade. Se um povo possui leis justas é que o universal foi elevado a objeto. Isto supõe um fortalecimento do pensar. Tal povo quer e pensa o universal. Se a vontade quer o universal, então começa a ser livre; porque o querer universal encerra a referência de pensar (isto é, do universal) ao universal. Assim é o pensar o espírito em si mesmo; por conseguinte, livre. Quem quer lei, quer possuir a liberdade. Um povo que se quer como livre, subordina seus apetites, seus fins particulares, seus interesses à vontade geral, isto é, à lei". HEGEL. G. W. F. *Introdução à História da Filosofia*. São Paulo: Hemus, 1976, p. 170.

[186] HEGEL. G. W. F. *Introdução à História da Filosofia*. São Paulo: Hemus, 1976, p. 175.

Mas a filosofia de Hegel começa de fato a considerar como elemento central a relação dialética entre *interesse universal* e os *interesses particulares*, bem como a *racionalidade* envolvida, em sua obra a *Fenomenologia do Espírito*. Ainda que se resuma a alguns trechos, especificamente, Hegel introduz na sua filosofia a importância da noção do universal e, consequentemente, da existência de um *interesse universal* e da sua relação dialética com os interesses individuais, contrapondo-se à teoria de Rousseau sobre a factibilidade de um *contrato social*.[187]

A divergência de Hegel à tese do contrato social fundamenta-se na universalidade como a marcha do mundo, no sentido de que as individualidades tentam se sobrepor umas às outras, cada uma oferecendo resistência às outras e assim se anulando entre si.[188] Logo, mesmo em

---

[187] "Sobre a relação do universal e as individualidades, na forma da contingência. Hegel afirma que: "O *universal*, que está presente, é, portanto, apenas uma resistência universal, uma luta de todos contra todos, em que cada um faz valer sua singularidade própria, mas ao mesmo tempo não chega lá, porque sua singularidade experimento a mesma resistência e por sua vez é dissolvida pelas outras individualidades. O que parece ser *ordem pública* é assim essa beligerância geral, em que cada um arranca o que pode, exerce a justiça sobre a singularidade dos outros, consolida sua própria singularidade que igualmente desvanece por obra dos outros. Essa ordem é o *curso do mundo*, aparência de uma marcha constante, mas que é somente uma *universalidade "visada"*, cujo conteúdo é antes o jogo inessencial da consolidação das singularidades e da sua dissolução". HEGEL, G. W. F. *Fenomenologia do Espírito*. 7ª ed. Petrópolis: Vozes, 2012, p. 267.

[188] "Rousseau teve o grande mérito de ter convertido o querer racional em princípio do Estado, mas desconheceu a relação verdadeira entre Estado e sociedade. Ele não conseguiu superar positivamente a contradição entre a '*volonté de tous*' e a '*volonté générale*', porque compreendeu a vontade geral apenas como vontade comunitária dos cidadãos individuais, e não enquanto vontade verdadeiramente universal. Como consequência disso, da reunião no Estado surge um mero contrato social, cujo fundamento segue sendo a adesão arbitrária dos indivíduos. Daí resultam as consequências destrutivas para a totalidade autônoma do Estado, em si e para si racional. Por isso, a Revolução francesa teve razão ao destruir um Estado que já não correspondia à consciência da liberdade, mas não lhe deu novas bases. Efetuou uma enorme revolução, mas por causa de seu princípio defeituoso não organizou nenhuma comunidade nova. Ele confundiu o Estado com a sociedade burguesa ao colocar como sua destinação a mera proteção da propriedade privada e a segurança pessoal. Como finalidade última do Estado foi posto o interesse particular de seus membros singulares e não os interesses verdadeiramente universais do Estado. Parece então que depende do arbítrio do *bourgeois* ser membro do Estado". LÖWITH, Karl. *De Hegel a Nietzsche*: a ruptura revolucionária no pensamento do século XIX: Marx e Kierkegaard. São Paulo: Unesp, 2014, pp. 260/261.

Hegel, a própria universalidade é a somatória (em contraposição umas às outras) dos interesses singulares, os quais não se pacificam em nome da convivência em sociedade (como defendia Rousseau), mas se entrecruzam e se anulam, o que forma a *ordem pública,* cuja composição inclui benefícios e obrigações aos indivíduos.[189] É o início da sustentação da tese da formação do interesse universal, lastreado na relação dialética com os interesses dos indivíduos. A *autonomia* do indivíduo é limitada a partir da análise do espírito universal moderno, em especial em relação à submissão do indivíduo ao universal.[190]

---

[189] WESTPHAL, Kenneth. "O contexto e a estrutura da Filosofia do Direito de Hegel". *In:* BEISER, Frederick C. (Coord.). *Hegel.* São Paulo: Ideias & Letras, 2014, p. 287.

[190] "'Autonomia', contudo, é uma expressão ambígua. a) Pois, devido a esta substancialidade e causalidade, já nos acostumamos a chamar o em si mesmo substancial de pura e simplesmente autônomo e nos habituamos a denominá-lo de divino e absoluto em si mesmo. Retido nesta universalidade e substancia enquanto tais, porém, ele não é em si mesmo subjetivo e encontra, por isso, sua firme oposição no particular da individualidade concreta. Nesta oposição, contudo, como na oposição em geral, perde-se a autonomia verdadeira. b) Inversamente, estamos acostumados a atribuir autonomia à individualidade na firmeza de seu caráter subjetivo, mesmo que apenas repouse de modo formal sobre si mesma. Cada sujeito, porém – para quem falta o verdadeiro conteúdo da vida de tal modo que estas potências e substâncias estão fora dele presentes para si mesmas e permanecem um conteúdo estranho para a sua existência interior e exterior – cai igualmente na oposição ao verdadeiramente substancial e perde por meio disso a posição [*standpunkt*] da autonomia e da liberdade plenas de conteúdo. A verdadeira autonomia consiste unicamente na unidade e na interpretação da individualidade e da universalidade, na medida em que o universal igualmente apenas adquire realidade concreta por meio do singular, enquanto o sujeito singular e particular apenas no universal encontra a base inabalável e o autêntico Conteúdo de sua efetividade. (...) Para deixar aparecer de modo mais claro a forma determinada de uma tal efetividade, queremos lançar um olhar sobre o modo de existência oposto. a) Este modo de existência está presente onde o conceito ético, a justiça e sua liberdade racional já se elaboram e se resguardaram na Forma de uma ordem *legal*, de modo que ele também está presente no exterior como necessidade em si mesma imóvel, sem depender da individualidade e da subjetividade do ânimo e do caráter. Este é o caso da *vida do Estado,* onde a vida vem à aparição [*Erscheinung*] de acordo com o conceito de Estado; pois nem toda reunião de indivíduos numa associação social, nem toda união patriarcal deve ser denominada de Estado. No verdadeiro Estado valem as leis, os costumes e os direitos, na medida em que constituem as determinações universais racionais da liberdade – mesmo também nesta sua *universalidade* e abstração – e não são mais condicionadas pelo acaso do bel-prazer e da peculiaridade particular. Assim como a consciência colocou diante de si as prescrições e as leis em sua universalidade, elas

A relação dialética entre as esferas do universal e do particular é um dos elementos elementares da filosofia hegeliana que, não obstante sua extrema abstração e complexidade, formata toda a filosofia sobre a racionalidade moderna, que desembocará nas suas teorias subsequentes sobre o Estado e a razão. Esse caráter dialético consta no sentido de que a *vontade universal* é contraposta pela *vontade singular*, mas que, no movimento inverso, toma consciência sobre o seu caráter universal, no sentido que as suas respectivas atividades realizadas no plano objetivo não se configuram como singulares, sendo somente *leis* e *atos-de-Estado*.[191]

Compreender essa tensão dialética hegeliana, em que interesse universal e particular são ao mesmo tempo opostos e dependentes, o que é próprio dessa filosofia no sentido de delimitar o positivo a partir da constatação do seu respectivo negativo, exige, em alguma medida, entender que Hegel trabalhou suas teorias a partir de potências, assim como o que ele entende por *liberdade universal*, compreendido como *agir negativo* ou, apenas, a *fúria do desvanecer*.[192]

Hegel afirma que a aplicação individual da vontade universal se dá efetivamente por meio do Governo (o Estado concretizado). Nessa aplicação específica em relação a uma questão, em que se trata de uma determinada ação, o Governo constitui-se como uma vontade determinada, excluindo os demais indivíduos e, paradoxalmente, opondo-se à própria vontade universal, o que o caracteriza como uma *facção*.[193]

---

também são externamente efetivas como este universal, que para si segue o seu curso regular e detém a violência e a potências públicas sobre os indivíduos, quando estes empreendem opor seu arbítrio à lei, violando-a". HEGEL. G. W. F. *Cursos de estética*, vol. 1, 2ª ed. São Paulo: Edusp, 2015, pp. 190-192.

[191] HEGEL, G. W. F. *Fenomenologia do Espírito*. 7ª ed. Petrópolis: Vozes, 2012, p. 404.

[192] "Como nessa *obra universal* da liberdade absoluta a consciência-de-si singular não se encontra enquanto substância **aí**-*essente*, tampouco ela se encontra nos *atos* peculiares e nas ações *individuais* de sua vontade. Para que o universal chegue a um ato, precisa que se concentre no uno da individualidade, e ponha no topo uma consciência-de-si singular; pois a vontade universal só é uma vontade *efetiva* em um Si que é uno. Mas dessa maneira, *todos* só tem uma participação limitada; de modo que o ato não seria ato da *efetiva* consciência-de-si *universal*. Assim a liberdade universal não pode produzir nenhuma obra nem ato positivo; resta-lhe somente o *agir negativo*; é apenas a *fúria do desvanecer*". HEGEL, G. W. F. *Fenomenologia do Espírito*. 7ª ed. Petrópolis: Vozes, 2012, p. 405.

[193] "Na banalidade dessa sílaba [*Tot*/*mort*] consiste a sabedoria do governo; o entendimento,

Nesse trecho de sua *Fenomenologia*, Hegel aponta para a concretude da ação estatal de um determinado Governo, o qual, exercendo um determinado ato, exerce individualmente a vontade universal. Esse exercício o torna Governo e, ao mesmo tempo, opõe esse Governo à vontade universal, o que o caracteriza enquanto *facção*. Ou seja, mesmo Hegel admite que no momento do exercício da opção do Governo diante de uma determinada situação, o ato administrativo individualizado e fixado, o exercício da vontade universal (interesse universal/público) opõe-se na concretude à própria vontade universal. É dizer, não obstante o interesse universal existir enquanto espírito, no momento da aplicação concreta prevalece a vontade determinada da classe ou grupo (Hegel chama de facção) que exerce o poder, em oposição agora a esse mesmo interesse geral. Nessa passagem, Hegel trata o interesse geral como uma potência, que, ao ser efetivada, desvanece-se.

É necessário, contudo, tomar os cuidados necessários em relação ao "súbito" realismo de Hegel em algumas passagens da sua filosofia, é dizer, há que tomar muita cautela uma vez que o método hegeliano não foi invertido, pois o desenvolvimento do seu respectivo método sobre o *real* dá-se a partir da especulação, e não o contrário. O método especulativo e, consequentemente, a própria construção especulativa do objeto precede metodologicamente a perspectiva concreta do objeto em questão, como alertam Marx e Engels.[194]

---

da vontade universal, de fazer-se cumprida. O governo não é outra coisa, ele mesmo, que um ponto que-se-fixa, ou a individualidade da vontade universal. O governo, um querer e executar que procede a um ponto, ao mesmo tempo quer e executa uma determinada ordenação e ação. Assim fazendo, exclui por um lado os demais indivíduos de seu ato, e, por outro, se constitui como um governo que é uma vontade determinada, e, por isso, oposta à vontade universal; não pode, pois, apresentar-se de outro modo senão como uma *facção*. O que se chama governo é apenas uma facção *vitoriosa*, e no fato mesmo de ser facção reside a necessidade de sua queda, [ou] inversamente, o fato de ser governo o torna facção e culpado". HEGEL, G. W. F. *Fenomenologia do Espírito*. 7ª ed. Petrópolis: Vozes, 2012, p. 406.

[194] "De um lado Hegel sabe representar o processo pelo qual o filósofo passa de um objeto a outro através da intuição insensível e da representação, com maestria sofística, como se fosse o processo do mesmo ser intelectivo imaginado, do sujeito absoluto. Mas depois disso Hegel costuma oferecer, dentro da exposição *especulativa*, uma

Ainda que não seja este o momento de se tratar criticamente a filosofia e método de Hegel, o que será realizado mais à frente, é oportuno destacar que nessa passagem ele aponta que o interesse universal se desvanece diante do momento decisório real perpetrado por determinada facção (ou classe) que esteja à frente do poder decisório, deixando claro que mesmo essa construção do *real* decorre de uma dialética antecedente de cunho eminentemente especulativo, no sentido de conferir uma estrutura lógica à categoria do interesse universal. Embora seja importante destacar o método de Hegel em apontar de alguma forma para o *real*, é essencial tomar a precaução de delimitar os seus limites, sobretudo no que tange às ressalvas do método crítico marxiano em relação aos possíveis equívocos de interpretação, frisando, na verdade, a precedência e prevalência do aspecto abstrato e especulativo na filosofia hegeliana, mesmo quando parece ter tomado o caminho inverso.

2.1.2 A dialética e a ética: a complexa relação entre o "universal" e o "particular"

Voltando à análise teórica da filosofia de Hegel sobre a noção e importância da categoria *interesse universal*, mira-se uma das obras menos comentadas e utilizadas, *O Sistema da Vida Ética*, cuja importância é no sentido de se entender a perspectiva hegeliana sobre o Espírito, em que a universalidade se constitui historicamente como realidade *supraindividual* e como *espírito de um povo*.[195] *O Sistema da Vida Ética* é a primeira

---

exposição *real*, através da qual é possível captar a própria *coisa*. E esse desenvolvimento real *dentro* do desenvolvimento especulativo induz o leitor, equivocadamente, a tomar o desenvolvimento especulativo como se fosse real e desenvolvimento real como se fosse especulativo" MARX, Karl; ENGELS, Friedrich. *A sagrada família*. São Paulo: Boitempo, 2011, p. 75.

[195] Artur Mourão é responsável pela tradução da obra, e faz uma advertência acerca do contexto histórico pessoal em que o escrito foi produzido, bem como em relação ao objetivo de Hegel, que seria: "(...) o intento de recuperar a unidade dentro e no meio dos homens que constituiria, por seu turno, uma realização de autonomia, e de descrever, sem abstracções vazias e segregadoras, a experiência humana integral com as suas tensões e oposições indestrutíveis, mas objecto de uma possível reconciliação. O cerne de tal esforço é a noção de Espírito, enquanto grandeza cósmica, como realidade

tentativa de Hegel de sistematizar organicamente as relações entre indivíduo, sociedade e Estado.[196]

Hegel aponta que a primeira potência é a vida ética natural, o que ele determina como *intuição*, tratando-se da natureza propriamente dita. A identidade nessa perspectiva ética natural emerge a partir da diferença, ou seja, na negatividade: "que ela seja negativa supõe que o que ela aniquila seja".[197] Na naturalidade ética há um desvelamento ou um sobressair do universal contra o particular, mas que se trata de um sobressair que permanece plenamente no particular: "Esta intuição, enquanto totalmente mergulhada no singular, é o sentimento; e dar-lhe-emos o nome de potência prática".[198]

O sentimento referido por Hegel reside no particular e concerne ao individual, sendo sentimento absoluto; porém, esse sentimento, ainda que não atingido pela separação entre subjetivo e objetivo, deve se exibir como totalidade, ou seja, totalidade das potências. O sentimento, então, (a) que subsome o conceito (totalidade), (b) também se subsome no conceito (totalidade). O sentimento que subsome o conceito, o sentimento prático, a *fruição*, é uma identidade. Hegel faz uma observação muito importante, no sentido de que a necessidade (como comer ou beber) se trata de uma singularidade absoluta, um sentimento que se restringe ao sujeito e que pertence totalmente à natureza.[199]

Aqui surge a ideia comparativa de que o interesse do sujeito particular só pode ser compreendido enquanto tal na medida em que ele é um sentimento, e que, no particular, acaba por subsumir à totalidade,

---

supra-individual, como espírito de um povo, sujeito da história, e de que o homem é veículo na sua vida espiritual". HEGEL. G. W. F. *O Sistema da Vida Ética*. Lisboa: Edições 70, 1991, p. 9.

[196] "Ora, a ideia da absoluta eticidade é o retomar em si da realidade absoluta como numa unidade tal que este retomar e esta unidade sejam a totalidade absoluta; a intuição da Ideia é um povo absoluto; o seu conceito é o ser-um absoluto das individualidades". HEGEL. G. W. F. *O Sistema da Vida Ética*. Lisboa: Edições 70, 1991, p. 13.

[197] HEGEL. G. W. F. *O Sistema da Vida Ética*. Lisboa: Edições 70, 1991, p. 16.

[198] HEGEL. G. W. F. *O Sistema da Vida Ética*. Lisboa: Edições 70, 1991, p. 16.

[199] HEGEL. G. W. F. *O Sistema da Vida Ética*. Lisboa: Edições 70, 1991, pp. 16/17.

quase que aniquilando o universal e o objetivo, mas, ao mesmo tempo, esse interesse particular (sentimento) é subsumido pela totalidade, pois é o todo que confere algo de exterior para o sentimento e, por isso, torna-se algo objetivo. Só há interesse particular identificável objetivamente em razão da forma exterior conferida pela totalidade.[200] É como Hegel se refere em relação ao trabalho.[201]

Tratando especificamente da eticidade, Hegel afirma que na vida ética se determina que o indivíduo vivo seja igual ao conceito absoluto, à totalidade, ou seja, que a consciência empírica do indivíduo seja uma coisa só com a consciência absoluta e que a própria consciência absoluta seja consciência empírica. É uma intuição que pode ser distinguida, mas apenas de modo ideal, em decorrência da imposição e formação dialética do conceito.[202]

Com a conceituação de *vida ética absoluta*, fica latente o caráter ideal que Hegel atribui a esta categoria.[203] A *vida ética absoluta* constitui-se na

---

[200] "(...) o homem é potência, universalidade para os outros, mas o outro também é igualmente, e assim o que faz a sua realidade, o seu peculiar, é o agir nele em vista de uma inserção na indiferença, e ele é agora universal perante o que precede; e a *formação (bildung)* é esta transformação absoluta no conceito absoluto, em que cada qual, simultaneamente sujeito e universal, constitui imediatamente a sua particularidade em universalidade, e na flutuação, na posição momentânea como potência, se põe justamente como universal e assim tem contra si este ser-potência e a universalidade não mediatizada no mesmo e, por conseguinte, torna-se ele próprio particular. A determinação ideal do outro é objectiva, mas de tal modo que esta objectividade se põe também imediatamente como subjectiva e se torna causa; com efeito, para que algo seja potência para outro, não deve ser simplesmente universalidade e indiferença na relação com esse outro, mas deve ser oposto que é para si, ou um universal verdadeiramente absoluto; e isto é a inteligência no mais elevado grau; um universal segundo o mesmo aspecto pelo qual é precisamente um particular, ambos não mediados e absolutamente uma só coisa, ao passo que a planta e o animal o são sob aspectos diferentes". HEGEL. G. W. F. *O Sistema da Vida Ética*. Lisboa: Edições 70, 1991, pp. 21/22.

[201] "(...) o trabalho é deste modo também um trabalho real ou vivo, e a sua vitalidade deve conhecer-se como totalidade, mas cada momento em si mesmo como um trabalho peculiar vivo, como objeto particular. Para o objeto vivo que subsume e para o trabalho vivo, há a subsunção da intuição no conceito, em seguida, do conceito na intuição e, depois, a identidade de ambos". HEGEL. G. W. F. *O Sistema da Vida Ética*. Lisboa: Edições 70, 1991, p. 20.

[202] HEGEL. G. W. F. *O Sistema da Vida Ética*. Lisboa: Edições 70, 1991, p. 54.

[203] "Enquanto a *vida ética absoluta*: não a soma, mas a indiferença de todas as virtudes

indiferenciação das individualidades, na infinitude do povo, do interesse da coletividade, as individualidades que acabam por ser suprimidas na formação absoluta, ou seja, a conformação dos interesses individuais em um interesse universal busca, no fim, o *desinteresse absoluto* a que Hegel faz alusão, porque não há nada de privado no eterno. Ou seja, a conformação do interesse universal, na vida ética absoluta, acaba sendo a própria negação dos interesses individuais, posto que o objetivo será exatamente o desinteresse absoluto, é dizer, a radicalização da junção dos interesses privados que forma o interesse universal é, nesse sentido, a imposição de um desinteresse absoluto. Quando se radicaliza, portanto, a aplicação de um interesse público que justamente aniquila os interesses individuais que o formaram, o resultado em potência é o desinteresse absoluto. Logo após apresentar o conceito da vida ética absoluta, Hegel analisa o que denomina de *eticidade relativa*, na qual as experiências e limitações empíricas são relevadas e formam uma espécie de totalidade em conjunto com o universal (ética absoluta), sendo que o universal se caracteriza para a *ética relativa* como um *pensamento*.[204]

[indiferença das singularidades, indiferença entre os indivíduos]. Não se manifesta como amor à pátria, ao povo e às leis, mas como a vida absoluta na pátria e para o povo. É a verdade absoluta, pois a inverdade reside apenas na fixação de uma determinidade; no eterno do povo, porém, toda individualidade é suprimida. A vida ética é a formação (*Bildung*) absoluta, porque no eterno se encontra a aniquilação empírica real de todas as determinidades e a mudança de todas. É o desinteresse absoluto, porque no eterno nada há de privado". HEGEL. G. W. F. *O Sistema da Vida Ética*. Lisboa: Edições 70, 1991, p. 58.

[204] "*Eticidade relativa*, que se refere a relações e que não se organiza e move neles livremente, mas deixa subsistir a determinidade que neles existe, e a induz à igualdade com a determinidade oposta, a saber, a uma igualdade superficial, parcial, que somente existe no conceito. Esta forma de vida ética cria, pois, o direito e é *probidade*. Onde esta age e se torna real, atém-se ao direito de que a cada qual incumba o que é seu e, decerto, não segundo leis escritas; ela considera a totalidade do caso e fala segundo a equidade, se o direito não está decidido, normalmente, ela deve ater-se a este. Mas na equidade, de acordo com necessidades prementes, ela atenua a objectividade do direito, a favor das circunstâncias empíricas da necessidade, de uma ignorância dita perdoável, segundo uma confiança subjectiva. A sua totalidade é a existência empírica do singular, cuja conservação em si e nos outros ela toma a peito. A probidade vela pela família segundo o estado que esta tem, e também pelos concidadãos, remedeia a indigência singular, indigna-se perante a acção má. O universal, o absoluto da eticidade e o modo como este deveria ser na sua realidade e como a realidade se deveria sujeitar, é para a probidade um *pensamento*. O seu ímpeto supremo é ter a este respeito muitos e vários

Ao tratar de governo em geral, Hegel aponta como o universal capta ou absorve o individual. Delimitação de que o universal ético é o governo, enquanto formal, o qual não se confunde com o particular e tem uma potência oposta ao particular, no sentido de subsumir o indivíduo no universal e no ético. É a relação de supremacia em que a particularização é subsumida no universal.[205]

O resumo das concepções de Hegel, nessa fase em que suas ideias sobre a relação dialética entre universal e particular ainda estavam se organizando, pode ser obtido no seguinte trecho:

----

pensamentos, mas a sua razão consiste ao mesmo tempo em que ela discerne como a situação empírica se modificaria e, semelhante situação tem-na demasiado a peito para que aí ela deixe acontecer qualquer coisa. A sua razão consiste, pois, em discernir que a eticidade absoluta deve permanecer um pensamento. Na relação como o negativo e com o devotamento, ela sacrifica o seu ganho ao povo pelos fins universais, segundo um conceito, nos impostos, segundo a igualdade da justiça, como no particular, pelos pobres e pelos que sofrem. Mas não pode ceder nem a posse inteira nem a vida, pois a individualidade está nela fixada, portanto, a pessoa e a vida são não só um infinito, mas um absoluto. Não pode, pois, ser intrépida, como tão pouco pode percorrer toda a série das virtudes ou organizar-se apenas para o momento como virtude; com efeito, a própria virtude é para o momento sem fim e sem relação com uma outra totalidade diferente da que em si mesma possui. A totalidade empírica da existência põe os seus limites determinados ao desinteresse e ao sacrifício e deve manter-se sob a dominação do entendimento". HEGEL. G. W. F. *O Sistema da Vida Ética*. Lisboa: Edições 70, 1991, pp. 60/61.

[205] "Este movimento que se estende ao desdobramento de todas as potências e que põe e suscita efectivamente primeiro tal desdobramento, deve exibir-se nestas potências; e visto que a essência desta potência é a diferença do universal e do particular, mas ao mesmo tempo a supressão da mesma, e uma vez que este movimento orgânico deve ter realidade, mas a realidade do universal consiste em existir como um multidão de indivíduos, é preciso então conhecer esta oposição, como o universal é real ou está nas mãos de indivíduos de modo que estes se encontram na verdade no universal e indiferenciados assumem na separação um movimento tal que por ele a particularização é subsumida no universal e se lhe torna pura e simplesmente igual. Segundo o poder, o universal é na sua realidade superior ao particular – com efeito, seja em que potência for, o governante é formal, o absolutamente universal; o poder do todo está aí suspenso. Mas o governo deve ao mesmo tempo ser o universal positivamente absoluto, pelo que é potência absoluta; e a questão reside em todos aspectos na diferença de que o governo seja verdadeiramente potência contra o particular, de que os indivíduos estejam necessariamente no universal e no ético". HEGEL. G. W. F. *O Sistema da Vida Ética*. Lisboa: Edições 70, 1991, p. 67.

'Este estado está em si constituído' significa: é um universal vivo no seio da sua limitação; o que é seu universal, a sua lei e o seu direito é ao mesmo tempo como existente nos indivíduos, realmente neles, através da sua vontade e da sua auto-actividade. A existência orgânica deste estado faz de cada singular, enquanto nele há vitalidade, uma só coisa com os outros; mas o estado não pode existir na unidade absoluta. Por conseguinte, torna também em parte, os indivíduos dependentes, mas de modo ético, na confiança, no respeito, etc., e semelhante eticidade suprime o elementar, a pura massa, a quantidade, e põe uma relação viva; e o rico é imediatamente obrigado a atenuar a relação de dominação, e até a suspeita de tal relação, mediante uma participação mais universal na mesma. E a desigualdade externa reduz-se tanto exteriormente como o infinito não se arroja à determinidade, mas existe como actividade viva e, por conseguinte, o próprio impulso para a riqueza infinita é extirpado.[206]

Essa sistematização ética elaborada por Hegel, em que suas concepções filosóficas sobre o *universal*, o *particular*, o *Estado*, bem como a *centralidade da ética e da razão*, ainda estão em estágio embrionário, precede os *Princípios da Filosofia do Direito*,[207] o trabalho em que ele se debruça sobre as categorias do *indivíduo*, da *sociedade civil* e do *Estado*.

2.1.3 O amadurecimento da Ideia: a centralidade da razão no Estado

Hegel aponta que o Estado é "a realidade em ato da ideia moral objetiva, o espírito como vontade substancial revelada, clara para si

---

[206] HEGEL. G. W. F. *O Sistema da Vida Ética*. Lisboa: Edições 70, 1991, 80.

[207] É necessário alertar que a análise realizada aqui se limita aos parágrafos em que Hegel trata do Estado, em especial nos trechos em que fica clara a centralidade da relação dialética entre *interesse universal* e os *interesses particulares*. Não obstante essas categorias também sejam tratadas nos parágrafos antecedentes, entende-se necessário esse recorte, primeiro, em razão de que não se trata de um tese sobre a filosofia hegeliana, ou seja, um trabalho crítico sobre a *totalidade* da sua obra, mas tão somente um recorte dentro de uma crítica à dogmática do direito público brasileiro; segundo, porque as verificações de Hegel são extensas, prolixas e acabam se repetindo no curso do seu texto; terceiro, em razão de que, para o objeto desta análise, este capítulo último (sobre o Estado) contém os elementos suficientes para a realização da análise que se pretende. Vale lembrar que inclusive a crítica de Marx à *Filosofia do Direito* de Hegel também se inicia a partir do §261, ou seja, restringe-se ao capítulo que trata do Estado.

mesma, que se conhece e se pensa, e realiza o que sabe e porque sabe", afirmando no caráter universal da racionalidade do Estado, uma racionalização em si e para si. O Estado é espirito objetivo, então só como membro desse Estado é que o indivíduo possui objetividade, verdade e moralidade, sendo que o destino dos indivíduos está na participação de uma vida coletiva. Quaisquer outras satisfações, atividades e modalidades de comportamento têm seu ponto de partida e o seu resultado nessa relação coletiva, que Hegel define como substancial e universal.[208] O Estado, com efeito, não teria a finalidade de garantir o funcionamento de um sistema econômico ou de regular todos os conflitos de interesse, antes, como frisa Benoît Timmermans, seu princípio é: "despertar os indivíduos guiados por suas necessidades particulares para a consciência do interesse coletivo, ou do universal".[209]

Sobre o lugar que ocupa e a origem histórica do Estado (ou de cada Estado particular, o seu direito e os seus modos), não importa à *ideia* de Estado saber se provém das relações patriarcais, do receio ou da confiança ou da corporação, como foi concebido e se inseriu na consciência o fundamento de tais direitos, seja como direito divino e positivo, seja como contrato, costume. Na perspectiva filosófica do Estado, em relação à autoridade de um Estado real, os princípios em que ele se funda são tomados das formas do direito em vigor nesse Estado.[210]

A relação dialética entre a concretização da liberdade individual (interesse privado ou das partes) e formatação do interesse universal é pressuposto para Hegel, constituindo-se o Estado moderno como o instrumento e o próprio conteúdo dessa universalidade:[211]

---

[208] HEGEL, G. W. F. *Princípios da Filosofia do Direito*. São Paulo: Martins Fontes, 1997, p. 217.

[209] TIMMERMANS, Benoît. *Hegel*. São Paulo: Estação Liberdade, 2005, p. 134.

[210] HEGEL, G. W. F. *Princípios de Filosofia do Direito*. São Paulo: Martins Fontes, 1997, p. 218.

[211] "Apesar disso, a essência do Estado já transparece na constituição da sociedade burguesa porque, em virtude de seus fins particulares, essa sociedade já está em conexão com o todo universal do Estado. Sem saber nem querer isso, o indivíduo da sociedade burguesa é levado pelas costas à formação para a universalidade de seus interesses

É o Estado a realidade em ato da liberdade concreta. Ora, a liberdade concreta consiste em a individualidade pessoal, com os seus particulares, de tal modo possuir o seu pleno desenvolvimento e o reconhecimento dos seus direitos para si (nos sistemas da família e da sociedade civil) que, em parte, se integram por si mesmos no interesse universal e, em parte, consciente e voluntariamente o reconhecem como seu particular espírito substancial e para ele agem como seu último fim. Daí provém que nem o universal tem e é realizado sem o interesse, a consciência e a vontade particulares, nem os indivíduos vivem como pessoas privadas unicamente orientadas pelo seu interesse e sem relação com a vontade universal: deste fim são conscientes em sua atividade individual. O princípio dos Estados modernos tem esta imensa força e profundidade: permitirem que o espírito da subjetividade chegue até a extrema autonomia da particularidade pessoal ao mesmo tempo que o reconduz à unidade substancial, assim mantendo esta unidade no seu próprio princípio.[212]

Da relação dialética entre poderes opostos, *universal substancial* e a *individualidade subjetiva,* nasce a força dos Estados modernos, pois a universalidade nada tem de validade sem o *querer* e o *saber* dos indivíduos particulares, assim como esses interesses atomizados não possuem qualquer valor se não se pretendem universais. E, assim, o Estado moderno hegeliano permite que a subjetividade possa ser desenvolvida até o extremo autônomo da singularidade em razão do Estado poder reconduzir essa subjetividade à unidade substancial universal contida juntamente no Estado. Löwith sintetiza esse pensamento, explicitando que para Hegel a "oposição entre vida civil e a política, assim como a que existia entre

---

particulares. Aquilo para o qual a sociedade burguesa se forma contra sua vontade, perdida em seus extremos (por exemplo, da pobreza e da riqueza), é o verdadeiro Estado, entendido como ser comum incondicionado. E como o Estado já é em si mesmo o substancial, ou seja, a plenitude espiritual objetiva e o ético, também o indivíduo só terá substancia, objetividade e eticidade enquanto levar uma vida 'universal', ou seja, política". LÖWITH, Karl. *De Hegel a Nietzsche*: a ruptura revolucionária no pensamento do século XIX: Marx e Kierkegaard. São Paulo: Unesp, 2014, pp. 261/262.

[212] HEGEL, G. W. F. *Princípios da Filosofia do Direito*. São Paulo: Martins Fontes, 1997, pp. 225/226.

o bourgeois e o citoyen, lhe parecia reduzida e superada por uma diferença derivada da totalidade abarcada por ela própria da 'classe universal'".[213]

Na filosofia hegeliana há a ideia de assimetria entre o Estado e os demais planos "particulares" (Direito Privado, interesse particular, família e sociedade civil), em que considera o poder estatal uma necessidade exterior desses âmbitos privados e como poder mais alto, em que as leis e os interesses daqueles domínios particulares lhes são subordinados. No entanto, por outro lado, tais domínios são o fim imanente do próprio Estado, o qual possui "sua força na unidade do seu último fim universal e dos interesses particulares dos indivíduos". Hegel frisa que essa unidade se exprime de modo que os domínios particulares tenham deveres para com o Estado, na medida em que tais domínios também possuem direitos, especificando a noção de Estado como realidade moral, em que: "compenetração do substancial e do particular implica que as minhas obrigações para com a realidade substancial sejam também a existência da minha liberdade particular, o que quer dizer que nele direito e dever se encontram reunidos numa só e mesma relação". No entanto, destaca que realidades e momentos diversos da realidade do Estado permitem distinguir direito e dever, os quais continuam a ser na forma idênticos, mas diferentes em relação ao conteúdo.[214]

Sobre o conteúdo do Direito, especificamente no Direito Privado, Hegel aponta que o Direito Privado e a realidade subjetiva sofrem da ausência da necessidade real da relação, mantendo-se abstrata a igualdade de conteúdo obtida. "O que nestes domínios abstratos (Direito Privado e realidade subjetiva) é justo para um também o tem de ser para outro, o que é dever para um será dever para outro", constituindo-se o fundamento filosófico do princípio da igualdade na formatação do Estado moderno.[215] Direito e dever só encontram similitude de conteúdo desde

---

[213] LÖWITH, Karl. *De Hegel a Nietzsche*: a ruptura revolucionária no pensamento do século XIX: Marx e Kierkegaard. São Paulo: Unesp, 2014, p. 263.

[214] HEGEL, G. W. F. *Princípios da Filosofia do Direito*. São Paulo: Martins Fontes, 1997, pp. 226/227.

[215] HEGEL, G. W. F. *Princípios da Filosofia do Direito*. São Paulo: Martins Fontes, 1997, p. 227.

que esse conteúdo seja completamente universal, isto é, seja o único princípio do Direito e do dever: a liberdade pessoal do homem. De forma mais direta, afirma Hegel que na ideia concreta, do interesse objetivo, os momentos se distinguem e as suas determinações trazem consigo uma diversidade de conteúdo, ou seja, há assimetria de conteúdo no plano concreto e objetivo em relação ao Estado (ou ao governo ou ao príncipe). O cidadão não possui direitos de natureza igual à dos seus deveres – assim como a relação entre os filhos que não têm direitos com conteúdo idênticos em relação aos respectivos deveres para com o pai. Sob forte perspectiva dialética, Hegel afirma que esse conceito da união do direito e do dever é uma das condições mais importantes para a força interna dos Estados, que nela está contida.[216]

Na imbricação entre direito e dever, Hegel afirma que o indivíduo, ao cumprir seu dever, deve encontrar também o que é seu interesse pessoal e sua satisfação, de modo que, da sua situação no Estado, advenha-lhe um direito que da coisa pública faz sua coisa particular. O interesse particular não deve ser banido ou menosprezado, pelo contrário, deve ser conservado em concordância com o interesse geral para que, assim, um e outro sejam assegurados,[217] até porque o Estado só se realiza como tal quando os indivíduos aceitam a racionalidade que os governa, no sentido de que suas liberdades só serão efetivas quando colocadas a serviço da coletividade ou do Estado.[218]

---

[216] HEGEL, G. W. F. *Princípios da Filosofia do Direito*. São Paulo: Martins Fontes, 1997, p. 227.

[217] "O indivíduo que pelos deveres está subordinado, no cumprimento deles cidadão, obtém a proteção da sua pessoa e da sua propriedade, o respeito pelo seu bem particular e a satisfação da sua essência substancial, a consciência e o orgulho de ser membro de um todo. No cumprimento do dever com a forma de prestação do serviço para o Estado, assegura também a sua conservação e subsistência. Segundo o que tem de abstrato, o interesse geral estabeleceria apenas que os atos e serviços que solicita fossem cumpridos como deveres". HEGEL, G. W. F. *Princípios da Filosofia do Direito*. São Paulo: Martins Fontes, 1997, p. 228.

[218] "Contrariamente ao que se poderia ter pensado, esse Estado *não se atribui o objetivo de satisfazer as necessidades dos indivíduos*. Pois, se fizesse isso, nada mais faria que esposar, redobrar a lógica da sociedade civil, condenando-se a gerir as trocas das quais não domina nem o valor, nem a destinação. Buscar de maneira artificial, convencionalista

O homem, na concepção hegeliana, é livre, e, quando está em um Estado livre, ele pode possuir, utilizar, consumir e se entender com outros homens. Logo, o homem não reconhece como válido para ele o que não seja reconhecido como sua própria decisão racional. A liberdade só é real em um mundo da razão, um mundo historicamente organizado, na família, na sociedade e no Estado. Esse Estado, portanto, tem realidade na consciência dos indivíduos, das pessoas, que por essa consciência mesma deixam de ser pessoas puramente privadas, pois só o Estado possui fins ao mesmo tempo conscientes e universais, ou melhor, para Weil, o Estado tem um único fim, o qual está acima de qualquer fim pensável: a razão e a realização da razão, a liberdade. O Estado é a razão realizada, é liberdade positiva acima de qualquer outra liberdade pensável. Contra o Estado há, senão, a opinião, o desejo individual. Mas a vontade individual já não conta, "ao menos se a vontade individual é o que ela crê ser", ou seja, a vontade do indivíduo só é relevante para o Estado em termos universais, que é o que lhe permite racionalidade.[219]

Os indivíduos da coletividade são considerados na teoria hegeliana seres espirituais, o que lhes impõem dois elementos: (i) individualidade extrema consciente e voluntária e; (ii) universalidade extrema que conhece e quer a realidade substancial. Ambos os elementos, os indivíduos só conseguem justificar quando agem como pessoas privadas e ao mesmo tempo como pessoas substanciais. A individualidade extrema é realidade imediata do indivíduo; por outro lado, a universalidade extrema só é atingida por meio das instituições que "são o que há de virtualmente universal, nos seus interesses particulares", sendo que tais instituições

---

ou intervencionista modificar essa lógica não adiantaria nada. De fato, o estado só se realiza como tal no momento em que *os indivíduos* aceitam – livremente – a lógica econômica, a racionalidade mais ampla que, claro, os governa, mas que os une também uns com os outros pelo viés das trocas. Se essa aceitação se faz para restaurar a função orgânica, viva, da coletividade (a exemplo da família, cujos diferentes membros tendem para um mesmo fim), os indivíduos então se tornam *cidadãos*. Isso quer dizer que eles compreendem que o único meio de dar um conteúdo concreto, *efetivo*, a sua liberdade é se colocar a serviço da coletividade ou do Estado". TIMMERMANS, Benoît. *Hegel*. São Paulo: Estação Liberdade, 2005, pp. 129/130.

[219] WEIL, Eric. *Hegel e o Estado*: cinco conferências seguidas de Marx e a filosofia do Direito. São Paulo: Realizações, 2011, pp. 52-55.

dão aos indivíduos, *nas corporações*, uma atividade e uma ocupação dirigidas para um fim universal. Essas instituições referidas formam a Constituição, o que significa, para Hegel, "a razão desenvolvida e realidade no particular e são a base segura do Estado", garantindo sentimentos cívicos e confiança dos indivíduos, em que liberdade e a necessidade se encontram reunidas tendo como pilar a liberdade pública .[220] O Estado idealizado por Hegel, em que a razão é dada e é real, tem sua existência fundamentada nessas instituições, pois é nesse movimento que a razão *adquire a sua eficácia.*[221]

Tratando da legitimidade do Governo e do próprio Estado, mais especificamente sobre os poderes do Príncipe no Estado Constitucional, Hegel afirma que a soberania representa o que há de ideal nos domínios e atividades particulares. Assim, o domínio estatal não é dotado plenamente de autonomia e independência, em relação aos seus fins e modalidades, ou seja, não é fechado em si mesmo, uma vez que seus fins e modalidades são definidos pelos fins do conjunto, geralmente delimitados pela vaga expressão "por bem do Estado".[222] Hegel classifica isso de *idealidade*, a qual se manifesta de duas maneiras distintas, no *estado de paz* e no *estado de perturbação.*[223]

---

[220] HEGEL, G. W. F. *Princípios da Filosofia do Direito*. São Paulo: Martins Fontes, 1997, p. 229.

[221] "Este sentimento é sobretudo o da confiança (que pode vir a ser uma compreensão mais ou menos cultivada) e da certeza de que meu interesse particular e o seu interesse substancial se conservam e persistem dentro do interesse e dos fins de um outro (no caso, o Estado) e, portanto, dentro da sua relação comigo como indivíduo. Daí provém, precisamente, que o Estado não seja para mim algo de alheio e que, neste estado de consciência, eu seja livre". HEGEL, G. W. F. *Princípios da Filosofia do Direito*. São Paulo: Martins Fontes, 1997, p. 230.

[222] HEGEL, G. W. F. *Princípios da Filosofia do Direito*. São Paulo: Martins Fontes, 1997, p. 254.

[223] "(...) no estado de paz, os domínios e atividades particulares prosseguem o seu caminho em vista da realização dos seus fins particulares, e há, de um lado, a simples necessidade inconsciente que transforma o trabalho em que cada um põe o seu interesse num contributo para a recíproca conversão e para a conservação do todo; de outro lado, há a ação direta do poder que continuamente os chama [os particulares] ao interesse geral e, conseguinte, os limita e lhes impõe prestações diretas para a conservação; no estado de perturbação, que pode ser de origem interna ou externa, é a soberania que dita o conceito simples no qual se reúne o organismo que existe pelo sacrifício daquilo

Mais uma vez, agora para justificar a legitimidade da soberania estatal, Hegel afirma que a soberania representa o ideal dos domínios particulares, a junção dos interesses desses domínios estaria representada justamente na soberania, o que justificaria a afirmação de que o Estado não é autônomo, e que seus fins e modalidade são definidos pelo conjunto, ou seja, pelos domínios particulares. É a relação dialética de formação do interesse universal a partir da dependência dos interesses particulares. Em tempos de paz, tempos em que o Estado constitucional está em plena vigência, os particulares buscam seus interesses particulares, ocorrendo a necessidade inconsciente que transforma o trabalho em que cada particular deposita seu interesse em recíproca conversão e para a conservação do todo. Há de outro lado a ação direta do poder, do Estado, que chama os particulares ao interesse geral, o que, por consequência, gera limitação aos interesses particulares e lhes impõe prestações diretas para a conservação, ou seja, prestações para que se proteja o interesse geral. Porém, em tempos de perturbação, seja de ordem interna ou externa, Hegel justifica que a soberania, o poder estatal, impõe o sacrifício do que seria justificado em outras ocasiões, é dizer, é legítima a supressão de interesses particulares justificada em tempos de paz.

Porém, Hegel admite que nem todos os interesses privados estão contidos especificamente no interesse universal, o que, no entanto, não retira a legitimidade estatal de controle sobre esses interesses. Ao cuidar do "Poder de Governo", afirma que os interesses particulares das coletividades que integram a sociedade civil, mas que estão fora do interesse universal do Estado, são administrados pelas corporações, comunas, sindicatos, classes. Essas corporações visam à defesa de interesses particulares e propriedades de seus membros, porém, subordinados ao interesse superior do Estado, o que justificaria o poder de controle estatal sobre esses domínios. Da mesma forma como teorizou em relação aos interesses individuais, afirma que as corporações privadas, as quais decorrem da legitimação dos domínios particulares, transformam-se em espírito do próprio Estado, já que encontram no ente estatal o meio para

---

que, em outras ocasiões, é justificado. É, pois, aí que o idealismo do Estado alcança a realidade que lhe é própria". HEGEL, G. W. F. *Princípios da Filosofia do Direito*. São Paulo: Martins Fontes, 1997, p. 254.

alcançar seus fins particulares. Reconhece ainda que no âmbito estatal é que se trava o conflito entre interesse geral e interesses da comunidade particular, e por outro lado, há a reunião das duas espécies de interesses e o ponto de vista mais elevado do Estado e suas determinações, pois a equação entre a conservação do interesse geral do Estado e da legalidade entre os direitos particulares, bem como a redução dos direitos particulares ao interesse geral, exigem a vigilância por representantes do poder governamental (Estado).[224] Na nota sobre esse parágrafo, Hegel volta a referir sobre a relação dialética entre os interesses particulares e a formação de um interesse geral gerido pelo Estado, mas agora sob o ponto de vista das corporações privadas.[225]

Hegel crê no Estado moderno como centro da razão e acredita que a sua grandeza seria o elemento essencial para a diminuição da importância das relações privadas da família ou outras, tornando impotentes a vingança e o ódio. Diante dos magnos interesses surgidos no âmbito dos grandes Estados, desapareceriam os pontos de vista subjetivos e se elevariam interesses gerais e os assuntos coletivos.[226]

Se o Estado é o centro da razão e da *eticidade* (vida ética), aponta Hegel que o Estado bem organizado e vigoroso é aquele em que seus fins gerais se conjugam aos interesses particulares dos cidadãos, em que

---

[224] HEGEL, G. W. F. *Princípios da Filosofia do Direito*. São Paulo: Martins Fontes, 1997, p. 266.

[225] "Assim como a sociedade civil é o campo de batalha dos interesses individuais de todos contra todos, assim aqui se trava o conflito entre interesse geral e os interesses da comunidade particular e, por outro lado, entre as duas espécies de interesses reunidas e o ponto de vista mais elevado do Estado e suas determinações. O espírito corporativo, que nasce da legitimidade dos domínios particulares, no interior de si mesmo de transforma em espírito do Estado, pois no Estado encontra o meio de alcançar os seus fins particulares. Esse é, deste ponto de vista o segredo do patriotismo dos cidadãos: reconhecem o Estado como sua substância, pois conservam os seus interesses particulares, sua legitimidade, sua autoridade e seu bem-estar. No espírito corporativo, que imediatamente implica a ligação do particular ao universal, é onde se verifica como o poder e a profundidade do Estado radicam-se nos sentimentos". HEGEL, G. W. F. *Princípios de Filosofia do Direito*. São Paulo: Martins Fontes, 1997, p. 267.

[226] HEGEL, G. W. F. *Princípios da Filosofia do Direito*. São Paulo: Martins Fontes, 1997, p. 272.

um encontra no outro a sua satisfação e concretização. Porém, Hegel admite que o próprio Estado em seu desenvolvimento, na perspectiva objetiva, precisa de *muitos eventos, invenções de organização apropriadas e longas batalhas do intelecto,*[227] entendido como as batalhas burocráticas e de interesses, sem que se reconheça a distinção de interesses em classes.

Hegel aponta que são necessárias as batalhas entre interesses particulares e as respectivas paixões, e que o processo para os disciplinar é árduo e moroso para que se atinja a união com o interesse geral, constituindo-se então o momento do florescimento da virtude, da força e da felicidade. Porém, o instinto de convivência das pessoas já se inicia com a consciência de proteção de suas vidas e da propriedade privada, o que significa o lado subjetivo, o interesse particular, tal como a opinião e a representação subjetiva. Essa imensa quantidade de vontades e interesses se constitui em instrumentos do espírito universal para realizar seu objetivo, ou seja, o próprio espírito precisa dos indivíduos e de seus respectivos interesses para concretizar seu objetivo, qual seja, encontrar-se e voltar a si para encarar-se como realidade.[228]

A filosofia de Hegel não ignora os embates e os conflitos entre os interesses particulares, porém, conclui que o universal resulta da síntese dessas disputas, em que os indivíduos experimentam perdas e danos. Nivela de maneira especulativa as condições concretas dos indivíduos, ou seja, não há preocupação em relação a possíveis diferenças de condições entre os indivíduos que põem seus interesses em disputa.[229]

---

[227] HEGEL. G. W. F. *Filosofia da História.* 2ª ed. Brasília: UNB, 2008, p. 29.

[228] HEGEL. G. W. F. *Filosofia da História.* 2ª ed. Brasília: UNB, 2008, p. 29.

[229] "O interesse particular da paixão é, portanto, inseparável da participação do universal, pois é também da atividade do particular e de sua negação que resulta o universal. É o particular que se desgasta em conflitos, sendo em parte destruído. Não é a ideia geral que se expõe ao perigo na oposição e na luta. Ela se mantém intocável e ilesa na retaguarda. A isso se deve chamar *astúcia da razão*: deixar que as paixões atuem por si mesmas, manifestando-se na realidade, experimentando perdas e sofrendo danos, pois esse é fenômeno no qual uma parte é nula e a outra afirmativa. O particular geralmente é ínfimo perante o universal, os indivíduos são sacrificados e abandonados. A ideia recompensa o tributo da existência e da transitoriedade, não por ela própria, mas pelas paixões dos indivíduos". HEGEL. G. W. F. *Filosofia da História.* 2ª ed. Brasília: UNB, 2008, p. 35.

131

Em conclusão, Hegel volta a afirmar que o Estado é o todo moral, em que ocorre a união da vontade subjetiva e da razão, a realidade na qual o indivíduo desfruta a sua liberdade, cujo significado é o saber, a crença e a vontade do universal. O Direito, a moralidade objetiva e o Estado são a realidade positiva e satisfação da liberdade, posto que a liberdade limitada será a arbitrariedade, que se refere ao caráter particular das necessidades. É no Estado que reside a vida real e ética, pois ele é a unidade do querer universal, essencial e do querer subjetivo também, e só assim o indivíduo tem valor. As leis constituem-se como o próprio racional, posto que o universal está nas leis, em determinações gerais e racionais.[230]

Defendendo o caráter abstrato do Estado, Hegel identifica que a sua realidade universal está nos cidadãos, nas suas vontades e atividades individuais é que a existência universal se define. Nessa realidade surge a necessidade de um governo e de administração, em que ocorra a separação entre quem possui a direção dos assuntos do Estado, governantes e administradores que decidem e determinam a forma de realização e que comandam os cidadãos que vão operar tais determinações.[231-232]

---

[230] "A lei é a objetividade do espírito e da vontade em sua verdade, e só a vontade que obedece à lei é livre, pois ela obedece a si mesma, está em si mesma livremente. Quando o estado, a pátria, constitui uma coletividade da existência, quando a vontade subjetiva do homem se submete às leis, a oposição entre liberdade e necessidade desaparece. O racional como substancial é necessário; somos livres quando o reconhecemos como lei e quando seguimos essa lei como substancia da nossa própria essência. A vontade objetiva e a subjetiva são, então, conciliadas, formando uma unidade serena, pois a eticidade do Estado não é eticidade moral, refletida, na qual predomina a convicção individual; esta é mais acessível ao mundo moderno, enquanto a real e antiga parte de princípio de que todos cumpram o seu dever. (...) É o eterno equívoco da liberdade, o de reconhecer apenas o sentimento formal subjetivo, abstraído dos objetos e fins que lhe são essenciais. Deste modo, a limitação dos instintos, da cobiça, e da paixão, que só pertencem ao indivíduo, é tida como uma limitação da liberdade. Mas antes de mais nada, tal limitação é pura e simplesmente a condição da qual surge a libertação, sendo a sociedade e o Estado as condições nas quais a liberdade se realiza". HEGEL. G. W. F. *Filosofia da História*. 2ª ed. Brasília: UNB, 2008, pp. 39/40.

[231] HEGEL. G. W. F. *Filosofia da História*. 2ª ed. Brasília: UNB, 2008, p. 43.

[232] "Também em nossa época essa é a opinião geral, apenas com a modificação de que isso não é feito diretamente, devido à extensão e à população de nossos Estados, mas indiretamente, por meio de representantes da vontade dos cidadãos, que expressam

Observa-se que a noção hegeliana de interesse universal possui como suportes elementares as categorias da totalidade e do movimento dialético, o que significa que esse conceito é igualmente dinâmico e complexo. Porém, o conceito de interesse público, adotado pela doutrina do Direito Administrativo, cuja estrutura remete ao tipo kelseniano de Teoria do Direito, repele justamente o vínculo com os elementos políticos e sociais. Logo, o conceito de interesse público sequer absorve os elementos básicos do conceito de interesse universal, ainda que este seja fruto da filosofia liberal-burguesa construída por Hegel.

2.2 CRÍTICA À CONCRETUDE DO INTERESSE UNIVERSAL A PARTIR DAS CONDIÇÕES MATERIAIS E HISTÓRICAS DE CLASSE SOCIAL

O que não se encontra em Hegel para ser refutado?!?[233]

2.2.1 O materialismo histórico e a farsa do interesse geral

Exposto o desenvolvimento do conceito de interesse universal na filosofia de Hegel, cujos pilares são o movimento dialético e o vínculo coma totalidade, é necessário iniciar a formulação crítica desse conceito

---

a opinião destes para a resolução de questões públicas – vale dizer, o povo deve ser representado por deputados para a elaboração de leis. A chamada constituição representativa é a disposição à qual associamos a ideia de uma constituição livre, de tal modo que isso acabou por se tornar um sólido preconceito. Com isso, separa-se povo e governo. Mas existe uma malícia nessa lei que é um artifício da má vontade, como se o povo fosse a totalidade. Além do mais, essa ideia serve de base ao princípio da individualidade, do absoluto, da vontade subjetiva, do qual e falou anteriormente. O mais importante é que a liberdade, como é determinada pelo conceito, não tem por princípio da vontade subjetiva e a arbitrariedade, mas sim o conhecimento da vontade geral; o sistema da liberdade é o livre desenvolvimento de seus momentos. A vontade subjetiva é uma determinação totalmente formal, que não contém o que a vontade quer. Só a vontade racional contém esse elemento universal que se autodetermina, se desenvolve e desdobra os seus momentos em membros orgânicos. Os antigos não tinham conhecimento dessa estrutura de catedral gótica". HEGEL. G. W. F. *Filosofia da História*. 2ª ed. Brasília: UNB, 2008, p. 46.

[233] GADAMER, Hans-Georg. *Hermenêutica em retrospectiva*. Petrópolis: Vozes, 2009, p. 133.

hegeliano, almejando-se fundamentar a própria crítica ao conceito de interesse público. A partir das reflexões críticas elaboradas por Marx sobre as formulações teóricas de Hegel, intenta-se estabelecer o início da base teórica crítica que subsidiará a análise desconstrutiva do conceito de interesse público.

Dentre as obras que caracterizam sua fase "jovem", possui especial importância no desenvolvimento filosófico de Karl Marx os estudos sobre a *Crítica da Filosofia do Direito de Hegel*, cujos manuscritos datam de 1843 e que foram redigidos em uma fase de transição na vida profissional, política e acadêmica do jovem filósofo alemão.[234]

---

[234] Marx havia se desligado da *Gazeta Renana* e tinha se mudado para Paris, com o intuito de editar um novo jornal, o que lhe permitiu folego financeiro para finalizar esta e outras obras (*Questão Judaica*, por exemplo). No plano da formação da sua teoria, Marx vivia uma espécie de paradoxo, na medida em que sua tese de doutorado – tratando da filosofia grega pré-socrática com recorte claramente inspirado na filosofia hegeliana – chocava-se com as novas e contundentes análises de Ludwig Feuerbach. Como bem explicita Flickinger, Marx estava em uma encruzilhada, "preso" entre o idealismo da liberdade intelectual de Hegel e o materialismo positivo de Feuerbach, uma espécie de *"constelação ambígua"* que teria direcionado suas reflexões nos próximos anos, no sentido de respeitá-las, por um lado, e de desnudá-las, por outro, possibilitando-o desenvolver uma *teoria construtiva sobre a realidade*: "Seja qual fora a convencibilidade da argumentação marxiana no contexto da filosofia grega, o interesse maior que tenho ao introduzir a sua tese de doutorado é aquele de tornar óbvia a sua insistência em buscar uma própria posição intelectual frente tanto à filosofia de Hegel quanto às ideias dos demais jovens hegelianos. Por isso, a dissertação representou para Marx um passo importante quanto a desenvolver uma posição mais diferenciada no tangente ao valor explicativo de uma teoria construtiva sobre a realidade, ou seja, de uma teoria objetiva baseada em um princípio conceitual exclusivo. Até um certo ponto, este experimento com a dissertação foi contestado e, simultaneamente, posto em dúvida através do conhecimento da filosofia de um outro jovem hegeliano, Ludwig Feuerbach, cujo trabalho principal sobre 'A Essência do Cristianismo', em 1841, exerceu influência importante no pensamento de Marx. Naquela obra, Marx percebeu a necessidade de reconduzir as interpretações da realidade social às ideologias produzidas pelo próprio homem a partir de sua situação material-concreta. Era esta a tese fundamental feuerbachiana, extraída da sua crítica à ideologia cristã. Acreditando na tese de Feuerbach, Marx viu-se, de modo inesperado, frente a uma nova dificuldade surgida em relação à filosofia hegeliana. Por um lado, a dissertação havia confirmado a capacidade atraente da teoria sistemática de Hegel, enquanto o trabalho de Feuerbach chamava atenção à importância da base material-concreta, base fundamental de todo o pensamento sobre a realidade e de vista crítico quanto às opiniões ideológicas. A atração de ambas posições teóricas deixou Marx em

A partir da crítica à Filosofia do Direito de Hegel, Marx desenvolverá suas formulações teóricas em relação ao idealismo hegeliano e dos jovens hegelianos – desaguando na elaboração de *A Ideologia Alemã* –, o que possibilita a virada epistemológica marxiana de colocar Hegel e sua filosofia de "ponta-cabeça", para fazer com que aquela noção de dialética fosse "interpretada e tornada consciente a partir da própria história como sua forma necessária de manifestação nessa etapa determinada do desenvolvimento".[235]

À medida que a teoria do conceito de interesse público desenvolvida pela doutrina brasileira do Direito Administrativo é comparada à teorização hegeliana do interesse universal, é necessário realizar incursão na reflexão crítica operada por Marx, por destrinchar os conceitos e fragilidades da teoria hegeliana sobre a relação entre Estado, centralidade da razão, interesses individuais e interesse universal. Com isso, o objetivo é extrair da essência da teoria crítica marxiana elementos que permitam formular uma teoria crítica contemporânea do conceito de interesse público, respeitando, com efeito, o dinamismo dialético da história e o próprio desenvolvimento total da sociedade capitalista, pressupostos da própria teoria hegeliana de interesse universal.

Destaque-se que o estudo formulado por Marx na *Crítica da Filosofia do Direito de Hegel* é realizado em pormenores, mormente em relação às determinações jurídicas do Estado burguês. Marx ateve-se de forma mais específica à crítica ao idealismo de Hegel a partir do problema do Estado e a conciliação das contradições alavancadas pela constituição do próprio Estado de Direito.[236]

---

situação pouco confortável, ou seja, preso entre o idealismo da liberdade intelectual – de Hegel – e o materialismo positivo – de Feuerbach. Esta constelação ambígua caracteriza muito bem o estado de suas reflexões naquela época, exigindo, portanto, nos próximos anos, um trabalho que pudesse respeitar os resultados alcançados por ambos os pensadores". FLICKINGER, Hans-Georg. *Marx*: nas pistas da desmistificação filosófica do capitalismo. Porto Alegre: L&PM, 1985, p. 11.

[235] LUKÁCS, Georg. *História e consciência de classe*. 2ª ed. São Paulo: Martins Fontes, 2012, p. 356.

[236] "A questão de Marx quanto ao 'idealismo' de Hegel referia-se, portanto, sobretudo ao problema do Estado, dirigindo-se em sua crítica, em primeira linha, contra a suposta

A crítica marxiana – ainda muito influenciada pela própria filosofia hegeliana – ressalva que as colisões entre interesses das esferas particulares e a esfera estatal, tal como delimitada Hegel, relacionam-se às relações essenciais (em termos de potência) entre elas, e não de colisões empíricas. Marx define como pressuposto fundamental na sua filosofia que a relação de *subordinação* e *dependência* das esferas privadas para com o Estado, tal qual defendido por Hegel (definido por Marx como "misticismo lógico, panteísta"), é, na verdade, invertida; ao inverso da filosofia hegeliana, é o Estado que resulta dessas esferas privadas, enquanto tais esferas, ainda, participam da própria composição desse mesmo Estado.[237]

Na crítica de Marx, a determinação da *matéria do Estado* (no que ele se constitui) decorre do arbítrio da própria esfera singular ou particular, sendo que a expressão desse fato se dá, na filosofia de Hegel, enquanto mero fenômeno, quando na verdade é "a manifestação de uma mediação que a Ideia real executa nela mesma e que se passa atrás das cortinas". De forma mais direta, família e sociedade civil constituem-se como a *força motriz* do Estado e não o inverso: "Família e sociedade civil são pressupostos do Estado; elas são os elementos propriamente ativos; mas na especulação isso se inverte".[238] O Estado é fruto da multidão, mas a

---

conciliação das contradições referidas pelo poder do Estado de Direito. Este o motivo de buscar o fundamento à crítica da filosofia hegeliana do direito na exposição deste poder, contestando, obviamente, as análises sobre o direito privado e aquele das relações sociais, inclusive seu caráter constitutivo para a determinação objetiva do papel do Estado. Seja como for, o fato de que a crítica marxiana começasse com os parágrafos iniciais do direito do Estado, sua argumentação, não obstante, implicava e sublinhava a óbvia antinomia constitutiva do Estado e Direito". FLICKINGER, Hans-Georg. *Marx e Hegel*: o porão de uma filosofia social. Porto Alegre: L&PM, 1986, p. 52.

[237] "O que serve de mediação para a relação entre o Estado, a família e a sociedade civil são as 'circunstâncias, o arbítrio e a escolha própria da determinação'. A razão do Estado nada tem a ver, portanto, com a divisão da matéria do Estado em família e sociedade civil. O Estado provém delas de um modo inconsciente e arbitrário. Família e sociedade civil aparecem como o escuro fundo natural donde se acende a luz do Estado. Sob a matéria do Estado estão as *funções* do Estado, bem entendido, família e sociedade civil, na medida em que elas formam partes do Estado, em que participam do Estado como tal". MARX, Karl. *Crítica da Filosofia do Direito de Hegel*. 3ª ed. São Paulo: Boitempo, 2013, p. 35.

[238] MARX, Karl. *Crítica da Filosofia do Direito de Hegel*. 3ª ed. São Paulo: Boitempo, 2013, pp. 35/36.

Ideia,[239] com sua especulação, enuncia esse fato como resultado místico, diferente daquilo que enuncia a empiria, em que o real se torna fenômeno.[240]

A crítica do jovem Marx ao método hegeliano permite à crítica do Direito Público ressaltar o paradigma de que o desenvolvimento das relações concretas, principalmente políticas e econômicas, precede ao próprio desenvolvimento do Estado enquanto ideal abstrato, assim como acontece com a constituição política. Enquanto método crítico, é necessário colocar, ainda que *a priori* (já que se trata de uma relação dialética), as relações sociais reais e os sujeitos concretos como sujeitos e o Estado como resultado do seu desenvolvimento.

A lógica da filosofia do direito de Hegel, assim como da sua filosofia em geral, é a de tornar a *Ideia* o sujeito da relação, em que a realidade e as distinções são determinadas como resultantes do desenvolvimento daquela Ideia.[241] A *constituição política* é delimitada como desenvolvimento

---

[239] A categoria de *Ideia* em Hegel abrange uma densa conceituação. Taylor possibilita a compreensão inicial dessa categoria, vinculada à totalidade: "Todo o sistema está interligado pela contradição e pela luta. Porém, se essa realidade não fosse contraditória e, em consequência, passageira e em movimento, ela não evidenciaria a necessidade e, consequentemente, a Ideia não existiria. Assim, a Ideia tem de propor um mundo que tanto está em contradição com ela mesma, quanto é o seu outro. Esse processo só pode se apreendido pela razão, o pensamento que pensa as oposições em seu movimento, pelo qual elas vêm a ser e são superadas. O entendimento que tenta fixar a oposição é impotente nesse ponto e está fadado a distorcer a realidade (*EL,* §214). Disso decorre que a categoria final, a Ideia, não é meramente resultado do estágio anterior da *Lógica*. Ela, em certo sentido, inclui tudo. Porque a Ideia não emite realidades particulares que estão captadas por outras categorias. E, ao mesmo tempo, ela interliga todas elas de tal modo que elas retornam a si mesmas. Ela, portanto, engloba tudo o que veio antes". TAYLOR, Charles. *Hegel*: sistema, método e estrutura. São Paulo: Realizações, 2014, p. 364.

[240] Para Marx, é no §261 da obra *Princípios da Filosofia do Direito* que se resume todo "mistério da filosofia do direito e da filosofia hegeliana em geral". MARX, Karl. *Crítica da Filosofia do Direito de Hegel*. 3ª ed. São Paulo: Boitempo, 2013, p. 37.

[241] "É nos diferentes aspectos do organismo do estado que o sentimento cívico adquire o seu conteúdo particular. Tal organismo é o desenvolvimento da ideia em todas as suas diferenças e na sua realidade objetiva. Estes diferentes aspectos são os diversos poderes e suas funções ou atividades que permitem ao universal produzir-se continuamente e, porque determinados pela natureza do conceito, de um modo necessário, bem como conservar-se, pois o universal é ao mesmo tempo afirmado antes da sua produção. Esse

do Estado, no sentido de que se trata da Ideia abstrata no elemento político. Esclarecendo melhor, essa lógica consiste em determinar a Ideia *em cada elemento*, em que o Estado, a natureza, ou mesmo os sujeitos reais são convertidos apenas em *nomes*, gerando uma *aparência* de conhecimento concreto, quando, na verdade, tais elementos reais não têm sua essência apreendida, permanecendo incompreendidos.[242] Conclui Marx que se trata de uma *clara mistificação,* em que a ideia de constituição política não é desenvolvida, mas tão somente é relacionada com à Ideia abstrata.

A síntese da crítica marxiana delimita a maneira como a filosofia hegeliana pretende submeter a realidade na abstração, enquanto momento ideal da lógica, a qual é elevada acima da própria filosofia do direito.[243] Nesse sentido, a própria doutrina contemporânea sobre o conceito de interesse público parece também se pautar na fórmula de manutenção da sua lógica idealista a todo custo. É dizer, determina-se abstratamente o conceito de "existência" de interesses generalizáveis idealmente construídos a partir de determinações igualmente abstratas (legislativas), desapegando-se da realidade social (em especial de estratificação em classes sociais e seus distintos interesses). Nesse raciocínio, a concreta e indelével

---

organismo é a constituição política". HEGEL, G. W. F. *Princípios da Filosofia do Direito.* São Paulo: Martins Fontes, 1997, p. 231.

[242] MARX, Karl. *Crítica da Filosofia do Direito de Hegel.* 3ª ed. São Paulo: Boitempo, 2013, pp. 39/40.

[243] "O 'fim do Estado e os "poderes do Estado' são mistificados, visto que são apresentados como 'modos de existência' da 'Substância' e aparecem como algo separado de sua existência real, do 'espírito eu se sabe e se quer', do 'espírito cultivado'. d) o conteúdo concreto, a determinação real, aparece como formal; a forma inteiramente abstrata de determinação aparece como o conteúdo concreto. A essência das determinações do Estado não consiste em que possam ser consideradas como determinações do Estado, mas sim como determinações lógico-metafísicas em sua forma mais abstrata. O verdadeiro interesse não é a filosofia do direito, mas a lógica. O trabalho filosófico não consiste em que o pensamento se concretize nas determinações políticas, mas em que as determinações políticas existentes se volatilizem no pensamento abstrato. O momento filosófico não é a lógica da coisa, mas a coisa da lógica. A lógica não serve à demonstração do Estado, mas o Estado serve à demonstração da lógica. (...) Toda filosofia do direito é, portanto, apenas um parênteses da lógica. O parênteses é, como por si mesmo se compreende, apenas *hors-d'oeuvre* [coisa seecundária] do desenvolvimento propriamente dito". MARX, Karl. *Crítica da Filosofia do Direito de Hegel.* 3ª ed. São Paulo: Boitempo, pp. 44/45.

dinâmica da contraposição de interesses presentes nas relações sociais é abstrata e especulativamente condicionada (e obscurecida) à lógica de um interesse uno e universal, na qual os antagonismos são ficticiamente, na forma mística do interesse geral, absorvidos e transformados em algo que se impõem universalmente como se fossem, de fato, racionalmente construídos a partir das condições sociais concretas. A forma abstrata do conceito de interesse público pretende condicionar e determinar, nessa lógica, o próprio conteúdo dos interesses particulares, o que, na prática, só pode ocorrer de maneira especulativa.

Assim como a constituição política deveria avançar a partir do homem real,[244] a atuação estatal administrativa, para avançar de alguma forma na direção da emancipação social, precisa, antes de mais nada, reconhecer os interesses reais contrapostos na sociedade, decorrentes de indivíduos que se relacionam com o Estado não na qualidade de indivíduo físico, mas de *indivíduo do Estado, a sua qualidade estatal*. Para Marx, as atividades estatais decorrem dos indivíduos concretos socialmente considerados e não de funções abstratamente concebidas ao Estado (como em Hegel), o que o leva a concluir que não existe oposição real entre os interesses particulares e a atuação estatal, uma vez que o particular, no caso, o é na sua *qualidade social*, em que as funções estatais são "apenas modos de existência e de atividade das qualidades sociais do homem".[245]

Se a atuação estatal está vinculada ao indivíduo social, e não à função abstratamente concebida, é certo, nessa lógica, que as contradições e oposições operadas na sociedade civil refletir-se-ão na própria condução do Estado. Na medida em que não existe uma linearidade nas condições materiais de existência dos indivíduos no plano social, essas diferenças refletirão na própria orientação e condução das ações do Estado. Assim, a lógica de um Estado orientado e sustentado por um interesse geral não se sustenta, a não ser no plano da abstração. Assim como Hegel se satisfaz

---

[244] Marx denuncia, nesse momento, que, ao colocar o homem real em segundo plano, Hegel age como um *sofista*. MARX, Karl. *Crítica da Filosofia do Direito de Hegel*. 3ª ed. São Paulo: Boitempo, 2013, p. 46.

[245] MARX, Karl. *Crítica da Filosofia do Direito de Hegel*. 3ª ed. São Paulo: Boitempo, 2013, p. 48.

apenas com a Ideia, no sentido do idealismo de Estado, como afirma Marx, pode-se afirmar que a doutrina contemporânea do Direito Administrativo contenta-se com o idealismo abstrato (impraticável na concretude) de um interesse geral que orienta, apenas em tese, a atuação administrativa do Estado.

Todavia, são os interesses reais decorrentes de pessoas igualmente reais, somado às suas contradições sociais, que precisam ser considerados, em lugar daquele interesse que aparece sob a forma de abstração e que se apresenta a partir de uma especulação mística de generalidade.

Nesse sentido, Marx questiona a teoria hegeliana, ao afirmar que os respectivos adeptos deveriam se chocar com o fato de as pessoas que "formam" o Estado reaparecerem "sob uma abstração tão pobre como a pessoa do direito privado".[246] Marx de fato pisa e repisa, no curso da sua *Crítica,* a inversão lógica da filosofia hegeliana do Direito, formulada por Hegel em nome da sua lógica do conceito, em que os "polos" se invertem: simplicidade no lugar do complexo, e vice-versa; místico no lugar do real, e vice-versa.[247]

---

[246] MARX, Karl. *Crítica da Filosofia do Direito de Hegel.* 3ª ed. São Paulo: Boitempo, 2013, p. 52.

[247] "Se, por exemplo, no desenvolvimento da família, da sociedade civil, do Estado etc., estes modos sociais de existência do homem fossem considerados como realização e objetivação do seu ser, então família etc. apareceriam como qualidades inerentes a um sujeito. O homem permanece sempre como o ser de todos estes seres; estes, no entanto, aparecem também como sua universalidade *real* e, assim, como o *comum.* Se, em contrapartida, família, sociedade civil, Estado etc. são determinações da Ideia, a Substância como sujeito, elas devem, então, assumir uma realidade empírica, sendo cidadã a massa dos homens na qual se desenvolve a ideia de sociedade civil e, a outra, cidadã do Estado. Como se trata, no fundo, apenas de uma *alegoria,* de atribuir a uma existência empírica qualquer o *significado* da ideia realizada, então é evidente que estes receptáculos completaram sua determinação tão logo se tornaram uma incorporação determinada de um momento da vida da Ideia. Assim, o universal aparece por toda parte como algo de particular, de determinado, enquanto o singular não atinge em lugar algum sua verdadeira universalidade. (...) E é evidente. O verdadeiro caminho a ser percorrido está invertido. O mais simples é o mais complexo e o mais complexo o mais simples. O que deveria ser ponto de partida se torna resultado místico e o que deveria ser resultado racional se torna ponto de partida místico". MARX, Karl. *Crítica da Filosofia do Direito de Hegel.* 3ª ed. São Paulo: Boitempo, 2013, pp. 65/66.

Mas é na crítica às perspectivas de Hegel acerca do *Poder Governamental* que residem as análises mais incisivas de Marx sobre a relação entre interesse universal e interesses particulares, a partir do trato da burocracia como instância de organização do Estado e da sociedade civil. É pressuposto para Hegel a separação entre Estado e sociedade civil, e, por consequência, a antítese entre interesses particulares e o "universal que é em si para si", e que a burocracia se sustenta nessa separação. Ocorre que a contraposição entre "organizações" isoladas, cujos interesses são disjuntados, efetiva-se apenas no plano da ideia e da abstração, posto que as instâncias de organização, Estado (representado pela burocracia) e sociedade civil (representada pelas corporações) são intrinsecamente dependentes, pois "o mesmo espírito que cria, na sociedade, a corporação, cria, no Estado, a burocracia".[248]

A separação forçada e abstrata entre interesses da sociedade civil e do Estado, operada por Hegel, tem sua fragilidade desvelada por Marx, no sentido de que essa separação ocorre apenas de forma especulativa, assim como a burocracia estatal e as corporações estão entrelaçadas, não obstante operarem e se relacionarem a partir de um processo dialético contínuo de refutação e dependência entre essas instâncias de organização.[249]

---

[248] MARX, Karl. *Crítica da Filosofia do Direito de Hegel*. 3ª ed. São Paulo: Boitempo, 2013, p. 71.

[249] "As *corporações* são o materialismo da burocracia e a burocracia é o *espiritualismo* das corporações. A corporação é a burocracia da sociedade civil; a burocracia é a corporação do Estado. Por isso, na realidade, ela se defronta, na condição de "sociedade civil do Estado, com o 'Estado da sociedade civil', com as corporações. Lá onde a 'burocracia' é um novo princípio, onde o interesse universal do Estado começa a se tornar para si um interesse 'a parte' e, com isso, 'real', ela luta contra as corporações como toda consequência luta contra a existência de seus pressupostos. Em contrapartida, tão logo a vida real do Estado desperta e a sociedade civil se liberta das corporações a partir de um impulso racional, a burocracia procura restaurá-las, pois, desde o momento em que cai o 'Estado da sociedade civil', cai também a 'sociedade civil do Estado'. (...) Portanto, logo que o espírito corporativo é atacado, é atacado o espírito da burocracia; e se, antes, a burocracia combateu a existência das corporações para criar espaço para sua própria existência, agora ela busca manter à força a existência das corporações para salvar o espírito corporativo, seu próprio espírito. A 'burocracia' é o '*formalismo de Estado*' da sociedade civil. Ela é a 'consciência do Estado', a 'vontade do Estado', a 'potência do Estado' como *uma corporação* (em contraposição ao particular, o "interesse universal"

O que Marx explicita é a dependência inevitável e real entre as esferas, ou seja, sociedade civil (por meio de suas corporações) e Estado (organizado por meio da burocracia), sendo que seus respectivos interesses não se excluem e tampouco se opõem, ainda que ocorra uma espécie de encenação inconsciente na esfera particular, em que cada corporação tenta fazer prevalecer seus interesses sobre as demais.[250] Representa uma característica do Estado moderno, assim como da filosofia do Direito de Hegel, em que a *forma* suplante a realidade em si, na qual a *"realidade consciente, verdadeira, do assunto universal, é apenas formal, ou apenas o formal é assunto universal real"*. Na estrutura estatal moderna prevalece a forma, o conceito, no sentido de que essa abstração se torna *"real"*,

---

pode se manter apenas como um "particular", tanto quanto o particular, contraposto ao universal, mantém-se como um "universal". A burocracia deve, portanto, proteger a universalidade *imaginária* do interesse particular, o espírito corporativo, a fim de proteger a particularidade *imaginária* do interesse universal, seu próprio espírito. O Estado deve ser corporação tanto quanto a corporação quer ser Estado), como uma sociedade *particular, fechado*, no Estado. Mas a burocracia quer a corporação como uma potência *imaginária*. De fato, também, cada corporação tem, como seu interesse *particular*, esta vontade contra a burocracia, mas ela *quer* a burocracia contra a outra corporação, contra outro interesse particular. Portanto, a burocracia traz consigo, como *corporação acabada*, a vitória sobre a *corporação*, como burocracia inacabada. Ela rebaixa a corporação a uma aparência e quer rebaixá-la a esta condição, ao mesmo tempo em que pretende que esta aparência exista e creia em sua própria existência. A corporação é a tentativa da sociedade civil de se tornar Estado; mas a burocracia é o Estado que se fez realmente sociedade civil. O 'formalismo de Estado', que é a burocracia, é o 'Estado como formalismo', e como tal formalismo Hegel a descreveu. Que este 'formalismo de Estado' se constitua em potência real e que ele mesmo se torne o seu próprio conteúdo *material*, isto é evidente na medida em que a 'burocracia' é uma rede de ilusões *práticas*, ou seja, a 'ilusão do Estado'. O espírito burocrático é um espírito profundamente jesuítico, teológico. Os burocratas são os jesuítas do Estado, os teólogos do Estado. A burocracia é a *république prêtre* [a república dos frades]". MARX, Karl. *Crítica da Filosofia do Direito de Hegel*. 3ª ed. São Paulo: Boitempo, 2013, pp. 70/71.

[250] "Hegel quer, em toda parte, presentar o Estado como realização do Espírito Livre, mas *re vera* [na realidade] ele resolve todas as colisões difíceis mediante uma necessidade natural que se encontra em oposição à liberdade. Assim, também, a passagem do interesse particular ao interesse universal não é uma lei consciente do Estado, mas mediada pelo acaso e executada *contra* a consciência; e Hegel quer no Estado, por toda a parte, a realização da vontade livre! (Aqui se mostra o ponto de vista *substancial* de Hegel)". MARX, Karl. *Crítica da Filosofia do Direito de Hegel*. 3ª ed. São Paulo: Boitempo, 2013, p. 81.

ainda que meramente no plano especulativo, passível de concretização. O equívoco de Hegel estaria em tomar a aparência da estrutura estatal, a sua forma e conceitos, como sua própria essência, na ilusão de descrever o Estado moderno "como ele é".[251]

A especulação contida na filosofia hegeliana reduz, para Marx, a humanidade a uma *massa carente de espírito*.[252] Uma dialética que resulta na criação milagrosa de categorias especulativas e que sustentam esse próprio *mundo especulativo*, em que se adquire a necessidade de proteção contra a "profanação". Logo, são milagres que "só podem ser comunicados à massa profana sob a forma de mistérios".[253]

Marx ressalta a crítica à filosofia especulativa, acusando-a de cair na mais *irracional e antinatural servidão sob o jugo do objeto*, em que os interesses e causas individuais são construídos de forma a aparecer como absolutamente necessários e gerais.[254] No entanto, o caráter especulativo desse interesse necessário e geral – tanto quanto as noções de *razão geral*, o *verdadeiro amor* ou a *moral pura* – "realiza-se" em semelhante fenômeno àquele de desprendimento da alma em relação ao *homem morto*, uma

---

[251] MARX, Karl. *Crítica da Filosofia do Direito de Hegel*. 3ª ed. São Paulo: Boitempo, 2013, p. 88.

[252] "Ao reduzir a humanidade a uma massa carente de espírito, a Crítica crítica nos oferece o testemunho mais categórico da infinita pequenez em que os homens reais apareciam aos olhos da especulação. E a velha especulação coincide com ela nesse ponto de vista. Leia-se, por exemplo, o seguinte trecho da "Filosofia do direito" de Hegel: 'Do ponto de vista das necessidades, o que se chama *homem* é o concreto da representação; é, pois, aqui e *somente aqui* que se fala de homem nesse sentido'. Quando a especulação fala do homem em outro sentido, não se refere ao *concreto*, mas ao *abstrato*, a *ideia*, ao *espírito* etc". MARX, Karl; ENGELS, Friedrich. *A sagrada família, ou A crítica da Crítica crítica contra Bruno Bauer e consortes*. São Paulo: Boitempo, 2011, p. 52.

[253] MARX, Karl; ENGELS, Friedrich. *A sagrada família, ou A crítica da Crítica crítica contra Bruno Bauer e consortes*. São Paulo: Boitempo, 2011, pp. 66/67.

[254] "No senhor Szeliga também se mostra de um modo brilhante como a especulação de um lado cria seu objeto a priori, aparentemente livre e a partir de si mesma, mas de outro lado, precisamente ao querer eliminar de maneira sofista a dependência racional e natural que tem em relação ao *objeto*, demonstra como a especulação cai na *servidão* mais irracional e antinatural sob o jugo do objeto, cujas determinações mais casuais e individuais ela é obrigada a construir como se fossem absolutamente necessárias e gerais". MARX, Karl; ENGELS, Friedrich. *A sagrada família, ou A crítica da Crítica crítica contra Bruno Bauer e consortes*. São Paulo: Boitempo, 2011, p. 76.

ironia de Marx, na qual a filosofia hegeliana e suas derivações possuem "factibilidade" apenas no plano desvinculado do corpo real e concreto, ou seja, apenas na especulação da própria alma do sujeito, portanto, *livres de qualquer atropelo corporal*.[255-256]

O caráter especulativo e metafisico da *razão geral* decorre, para Marx, da necessidade da filosofia pautada em Hegel em universalizar interesses particulares sobre determinado objeto. Ademais, Marx aponta o caráter ilusório e compreensível da maneira como determinado interesse historicamente imposto no cenário universal passa a ser confundido com o "interesse humano" de um modo geral.[257] Na imposição de um interesse abstrato e geral, em que se especula a contemplação dos interesses de toda a humanidade, estão os interesses de uma determinada classe, logo, a ideia da Revolução Burguesa está inevitavelmente vinculada ao interesse de emancipação da classe burguesa, não obstante outras classes terem aderido naquele momento à *ideia* vetorial revolucionária para se frustrarem na sequência, uma vez que seus interesses de emancipação não foram obviamente contemplados. Ressalta Marx: *"A 'ideia' sempre cai no ridículo enquanto apareceu divorciada do 'interesse'"*.[258]

Sobre a concepção filosófica da História em Hegel, Marx aborda seu caráter abstrato, especulativo e, portanto, insuficiente, em especial no que tange ao *espírito absoluto* e sua dissociação com o homem real.[259]

---

[255] "Quando os nervos deixam de enviar descargas e o sangue das veias se resfria, o *corpo* pecador, a morada dos prazeres sensuais, converte-se em *homem* morto, e então as almas já podem, livres de qualquer atropelo corporal, sustentar seus colóquios a respeito da 'razão geral', do 'verdadeiro amor' e da 'moral pura'". MARX, Karl; ENGELS, Friedrich. *A sagrada família, ou A crítica da Crítica crítica contra Bruno Bauer e consortes*. São Paulo: Boitempo, 2011, p. 80.

[256] Lukács, parafraseando Marx em relação a Ricardo, aponta que as novidades e significação do método hegeliano estão envolta em um "esterco de contradições", e que as contradições identificadas são apenas o ápice de um processo dialético que se inicia na natureza inorgânica e que atravessa a *vida* e a *sociedade*. LUKÁCS, György. *Ontologia do ser social*: a falsa e a verdadeira ontologia de Hegel. São Paulo: Ciências Humanas, 1979, p. 11.

[257] MARX, Karl; ENGELS, Friedrich. *A sagrada família, ou A crítica da Crítica crítica contra Bruno Bauer e consortes*. São Paulo: Boitempo, 2011, pp. 98/99.

[258] MARX, Karl; ENGELS, Friedrich. *A sagrada família, ou A crítica da Crítica crítica contra Bruno Bauer e consortes*. São Paulo: Boitempo, 2011, p. 98.

[259] "A concepção *hegeliana* da História pressupõe um *espírito abstrato* ou *absoluto*, que

Desfazendo o emaranhado idealista da concepção filosófica hegeliana e dos seus discípulos, Marx abre a contradição insolúvel de tratar o indivíduo burguês tal qual um átomo da física, uma vez que são passíveis de serem isolados e de não dependerem dos demais, enquanto os indivíduos modernos são obrigados a manter uma coesão como membros da sociedade burguesa, o que se dá por meio das respectivas necessidades naturais, as qualidades humanas e os interesses desses membros. A vida burguesa é o vínculo real entre esses indivíduos. Conclui que: "Não é, pois, o Estado que mantém coesos os átomos da sociedade burguesa, mas eles são átomos apenas na representação, no céu de sua própria imaginação...", ou seja, a concretude revela que, antes de átomos, são apenas homens egoístas, cuja coesão não é determinada pelo Estado; pelo contrário, é a vida burguesa que mantém a coesão do Estado.[260]

A tentativa, portanto, de atomizar os interesses particulares que gravitam no entorno da sociedade burguesa mostra-se dotada de caráter especulativo e abstrato, pois ignora um imperativo determinante da estrutura da sociedade moderna, qual seja, a interdependência entre os

---

se desenvolve mostrando que a humanidade apenas é uma *massa* que, consciente ou inconsciente, serve de suporte. Por isso ele faz com que, dentro da História *empírica*, exotérica, antecipe-se uma História *especulativa,* esotérica. A História da humanidade se transforma na História do *espírito abstrato* da humanidade que, por ser *abstrato*, fica *além*, das possibilidades do homem real. (...) Já em *Hegel* vemos que o *espírito absoluto* da História tem na *massa* o seu material, e a sua expressão adequada tão só na filosofia. Enquanto isso, *o* filósofo apenas aparece como o órgão no qual o espírito absoluto, que faz a História, atinge a consciência *posteriormente*, depois de passar pelo movimento. A participação do filósofo na História se reduz a essa consciência *posterior*, pois o espírito executa o movimento real *inconscientemente*. O filósofo vem, portanto, post festum. Hegel se torna culpado, pois, de uma dupla insuficiência, de um lado ao explicar a filosofia como a existência do espírito absoluto, negando-se, ao mesmo tempo, a explicar o *indivíduo filosófico real* como espírito *absoluto*; e, de outro lado, ao teorizar que o espírito absoluto, na condição de espírito absoluto, apenas faz a História em *aparência*. Uma vez que o espírito absoluto, com efeito, apenas atinge a *consciência* no filósofo *post festum*, na condição de espírito criador universal, sua fabricação da História existe apenas na consciência, na opinião e na representação do filósofo, apenas na imaginação especulativa". MARX, Karl; ENGELS, Friedrich. *A sagrada família, ou A crítica da Crítica crítica contra Bruno Bauer e consortes*. São Paulo: Boitempo, 2011, pp. 102/103.

[260] MARX, Karl; ENGELS, Friedrich. *A sagrada família, ou A crítica da Crítica crítica contra Bruno Bauer e consortes*. São Paulo: Boitempo, 2011, p. 139.

seus próprios membros, na necessária coesão entre interesses, necessidades e qualidades que se efetivam concretamente, e não apenas na forma de representação. Pensar, assim, em isolar interesses privados, como se pudessem efetivamente gerar uma coesão que refletisse uma forma de interesse geral, é contraditório à própria essência das relações humanas capitalistas, posto que essa atomização só é plausível no campo representativo, em oposição ao que acontece nas relações sociais concretas. Nesse sentido, o Estado possui precisos limites em determinar a coesão entre esses interesses individuais, em especial no sentido de conseguir extrair uma suposta síntese geral que abrangesse (ainda que em parte) os interesses da sociedade capitalista como um todo.[261]

A noção de interesse geral tenta extrair um "todo uno de verdade", ou seja, uma "verdade real" e sintética das relações entre os indivíduos inseridos no capital, substituindo "o nexo natural e humano entre o estado universal e os sucessos do mundo pelo nexo fantástico, por um sujeito-objeto místico", aproximando tal procedimento à forma hegeliana de substituir "a coesão real entre homem e natureza por um sujeito-objeto absoluto que é, de uma só vez, toda a natureza e toda a humanidade pelo espírito absoluto".[262] Esse sujeito atomizado e com interesses individuais, cuja soma qualificada de interesses formaria um interesse geral ou público,

---

[261] Tratando da crítica de Marx à concepção burguesa de esfera pública, Habermas delimita o ponto em que Marx desafia a contradição idealista e especulativa da filosofia hegeliana: "(...) Marx trata ironicamente a esfera pública politicamente ativa – a 'independência ideal' de uma opinião pública de proprietários privados pensantes e que se consideram simplesmente como seres humanos autônomos. Mas, para entender o ideológico nisso, ele toma a ideia de esfera pública tão a sério quanto isso corresponde ao auto-entendimento das relações politicamente avançadas na Inglaterra e na França. Marx critica a constituição neocorporativista da filosofia hegeliana do estado face ao padrão do próprio estado de direito burguês só para, como num espelho, desmascarar a 'república' perante sua própria ideia, mostrando as contradições existentes entre as condições sociais possíveis e a sua realização efetiva totalmente não-burguesa. Marx denuncia a opinião pública como falsa consciência: ela esconde de si mesma o seu verdadeiro caráter de máscara do interesse de classe burguês". HABERMAS, Jürgen. *Mudanças da Esfera Pública*: investigações quanto a uma categoria da sociedade burguesa. 2ª ed. Rio de Janeiro: Tempo Brasileiro, 2003, p. 149.

[262] MARX, Karl; ENGELS, Friedrich. *A sagrada família, ou, A crítica da Crítica crítica contra Bruno Bauer e consortes*. São Paulo: Boitempo, 2011, p. 190.

é justamente o sujeito-objeto místico e especulativo apontado por Marx, que recai na contradição ideal e abstrata da filosofia hegeliana que não dá conta das relações reais e concretas entre a humanidade e a natureza.[263]

No fim das contas, verifica-se a tentativa de que esse sujeito atomizado e possuidor de interesses privados isolados seja um indivíduo dotado de autoconsciência, indivíduo esse que Hegel e sua *Fenomenologia* colocam no lugar do homem real, fazendo com que a realidade humana seja

---

[263] "É justamente essa contradição entre o interesse particular e o interesse coletivo que leva o interesse coletivo a tomar, na qualidade de *Estado*, uma forma independente, separada dos interesses reais do indivíduo e do conjunto e a fazer ao mesmo tempo as vezes de comunidade ilusória, mas sempre tendo por base concreta os laços existentes em cada agrupamento familiar e tribal, tais como laços de sangue, língua, divisão do trabalho em uma larga escala, e outros interesses; e entre esses interesses encontramos particularmente, como trataremos mais adiante, os interesses das classes já condicionadas pela divisão do trabalho, que se diferenciam em todo o agrupamento desse gênero e no qual uma domina todas as outras. Segue-se que todas as lutas no âmbito do Estado, a luta entre democracia, a aristocracia e a monarquia, a luta pelo direito do voto etc. etc., nada mais são do que formas ilusórias sob as quais são travadas as lutas efetivas entre as diferentes classes (do que os teóricos alemães não percebem o mínimo, embora isso muito já lhes tenha sido mostrado bastante em *Anais Franco-alemães* e em *A Sagrada Família*); segue-se também que toda classe que aspira à dominação, mesmo que essa dominação determine a abolição de toda a antiga forma social e da dominação em geral, como acontece com o proletariado, segue-se portanto que essa classe deve conquistar primeiro o poder político para apresentar por sua vez seu interesse próprio como sendo o interesse geral, sendo obrigada a isso no primeiro momento. Justamente porque os indivíduos procuram apenas seu interesse particular – que para eles não coincide com seu interesse coletivo, já que a universalidade é apenas uma forma ilusória da coletividade –, esse interesse é apresentado como um interesse que lhes é 'estranho', 'independente' deles e ele próprio, por sua vez, um interesse 'universal' especial e particular; ou então eles devem movimentar-se nessa dualidade, como acontece na democracia. Por outro lado, o combate *prático* desses interesses particulares, que constantemente se chocam *realmente* com os interesses coletivos e ilusoriamente coletivos, torna necessária a intervenção *prática* e o refreamento por meio do interesse 'universal' ilusório sob a forma de Estado. O poder social, isto é, a força produtiva multiplicada que nasce da cooperação dos diversos indivíduos, condicionada pela divisão do trabalho, não aparece a esses indivíduos como sendo sua própria força conjugada, porque essa própria cooperação não é voluntária, mas sim natural; ela lhes parece, ao contrário, como uma força estranha, situada fora deles, que não sabem de onde ela vem nem para onde vai, que, portanto, não podem mais dominar e que, inversamente, percorre agora uma série particular de fases e de estádios de desenvolvimento, tão independente da vontade e da marcha da humanidade, que na verdade é ela que dirige essa vontade e essa marcha da humanidade". MARX, Karl; ENGELS, Friedrich. *A ideologia alemã*. 3ª ed. São Paulo: Martins Fontes, 2008, pp. 29/30.

determinada, como uma determinibilidade da autoconsciência, de tal forma que a realidade humana seja substituída por um *saber absoluto* que forma o interesse geral a partir da reunião "*racional*", porém abstrata e especulativa, desses interesses individuais. Ainda que Marx reconheça que a filosofia hegeliana "oferece em muitos pontos os elementos de uma característica real das relações humanas",[264] ele critica duramente o método de Hegel e de sua filosofia na *Fenomenologia* em ignorar o *ser* em concreto e tentar impor uma perspectiva de superação do mundo sensivelmente real.[265]

Analisando factualmente o processo político na França da metade do século XIX, a partir dos relatos e das análises políticas e sociológicas contidas na obra *O 18 Brumário*, Marx acaba por tratar também das contradições entre os interesses de classes, na fase de consolidação do

---

[264] MARX, Karl; ENGELS, Friedrich. *A sagrada família, ou A crítica crítica contra Bruno Bauer e consortes*. São Paulo: Boitempo, 2011, p. 216.

[265] "O *mistério* dessa ousadia bauriana é a '*Fenomenologia*' hegeliana. Como Hegel substitui, nessa obra, o *homem* pela *autoconsciência,* a realidade humana *mais diversa* aparece apenas como uma forma *determinada*, como uma *determinabilidade da autoconsciência*. Mas uma simples determinabilidade da autoconsciência é uma "*categoria pura*", um mero 'pensamento', que eu posso, portanto, superar também no pensar "puro", e através do pensar puro sobrepor-me a ele. Na 'Fenomenologia' de Hegel são deixados *em pé* os fundamentos *materiais, sensíveis, objetivos* das diferentes formas estranhadas da autoconsciência humana, e toda a obra destrutiva tem como resultado a *mais conservadora filosofia*, uma vez que acredita ter superado o *mundo objetivo*, o mundo sensivelmente real, tão logo ela o transformou em uma mera *determinabilidade da autoconsciência,* podendo, então, dissolver também o adversário tornado *etéreo* no "éter do *pensamento puro*". A "Fenomenologia" termina, portanto e consequentemente, substituindo toda a realidade humana pelo "*saber absoluto*"... *Saber*, porque essa é a única forma de existência da autoconsciência e porque a autoconsciência se considera como a única forma de existência do homem... E saber *absoluto* precisamente porque a autoconsciência apenas se sabe *a si mesma* e já não se vê mais incomodada por nenhum mundo objetivo. Hegel faz do homem o *homem da autoconsciência*, em vez de fazer da autoconsciência a *autoconsciência do homem*, do homem real, e que, portanto, vive também em um mundo real, objetivo, e se acha condicionado por ele. Ele vira o mundo de *ponta-cabeça*, o que lhe permite dissolver também *na cabeça* todos os limites, e isto os faz, naturalmente, manter-se de pé *para a má sensoriedade*, para o homem *real*. Além do mais, para ele vale como limite tudo o que denuncia a *limitação da autoconsciência geral*, toda a sensoriedade, a realidade e individualidade do homem e de seu mundo. A 'Fenomenologia' inteira quer provar que a *autoconsciência* é a *única* realidade e *toda a realidade*". MARX, Karl; ENGELS, Friedrich. *A sagrada família, ou, A crítica crítica contra Bruno Bauer e consortes.* São Paulo: Boitempo, 2011, p. 215.

processo político pós-revolução francesa, em que a própria classe que norteou a revolução contra os pilares do feudalismo se enrola nas formas de imposição de seus interesses, na forma de subjugação e de domínio da classe proletária e da pequena burguesia, e acaba por reinstaurar um governo despótico e sem legitimação.

Em algumas passagens dessa análise de fatos históricos concretos, fica saliente a crítica de Marx ao destacar a necessidade da burguesia e da pequena burguesia em se valer da noção abstrata e especulativa de interesse geral como forma de manutenção do domínio político hegemônico.[266]

---

[266] De maneira irônica, Marx deixa clara a perspectiva ingênua (beirando a leviandade) do uso do discurso do interesse geral pela social-democracia quando em posição de decisão representativa diante do parlamento, especialmente quando se alude à representação do *povo*, fazendo crer que as diferenças entre as classes sociais inexistem: "Nenhum partido exagera mais os meios de que dispõe, nenhum se ilude com tanta leviandade sobre a situação como o partido democrático. Como uma ala do exército votara a seu favor, a Montanha estava agora convencida de que o exército se levantaria a seu lado. E em que situação? Em uma situação que, do ponto de vista das tropas, não tinha outro significado senão o de que outros revolucionários haviam-se colocado ao lado dos soldados romanos, contra os soldados franceses. Por outro lado, as recordações de junho de 1848 ainda estavam muito frescas para provocar outra coisa que não fosse a profunda aversão do proletariado à Guarda Nacional e a completa desconfiança dos chefes das sociedades secretas em relação aos dirigentes democráticos. Para superar essas diferenças era necessário que grandes interesses comuns estivessem em jogo. A violação de um parágrafo abstrato da Constituição não poderia criar esses interesses. Não fora a constituição violada repetidas vezes, segundo afirmavam os próprios democratas? Não haviam os periódicos mais populares estigmatizado essa Constituição como sendo obra desconchavada de contra-revolucionários? Mas o democrata, por representar a pequena burguesia, ou seja, uma *classe de transição* na qual os interesses de duas classes perdem simultaneamente suas arestas, imagina estar acima dos antagonismos de classe em geral. Os democratas admitem que se defrontam com uma classe privilegiada, mas eles, com todo o resto da nação, constituem o *povo*. O que eles representam é o *direito do povo*; o que interessa a eles é o *interesse do povo*. Por isso, quando um conflito está iminente, não precisam analisar os interesses e as posições das diferentes classes. Não precisam pesar seus próprios recursos de maneira demasiado crítica. Tem apenas de dar o sinal e o *povo*, com todos os seus inexauríveis recursos, cairá sobre os *opressores*. Mas se na prática seus interesses mostram-se sem interesse e sua potência, impotência, então ou a culpa cabe aos sofistas perniciosos, que dividem o *povo indivisível* em diferentes campos hostis, ou o exército estava por demais embrutecido e cego para compreender que os puros objetivos da democracia são o que há de melhor para ele, ou tudo fracassou devido a um detalhe na execução, ou então um imprevisto estragou desta vez a partida.

Nota-se que a análise de Marx tem o condão de revelar as contradições de uma práxis de classe que ignora os antagonismos de classe, utilizando-se para tanto da classe média social-democrata. Constituindo-se em classe transitória, o *social-democrata* ignora as diferenças entre as classes antagônicas, burguesia e proletariado, crendo defender interesses que superam esse embate. Imaginam, efetivamente, representar os interesses gerais, inserindo supostamente o *povo*, admitindo que se confrontam, junto com o povo, com uma classe privilegiada. Porém, a concretização desses interesses despretensiosos e neutros, a título de atender a interesses *do povo*, gera na verdade impotência, e o social-democrata tem de se agarrar em alguma desculpa *esfarrapada*, o que Marx jocosamente atribui aos *sofistas perniciosos que dividem o povo indivisível em campos hostis.*

O risco e os danos que a imposição dessa visão abstrata e planificada dos interesses contidos na sociedade moderna apresentam são avaliados por Marx a partir do ponto de vista do ator social mais iludido de todos: o pequeno burguês ou a classe média. É o pequeno burguês, por não sofrer as mazelas do proletário e almejar se tornar um burguês real, quem assume a função de defender com ênfase a existência de um interesse geral, acreditando nas promessas da modernidade, ao passo que ignora solenemente as notórias contradições concretas das relações entre as classes sociais. A pequena burguesia social-democrata, explica Marx, acredita de fato na sua emancipação social a partir da implementação de supostas *condições gerais* indispensáveis para a manutenção da sociedade moderna e para que se evite a luta de classes.[267]

Haja o que houver, o democrata sai da derrota mais humilhante, tão imaculado como era inocente quando entrou na questão, com a convicção recém-adquirida de que terá forçosamente que vence, não porque ele e seu partido deverão abandonar o antigo ponto de vista, mas, pelo contrário, porque as condições têm que amadurecer para se porem de acordo com ele". MARX, Karl. *O 18 Brumário e as cartas a Kugelmann.* 7ª ed. São Paulo: Paz e Terra, 2002, pp. 58/59.

[267] "(...) O caráter peculiar da social-democracia resume-se no fato de exigir instituições democrático-republicanas como meio de não acabar com dois extremos, capital e trabalho assalariado, mas de enfraquecer seu antagonismo e transformá-lo em harmonia. Por mais diferentes que sejam as medidas propostas para alcançar esse objetivo, por mais que sejam enfeitadas com concepções mais ou menos revolucionárias, o conteúdo permanece o mesmo. Esse conteúdo é a transformação da sociedade por um processo

Para Marx, a social-democracia sofre de uma espécie de doença congênita, qual seja, a sua fantasia ou ingenuidade em relação ao processo de estruturação capitalista no que tange a ignorar as contradições de classes como elemento fundamental, o que a faz idealizar o Estado e a sociedade modernos como ambientes que podem ser dotados e norteados por um interesse comum, em substituição ao interesse egoísta de uma classe. Essa parece ser uma característica fundamental da essência do processo de constituição da modernidade, qual seja, a formação de uma classe intermediária que crê piamente que as instituições modernas capitalistas possuem, como condição geral, o norteamento de sua organização e objetivos com base em um interesse impessoal, abstrato e neutro.

Mas, como bem delineou o próprio Marx, quando a ilusão do Estado pautado pelo interesse geral não se efetiva, ou seja, quando a tentativa de especulação de que as arestas entre as classes podem ser aparadas não se concretiza, o que faz a social-democracia? Coloca a culpa em fatores periféricos e por vezes meramente retóricos no afã de eximir seu fracasso dos fatores concretos, tais como *detalhes de execução*, *imprevistos*, incompreensão dos atores políticos envolvidos, culpando, ainda, os *sofistas perniciosos* que insistem em dividir *o povo indivisível* em distintas classes que se hostilizam.

Aliás, essa pequena burguesia tratada por Marx, no esteio da própria práxis burguesa em geral, tem dificuldade em compreender a totalidade[268] do movimento global, e, ainda que adote uma práxis coerente

---

democrático, porém uma transformação dentro dos limites da pequena burguesia. Só que não se deve formar a concepção estreita de que a pequena burguesia, por princípio, visa a impor um interesse de classe egoísta. Ela acredita, pelo contrário, que as condições *especiais* para sua emancipação são as condições gerais sem as quais a sociedade moderna não pode ser salva nem evitada a luta de classes". MARX, Karl. *O 18 Brumário e as cartas a Kugelmann*. 7ª ed. São Paulo: Paz e Terra, 2002, pp. 54/55.

[268] A noção e extensão da categoria *"totalidade"* em Hegel é complexa e demanda compreender o seu aspecto para além de uma mera estrutura totalitária, posto que se constitui por partes, as quais também são dotadas de *totalidade*, como esclarece Lukács: "Em Hegel, porém, a totalidade é muito mais que um compêndio sintético da universalidade extensiva; ao contrário, é a estrutura de fundo da construção formada pela realidade em seu conjunto. Uma realidade que, enquanto tal, não possui simplesmente uma constituição totalitária, mas consiste de partes, de 'elementos' que

com sua posição de classe, mesmo assim se trata de uma opção pautada em "falsa consciência", com cunho eminentemente ideológico.[269] A ilusão dessa classe média em relação ao Estado que agiria no interesse da coletividade em geral decorre desse movimento em que as classes burguesas não reconhecem a totalidade das estruturas do capitalismo, em especial da existência de classes sociais e do embate constante entre elas. Mesmo que a adoção e a defesa do interesse geral se deem a partir de uma práxis coerente com a posição de classe hegemônica, ainda assim se trataria de falsa consciência, algo que os capitalistas fazem, ainda que não entendam a extensão e a operação por trás do ato, assim como o próprio Marx já alertava, quando trata da relação entre produto do trabalho e valor da mercadoria em *O Capital*, ou seja: "Eles não sabem disso, mas o fazem".[270]

---

também são, por seu turno, estruturados como totalidades. O todo do qual ele fala, de modo programático, é uma totalidade que se constrói com inter-relações dinâmicas de totalidades relativas, parciais, particulares. Pode-se dizer, nesse princípio encontramos a real essência ontológica da conexão concreta da imagem hegeliana de mundo". LUKÁCS, György. *Ontologia do ser social*: a falsa e a verdadeira ontologia de Hegel. São Paulo: Ciências Humanas, 1979, p. 70.

[269] "O ponto de vista classista burguês não logra alcançar o conhecimento desse movimento global (ou seja, o desenvolvimento necessário do capitalismo a partir das formas de produção pré-capitalistas, a necessidade da subsistência dessas formas de produção ao lado do capitalismo, a necessidade de transição desse complexo global para o socialismo etc). Mesmo que nas situações que se referem a essas áreas a burguesia, em certos momentos, adote uma práxis – econômica e politicamente – correta com a conformidade com sua classe, ela a adota com 'falsa consciência'". LUKÁCS, György. *Reboquismo e dialética*: uma resposta aos críticos de 'História e consciência de classe'. São Paulo: Boitempo, 2015, pp. 76/77.

[270] "Portanto, os homens não relacionam entre si seus produtos de trabalho como valores por considerarem essas coisas meros invólucros de matérias de trabalho humano de mesmo tipo. Ao contrário. Porque equiparam entre si seus produtos de diferentes tipos na troca, como valores, eles equiparam entre si seus diferentes trabalhos como trabalho humano. Eles não sabem disso, mas o fazem. Na testa do valor não está escrito o que ele é. O valor converte, antes, todo produto do trabalho num hieróglifo social. Mais tarde, os homens tentam decifrar o sentido desse hieróglifo, desvelar o segredo de seu próprio produto social, pois a determinação dos objetos de uso como valores é seu produto social tanto quanto a linguagem. A descoberta científica tardia de que os produtos do trabalho, como valores, são meras expressões materiais do trabalho humano despendido em sua produção fez época na história do desenvolvimento da humanidade, mas de modo algum elimina a aparência objetiva do caráter social do trabalho". MARX, Karl. *O capital*: crítica da economia política. L. 1. São Paulo: Boitempo, 2013, p. 149.

2.2.2 A impotência de um discurso de interesse geral perante a concretude das relações de classe

2.2.2.1 *O Direito como relação social: contradições e fragilidade do conceito de interesse público*

Dentre as "propostas" sociológicas e filosóficas pertencentes à vertente geral da teoria crítica escolhidas para fundamentar a crítica ao dogmatismo da doutrina brasileira do Direito Administrativo, o nome de Evguiéni Pachukanis emerge com toda a força. Suas análises profundas e esclarecedoras sobre a relação da forma jurídica com a forma da produção e reprodução do capital, assim como seus alertas sobre os riscos e as incoerências da manutenção da forma jurídica capitalista para o futuro do socialismo, continuam atuais e são ainda capazes de guiar estudiosos do Direito, sobretudo do Direito Público, no desvelar do caráter supostamente neutro e absoluto de alguns dos mais importantes conceitos e categorias jurídicas modernos, revelando suas peculiaridades estruturais e de classe.

Antonio Negri, em texto que prefacia uma das últimas edições da obra principal de Pachukanis, aponta que a atualidade das atenções ao clássico trabalho do jurista russo transborda a mera *dimensão ideológica da teoria soviética do direito*, constituindo-se em determinante ferramenta de sustentação materialista para a compreensão dos diversos ramos do Direito e suas respectivas categorias jurídicas, importante para se delimitar a própria natureza do Direito. Essa teoria, ainda hoje, permite esclarecer "impasses que atualmente desestabilizam o funcionamento dos ordenamentos jurídicos no mundo globalizado". E Negri consigna, resumidamente, em três pontos o porquê da atualidade e da necessidade de se revisitar a perspectiva crítica pachukaniana: (i) a ênfase marxiana na relação mercantil como fundamento do Direito e como chave para compreender o mundo contemporâneo; (ii) a forma do Direito como forma cambiante do investimento jurídico social; (iii) o rompimento com a ilusão de uma "lei proletária".[271]

---

[271] "No mundo globalizado do poder financeiro, ideologicamente impregnado pelo liberalismo individualista e proprietário, a ênfase marxiana, recuperada e desenvolvida

Entende-se que Pachukanis e sua teoria crítica do Direito fornecem um cabedal argumentativo e científico sobre a intensa, inevitável e indissociável conexão da forma jurídica atual com o processo das forças produtivas, sem cair em um estruturalismo oco que relega ao Direito capitalista a mera função superestrutural. A realidade material, ou seja, as condições materiais de produção e existência, é a pedra de toque para a compreensão da real função do Direito, função essa essencial à própria estrutura mais importante e refinada do capitalismo: a produção do capital e a forma mercadoria. A partir das premissas teóricas pachukanianas, com fundamento em uma das mais instigantes e polêmicas vertentes da teoria crítica do Direito, pretende-se apontar as inconsistências do conceito de interesse público.

Ao tratar do vínculo entre relação social[272] e a norma jurídica, Pachukanis defende que a realidade material, enquanto expressão das

---

por Pachukanis, na relação mercantil como fundamento do direito destaca-se com uma grande evidência. Oferece uma chave imediata para a leitura deste mundo. Sabe-se quão forte foi a insistência de Pachukanis nesse ponto: 'O fetichismo da mercadoria completa-se no fetichismo jurídico'. Se é assim, a gênese privatista do direito revela-se de imediato como um processo, que vai da apropriação individual à construção do sujeito jurídico e à estipulação de um contrato em que a lei do mais forte sujeita o mais fraco. 'A propriedade vem antes da mercadoria', proclama Pachukanis, o direito é um ordenamento que só a burguesia e o capitalismo possuem e implantaram no centro da sociedade (e Max Weber não tem opinião muito diferente). Depois desse primeiro ponto, segue-se em Pachukanis um segundo ponto de grande interesse para a opinião (ou ciência) jurídica atual: a construção da 'forma' do direito como 'forma' cambiante do investimento jurídico social. (...) A 'forma' do direito se impõe na complexidade das condições sociais que ela encarna e exprime. Não se trata de simples forma técnica ou mera projeção de conteúdos normativos, mas da instituição do valor social do trabalho e dos equilíbrios/desequilíbrios que se desenvolvem nos processos de determinação institucional. (...) A forma jurídica de Pachukanis é, portanto, norma da organização social e sistema produtivo. A lei é instituição contraditória, seu movimento pode ser descrito como o movimento configurado pela variabilidade da relação mercantil. (...) O terceiro ponto sobre o qual recai o interesse por Pachukanis surge quando a forma jurídica, entendida como acima, historiciza-se e apresenta-se em devir. (...) Romper com a ilusão de uma lei proletária era, para Pachukanis, manter aberto o caminho para a realização da revolução comunista". NEGRI, Antonio. "Prefácio à edição russa de 2017". *In*: PACHUKANIS, Evguiéni. *Teoria Geral do Direito e Marxismo*. São Paulo: Boitempo, 2017, pp. 51-53.

[272] Vale destacar que é exatamente na definição de *relação social* que reside a principal diferença e crítica de Pachukanis ao seu jurista contemporâneo e conterrâneo Stutchka.

relações sociais concretas, prevalece sobre a norma, e que a perspectiva inversa, na qual as relações sociais reais é que se adequam à norma, só se sustenta por uma visão fetichizada da própria norma: "fetichizações assim são abundantes nas diversas teorias do direto e se baseiam em reflexões metodológicas extremamente sutis".[273] A existência objetiva do Direito, para ser afirmada, precisa antes considerar se o conteúdo normativo de determinada norma tem efetivamente importância e lugar nas relações sociais reais, na vida em si. Nesse sentido, Pachukanis identifica que um dos mais graves equívocos do pensamento *jurídico-dogmático* é exatamente compreender o vínculo entre relação social e a norma de maneira não coincidente com o que sociólogos e historiadores defendem por existência objetiva do Direito.[274] Na perspectiva crítica de Pachukanis, a dogmática jurídica e seus respectivos juristas, na operação de resolução de alguma questão que envolva o debate sobre vigência ou não de determinada norma jurídica, não se pautam na observação e determinação da existência de algum fenômeno social objetivo, pois apenas se limitam a delimitar "uma conexão lógica entre dada situação normativa e uma premissa normativa

---

Em síntese, importa compreender que Pachukanis procura "identificar a relação social específica que se exprime na forma jurídica", sendo que "essa relação deve ser encontrada na esfera da circulação mercantil, ali onde os sujeitos-proprietários estabelecem relações mútuas de trocas equivalentes. A relação social da qual a forma jurídica é o 'reflexo' é, assim, a relação dos proprietários de mercadorias entre si". NAVES, Márcio Bilharinho. *Marxismo e direito*: um estudo sobre Pachukanis. São Paulo: Boitempo, 2000, pp. 56/57.

[273] PACHUKANIS, Evguiéni. *Teoria Geral do Direito e Marxismo*. São Paulo: Boitempo, 2017, p. 98.

[274] "O critério que orienta a *démarche* de Pachukanis é a possibilidade de a teoria ser capaz de *analisar a forma jurídica como forma histórica*, permitindo compreender o direito como fenômeno real. Pachukanis introduz, por essa via, no campo da análise do direito, o princípio metodológico desenvolvido por Karl Marx na *Introdução à crítica da economia política*, que se exprime em dois 'movimentos': o que vai do abstrato ao concreto, e o que vai do simples ao complexo. Segundo Pachukanis, para Marx poderia parecer 'natural' que a economia política partisse da análise de uma totalidade concreta, a população, mas esta é uma observação vazia se não foram levadas em consideração as classes sociais que a compõem, e as classes, por sua vez, exigem para serem compreendidas o exame dos elementos de que sua existência depende, o salário, o lucro, etc. E o estudo dessas categorias mais simples: preço, valor, mercadoria, de modo que, somente partindo dessas categorias mais simples é que se torna possível recompor a totalidade concreta em uma unidade plana de determinações". NAVES, Márcio Bilharinho. *Marxismo e direito*: um estudo sobre Pachukanis. São Paulo: Boitempo, 2000, pp. 40/41.

mais geral", é dizer, a norma é fim para o jurista dogmático "nos estreitos limites de suas tarefas técnicas", e não existe nada além dela (da norma).[275]

É a desconexão com a vida real, desaguando em um formalismo extremo em que a norma tem função antecedente à própria relação social, como regra de conduta imposta de forma autoritária. Porém, essas normas "dadas pelo Estado" podem apontar aos mais diversos objetos e podem assumir as mais diferentes características, o que leva Pachukanis a concluir que a teoria positivista, de que o Direito se encerra nas normas de conduta e na legitimidade da autoridade que as emana, ignora qualquer substância mais profunda do nexo entre relações sociais e engendramento da forma jurídica.[276]

Todavia, Pachukanis toma o cuidado de prevenir sua análise de crítica de ser taxada de estruturalista. A perspectiva dogmática do Direito, em que a norma antecede a relação social, leva, consequentemente, à necessidade de se admitir a existência de uma autoridade política que institui a norma, demandando compreender que a superestrutura jurídica decorre da superestrutura política. Porém, o vínculo entre as relações de produção e as relações jurídicas, possui, como diz Pachukanis, um caminho muito mais curto que aquele percorrido pela "jurisprudência positivista, que não pode passar sem um elo entre o poder do Estado e sua norma",[277] pois, na realidade "é o Estado quem se acha mantido em coesão pela vida burguesa".[278]

A tese de Pachukanis, acerca da deferência material do poder estatal normativo às relações materiais de produção, é claramente uma interpretação do Direito decorrente do próprio método adotado por Marx em O Capital,[279] em que inicia seus exames pela *mercadoria*, assim como

[275] PACHUKANIS, Evguiéni. *Teoria Geral do Direito e Marxismo*. São Paulo: Boitempo, 2017, p. 99.

[276] PACHUKANIS, Evguiéni. *Teoria Geral do Direito e Marxismo*. São Paulo: Boitempo, 2017, p. 101.

[277] PACHUKANIS, Evguiéni. *Teoria Geral do Direito e Marxismo*. São Paulo: Boitempo, 2017, p. 103.

[278] MARX, Karl; ENGELS, Friedrich. *A sagrada família, ou A crítica crítica contra Bruno Bauer e consortes*. São Paulo: Boitempo, 2011, p. 139.

[279] "As mercadorias não podem ir por si mesmas ao mercado para trocar-se umas pelas

Pachukanis inicia suas verificações a partir das relações sociais de produção e na centralidade do possuidor de mercadorias[280] (sujeito de direito).[281]

A equívoca compreensão de se considerar a norma pressuposto da relação jurídica, para Pachukanis, constitui-se na fonte do problema das "relações recíprocas entre superestruturas política e a jurídica", problema esse que se mostra a partir da relação entre direito objetivo e direito subjetivo, cuja complexidade e dificuldade em determinar sua essência levaram um dos mais considerados teóricos do Direito Público, Léon Duguit, a cair em contradição.[282]

---

outras. Temos, portanto, de nos voltar para seus guardiões, os possuidores de mercadorias. Elas são coisas e, por isso, não podem impor resistência ao homem. Se não se mostram solícitas, ele pode recorrer à violência; em outras palavras, pode toma-las à força. Para relacionar essas coisas umas com as outras como mercadorias, seus guardiões têm de estabelecer relações uns com os outros como pessoas cuja vontade reside nessas coisas e que agir de modo tal que um só pode se apropriar da mercadoria alheia e alienar a sua própria mercadoria em concordância com a vontade do outro, portanto, por meio de um ato de vontade comum a ambos. Eles têm, portanto, de se reconhecer mutuamente como proprietários privados. Essa relação jurídica, cuja forma é o contrato, seja ela legalmente desenvolvida ou não, é uma relação volitiva, na qual se reflete a relação econômica. O conteúdo dessa relação jurídica ou volitiva é dado pela própria relação econômica. Aqui, as pessoas, existem umas para as outras apenas como representantes da mercadoria e, por conseguinte, como possuidoras, de mercadorias. Na sequência de nosso desenvolvimento, veremos que as máscaras econômicas das pessoas não passam de personificações das relações econômicas, como suporte das quais elas se defrontam umas com as outras". MARX, Karl. *O Capital*: crítica da economia política. L. 1. São Paulo: Boitempo, 2013, pp. 159/160.

[280] PACHUKANIS, Evguiéni. *Teoria Geral do Direito e Marxismo*. São Paulo: Boitempo, 2017, pp. 103/104.

[281] "A análise da forma sujeito de direito em Pachukanis permite ver a dependência das formas jurídicas em relação com as formas mercantis. Se o objetivo da mediação jurídica, como lembra Pachukanis, é o de assegurar o funcionamento de um circuito de trocas mercantis e, consequentemente, o de assegurar, em última instância, a própria produção mercantil, as formas jurídicas surgem como elementos necessários para a realização dessa esfera de circulação". NAVES, Márcio Bilharinho. *Marxismo e direito*: um estudo sobre Pachukanis. São Paulo: Boitempo, 2000, p. 69.

[282] Pachukanis "denuncia" que Duguit, em um primeiro momento, defendeu que as expressões "direito objetivo" e "direito subjetivo" eram "acertadas, claras e precisas"; porém, em outro trabalho [*As transformações gerais do direito privado desde o Código de Napoleão*] teria se esmerado em delimitar que o direito subjetivo não passava de um *mal-entendido* conceitual, de ordem *metafísica*, o qual não se podia se sustentar no momento

Recorrendo a Marx e Engels, Pachukanis resume o problema da relação e da interdependência entre direito subjetivo e direito objetivo, o qual reaparece sob a forma da diferenciação entre Direito Público e Direito Privado. A dificuldade está em separar o que é *interesse egoísta do homem como membro da sociedade civil* e do que se trata o *interesse abstrato do todo político*, diferenciação essa que só é possível por meio de abstrações, pois são momentos que se interpenetram reciprocamente.[283]

De forma mais específica, Pachukanis delimita a contradição que se estabelece na medida em que o Direito Público alude a *direitos públicos subjetivos*, os quais se caracterizam, na verdade, por serem direitos privados reavivados com algumas diferenças e que invadem uma esfera que deveria, em tese, ser de interesse geral impessoal. Essa é razão porque no Direito Público abundam construções "forçadas, artificiais, unilaterais e, até mesmo, grotescas".[284] E dentre essas construções *artificiais* impostas pelo Direito Público, tem especial importância o conceito de interesse público, o qual possui função específica de deixar velado o fato de que o Direito Público só existe na medida em que representa a forma jurídica privada na esfera da organização política, sob efeito, em caso contrário, de deixar de ser Direito. A identificação direta e sem rodeios discursivos de que o "Direito do Poder Executivo" tem por função resguardar interesses privados, em identidade com o direito do credor em receber as suas dívidas, colocaria "o interesse privado isolado no lugar que a ideologia burguesa presume ser de domínio do interesse impessoal geral do Estado", ou seja, a identificação real da função social do interesse público, assim como de qualquer função social, tendo a norma apenas função organizacional, significaria a própria morte da forma jurídica burguesa.[285]

---

histórico de realismo e positivismo, no qual ele vivia. PACHUKANIS, Evguiéni. *Teoria Geral do Direito e Marxismo*. São Paulo: Boitempo, 2017. 107.

[283] PACHUKANIS, Evguiéni. *Teoria Geral do Direito e Marxismo*. São Paulo: Boitempo, 2017, p. 111.

[284] PACHUKANIS, Evguiéni. *Teoria Geral do Direito e Marxismo*. São Paulo: Boitempo, 2017, p. 112.

[285] PACHUKANIS, Evguiéni. *Teoria Geral do Direito e Marxismo*. São Paulo: Boitempo, 2017, p. 112.

O traço característico da sociedade burguesa é justamente a pretensa separação entre os interesses gerais (interesse público) e os interesses privados, ocorrendo a oposição entre eles. Porém, nessa oposição, os interesses gerais assumem, ainda que involuntariamente, a forma dos interesses privados, a forma do Direito. O interesse público, no sentido de "interesse impessoal geral do Estado", assume a forma jurídica e, portanto, não obstante se pretender neutro em relação aos interesses privados até o extremo da sua oposição, acaba por assumir a própria forma desses interesses privados, que é a forma do Direito burguês. Como bem destaca Pachukanis, no que tange à relação real entre os interesses públicos e privados em relação à atuação do Poder Público: "como era de se esperar, os momentos jurídicos na organização estatal são, por excelência, aqueles que se incorporam completamente ao esquema dos interesses privados isolados e opostos".[286]

Assim como inexiste separação efetiva entre o interesse público e interesses privados, Pachukanis avança na crítica à separação abstrata entre Direito Público e Direito Privado, explorado ferozmente pela dogmática, em especial, aliás, pela dogmática do Direito Administrativo. Diz Pachukanis que o próprio conceito de Direito Público só pode ser realmente compreendido em relação ao seu movimento de contínuo afastamento do Direito Privado, logo, como seu oposto, que em seguida se volta novamente a ele, constituindo-se o Direito Privado uma espécie de centro de gravidade.[287]

A compreensão crítica da significação do interesse público, em sua pretensa índole impessoal, à qual o Estado estaria indelevelmente vinculado, passa pela compreensão dessa relação gravitacional[288] em relação aos

---

[286] PACHUKANIS, Evguiéni. *Teoria Geral do Direito e Marxismo*. São Paulo: Boitempo, 2017, p. 113.

[287] Aliás, essa perspectiva pendular de retorno ao direito privado é sintomática no atual movimento de parte da dogmática administrativista brasileira, no sentido de defender a atuação de uma Administração Pública consensual em "substituição" a uma Administração Pública "autoritária", admitindo e defendendo, inclusive, a possibilidade de adoção de métodos e procedimentos de arbitragem privada para a resolução de embates jurídicos entre a Administração Pública e particulares.

[288] "Dessa maneira, o próprio conceito de direito público pode ser compreendido apenas

interesses privados e sua respectiva forma jurídica. Ainda que pretenda se afastar dos interesses privados, no sentido de se constituir enquanto instituto de neutralidade e condão de justiça, o conceito de interesse público acaba por retornar ao seu eixo gravitacional, na medida em que sua efetivação depende da forma jurídica que é espelho dos interesses privados e, portanto, do Direito Privado.[289]

Pachukanis, em consequência da sua teoria de vínculo entre forma jurídica e forma mercadoria, mira sua atenção na crítica às teorias idealistas do Direito, apontando para a teoria do direito de Hegel, na qual o sujeito se constituiria como sujeito livre por meio do Direito, o que Pachukanis chama de "caminho puramente especulativo". A dogmática jurídica moderna, por sua vez, vale-se desse conceito em seu aspecto formal na medida em que para ela não interessa a forma social no seu aspecto histórico, mas tão somente se objetiva a forma jurídica já finalizada, "dada de antemão".[290]

---

em seu movimento, de um contínuo afastamento do direito privado, precipitando-se como seu oposto e em seguida voltando-se novamente a ele, como a um centro de gravidade. (...) O direito como função deixa de ser um direito, e a permissão jurídica sem o respaldo de seu interesse privado se torna algo inacessível, abstrato, sendo facilmente transformada em seu contrário, ou seja, no dever (todo direito público é, simultaneamente, um dever). É tão simples, compreensível e 'natural' o 'direito' do credor de receber a dívida quanto é precário, problemático, ambíguo, digamos, o 'direito' do Parlamento de votar o orçamento". PACHUKANIS, Evguiéni. *Teoria Geral do Direito e Marxismo*. São Paulo: Boitempo, 2017, p. 114.

[289] Adotando-se a perspectiva de que o direito privado é o centro gravitacional do direito público, cujo movimento pendular é próprio da forma jurídica do capital, algumas teses consideradas inovadoras no âmbito da dogmática do Direito Administrativo, que denunciam, no âmbito do neoliberalismo, um movimento de "fuga" do Direito Administrativo para o direito privado, podem ser consideradas tautológicas, já que apenas identificam esse movimento "natural" de fuga (que depois será de reaproximação), sem, no entanto, compreender a essência desse fenômeno. Cf. ESTORNINHO, Maria João. *A fuga para o Direito Privado*: contributo para o estudo da actividade de direito privado da Administração Pública. Coimbra: Almedina, 2009.

[290] "Contudo, a dogmática jurídica vale-se desse conceito em seu aspecto formal. Para ela, o sujeito nada mais é que 'um meio de qualificação jurídica dos fenômenos a partir do ponto de vista de sua capacidade ou incapacidade de participar de uma generalização jurídica'. Ela, dessa maneira, não coloca a questão sobre quais forças levaram o homem a se transformar de um exemplar de zoológico em um sujeito de direito, uma vez

Nessa perspectiva, revela-se a necessidade de compreensão da forma mercadoria e dos sujeitos proprietários de mercadorias,[291] para se entender o respectivo elo com a categoria do interesse público, no sentido de desmascará-la como categoria historicamente delimitada e não como meramente uma ideia jurídica geral atemporal e provida de neutralidade. É preciso ter em mente, sobretudo, que a sociedade capitalista é uma sociedade de proprietários de mercadorias, e isso significa que os respectivos interesses desses proprietários delimitam e orientam a própria organização social, mormente na forma estatal. As teorizações dogmáticas sobre o interesse público, nessa perspectiva crítica de Pachukanis, não estão fundamentadas na verificação efetiva das condições materiais que permitiriam ou não delimitar que os interesses da sociedade, como um todo, direcionam-se nesta ou naquela direção; antes, trata-se de um mero "caminho puramente especulativo", cujos antagonismos históricos e materiais de classe são solenemente ignorados.

O desenvolvimento e o crescimento das forças produtivas e das forças sociais reguladoras geram a substituição da materialidade do sujeito pela potência da organização social, no caso, de classe, atingindo sua mais alta expressão no Estado. O poder estatal abstrato e impessoal, que age

---

que parte da relação jurídica como uma forma acabada, dada de antemão. Já a teoria marxista encara qualquer forma social como histórica. Ela, por isso, coloca como sendo tarefa elucidar aquelas condições materiais históricas que tornaram real esta ou aquela categoria". PACHUKANIS, Evguiéni. *Teoria Geral do Direito e Marxismo*. São Paulo: Boitempo, 2017, p. 119.

[291] A realidade da relação da troca de mercadorias, como forma que essencial para a sustentação do capitalismo e, por consequência, da sua forma jurídica, é distorcida constantemente por relações aparentemente livres e iguais provenientes de indivíduos supostamente independentes e livres. É esse panorama de representação próprio do modo de reprodução capitalista, eivado de pura ideologia, que Michel Miaille se esforça em apresentar: "A troca de mercadorias, que exprime na realidade, uma relação social – a relação do proprietário do capital com os proprietários da força do trabalho –, vai ser escondida por 'relações livres e iguais', provindas aparentemente apenas da 'vontade de indivíduos independentes'. O modo de produção capitalista supõe, pois, como condição do seu funcionamento a 'atomização', quer dizer, a representação ideológica da sociedade como um conjunto de indivíduos separados e livres. No plano jurídico, esta representação toma a forma de uma instituição: a do sujeito de direito". MIAILLE, Michel. *Introdução crítica ao Direito*. 2ª ed. Lisboa: Editorial Estampa, 1994, p. 118.

ideal e continuamente no espaço e no tempo, corresponde ao sujeito também impessoal e abstrato, do qual é reflexo. Os interesses individuais materiais, os quais demandam pessoalidade e subjetividade, são, com efeito, substituídos pela perspectiva ideal e contínua da atuação estatal impessoal e abstrata que representa os interesses da organização social criadora dessa estrutura estatal.[292]

O conceito de interesse público, portanto, só é passível de desenvolvimento na sociedade moderna, ou seja, naquela em que houve o completo desenvolvimento das relações capitalistas e, na qual, o Direito adquiriu um caráter abstrato. Assim como Direito só possui abstração efetiva com a modernidade e com domínio de classe capitalista, é consequência que a noção abstrata e especulativa do interesse público, ainda dominante, também seja atrelada ao desenvolvimento da abstração do Direito, abstração jurídica essa que decorre da abstração do próprio homem, o qual é tornado *homem em geral*, e, ainda, da abstração do trabalho que se torna *trabalho social útil em geral*, em que todo o indivíduo se torna um *sujeito de direito abstrato*.[293]

Assim como a norma decorre da relação social, essencialmente da relação mercantil de troca, fazendo desenvolver o Direito Privado moderno, o caráter jurídico público, ou o Direito Público, tem seu surgimento atrelado a uma dominação de fato por uma classe quando se desenvolvem as relações ligadas aos atos de troca, as relações privadas por excelência. É quando aparece o Estado moderno, o fiador dessas relações

---

[292] "Devido ao crescimento das forças sociais reguladoras, o sujeito perde sua tangibilidade material. Sua energia pessoal é substituída pela potência da organização social, ou seja, de classe, que atinge sua mais alta expressão no Estado. Aqui, o poder estatal impessoal e abstrato, agindo no espeço e no tempo com continuidade e regularidade ideais, corresponde ao sujeito impessoal e abstrato, do qual é reflexo. Este poder abstrato tem um fundamento plenamente real na organização do aparelho burocrático, na Forças Armadas, nas finanças, nos meios de comunicação, etc., e o pressuposto de todo esse conjunto corresponde ao desenvolvimento das forças produtivas. Mas antes de se valer do mecanismo estatal, o sujeito apoia-se na organicidade e na estabilidade das suas relações". PACHUKANIS, Evguiéni. *Teoria Geral do Direito e Marxismo*. São Paulo: Boitempo, 2017, p. 125.

[293] PACHUKANIS, Evguiéni. *Teoria Geral do Direito e Marxismo*. São Paulo: Boitempo, 2017, p. 127.

privadas. Um fiador cujo poder é eminentemente social, um poder público cujo objetivo é perseguir o interesse impessoal da ordem (interesse público). Referindo-se de forma contrária a Hauriou, Pachukanis reforça que o Estado moderno se formata "no momento em que a organização do poder de um grupo e de uma classe inclui em seu escopo relações mercantis suficientemente abrangentes". [294]

Diferentemente das relações privadas mercantis, que se expressam pela forma jurídica e se apresentam como direito que se mistura à norma objetiva – vide a noção e a força do *contrato privado* –, o Estado, enquanto organizador do poder de classe, não exige uma interpretação jurídica e, até a refuta, pois trata-se do domínio em que reina o *princípio da conveniência nua e crua*. Nesse sentido, não há espaço para que se crie uma teoria jurídica que dê conta de todas as funções do Estado, uma vez que ela jamais poderá concreta e efetivamente refletir verdadeiramente todas essas funções. Essa teoria jurídica do Estado oferece apenas um reflexo ideológico das funções do Estado, e, logo, trata-se de um reflexo deformado em relação à realidade.[295]

Se há o domínio de classe imediato e direto, sob a forma do domínio dos bens de produção e da circulação de mercadorias, Pachukanis destaca o domínio mediato e que se reflete na forma estatal oficial, como força aparentemente destacada da sociedade, ou seja, o Estado como um ente autônomo. Criticando a perspectiva de Engels, cuja análise aponta no sentido de conferir ao Estado um *status* supraclasse (acima delas), como se tivesse sido cooptado pela classe capitalista dominante, Pachukanis contrapõe a isso os fatos históricos, ou seja, que o Estado, assim como a forma jurídica, tal como se identifica atualmente, é uma criação da classe burguesa. Diante dessa afirmação, Pachukanis então indaga: por que a dominação de classe não se apresenta como é, ou seja, que se trata de sujeição de uma parte da população a outra, assumindo, entretanto, a forma de uma dominação estatal oficial? Ou ainda, por que o aparelho estatal

---

[294] PACHUKANIS, Evguiéni. *Teoria Geral do Direito e Marxismo*. São Paulo: Boitempo, 2017, p. 141.

[295] PACHUKANIS, Evguiéni. *Teoria Geral do Direito e Marxismo*. São Paulo: Boitempo, 2017, pp. 141/142.

não se constitui às claras como aparelho privado da classe dominante, assumindo a forma de um aparelho de poder público impessoal e separado da sociedade? As respostas a esses questionamentos são essenciais para compreender a função do aparato "neutro" estatal, como forma da imposição e manutenção do poder de classe exercido no capitalismo, bem como, consequentemente, auxilia na compreensão do papel do "interesse público" nesse panorama. É possível e necessário reformular as questões pautadas por Pachukanis de forma a se questionar e compreender a função da categoria jurídica interesse público.

Pachukanis alerta para a necessidade de que as respostas sejam dadas para além da mera conclusão de que a classe dominante, a partir de uma *bruma ideológica,* vale-se do aparato estatal para mascarar seu domínio de classe. Para esclarecer a raiz ideológica, é necessário pesquisar as relações sociais das quais ela é expressão, e, nesse sentido, a força política de classe transforma-se e adquire a forma de poder público, em que a relação de exploração se formaliza entre dois proprietários das mercadorias, tidos idealmente e especulativamente como "independentes" e "iguais" e que se relacionam por meio de um contrato supostamente livre.[296]

De forma precisa, Pachukanis relaciona como o caráter e o discurso de neutralidade das relações de troca no mercado determinam a maneira como o Estado se realiza e se organiza com uma "vontade geral", ou ainda, como seu fim é o "interesse público". Se os sujeitos que convivem no mercado são os sujeitos de direito por excelência,[297]

---

[296] PACHUKANIS, Evguiéni. *Teoria Geral do Direito e Marxismo*. São Paulo: Boitempo, 2017, pp. 143-144.

[297] Como bem esmiúça Márcio Bilharinho Naves, esse sujeito de direito *por excelência* é o cidadão, indivíduo ficticiamente despojado da sua condição de classe, a quem o direito "entrega" as atribuições de liberdade, igualdade e propriedade: "O é o cidadão senão o indivíduo despojado de seus liames de classe, despojado de sua 'particularidade', o indivíduo 'universal' que participa do Estado? Ora, essa determinação corresponde integralmente à representação jurídica do indivíduo, isto é, sua base, o seu fundamento, é a categoria de sujeito de direito, o indivíduo ao qual o direito atribuiu as determinações da liberdade, da igualdade e da propriedade, o sujeito-proprietário que, no mercado, pode oferecer a si mesmo como mercadoria, pode oferecer, na qualidade de vencedor, a sua força de trabalho em troca de um equivalente". NAVES, Márcio Bilharinho. *Marxismo e direito*: um estudo sobre Pachukanis. São Paulo: Boitempo, 2000, p. 83.

suas relações devem ser livres, ou seja, as relações de troca devem se dar sob o pressuposto de que as partes estão realizando tal ato porque querem; é a lei do mercado. Porém, tal liberdade imanente ao mercado é abalada se há a intervenção de uma autoridade com força coercitiva, já que essa coerção de uma pessoa sobre a outra, com fundamento na força, contradiz justamente a premissa fundamental de igualdade entre os possuidores de mercadorias. Essa coerção, por contradizer a "premissa mãe" do mercado e na concretude não ser abstrata e impessoal, não pode aparecer como função social, ou seja, a autoridade com poderes coercitivos não pode se revelar tal qual sua essência, não pode aparecer como um poder direcionado a regular relações concretas e pessoais de troca de mercadorias, posto que seria admitir que na sociedade mercantil haveria a subordinação de um indivíduo concreto em relação a outro. Isso significaria a subordinação ao arbítrio, dado que um possuidor de mercadoria estaria submisso a outro possuidor. É por isso que Pachukanis define que tal imposição precisa ser apresentada na sua forma mascarada, é dizer, a coerção não pode se apresentar tal qual sua essência de representar os interesses de determinado indivíduo (ou determinados indivíduos), tendo que se mostrar como proveniente de uma pessoa abstrata e geral, logo como uma imposição que provém dos *interesses de todos os participantes das relações jurídicas*. O poder real e concreto de coerção de uma pessoa sobre outra é exercido na forma do Direito, ou seja, *como poder de norma objetiva e imparcial*.

Assim, é fundamental o conceito jurídico de interesse público, posto que ele permite a manutenção da coerção entre os indivíduos, especialmente na relação de mercado entre capitalista e trabalhador, sem que isso pareça contraditório aos próprios princípios modernos de mercado. Na medida em que se apresenta por meio de uma subordinação que se dá em relação a todos os indivíduos de forma abstrata e geral, em sua faceta mascarada, a força coercitiva do Estado se desvincularia do mercado e decorreria da necessidade de determinações coercitivas de caráter geral e abstrato, justamente para encobrir a real essência que objetiva a manutenção do poderio de classe.[298]

---

[298] "A máquina do Estado se realiza de fato como 'vontade geral' impessoal, como 'poder de direito' etc., na medida em que a sociedade representa um mercado. No mercado,

A desconfiança (ou até negação) em relação ao aparato estatal como estrutura dotada de neutralidade e impessoalidade é pautada por Pachukanis de forma ímpar.[299] A começar pela crítica aos teóricos do direito natural, para os quais o Estado não é um fenômeno histórico ligado às forças reais de dada sociedade, mas encarado de modo abstrato e racionalista.[300] São exatamente os resquícios da teoria jusnaturalista que

---

cada comprador e cada vendedor é um sujeito de direito par excellence. A partir do momento que entram em cena as categorias de valor e valor de troca, a vontade autônoma das pessoas que participam da troca passa a ser o pressuposto. O valor de troca deixa de ser o valor de troca e a mercadoria deixa de ser a mercadoria se a proporção da troca for determinada por uma autoridade que se situa fora das leis imanentes do mercado. A coerção como prescrição de uma pessoa sobre a outra, sustentada pela força, contradiz a premissa fundamental da relação entre os possuidores de mercadorias. Por isso, em uma sociedade de possuidores de mercadorias e dentro dos limites dos atos de troca, a função de coerção não pode aparecer como função social, já que não é abstrata e impessoal. A subordinação de um homem como tal, como indivíduo concreto, significa para a uma sociedade de produção de mercadorias a subordinação ao arbítrio, por isso equivale à subordinação de um possuidor de mercadorias a outro. É por isso que a coerção não pode aparecer aqui em sua forma não mascarada, como um simples ato de conveniência. Ela deve aparecer como uma coerção proveniente de uma pessoa abstrata e geral, como uma coerção que representa não os interesses do indivíduo da qual provém – já que na sociedade mercantil toda pessoa é egoísta –, mas os interesses de todos os participantes das relações jurídicas. O poder de uma pessoa sobre a outra é exercido como o poder do próprio direito, ou seja, como o poder de uma norma subjetiva e imparcial". PACHUKANIS, Evguiéni. *Teoria Geral do Direito e Marxismo*. São Paulo: Boitempo, 2017, p. 146.

[299] Márcio Bilharinho Naves, aliás, consegue refletir em poucas palavras a essência da crítica pachukaniana à perspectiva especulativa do Estado dotado de neutralidade e que deve se expressar por meio da forma de interesses gerais, elegendo-se o lugar da *não contradição*: "Ao só franquear o acesso ao Estado os indivíduos na condição de cidadãos, a ideologia jurídica permite que se constitua o vínculo que possibilita a passagem da sociedade civil ao Estado, ou melhor, a ideologia jurídica vai permitir que se estabeleça o meio de expressão no Estado, sob a forma de interesse geral, dos diversos e contraditórios interesses particulares que se chocam na sociedade civil, e que por força dessa 'ultrapassagem' negam a sua determinação particular. Tudo se passa, portanto, como se o Estado, anulando as classes, anulasse com isso a própria contradição, se erigindo em lugar de não-contradição, onde se realiza o bem comum". NAVES, Márcio Bilharinho. *Marxismo e direito*: um estudo sobre Pachukanis. São Paulo: Boitempo, 2000, pp. 83/84.

[300] A teoria naturalista do direito, criticada por Pachukanis em razão do seu desapego à realidade, teria servido justamente de bandeira para os revolucionários burgueses contra a estrutura feudal, mas, ironicamente, acabou suscitando temores na própria vencedora classe, o que determinou sua dispensa. Na construção da teoria jurídica do Estado, ao substituir a teoria jusnaturalista pela teoria positivista, a classe burguesa não se aproximou

estabelecem as bases para a teoria jurídica do Estado como pessoa, em especial o próprio conceito de poder *público*, no sentido de um poder que não pertence a ninguém em particular, ou seja, que está acima de *todos* e se endereça a *todos*, concluindo Pachukanis que é exatamente aqui que a teoria jurídica perde sua conexão com a realidade prática.

O Estado jurídico constitui-se em uma miragem conveniente para a burguesia, uma ficção que esconde o domínio de classe e substitui a ideologia medieval religiosa em decomposição: "A autoridade como 'vontade geral', como 'força do direito', na medida em que se realiza na sociedade burguesa representa um mercado". A teoria jurídica do Estado padece de cegueira em relação às concretas e reais relações de dependência que formam a base original da formação do Estado, quais sejam, "o lojista e o grande atacadista, o camponês e o latifundiário, o devedor e o credor, o proletário e o capitalista". A dogmática do Direito Público não se atenta que os reais movimentos do Estado se dão por meio do enfretamento de distintas forças políticas, como classes, partidos e toda forma de agrupamentos. O resultado é que a verdade jurídica e a verdade objeto das investigações sociológicas e históricas são de certa forma divergentes, pois o jurista (encantado) parte do conceito de Estado *como uma força independente, que se opõe a qualquer outra força individual e social,* enquanto que na perspectiva histórica e política as decisões de uma classe ou partido possuem até mais significado que as decisões do Parlamento e de determinada instituição ou órgão vinculado ao Estado.[301]

---

mais da realidade prática; pelo contrário, viu-se obrigada a tratar o Estado como força independente, separada da sociedade, posto que qualquer *teoria jurídica* do Estado assim se vê obrigada a fazê-lo, e é aí que reside o seu caráter jurídico, ou seja, na separação com a realidade, na abstração e no suposto caráter geral e impessoal. É assim que as ordens estatais não decorrem de pessoas reais, mas são emanadas pelo Estado e são subordinadas a normas gerais, as quais expressam a vontade do próprio Estado. E, aqui, entende-se que Pachukanis se refere à vontade do Estado não como o interesse secundário – construção teórica tão explorada pela dogmática do Direito Administrativo, em que se trataria de um interesse pessoal do Estado (como se isso fosse possível) enquanto pessoa jurídica isolada e neutra em relação à sociedade e suas contradições e disputas de classe – mas como entidade que capitaliza os interesses específicos de uma dada sociedade que se organiza socialmente por meio de relações contratuais. PACHUKANIS, Evguiéni. *Teoria Geral do Direito e Marxismo*. São Paulo: Boitempo, 2017, p. 147.

[301] A relação intrínseca entre forma jurídica, forma política de representação e forma

A orientação dos rumos seguidos pelo Estado é determinada antes na sociedade civil, na classe, no partido ou em outra forma de organização social. O Estado depende, antes, de alguma materialidade para efetivar suas ações: "O 'Estado' dos juristas, não obstante toda a sua 'ideologia', relaciona-se com alguma realidade objetiva tanto quanto o sonho mais fantástico apoia-se na realidade. Essa realidade é, antes de tudo, o próprio aparato estatal com seus elementos materiais e humanos".[302]

A sociedade de classes, típica da modernidade, não se constitui apenas como um mercado, mas é onde se realiza também uma *feroz guerra de classes*, em que o Estado se constitui como instrumento extremamente poderoso da classe que o domina. Pachukanis complementa seu raciocínio de revelação da essência do Estado, formatando uma previsão que, em alguma medida não contradiz a realidade contemporânea, especialmente a brasileira, de que as ameaças em relação ao domínio da hegemonia burguesa geram a necessidade de correções inevitáveis em relação ao Estado de Direito, o qual acaba por se converter em *sombra incorpórea*, levando ao desvelamento do Estado de Direito como a "violência organizada de uma classe sobre as outras", tal qual sua essência.[303]

A maneira como a dogmática do Direito Administrativo encara o Estado e seus objetivos – interesse público, especialmente –, a partir da abstração e da especulação da igualdade dos sujeitos independentemente das contradições concretas de classe, revela-se muito próxima da concepção

---

de circulação das mercadorias é chave para a compreensão da crítica pachukaniana do direito: "Podemos, então, concluir que, à medida que os cidadãos 'participam' do Estado, constitui-se um processo de circulação das vontades políticas análogo ao processo de circulação das mercadorias, posto que a forma de representação fundada na equivalência entre os sujeitos-cidadãos remete ao processo do valor de troca fundado na equivalência mercantil. Percebemos, assim, que a representação jurídica do Estado funciona sob o modelo da ideologia do sujeito, isto é, que seu fundamento repousa no processo do valor de troca, que, como diz Karl Marx, é a 'base real' da liberdade e da igualdade". NAVES, Márcio Bilharinho. *Marxismo e direito*: um estudo sobre Pachukanis. São Paulo: Boitempo, 2000, pp. 84/85.

[302] PACHUKANIS, Evguiéni. *Teoria Geral do Direito e Marxismo*. São Paulo: Boitempo, 2017, pp. 148/149.

[303] PACHUKANIS, Evguiéni. *Teoria Geral do Direito e Marxismo*. São Paulo: Boitempo, 2017, p. 151.

jurídica de Estado da escola encabeçada por Hans Kelsen, cujo conceito é duramente criticado por Pachukanis[304] e lembrado por Nobre.[305]

Essa contradição, e outras tantas do capitalismo, está ancorada nas contradições da vida real, no sentido de que o meio social é o criador em seu interior das formas da moral e do direito. As contradições entre o individual e o social, entre o privado e público, são a estrutura necessária da própria sociedade capitalista como sociedade de produtores de mercadorias, contradições essas que a filosofia do direito burguesa não consegue conciliar. Aliás, a maneira de encarar as iniciativas privadas como sendo inciativas sociais é própria da forma *"absurda"* e *"mistificada"* do valor da mercadoria.[306]

Já ao final da sua teoria do direito, tratando de forma mais específica a coerção penal estatal, Pachukanis se refere criticamente à noção de interesse público, especialmente no sentido da "sociedade como um todo". Criticando os juristas das teorias do direito penal, Pachukanis deixa claro que os princípios de direito penal extraídos dos chamados "interesses da sociedade" são uma deformação da realidade, até porque

---

[304] "No caso em que o poder do Estado é representado como a encarnação de uma regra objetiva que se situa acima dos sujeitos-partes, ele como se funde com a norma, alcançando um estágio máximo de impessoalidade e abstração. As exigências do estado aparecem como uma lei imparcial e desinteressada. É quase impossível, nesse caso, pensar o Estado como sujeito – a tal ponto é desprovido de substancialidade e foi transformado em uma garantia abstrata das relações entre sujeitos possuidores de mercadorias reais. É justamente essa concepção, a concepção jurídica de Estado mais pura, que defende a escola normativa austríaca encabeçada por Kelsen". PACHUKANIS, Evguiéni. *Teoria Geral do Direito e Marxismo*. São Paulo: Boitempo, 2017, p. 162 (rodapé).

[305] Sobre limites, arbitrariedade e abstração do conceito de Kelsen sobre o Direito e o Estado: "Fica claro, portanto, que a impossibilidade de Kelsen de compreender o nascimento do direito deriva da instituição mesma de uma *ciência* do direito (*Rechtswissenschaft*), da ideia de que seja possível recortar arbitrariamente a realidade, abstraindo sua unicidade histórica, impondo-lhe formas que lhe são externas. E essa formalização da realidade vai de par com a ideia de que princípios formais universais são já capazes de determinar seu conteúdo: com isso a realidade ganha mais uma vez o caráter de coisa em si". NOBRE, Marcos. *Lukács e os limites da reificação*: um estudo sobre "História e consciência de classe". São Paulo: Ed. 34, 2001, pp. 61/62.

[306] PACHUKANIS, Evguiéni. *Teoria Geral do Direito e Marxismo*. São Paulo: Boitempo, 2017, p. 164.

a "sociedade como um todo" só existe na imaginação desses juristas. O que existe realmente são classes com interesses antagônicos, sendo que os sistemas punitivos historicamente desenvolvidos carregam as marcas dos interesses da classe responsável pelo seu desenvolvimento: "Dessa maneira, os interesses de classe imprimem a marca da especificidade histórica a cada sistema de política penal".[307]

2.2.2.2 Crítica ao conceito de interesse público a partir da perspectiva estrutural do Estado capitalista

No início da introdução de sua célebre obra sobre a teoria materialista do Estado, Joachim Hirsch consigna duas questões que abalam todas as vertentes das ciências sociais quando tratam do Estado e suas teorias, mais especificamente do Estado moderno e as tantas formas de explicação e justificação das suas mazelas: "Como se pode falar de bem comum quando frequentemente poderosos interesses particulares se fazem presentes no Estado? Por que o governo do interesse público não age no interesse da maioria?".[308]

Esses questionamentos refletem, em larga medida, os anseios em se compreender criticamente o sentido do conceito de interesse público e sua relação com o Estado, ao se considerarem as contradições que se revelam quando se lançam argumentos acerca do vínculo umbilical entre o Estado moderno e a classe capitalista, ou, ainda, quando se argumenta a plena vigência da relação "capital x trabalho" e o inevitável antagonismo entre classes sociais.[309] São perguntas dessa espécie que causam desconforto nas teorias liberais e algumas perspectivas consideradas progressistas, pois são capazes de desvelar a essência da própria

---

[307] PACHUKANIS, Evguiéni. *Teoria Geral do Direito e Marxismo*. São Paulo: Boitempo, 2017, p. 172.

[308] HIRSCH, Joachim. *Teoria materialista do Estado*: processos de transformação do sistema capitalista de Estado. Rio de Janeiro: Revan, 2010, p. 9.

[309] "Trata-se, portanto, de entender as instituições e os processos políticos como expressão de relações de domínio e de exploração, bem como os conflitos e as lutas delas resultantes, e que lhe são opacas". HIRSCH, Joachim. *Teoria materialista do Estado*: processos de transformação do sistema capitalista de Estado. Rio de Janeiro: Revan, 2010, p. 20.

estrutura do capital, constituindo-se historicamente o Estado como um de seus pilares fundamentais, cuja força contemporânea é inegável. Mas são questionamentos como esses que, por outro lado, permitem desanuviar noções simplistas e superficiais do Estado como mero aparelho repressivo da opressão de classe.

A premissa de uma perspectiva materialista precisa admitir que o Estado não é propriamente uma estrutura ou organização levantada conscientemente pelas pessoas a partir de objetivos claramente delimitados, muito menos trata da "corporificação do bem-estar comum"; é, na verdade, resultado da própria luta de classes incidente sobre os agentes, na "luta pelo subproduto".[310]

O ente estatal apresenta-se como instituição independente, cujo objetivo central da sua existência seria justamente a mediação dos interesses conflitivos que permeiam a sociedade capitalista, sendo ele (o Estado) capaz de satisfazer essa respectiva síntese. Ocorre que o Estado é, antes, o resultado de uma forma social particular, mediada pelo processo de circulação do dinheiro e de valorização do capital, na qual os indivíduos estão divididos em classes sociais opostas. Assim como a exploração da força de trabalho se constitui como uma *coerção exterior*, a própria comunidade política precisa ser coisificada e separada, constituindo o Estado também como forma de coerção externa. O Estado capitalista se manifesta como parte integrante das relações capitalistas e possui uma forma particular de organização que reside na "separação *e na simultânea ligação entre 'Estado' e 'sociedade', 'política' e 'economia'*".[311]

Em oposição às noções idealizadas e especulativas sobre a neutralidade do Estado, mas também se afastando das teorias estruturalistas e da explicação meramente superestrutural do Estado, a teoria materialista encabeçada por Hirsch entende que o Estado não se constitui como mero aparelho de coerção e de força, mas que representa a própria comunidade

---

[310] HIRSCH, Joachim. *Teoria materialista do Estado*: processos de transformação do sistema capitalista de Estado. Rio de Janeiro: Revan, 2010, p. 24.

[311] HIRSCH, Joachim. *Teoria materialista do Estado*: processos de transformação do sistema capitalista de Estado. Rio de Janeiro: Revan, 2010, p. 30.

política da sociedade capitalista, submetida à coisificação e ao fetiche. O Estado capitalista possui caráter de classe, porém, não se trata de mero instrumento da classe dominante e, tampouco, revela-se como a expressão de uma vontade geral; revela-se na "objetivação de uma relação estrutural de classes e exploração", sendo que essa estrutura só se mantém "enquanto esteja garantido o processo de reprodução econômica como processo de valorização do capital".[312]

É em razão da inexistência do caráter instrumental que o Estado capitalista pode "prometer" (sem cumprir) dar conta de interesses "comuns", interesses esses que fazem submergir o embate entre as classes. Não obstante ser esse Estado um "Estado de classe", trata-se de um ente dotado de autonomia e que assume compromissos com o corpo social, os quais são necessários para que o (des)equilíbrio entre as classes sociais se mantenha, obviamente em prol da sobrevivência da sociedade capitalista e toda a sua estrutura social, econômica e política.[313]

Em artigo elaborado juntamente com Helmut Wiesenthal, Claus Offe destaca a mudança lógica e de procedimento operada na transição entre o medievo e a instituição do liberalismo burguês, e aponta a inoperância da igualdade real prometida na era capitalista, decorrente da hierarquia de poder entre as classes sociais.

Com o objetivo de evidenciar essas diferenças e premissas episte-mológicas escondidas no seio da teoria social liberal, Offe e Wiesenthal

---

[312] HIRSCH, Joachim. *Teoria materialista do Estado*: processos de transformação do sistema capitalista de Estado. Rio de Janeiro: Revan, 2010, pp. 31/32.

[313] "Desse modo, mesmo em sua forma parlamentar-democrática, o Estado é um 'Estado de classe'. Mas ele não é – a não ser em casos excepcionais – o simples 'instrumento' de uma classe ou fração de classe. Sua 'especificidade' e sua autonomia relativa frente às forças sociais em luta tornam possível a sua existência enquanto lugar de articulação de compromissos e equilíbrios sociais, sem os quais nenhuma sociedade capitalista poderia sobreviver duradouramente. Apenas no interior e através de seus aparelhos pode formar-se algo como a política comum das classes e frações de classes dominantes, mas ao mesmo tempo concorrentes e em luta, e eles também preparam o arcabouço institucional para uma vinculação tanto repressiva como material-ideológica das classes dominadas e exploradas. Sem isso, o domínio de classe burguês enquanto 'unidade de coerção e consenso' (Gramsci) não teria duração". HIRSCH, Joachim. *Teoria materialista do Estado*: processos de transformação do sistema capitalista de Estado. Rio de Janeiro: Revan, 2010, p. 37.

propõem-se a desvelar a suposta neutralidade da noção de "interesse de grupo", resultante de uma "lógica da ação coletiva", na qual se obscurece a categoria de classe social, sob a abstração de ser preenchida por interesses heterogêneos, em uma prática intelectual de *equacionar o desigual*.

Ainda tratando das diferenças estruturais, de organização e burocracia, entre sindicatos de trabalhadores e associações de empresários, Offe e Wiesenthal trabalham a diferença de tratamento e relação dessas estruturas coletivas sociais em relação ao aparelho estatal. A relação em questão é totalmente assimétrica em razão da dependência que o Estado tem do desempenho do capital, o que determina o acolhimento mais solícito das demandas pertinentes aos interesses empresariais,[314] pois a lógica que sustenta tal dependência é o receio do Estado em relação às probabilidades de recusa de investimentos que o capital possa operar. Ressalva-se, entretanto, que essa assimetria nas operações estatais de atendimento de demandas entre sindicatos de trabalhadores e associações empresariais não é de modo algum determinada por essas organizações, em especial pela organização do capital, mas antes se dá por uma "relação de poder lógica e historicamente anterior ao fato de qualquer ação coletiva por parte de homens de negócio".[315] Essa assimetria na absorção e atenção pelo Estado ante as demandas de classe (classe trabalhadora e classe capitalista) é sintomática e revela, primeiro, a distinção entre os respectivos interesses das organizações envolvidas e de seus membros; em segundo, abre a diferença de orientação do Estado no sentido de atender às reivindicações, decorrente da dependência estatal do poder de investimentos do setor empresarial, o que resulta nessa relação desigual.

---

[314] É claro que a assunção de governos mais progressistas pode de alguma maneira diminuir a diferença em relação ao atendimento das demandas de trabalhadores e empresários organizados, assim como ocorreu de forma muito clara no Brasil nos governos encabeçados pelo Partido do Trabalhadores, a partir de 2003. Contudo, entende-se que Offe e Wiesenthal objetivam uma análise estrutural da relação entre capital e Estado, no sentido de que há uma tendência ou propensão sistêmica para que os interesses das representações empresariais sejam melhor acolhidos e encaminhados pela estrutura estatal, independentemente da orientação ideológica do respectivo governo à frente.

[315] OFFE, Claus; WIESENTHAL, Helmut. "Duas lógicas da ação coletiva: notas teóricas sobre a classe social e a forma de organização". *In:* OFFE, Claus. *Problemas estruturais do Estado capitalista*. Rio de Janeiro: Tempo Brasileiro, 1984, pp. 80/81.

Assim, pela via da análise das relações entre o aparato estatal e as organizações de classe, resta evidenciada a contradição das tentativas de delimitações de um interesse geral, na figura do conceito de interesse público, que concretamente viabilize abarcar os antagônicos interesses de classe – interesses imediatos, inclusive – representados tanto pelas organizações de trabalhadores como pelas associações de empresários.

Os teóricos liberais, na crítica de Offe e Wiesenthal, tentam equacionar a expressão de interesses "da sociedade" e os interesses efetivamente percebidos, por meio dos mecanismos da "instituição da cidadania, as liberdades civis e o processo político competitivo", no sentido de que "nenhum interesse maior permaneceria inarticulado no processo político aberto e competitivo".[316] Porém, essa equalização forçada em relação aos interesses das várias esferas da sociedade civil se depara com a ausência de sustentação real de algum princípio que pudesse efetivamente determinar a convergência de interesses, é dizer, "não há mecanismo imaginável que possa neutralizar as distorções que levam a uma incongruência entre ambos tipos de *interesses*". De maneira concreta, sociedade civil e processo político democrático não estão apartados, mas são esferas conectadas pela real condição e participação dos indivíduos, sendo que as distorções promovidas e não controladas no âmbito da sociedade civil acabam se transmitindo para o interior do processo político.

Para além da dificuldade e até impertinência de se delimitar um interesse geral, Offe e Wiesenthal apontam, ainda, a dificuldade da classe trabalhadora em compreender e determinar o que seriam seus verdadeiros interesses, uma vez que a forma mercadoria e a exploração têm impacto direto nas condições materiais e sociais de vida, fazendo com que a "ambiguidade, alienação, a mistificação e o fetichismo" afetem a consciência de classe.[317] Já o interesse capitalista dificilmente é atingido

---

[316] OFFE, Claus; WIESENTHAL, Helmut. "Duas lógicas da ação coletiva: notas teóricas sobre a classe social e a forma de organização". *In:* OFFE, Claus. *Problemas estruturais do Estado capitalista*. Rio de Janeiro: Tempo Brasileiro, 1984, pp. 84/85.

[317] Percepção teórica semelhante já foi delimitada em Marx, no sentido de diferenciar os interesses imediatos e mediatos "verdadeiros" de classe, os quais não necessariamente coincidem no processo social, sendo que para todos o elemento central é justamente a

por ambiguidades ou erros de percepção, pois, pelo contrário, não obstante a intensa competição entre seus membros, busca-se constantemente "encontrar os instrumentos ou o comportamento teleológico mais racional, através dos quais seu interesse possa ser realizado". Assim, o próprio interesse pode ser realizado prescindindo de qualquer reflexão ou esforço de aprendizagem pelos membros da classe dominante, até porque se trata de um interesse de caráter "monológico" – que independe do diálogo com outros membros de classe – que se realiza de forma legítima e é aceito pela generalidade da sociedade, com apoio dos setores institucionais da sociedade capitalista que dependem do êxito do capital em cruzada pela acumulação.[318]

As dificuldades dos trabalhadores em definirem seus interesses "verdadeiros", enquanto classe, decorre justamente do caráter ambíguo e da complexidade da forma mercadoria assumida pela força de trabalho dos membros individuais, tornando nebulosa a própria consciência de classe.[319]

---

forma mercadoria. OFFE, Claus; WIESENTHAL, Helmut. "Duas lógicas da ação coletiva: notas teóricas sobre a classe social e a forma de organização". *In:* OFFE, Claus. *Problemas estruturais do Estado capitalista*. Rio de Janeiro: Tempo Brasileiro, 1984, pp. 85/86.

[318] OFFE, Claus; WIESENTHAL, Helmut. "Duas lógicas da ação coletiva: notas teóricas sobre a classe social e a forma de organização". *In:* OFFE, Claus. *Problemas estruturais do Estado capitalista*. Rio de Janeiro: Tempo Brasileiro, 1984, pp. 86/87.

[319] "Para resumir, a fim de obter um volume *igual* de exatidão na percepção dos respectivos interesses, esforços radicalmente *diferentes* precisam ser realizados por ambos os lados da grande linha divisória das classes sociais. (...) Por um lado, o trabalhador assalariado é definido por sua posição, que o força a vender sua força de trabalho (porque ele tem nada mais a vender e sua força de trabalho não tem absolutamente valor nenhum para ele, a não ser quando é vendida ao capitalista em troca de salários; isto porque ele não possui nenhum meio de produção com que possa combinar sua própria força de trabalho). Por outro lado, porém, a força de trabalho não pode ser adequadamente tratada como outra mercadoria qualquer, por que é a única "mercadoria" que não pode ser fisicamente separada do seu "proprietário". Consequentemente, o trabalhador assalariado é forçado a "vender" algo que continua sendo parte de sua própria atividade vital; mediante o contrato de trabalho ele *legalmente transfere o controle*. Assim, ele está separado do controle da sua força de trabalho enquanto, ao mesmo tempo, é o sujeito dessa força de trabalho – um sujeito que está inseparavelmente ligado a tudo o que ocorre com seu objeto de "venda", mesmo depois de havê-lo "vendido". Como consequências dessa posição paradoxal, o trabalhador assalariado, permanentemente exposto a "pressões cruzadas" do tipo mais dramático, é ao mesmo tempo o objeto

Offe e Wiesenthal afirmam a existência de diferentes graus de distorções de interesses nas sociedades capitalistas, e que tal quadro é resultante das "diferenças estruturais da posição de classe". As desigualdades em relação aos problemas organizacionais, "nas estratégias e estruturas", em relação aos interesses de classe de trabalhadores e de capitalistas, "são ou o reflexo dessa diferença estrutural subjacente (...) ou uma resposta específica à contradição do que nó chamamos distorções de interesses assimétricos". Com essas distorções, aliadas à admissão de que os interesses individualmente percebidos podem ser equivocados em relação aos interesses da respectiva classe, e com a ciência das limitações do processo democrático, o "cinismo contido na equação liberal se torna evidente".[320]

A pretensão de problematização dos sociólogos alemães é a complexa relação entre poder de classe, conflito de classe e formas políticas, na medida em que a equação liberal – a qual se estende à noção de um interesse público, enquanto forma generalizada dos interesses que devem prevalecer, ainda que especulativamente legítimos – impõe formas que irão favorecer os interesses de classe já esclarecidos, o que ocorre por

---

que é vendido nas transações do mercado de trabalho e o parceiro no contrato de trabalho, objeto e sujeito das relações de troca. A ambiguidade de interesses decorre do conceito segundo o qual é um participante de mercado que possui uma unidade particular de força de trabalho, bem como habilidades, experiência e assim por diante, – isto é, um conceito do *que* ele tem para vender, e do conceito que tem de si mesmo, em termos de *ser* um trabalhador assalariado – estando deste modo envolvido com todo o seu potencial humano no processo de utilização dessa "mercadora " misteriosa (ou seja, um conceito que forma de si mesmo em função do fato de que ele é obrigado a vender sua força de trabalho). Todas as outras ambiguidades, em termos de consciência e definição de interesses, derivam dessa ambiguidade básica – a saber, a ambiguidade entre melhoria individual versus melhoria coletiva da própria situação, entre conceitos econômicos versus conceitos políticos dos próprios interesses, entre suas identidades como consumidor e produtor, entre as prioridades de salários mais altos versus condições de trabalho e emprego mais seguro, e entre alternativas de comportamento fundados na competitividade individual ou na solidariedade de classe". OFFE, Claus; WIESENTHAL, Helmut. "Duas lógicas da ação coletiva: notas teóricas sobre a classe social e a forma de organização". *In:* OFFE, Claus. *Problemas estruturais do Estado capitalista*. Rio de Janeiro: Tempo Brasileiro, 1984, pp. 88/89.

[320] OFFE, Claus; WIESENTHAL, Helmut. "Duas lógicas da ação coletiva: notas teóricas sobre a classe social e a forma de organização". *In:* OFFE, Claus. *Problemas estruturais do Estado capitalista*. Rio de Janeiro: Tempo Brasileiro, 1984, pp. 89/90.

motivos estruturais, com características monológicas, em oposição às formas políticas dialógicas que ajudariam a resolver a ambiguidade estrutural própria da classe trabalhadora.[321]

Mas a relação direta entre a *manifestação* dos interesses concretos de classe (dos capitalistas, no caso) e a *reciprocidade* de relações de poder só podem encontrar expressão na delimitação teórica de um contexto que dê conta da "natureza de classe do Estado em sua própria estrutura".[322] Há, com efeito, um processo de seletividade na atuação estatal na busca de "decantar um interesse de classe", em que se seleciona, dentre a gama de interesses que se apresentam ao Estado pelas diversas classes e setores sociais, aqueles que se adequam aos "interesses globais do capital". Ocorre que a dominação política, enquanto dominação de classe, vale-se de um processo político que se caracteriza pela *formação de vontade, de seleção e integração*, que se relaciona de uma forma tal que permite ao Estado ser o articulador de interesses de classe, da classe capitalista, em que esse resultado é possível em razão da formatação burocrática estatal moderna, dotada de *neutralidade formal* e possuidora de vasto *acervo de informações*.[323]

---

[321] OFFE, Claus; WIESENTHAL, Helmut. "Duas lógicas da ação coletiva: notas teóricas sobre a classe social e a forma de organização". *In:* OFFE, Claus. *Problemas estruturais do Estado capitalista*. Rio de Janeiro: Tempo Brasileiro, 1984, p. 91.

[322] OFFE, Claus. "Dominação de classe e sistema político: sobre a seletividade das instituições políticas". *In:* OFFE, Claus. *Problemas estruturais do Estado capitalista*. Rio de Janeiro: Tempo Brasileiro, 1984, p. 149.

[323] "Para que a dominação política possa constitui-se como dominação de classe, ela precisa justamente encontrar-se em uma situação tutelar, autoritária ou de controle – numa espécie de 'meia distância' – relativamente aos interesses articulados das unidades empíricas de capital. A influência dessas unidades de capital deve ser efetiva, mas ao mesmo tempo limitada, para que se possa estabelecer um modelo par o exercício da dominação política, depurada de discrepâncias, de distorções e de particularismos superficiais. O primeiro critério para identificar o caráter classista do Estado consiste, pois, na exigência de que este Estado desenvolva uma seletividade que sirva à unificação e à destilação de um interesse 'capitalista global' – e isso mesmo *contra* a resistência empírica de blocos e de grupos de interesse isolados. Adicionalmente à sua capacidade de integrar a pluralidade empírica de interesses isolados em um interesse global de classe, o Estado necessita de uma seletividade complementar, que consiste em proteger o capital global contra interesses e conflitos anti-capitalistas – uma seletividade, portanto, que permite ao Estado defender prática e politicamente, o interesse de classes que ele próprio constituiu e reduziu ao seu núcleo racional, conferindo-lhe oportunidades de realização

Offe aponta para duas operações que envolvem o Estado, que ele chama "operações de seleção" nesse processo. Na primeira operação, o Estado atua na condição de *coadjuvante* no sentido de formular um interesse positivo de classes, sendo que, na segunda operação de seleção, o Estado atua negativamente com o objetivo de barrar a articulação de interesses contrários aos interesses hegemônicos de classe. É a junção dessas duas operações de seletividade que permite o caráter de classe do Estado, protegendo o capital "de si mesmo", ou seja, de "resultados de uma articulação de interesses míope, medíocre e incompleta"; bem como preserva o capital da ação de interesses anticapitalistas.[324]

O interesse de classe, especulativamente generalizado às demais classes, tem como função limitar os próprios interesses da classe hegemônica, os quais, em razão do intenso embate imposto pela concorrência capitalista, na perspectiva imediata, podem se chocar com os interesses de classe efetivos e que operam no plano mediato. É dizer, a característica de que os interesses particulares de capitalistas possam ser restringidos em decorrência da imposição de um interesse geral é resultado da própria necessidade sistêmica de autoproteção, no sentido de que individualmente ou em grupo, a falsa consciência e o caráter imediato dos interesses particulares de membros pertencentes à classe hegemônica possam colocar em risco o próprio interesse "geral" do capital.[325] Por isso a importância da

---

fundamentalmente privilegiadas". OFFE, CLAUS. "Dominação de classe e sistema político: sobre a seletividade das instituições políticas". *In:* OFFE, Claus. *Problemas estruturais do Estado capitalista*. Rio de Janeiro: Tempo Brasileiro, 1984, pp. 149/150.

[324] OFFE, CLAUS. "Dominação de classe e sistema político: sobre a seletividade das instituições políticas". *In:* OFFE, Claus. *Problemas estruturais do Estado capitalista*. Rio de Janeiro: Tempo Brasileiro, 1984, pp. 149/150.

[325] Sobre a necessidade de os capitalistas agirem enquanto classe social definida, para ajustarem os níveis e excessos no processo de competição, evitando uma autofagia desenfreada a partir da destruição da força de trabalho, é emblemática a conclusão de David Harvey: "O estudo da luta de classes sobre a duração da jornada de trabalho revela mais um ponto. Na ausência de organização de classe por parte do trabalho, a competição desenfreada entre os capitalistas tem o potencial para destruir a força de trabalho, a verdadeira fonte do próprio mais-valor. De tempos em tempos, os capitalistas devem, em seu próprio interesse, se constituir como uma classe e pôr limites à extensão da sua própria competição". HARVEY, David. *Os limites do capital*. São Paulo: Boitempo, 2013, p. 78.

compreensão da noção da dupla função seletora trazida por Offe que permite compreender que a atuação estatal nesse horizonte não se refere apenas a anular os interesses das classes subalternas, mas serve também ao controle dos interesses dos próprios capitalistas, que podem se chocar com os reais interesses da classe hegemônica. Na efetivação concreta dessa dupla operação de seletividade, o Estado apresenta-se, no plano da aparência, como um seletor neutro e imparcial dos interesses, que atua de forma autoritária no sentido de negar tanto interesses de capitalistas como interesses das demais classes, em prol de um suposto interesse público, porém, atua de maneira disforme, já que os interesses da classe trabalhadora são negados no sentido de serem anticapitalistas, enquanto os interesses dos capitalistas, propriamente ditos, só são barrados quando se chocam com o efetivo núcleo de interesses da classe.

A comprovação do caráter classista do Estado e a relação com os interesses gerais do capital sequer podem ser realizadas meramente enquanto teoria, no sentido de descrição objetiva das funções estatais e sua "inserção num complexo de interesses", pois somente com a práxis das lutas de classe é que se pode efetivamente diagnosticar a forma estrutural da dominação política do Estado pelos interesses de classe, até porque o "caráter de classe do Estado comprova-se *post foestum*, depois que os limites de suas funções transparecem nos conflitos de classe, tornando-se ao mesmo tempo visíveis para o conhecimento objetivante".[326]

A teoria da dupla seletividade de Offe questiona as razões que levam a sociedade industrial moderna e a respectiva maneira de dominação a não se assumirem de forma plena.[327] Em análise concisa, afirma que o poder soberano se legitima no processo capitalista a partir de uma estrutura estatal que precisa a todo custo ocultar os processos de seletividade de interesses, ainda que o exercício desse poder do Estado esteja vinculado a interesses e processos societários desde o triunfo das revoluções burguesas, o que

---

[326] OFFE, CLAUS. "Dominação de classe e sistema político: sobre a seletividade das instituições políticas". *In:* OFFE, Claus. *Problemas estruturais do Estado capitalista*. Rio de Janeiro: Tempo Brasileiro, 1984, pp. 161/162.

[327] OFFE, CLAUS. "Dominação de classe e sistema político: sobre a seletividade das instituições políticas". *In:* OFFE, Claus. *Problemas estruturais do Estado capitalista*. Rio de Janeiro: Tempo Brasileiro, 1984, pp. 162/163.

representa que a soberania está *funcionalizada*. É necessário que o Estado se apresente sob a forma neutra e que "invoque o álibi do universal para o exercício do seu poder particular", o que é resultado da necessária condição social de existência do capital em relação ao próprio risco empírico diante dos capitalistas individuais, e do perigo constante de que a dominação política de caráter classista se torne consciente nas demais classes, colocando em risco seu domínio. Logo, muito antes das imposições constitucionais republicanas, a noção de defesa de um bem-estar geral ou de um interesse público é resultante de um processo de ocultamento da dominação política classista, o que só pode ocorrer por meio da mediação de um ente estatal soberano, aparentemente dotado de neutralidade em relação às classes – às vezes sequer reconhecendo a existência de classes – e que se propõe a atuar de forma universal. Como bem delimita Offe, trata-se de um problema estrutural do capital, cuja solução passa pela instituição de uma terceira categoria de "operações seletivas", cujo caráter é *ocultador*, uma vez que "somente a preservação da aparência da neutralidade de classe permite o exercício da dominação de classe".[328]

2.2.2.3 Classe social como categoria contemporânea válida: crítica ao interesse público na luta de classes do século XXI

A categorização das classes sociais, assim como o próprio embate entre elas, possui contemporaneamente validade teórica e prática.

Meditações profundas e complexas sobre o papel das classes sociais e suas contradições estão sendo formuladas em pleno século XXI, e que objetivam tratar das novas formas de dominação capitalista, não obstante se valerem de categorias críticas que sobrevivem ao tempo, temperadas por fatores e eventos próprios desta era. Classe social, antagonismos de classes (luta de classes), totalidade e dialética são categorias que ainda

---

[328] "(...) os imperativos contraditórios da realização dos interesses capitalistas de classe e da legitimação democrática somente são capazes de coexistir enquanto se esquivam, com êxito, à reflexão, aparecendo como algo diferente do que efetivamente são". OFFE, CLAUS. "Dominação de classe e sistema político: sobre a seletividade das instituições políticas". *In:* OFFE, Claus. *Problemas estruturais do Estado capitalista.* Rio de Janeiro: Tempo Brasileiro, 1984, p. 165.

fazem sentido de serem pautadas em relação às contradições sociais, políticas e econômicas que emergem na atualidade, e são recepcionadas e manejadas por linhas das ciências sociais extremamente legítimas, comprometidas não apenas com a coerência do método, mas que se objetivam também à transformação e desenvolvimento da sociedade como um todo.

Nesse sentido, é razoável defender que a perspectiva de um interesse público, dotada de generalidade suficiente para se identificar uma pretensão de universalidade e unificação das individualidades, parece incorrer nos mesmos equívocos das filosofias que se socorrem de "garantias aprioristicas como forma de evitar dilemas do ego orientado a si mesmo e seu equivalente de classe (burguesa)", quando a necessidade é de construir alternativas possíveis para mediar a difícil relação entre o indivíduo isolado com um *ambiente social viável*.[329] Trata-se de estratégias filosóficas que almejam extrair unidade e universalidade da diversidade fragmentada das individualidades isoladas, mas que logram atingir apenas "postulados abstratos irrealizáveis", como bem define István Mészáros.[330]

A partir da crítica à filosofia do tipo "Eu, que medito", própria dos sujeitos inseridos em uma conjuntura social que ignora a *dramática tarefa histórica*, cuja orientação se restringe ao próprio indivíduo, Mészáros identifica que essa matriz filosófica de mediação individualística não avança para além das determinações mais abstratas do *dever-ser*, e fica presa a meros postulados. Trata-se de mediações anistóricas e necessárias à própria circulação dos interesses de classe do capital, construídas de forma acrítica por pensadores que não consideram ou admitem que os indivíduos estão premidos por determinações antagônicas de classe, ou seja, não reconhecem os *antagonismos sociais estruturalmente intranscendíveis*, reduzindo-os a meras vicissitudes e embates individuais, cuja mediação deve recorrer a algum postulado *pseudouniversalista*.[331] Os indivíduos são

---

[329] Mészáros refere-se de forma mais específica às filosofias de Descartes, Leibniz, Spengler, Kant e Husserl. MÉSZÁROS, István. *Estrutura social e formas de consciência*: a determinação social do método. São Paulo: Boitempo, 2009, p. 137.

[330] MÉSZÁROS, István. *Estrutura social e formas de consciência*: a determinação social do método. São Paulo: Boitempo, 2009, pp. 138/139.

[331] MÉSZÁROS, István. *Estrutura social e formas de consciência*: a determinação social do método. São Paulo: Boitempo, 2009, pp. 144/145.

a parte constitutiva do mundo social, porém, é necessário reafirmar a relação desses com o todo social, uma totalidade de determinações objetivas que a própria estrutura social impõe, totalidade essa que molda comportamentos, a despeito da especulativa autogerência da vida pelo próprio indivíduo isoladamente considerado.[332]

Aliás, esse "todo social" referido é resultante da relação entre o capital e o trabalho, uma totalidade histórica, e não se configura como uma categoria universal, em que assume função fundamental de *oposição simbiótica* às classes dos capitalistas e dos trabalhadores, sendo que a própria existência do capitalismo depende da existência e oposição entre elas. Porém, as antíteses e contradições dessa luta de classes são eclipsadas por um "mundo de igualdade, liberdade e individualidade"[333] que opera no plano das trocas.[334]

Na sociedade de classes, a tendência de "unificação", sob a aura da vontade geral, é levada a efeito de forma contínua, resultado do próprio processo de reprodução material do capital, atrelado aos "poderosos instrumentos e do arsenal institucional da ideologia dominante". O processo de unificação dos interesses, que mira a reciprocidade e a mutualidade entre os indivíduos da sociedade, sempre permanecerá problemático em uma realidade de distribuição desigual das condições materiais

---

[332] MÉSZÁROS, István. *Estrutura social e formas de consciência*: a determinação social do método. São Paulo: Boitempo, 2009, p. 146.

[333] HARVEY, David. *Os limites do capital*. São Paulo: Boitempo, 2013, pp. 75/78.

[334] Tal como Pachukanis identifica no direito o reflexo da forma valor, Harvey aponta que o próprio conceito de classe social também está inexoravelmente vinculado à concepção marxista de valor: "Considere, primeiro, o significado que devemos agora anexar a 'tempo de trabalho socialmente necessário' como medida de valor. A classe capitalista deve se reproduzir e só pode fazê-lo mediante acumulação progressiva. A classe trabalhadora deve também se reproduzir em uma condição apropriada para a produção de mais-valor. E, acima de tudo, a relação de classe entre o capital e o trabalho deve ser reproduzida. Como todos esses aspectos são socialmente necessários para a reprodução do modo de produção capitalista, eles entram no conceito de valor. Assim, o valor perde sua conotação tecnológica e física simples e passa a ser visto como uma relação social. Nós penetramos nos fetichismos da troca de mercadorias e identificamos o seu significado social. Dessa maneira, o conceito de classe está incorporado na concepção do próprio valor". HARVEY, David. *Os limites do capital*. São Paulo: Boitempo, 2013, p. 81.

de vida, na qual a esmagadora maioria das pessoas está alocada na *classe estrutural e hierarquicamente subordinada*. Em que pese a contradição entre a noção fictícia de interesse geral e a real relação antagônica entre as classes sociais, o desenvolvimento das forças produtivas e a *compulsão econômica dos trabalhadores*, relega a segundo plano a realidade das forças políticas opressivas históricas, constituindo o interesse geral em "lugar--comum", no qual é embaçada a "divisão social hierárquica do trabalho socialmente imposta".[335]

Aproximando ainda mais a análise aos tempos atuais, os postulados da "unidade" e "universalidade", no sentido de constituir a homogenei-zação dos interesses dos atores sociais, continuam a se renovar de forma constante, mas agora dotados de doses maiores de *cinismo* e *hipocrisia*, na qualificação de Mészáros. Não obstante as grandes guerras, levantes sociais e conflitos que se desenrolaram pelo curso do século XX, atingindo ápi-ces de violência e opressão neste início de século XXI, o conceito e a defesa da existência e necessidade de uma noção de interesse geral, plani-ficado e que ignora os antagonismos materiais e de classe, é uma realidade constante nos discursos e teorias sociais que se desenvolvem atualmente, sobretudo a partir do domínio da lógica de unidade e universalidade da globalização, em que aos indivíduos viverão em "em grande felicidade", mas que na realidade se trata de um momento social e histórico profun-damente perturbador.[336] Na era neoliberal, os dogmas genuinamente li-berais foram transformados em "farisaicos artigos de fé",[337] atualizados a todo tempo em seu espírito, incluindo-se nessa perspectiva a odisseia pela instituição perene da noção de um interesse universal que não enfrenta as contradições entre os interesses das classes sociais, cujo antagonismo foi acirrado em tempos de neoliberalismo e globalização.[338]

---

[335] MÉSZÁROS, István. *Estrutura social e formas de consciência*: a determinação social do método. São Paulo: Boitempo, 2009, p. 180.

[336] MÉSZÁROS, István. *Estrutura social e formas de consciência*: a determinação social do método. São Paulo: Boitempo, 2009, p. 183.

[337] MÉSZÁROS, István. *Estrutura social e formas de consciência*: a determinação social do método. São Paulo: Boitempo, 2009, p. 185.

[338] "Naturalmente, os graves problemas do nosso mundo realmente existente não desparecem por meio dos postulados, cada vez mais vazios, de 'unidade' e 'universalidade'.

As contradições sociais identificadas no tempo presente são acirradas por um processo de imposição de uma ideia de *equilíbrio,* especulativo e fictício, no qual é subsumido o conceito de *mediação conflitiva.* Em tempos de crise estrutural,[339] esse *louvor ao equilíbrio* resulta da própria omissão das naturezas do conflito e da *magnitude* dos interesses envolvidos, como claro esforço para "esconder debaixo do tapete" as contradições, os desperdícios e a destruição que se mostram em toda parte.[340]

Importante destacar que as contradições estruturais, escondidas atrás do biombo do equilíbrio social podem sofrer uma espécie de "amenização forçada" a partir dos próprios efeitos da regionalização da luta de classes, fruto do processo de expansão e desenvolvimento desiguais do capital no plano geográfico mundial.[341] Alianças pontuais entre os interesses antagônicos de classes, unem "facções do capital, o Estado local e até todas as classes", com vistas ao desenvolvimento de processos de reprodução do

---

Sua falta de substância teórica não significa que seja impossível transformá-los em princípios práticos orientadores do perigoso aventureirismo neoliberal, especialmente quando os imensos interesses investidos do complexo militar industrial – glorificados por Raymond Aron – os apoiam de todas as formas, graças à sua influência sem paralelo também no domínio cultural. Hoje, essa transformação está ocorrendo muito além das fronteiras da 'Aliança Atlântica' original – definidas antes em termos defensivos explícitos – que tiveram de ser, e foram, redefinidas para fins de intervenção militar agressiva em todo o mundo. Ao mesmo tempo, a crônica insolubilidade dos problemas que deveriam ser enfrentados de maneira positiva, e não tratados de forma destrutiva, traz o perigo de a humanidade perder o controle de suas condições de sobrevivência" MÉSZÁROS, István. *Estrutura social e formas de consciência*: a determinação social do método. São Paulo: Boitempo, 2009, p. 185.

[339] A ideia de Mészáros é a de que está em curso uma crise de ordem estrutural no capital, e não meramente conjuntural.

[340] MÉSZÁROS, Istvàn. *Estrutura social e formas de consciência*: a determinação social do método. São Paulo: Boitempo, 2009, p. 186.

[341] "O resultado disso [tendência do capitalismo ao universalismo] é que o desenvolvimento da economia de espaço do capitalismo está cercado de tendências contrapostas e contraditórias. As barreiras espaciais e as distinções regionais precisam ser derrubadas. Mas os meios para atingir esse objetivo envolvem a produção de novas diferenciações geográficas que criam novas barreiras espaciais a serem superadas. A organização geográfica do capitalismo internaliza as contradições dentro da forma valor. É isso que quer dizer o conceito do inevitável desenvolvimento desigual do capitalismo". HARVEY, David. *Os limites do capital.* São Paulo: Boitempo, 2013, p. 528.

capital dentro de um território específico, e acabam por criar e integrar um contexto de "ufanismo comunitário" e de "luta pela solidariedade comunitária ou nacional". Esse processo de adesão a pautas de melhoramento das condições locais é identificado por Harvey como algo que retira das classes trabalhadoras a possibilidade de alçar demandas mais revolucionárias, abrindo margem para divisões dentro das suas próprias fileiras. Ademais, a própria luta de classes global acaba por se dissolver em conflitos de base territorial que "apoiam, sustentam e em alguns casos até reconstituem todos os tipos de preconceitos locais e tradições incrustadas".[342]

As classes sociais e seus respectivos antagonismos estruturais são, mais do que nunca, categorias fundamentais e válidas para a compreensão das mazelas e dos desafios do século XXI. O fortalecimento do neoliberalismo, beneficiando as elites capitalistas e o capital financeiro, em que se adota claramente o discurso de proteção estatal às instituições financeiras, demonstra que as contradições econômicas, políticas e sociais capitalistas dos séculos anteriores em nada foram alteradas. Pelo contrário, a falácia da imposição de práticas capitalistas que levariam ao crescimento e desenvolvimento de toda a população não se realizou, exceto, como diz Harvey, "sob a forma de algumas migalhas caídas das mesas dos mais abastados". Diante da mercantilização, da "despolitização" da política, e, principalmente, a partir dos eventos de socorro aos bancos e financistas após a crise econômica de 2008, resta ainda mais clara a relação de dependência entre capital e Estado, pois cabe à classe dominante, mais do que nunca *dominar* e subordinar a classe política aos seus interesses. Cabe à classe trabalhadora, uma vez mais, salvar a classe dominante da *confusão* que ela mesma criou, o que será feito, por óbvio, às custas do suor, dos interesses e dos direitos dos trabalhadores e sem qualquer responsabilidade da classe dominante, até porque "responsabilidade pessoal é, afinal, para os trabalhadores e não para os capitalistas".[343]

---

[342] HARVEY, David. *Os limites do capital*. São Paulo: Boitempo, 2013, pp. 531/532.

[343] HARVEY, David. *O enigma do capital*: e as crises do capitalismo. São Paulo: Boitempo, 2011, pp. 178/179.

É verdade que a questão de classe vem sendo sistematicamente nas últimas décadas deixada de lado ou até mesmo negada, como fonte e método adequados para a análise das questões sociais prementes contemporaneamente. Teses e ideias atreladas à linha do igualitarismo radical[344] possuem no princípio da igualdade seu principal paradigma de organização social e de vínculo com os indivíduos, caracterizando-se pela busca contínua da igualdade entre indivíduos e grupos sociais, com êxitos em frentes como a extensão dos direitos civis e políticos para mulheres, homossexuais, negros e pessoas com deficiência. Porém, por mais abrangente e progressista que o *multiculturalismo* possa parecer, no sentido de comportar o princípio da igualdade entre os *grupos sociais* identificados, na afirmação de Harvey, permanece o *fosso* da *questão de classe* e suas inevitáveis complexidades e contradições, pois a "desigualdade de classe é central para a reprodução do capitalismo". É dizer, não há como se livrar da centralidade das classes sociais, ainda que a resposta de várias vertentes políticas seja exatamente no sentido de negar a existência dessa categoria ou mesmo de aludir à sua inutilidade.[345]

Ocorre que no capitalismo os papéis desempenhados pelas pessoas são definidos pela localização do indivíduo na relação capital/trabalho. Ao capitalista cabe inevitavelmente o papel de "acumular capital e, assim, aumentar seu comando sobre a riqueza e o poder". Tornar opaca essa disputa entre as classes sociais, como fazem os igualitários, mediando-se institucionalmente liberdades individuais e autonomia com a propriedade privada e o mercado, resulta em *enormes desigualdades.* São teorias que não resistem à prova das condições reais da existência das relações de exploração no processo produtivo concreto, nos "canteiros de obras, nas minas, nos campos, e nas fábricas, nos escritórios e nas lojas",[346] onde

---

[344] David Harvey alude ao *igualitarismo radical* como vertente de pensamento enraizada nos Estados Unidos, sem aludir especificamente a nenhum teórico.

[345] HARVEY, David. *O enigma do capital*: e as crises do capitalismo. São Paulo: Boitempo, 2011, pp. 187/188.

[346] HARVEY, David. *O enigma do capital*: e as crises do capitalismo. São Paulo: Boitempo, 2011, p. 188.

as relações e contradições entre classes são desnudadas.[347] A questão de classes, ainda que sob a perspectiva de uma teoria igualitária liberal ou radical, permanece central em uma sociedade escorada essencialmente na relação "capital x trabalho".[348]

Por outro lado, juntamente com a importância da relação dialética entre as classes sociais, as ideias pós-modernistas e pós-estruturalistas, não obstante conterem importantes elementos para a compreensão dos desafios e complexidades das questões sociais de forma particularizada, não conseguem avançar em percepções e resoluções mais amplas. Como ironiza Harvey, em que pese útil para a compreensão de diferenças regionais quando se trata de alguma questão que exija "coisa maior do que políticas de paróquia",[349] tais vertentes do pensamento perdem seu

---

[347] A compreensão das complexidades do capital em pleno século XXI exige, em termos de teoria crítica, adotar uma postura de método no sentido de levantar as máscaras que escondem as contradições entre realidades e aparências, ou seja, de desvelar os fetichismos que circundam o capital: "Por fetichismo, Marx se referia a várias máscaras, disfarces, distorções do que realmente acontece ao nosso redor. 'Se essência e aparência fossem coincidentes', escreveu ele, 'a ciência não seria necessária'. Temos de olhar além das aparências superficiais, se quisermos agir de maneira coerente no mundo: agir em resposta a sinais superficiais e enganadores só produz resultados desastrosos. (...) O importante é que reconhecemos a possibilidade de estarmos quase sempre diante de sintomas, e não de causas latentes, e devemos tirar a máscara que esconde aquilo que realmente acontece por trás dessa confusão de aparências superficiais e em geral mistificadoras. (...) A contradição entre realidade e aparência gerada é, de longe, a contradição mais geral e disseminada que temos de enfrentar quando tentamos resolver as contradições mais específicas do capital. O fetiche entendido dessa maneira não é uma crença absurda, uma simples ilusão ou uma sala de espelhos (apesar de muitas vezes parecer)". HARVEY, David. *17 contradições e o fim do capitalismo.* São Paulo: Boitempo, 2016, pp. 18/19.

[348] "A propriedade privada e um Estado dedicado a preservar e proteger essa forma institucional são pilares fundamentais para a sustentação do capitalismo, mesmo que o capitalismo dependa de um igualitarismo empreendedor radical para sobreviver. A Declaração dos Direitos Humanos da ONU não protege contra resultados desiguais, fazendo com que a distinção entre direitos civis e políticos, por um lado, e direitos econômicos, por outro lado, torne-se um campo minado de reivindicações e contestações. Karl Marx escreveu certa vez a famosa afirmação: 'Entre direitos iguais, a força decide". Ao invés de goste-se ou não, a luta de classes torna-se central para a política de igualitarismo radical". HARVEY, David. *O enigma do capital*: e as crises do capitalismo. São Paulo: Boitempo, 2011, p. 189.

[349] HARVEY, David. *O enigma do capital*: e as crises do capitalismo. São Paulo: Boitempo, 2011, p. 193.

poderio de análise e de proposição, já que lhes falta justamente a adequação à totalidade dos movimentos do capitalismo mundial.

Na lição de Harvey, portanto, é necessário ter em mente que um capitalismo dotado de ética, em que não exista exploração e que possibilite a distribuição justa do excedente produtivo, é impossível de ser atingido, dada a própria natureza do capital.[350] Para compreender esse "DNA" do capital e propor alternativas emancipatórias plausíveis, é necessário e inevitável, por sua vez, reconhecer categorias fundamentais do seu funcionamento, dentre elas as classes sociais, bem como os movimentos de totalidade e dialética que permeiam toda a luta de classes em si.

O que distingue o modo de produção capitalista é justamente a força de trabalho negociada como mercadoria, da qual o trabalhador dispõe e vende "livremente" para o capitalista. Essa relação entre capital e trabalho é uma das características indeléveis do capitalismo e se constitui como uma de suas principais contradições fundamentais e imutáveis, na classificação de Harvey.[351] O capital e sua forma de reprodução são dependentes da força de trabalho como mercadoria fundamental disposta pelo trabalhador, não obstante a divisão do trabalho ter se modificado fundamentalmente durante todo o curso histórico do capitalismo, em especial com a globalização e com o desenvolvimento tecnológico no processo produtivo. O resultado, especialmente nas últimas décadas, foi de explosão e extensão da complexidade da divisão do trabalho, demandando maior especialização e impondo uma maior fragmentação no próprio processo da organização dos trabalhadores, o que caracteriza a economia capitalista moderna.[352] Com a ocorrência de uma clara e fundamental alteração da divisão do trabalho (com força brutal nas últimas décadas), a relação dialética entre capital e trabalho se mantém com

---

[350] HARVEY, David. *O enigma do capital*: e as crises do capitalismo. São Paulo: Boitempo, 2011, p. 193.

[351] HARVEY, David. *17 contradições e o fim do capitalismo*. São Paulo: Boitempo, 2016, pp. 67/68.

[352] HARVEY, David. *17 contradições e o fim do capitalismo*. São Paulo: Boitempo, 2016, p. 118.

todas as suas forças, complexidades e contradições, e leva a concluir que as classes sociais fundamentais no capitalismo (capitalistas e trabalhadores) continuam a operar de forma decisiva no curso do processo social. Fragmentações da organização trabalhadora e demanda por novas formas de trabalho, resultantes da revolução tecnológica que assola o mundo rotineiramente, não foram capazes de alterar um dos fundamentos essenciais de existência do próprio capital, qual seja a luta de classes. Pelo contrário, o que se observa são efeitos nefastos do neoliberalismo na precarização do trabalho e da vida social, tornando os trabalhadores "descartáveis e dispensáveis por uma combinação de mudanças tecnológicas e deslocalização produtiva. Perdidos num mundo de desemprego prolongado, deterioração da infraestrutura social e perda das solidariedades comunais".[353] Alude-se à agudização dos antagonismos entre as classes, com o incremento contínuo da distância entre as condições materiais de sobrevivência, uma vez que é crescente a quantidade de acumulação de riquezas por um número diminuto de capitalistas.[354]

2.3 AS CONTRADIÇÕES DE CLASSE NO BRASIL E SEU CARÁTER ATUAL NO SÉCULO XXI: O CONSTRANGIMENTO DE UMA TEORIA DE INTERESSE GERAL NA ESTRATIFICAÇÃO DE CLASSES BRASILEIRA

> *Todavia, em determinado ponto de sua carreira o sociólogo não tem o direito e em particular o dever de opor o seu 'basta' à maneira corrente de contar as coisas? Indo um pouco além, o colonizado não pode afirmar sua natureza e descobrir, no fundo do seu ser e da sociedade que o forma, o que é uma sociedade de classes da periferia na era do capitalismo monopolista? E para que a história seja completa, ele não pode procurar os 'tempos internos' de uma modernidade tão peculiar, que desata 'de fora para dentro' e dá*

---

[353] HARVEY, David. *17 contradições e o fim do capitalismo*. São Paulo: Boitempo, 2016, p. 125.

[354] Reportagem do jornal *Valor* aponta que, no ano de 2017, cerca de 82% da riqueza mundial ficou nas mãos do 1% mais rico da população mundial. Disponível em: http://www.valor.com.br/brasil/5272165/em-2017-82-da-riqueza-mundial-ficaram-nas-maos-do-1-mais-rico. Acesso em: 19 de março de 2021.

origem a uma 'orgia institucional'? Ou é melhor recitar as fórmulas da 'ciência política sistemática', à direita, ou do 'estruturalismo marxista', à esquerda?[355]

Tratar da formação das classes sociais no Brasil, com eixo essencial nas contradições e nas peculiaridades da formação econômica, social e política, exige certo grau de objetividade em relação à escolha dos respectivos marcos teóricos. Considerando a adoção de uma clara linha crítica de matriz materialista histórica, mostra-se adequado que a análise sociológica da formação da relação de classes no Brasil possua coerência. A opção que se faz é por Florestan Fernandes e sua densa obra, sobre o que Carlos Nelson Coutinho define como a "imagem do Brasil", a qual se constitui como uma "imagem marxista e, portanto, revolucionária",[356] para identificar as raízes da formação das classes sociais no Brasil e a fragilidade da defesa de um conceito de interesse público.

A importância da obra e da figura acadêmica e política de Florestan Fernandes é inegável, constituindo-se referência máxima da sociologia brasileira, em especial por ser o "fundador" da sociologia crítica no Brasil, cuja produção intelectual se caracteriza pelo questionamento da realidade social e do pensamento, como reconhece Octavio Ianni, outro expoente dessa vertente sociológica. Como bem descreve Ianni, Florestan caracteriza-se por uma sociologia que submete o real e o pensado à reflexão crítica, e permite desvelar *diversidades, desigualdades e antagonismos*, partir da posição e perspectivas das classes e grupos sociais envolvidos, o resgate da realidade a partir dos grupos e classes que compõem o povo em sua maioria.[357]

As reais condições brasileiras, com suas desigualdades sociais, políticas, econômicas e culturais, permitem a Florestan desenvolver uma

---

[355] FERNANDES, Florestan. *A revolução burguesa no Brasil*. 2ª ed. Rio de Janeiro: Zahar, 1976, p. 9.

[356] COUTINHO, Carlos Nelson. *Cultura e sociedade no Brasil*: ensaios sobre ideias e formas. 4ª ed. São Paulo: Expressão Popular, 2011, pp. 223/224.

[357] IANNI, Octavio. "Introdução". *In:* IANNI, Octavio (Coord.). *Florestan Fernandes*: sociologia crítica e militante. São Paulo: Expressão Popular, 2011, p. 28-29.

sociologia crítica em relação aos clássicos da sociologia moderna, sendo que essas contradições sociais se constituem, para Florestan, como momentos fundamentais em relação aos "processos e estruturas de dominação política e apropriação econômica que produzem e reproduzem a sociabilidade burguesa".[358] Nesse sentido, Florestan elege as classes sociais que formam a maioria do povo como elemento central da sua sociologia crítica, pois "é o negro, escravo e livre, isto é trabalhador braçal, na lavoura e indústria, que descortina um horizonte inesperado, amplo", pois se trata de "um estilo de pensar a realidade social a partir da raiz".[359]

A edificação da sociologia de Florestan está sustentada em três pilares: colonização, escravatura e a revolução burguesa, não obstante outros fatores incidirem no transcurso da história brasileira, o que, todavia, não retira a centralidade dessas categorias na formação social do Brasil. Os resquícios dessas estruturas sociais estão permeados na relação entre classes, cujos reflexos reverberam até os dias atuais e explicam, de alguma maneira, as contradições abissais de classes no Brasil.[360] Com efeito, nessa perspectiva da sociologia de Florestan, para se compreender como se chega à atual composição de classes sociais no Brasil é preciso, de antemão, esclarecer como se deu o desenvolvimento histórico e social dessas estruturas, ou seja, compreender como a colonização, o regime escravocrata e a revolução burguesa tornaram-se pilares essenciais

---

[358] IANNI, Octavio. "Introdução". *In*: IANNI, Octavio (Coord.). *Florestan Fernandes*: sociologia crítica e militante. São Paulo: Expressão Popular, 2011, p. 31.

[359] IANNI, Octavio. "Introdução". *In*: IANNI, Octavio (Coord.). *Florestan Fernandes*: sociologia crítica e militante. São Paulo: Expressão Popular, 2011, pp. 37/39.

[360] "O modo pelo qual o colonizador português e o jesuíta organizam a sociedade, a economia, a política e a cultura do Brasil Colônia parece ter instituído um padrão muito característico do modo pelo qual os grupos e as classes dominantes, anos e séculos depois, lidam com a maioria do povo. Subsiste na cultura política dominante o espírito da colonização, do conquistador que submete e explora o povo. No século 20, há setores das classes dominantes, com aliados da alta hierarquia militar e eclesiástica, bem como interesses imperialistas, que lidam com o operário e o camponês, ou com o índio, caboclo, negro, mulato e branco como povo conquistado. E frequentemente o intelectual faz as vezes do jesuíta". IANNI, Octavio. "Introdução". *In*: IANNI, Octavio (Coord.). *Florestan Fernandes*: sociologia crítica e militante. São Paulo: Expressão Popular, 2011, p. 41.

da própria constituição da sociedade brasileira, com as suas consequentes contradições e mazelas, as quais se exprimem por meio da diferença material entre classes e pelo racismo, decorrente da "drástica exploração e dominação dos grupos e classes que compõem a maioria do povo, em diferentes setores da sociedade, nas diversas regiões do país".[361] A perspectiva crítica da sociologia de Florestan descortina as relações e estruturas sociais brasileiras, destacando as disparidades que baseiam a vida e o trabalho da maioria dos trabalhadores urbanos e rurais, bem como o comportamento das classes dominantes nesse processo histórico, em que emergem as "linhas fundamentais de uma história plena de diversidades, disparidades, desigualdades e antagonismos".[362] As classes sociais, com características extremamente peculiares no âmbito da edificação histórica social brasileira, constituem-se em categoria fundamental na sociologia de Florestan,[363] e dá suporte à análise crítica que este livro tenta empreender no sentido de desestabilizar e confrontar a certeza dogmática de factibilidade de um conceito de interesse público, noção essa que, diante dessa vertente sociológica crítica, parece perder toda a credibilidade.

Obviamente, a intenção de se dedicar este subcapítulo aos estudos de Florestan sobre a formação das classes sociais no Brasil não se pretende exaustivo, até porque demandaria a absorção de métodos próprios da

---

[361] IANNI, Octavio. "Introdução". *In:* IANNI, Octavio (Coord.). *Florestan Fernandes*: sociologia crítica e militante. São Paulo: Expressão Popular, 2011, p. 51.

[362] IANNI, Octavio. "Introdução". *In:* IANNI, Octavio (Coord.). *Florestan Fernandes*: sociologia crítica e militante. São Paulo: Expressão Popular, 2011, p. 68.

[363] "O segredo do pensamento de Florestan Fernandes está em que ele se constrói a partir da perspectiva dos grupos e classes sociais que compõem o povo propriamente dito, os trabalhadores da cidade e do campo. É um pensamento que se constrói e desenvolve pela análise das condições históricas sob as quais se forma o povo na sociedade brasileira. É claro que essa perspectiva está enriquecida pelas contribuições da dialética marxista e o resgate de conteúdo crítico da sociologia clássica e moderna. Inclusive se enriquece com as sugestões mais radicais do pensamento social brasileiro. Mas talvez seja possível acrescentar que as mais diversas contribuições teóricas mobilizadas por Florestan Fernandes, na contribuição da sociologia crítica e na intepretação do Brasil, compreendem meios e modos pelos quais ele desenvolve e radicaliza a perspectiva crítica presente no modo de ser dos grupos e classes sociais que compõem a maioria do povo". IANNI, Octavio. "Introdução". *In:* IANNI, Octavio (Coord.). *Florestan Fernandes*: sociologia crítica e militante. São Paulo: Expressão Popular, 2011, pp. 70/71.

sociologia, os quais faltam aos estudiosos do Direito. A intenção é buscar nas profundas incursões de Florestan elementos sociológicos, históricos e estruturais que permitam identificar a essência da formação das classes sociais no Brasil e as razões das abissais disparidades materiais entre elas, sustentando a linha principal desta obra, que é a inviabilidade de se aludir à noção de um interesse público concreto no âmbito das relações sociais no Brasil.

2.3.1 Colônia e escravidão como fundamentos originários das relações de classe no Brasil

A instituição da escravidão como processo inserido no próprio contexto de estrutura do Brasil colônia passa por duas mediações importantes no sentido de compreender as razões que possibilitaram a profundidade de suas raízes, cujos reflexos e efeitos são sentidos até os dias atuais. A primeira de cunho econômico e a segunda de ordem social.[364] A primeira mediação refere-se ao processo de *produção escravista*, na sua relação mercantil, em que a escravidão mantém relações fundamentais

---

[364] A verificação do desenvolvimento do processo de escravatura é essencial para se compreender a forma da estratificação social moderna no Brasil. Nesse sentido, será esmiuçada de forma intensa a obra *Circuito Fechado,* de Florestan Fernandes, considerada pelo próprio autor como o fechamento de um círculo ainda em aberto em sua produção teórica, como ele mesmo esclarece no prefácio à segunda edição da sua clássica obra sobre *A revolução burguesa no Brasil*: "Logo que tive uma ocasião propícia, aproveitei-a para 'arredondar a conta'. Em um pequeno estudo, em vias de publicação [Florestan se referia ao livro *Circuito Fechado*], completei duas análises anteriores da sociedade escravista e fechei o círculo que ficava aberto na exposição contida neste livro. Nesse estudo, não só esclareço meu pensamento sobre a natureza, a estrutura, a evolução do modo de produção escravista, como completo a análise desenvolvida nesta obra sobre a maneira pela qual o modo de produção escravista funcionou como base material da ordem escravocrata e senhorial. Portanto, vou mais longe na tentativa de explicar sociologicamente as relações da escravidão com o capitalismo a *partir de dentro*: como um modo de produção que não era capitalista serviu de fulcro para a transição neo-colonial e de suporte inicial da fase subsequente, de transição para o capitalismo competitivo, o que se pressupunha uma análise dos funções da escravidão como fator específico da acumulação originária de capital no Brasil, com toda sua rede de efeitos diretos e indiretos ou imediatos e de longo prazo". FERNANDES, Florestan. *A revolução burguesa no Brasil*: ensaio de interpretação sociológica. 2ª ed. Rio de Janeiro: Zahar, 1976, p. 7.

com a economia do período colonial, é dizer, como eixo do crescimento econômico no interior da colônia, não obstante a imposição de uma organização do comércio de escravos ser uma imposição da rede de negócios gerida pela metrópole como forma de manter a colônia como sua periferia, cujo objetivo era o comércio escravo em larga escala.[365]

A forma mercantil do negócio de escravos penetrava nas demais formas de produção pré-capitalistas associadas a ela, ou seja, a imposição do comércio de escravos dava-se externamente via metrópole, com o "tráfico africano" e a universalização do trabalho escravo, não restando alternativa aos "senhores" da colônia que não fosse se incorporar ao circuito de compra e venda de escravos com a finalidade de viabilizar o negócio de seus produtos.[366] Adentrar o mercado de escravos era, na verdade, a chave para a realização das trocas mercantis para o senhor da colônia, o que, paradoxalmente, gerava exatamente a estagnação do mercado colonial em relação ao desenvolvimento capitalista que ocorria na Metrópole e na Europa como um todo.[367]

O aspecto econômico da escravatura no Brasil tem, para Florestan Fernandes, função essencial no seu desenvolvimento, uma vez que a relação

---

[365] FERNANDES, Florestan. *Circuito fechado*: quatro ensaios sobre o poder institucional. São Paulo: Hucitec, 1976, pp. 16/17.

[366] FERNANDES, Florestan. *Circuito fechado*: quatro ensaios sobre o poder institucional. São Paulo: Hucitec, 1976, pp. 17-19.

[367] "De outro lado, a própria escravidão colonial e mercantil não podia servir como ponto de apoio para alterar essa situação. Por sua estrutura e dinamismo, ela era pré-capitalista e não tinha como expor, a partir de si mesma, o mercado colonial a uma irradiação que revolucionasse o seu padrão de organização e de crescimento. Como tentamos sugerir, ela era uma necessidade, mas não como parte da periferia: o ponto onde o *mundo colonial* se distinguia, se opunha e negava o *mundo metropolitano*. Ela só tinha existência como o meio inevitável para criar-se uma riqueza ou um butim que não se encontrava pronto e acabado em estado natural. Como conexão do capitalismo comercial, ela era um investimento de capital mercantil – investimento, aliás, que não se dava apenas na escravaria – e, por vezes, de magnitude considerável. Entretanto, esse capital nunca perdeu o seu caráter estritamente mercantil e, ao mesmo tempo, fechado sobre si mesmo, o que somente poderia acontecer pela supressão da escravidão e pelo desaparecimento da exclusão que o estatuto colonial impunha sobre a produção escravista". FERNANDES, Florestan. *Circuito fechado*: quatro ensaios sobre o poder institucional. São Paulo: Hucitec, 1976, p. 20.

entre senhor e escravo era uma típica relação econômica – ainda que não de tipo capitalista –, no sentido de que o escravo se constituía como propriedade do *senhor* e que significava quase todo o seu *fundo de capital*.[368] Porém, essa relação não se dava estritamente no plano privado, entre proprietário (senhor) e coisa (escravo), mas, antes, tratava-se de "produzir e reproduzir um butim, a ser compartilhado pelo senhor, pela Coroa e seus funcionários, pelos negociantes metropolitanos e ultrametropolitanos". É dessa relação de *pilhagem* engendrada pelo capital mercantil que se extrai que a escravidão colonial e mercantil se constituía em uma totalidade que se entrelaçava com um *capitalismo comercial de pilhagem*, com reflexos nas economias da colônia, da metrópole e do próprio mercado mundial.[369]

Na transição neocolonial e na formação do capitalismo dependente brasileiro não se logrou abrir mão do trabalho escravo e, tampouco, deixou de existir o caráter mercantil da escravidão, cujas estruturas e dinâmicas, em vez de desaparecerem, na verdade se consolidaram. Nesse sentido, o escravo "representou a base material da revolução histórica que se dá na economia interna", ainda quando a imigração já se constituía como fator da evolução do sistema de trabalho, pois, sem o trabalho escravo, não haveria a revolução urbano-comercial ocorrida ao longo do século XIX, em que pese o ápice desse momento histórico se constituir na ideia do *trabalho livre*. Porém, a elevação do trabalho livre como eixo central da economia interna não decorre de um "novo padrão de organização e crescimento econômico", mas é fruto de a

---

[368] Nesse sentido, sobre a centralidade do regime escravocrata no aspecto mercantil, Caio Prado Júnior reafirma a dependência da economia da colônia em relação à estruturação escravocrata, a partir de uma passagem em que Frei Gaspar da Madre de Deus afirma a situação de indigência que vivem os que não negociam e possuem escravos. A mera propriedade da terra nada significava no plano econômico se cindida dos meios para explorá-la. Esse quadro é que leva Caio Parado Júnior a refutar no Brasil a existência pretérita de uma organização político-econômica de tipo feudal, uma vez ter inexistido, tal como ocorrido na Europa, uma "superposição de uma classe sobre uma estrutura social já constituída, superposição esta resultante da apropriação e monopolização do solo". PRADO JÚNIOR, Caio. *Evolução política do Brasil*: e outros estudos. São Paulo: Companhia das Letras, 2012, pp. 18/19.

[369] FERNANDES, Florestan. *Circuito fechado*: quatro ensaios sobre o poder institucional. São Paulo: Hucitec, 1976, p. 22.

economia interna ter alçado certa diferenciação sob o trabalho escravo, o que exigia outra forma de trabalho. É dizer, a substituição do trabalho escravo pelo trabalho livre não foi resultado de um processo evolutivo racional da elite colonial branca, urbana e rural, mas de uma exigência do próprio processo produtivo. Florestan é enfático em afirmar que a forma distorcida de se contar essa história, sob a perspectiva branca e senhorial, quando não cai na mera condenação da escravidão, coloca o escravo na *penumbra* e não reconhece que o desenvolvimento econômico brasileiro dependeu invariavelmente do trabalho escravo até a última década do século XIX.[370]

Com a emancipação do Brasil, não houve colapso da economia colonial, mas sim crise na sua parte política, em que o poder administrativo pertencente à Coroa foi assumido pela aristocracia agrária, gerando severas consequências econômicas, mormente porque o controle direto e a mediação econômica da metrópole desapareceram. O efeito foi a instituição de uma política econômica própria de autodefesa dos interesses escravocratas e de fortalecimento do setor escravagista, não gerando diferenças em relação à condição do escravo e à natureza mercantil da escravidão, mas que alterou a condição econômica do senhor, uma vez que não sofria mais a espoliação colonial e podia ficar com todos os frutos da "espoliação escravista", antes dilapidados pelo comércio internacional. O resultado desse processo foi a expansão do mercado interno de escravos, cuja riqueza decorrente ficava em *praças brasileiras*, ou seja, uma nova fase de relação entre escravidão mercantil e acumulação originária, que determinou "os rumos, a intensidade e os frutos do florescimento do capitalismo comercial como realidade histórica interna", tal qual foi determinante para o desenvolvimento capitalista da Europa em momento anterior.[371]

Na transição para o capitalismo dependente, observa-se a crise derradeira do modelo escravista, já na segunda metade do século XIX. Ressalta Florestan, entretanto, que a escravidão mercantil é a pedra de

---

[370] FERNANDES, Florestan. *Circuito fechado*: quatro ensaios sobre o poder institucional. São Paulo: Hucitec, 1976, pp. 23/24.

[371] FERNANDES, Florestan. *Circuito fechado*: quatro ensaios sobre o poder institucional. São Paulo: Hucitec, 1976, pp. 26-28.

toque do processo histórico que culminaria naquele momento: "ao desaparecer, em sua crise de morte, a escravidão deixava de produzir-se a si própria para produzir o seu contrário, para gerar uma 'vida nova'". Novos elos eram criados a partir da expansão da economia urbana-comercial e, ao mesmo tempo, antigos elos da relação escravista mercantil e o desenvolvimento capitalista no Brasil eram aprofundados, ou seja, trata-se de um período de quase três décadas (entre os anos 60 até a abolição) em que não houve a mera repetição do passado, pois o acúmulo de capital realizado com a produção escravista era agora direcionado para a criação de infraestrutura, expansão da grande lavoura, modernização urbana, imigração e trabalho livre. O desenvolvimento de um capitalismo comercial permitiu que a acumulação de capital realizada com o processo de escravidão mercantil financiasse a revolução burguesa no Brasil, logo, o capitalismo só deslancha em razão do acúmulo de capital possibilitado pelo processo de escravidão mercantil.[372]

Mas Florestan também percorre o caminho da investigação da *ordem social da sociedade escravocrata e senhorial*, a partir do seu desenvolvimento e estruturação, cujas raízes estão fincadas na sociedade brasileira até os dias atuais. Nesse sentido, Florestan destaca o necessário emprego simultâneo de categorias históricas como "casta", "estamentos" e "classe", em que objetiva extrair as *diferenças específicas* em relação ao desenvolvimento da estratificação social no Brasil.[373]

Como premissa fundamental, destaca-se que a estratificação social evolui *pari passu* ao próprio desenvolvimento da produção escravista, incluindo o seu momento apogeu, ou seja, tal qual a escravidão mercantil, o sistema social colonial atinge seu ápice histórico e de implementação com a Independência do Brasil. Mas a escravidão mercantil segue como vetor, ao restringir e determinar o ritmo da descolonização e da formatação das estruturas sociais. Assim permitiu que todas as *potencialidades sociodinâmicas*, até então contidas pelo Império colonial, eclodissem e

---

[372] FERNANDES, Florestan. *Circuito fechado*: quatro ensaios sobre o poder institucional. São Paulo: Hucitec, 1976, pp. 29/30.

[373] FERNANDES, Florestan. *Circuito fechado*: quatro ensaios sobre o poder institucional. São Paulo: Hucitec, 1976, p. 31.

dessem origem a uma "complexa ordem societária que transcendia a si própria e exigia, para alcançar sua plenitude histórica, a 'liberdade do senhor' e a desagregação da dominação metropolitana".[374]

A evolução do sistema social colonial baseava-se em relações de castas e estamentos que tentavam remontar um conjunto de instituições e padrões de organização social na construção de "novo Portugal", mas que emergia a partir da realidade de uma colônia de exploração. Porém, as peculiaridades da colônia (*trópicos*, abundância de terras e a pilhagem sistemática) fizeram interferir na estratificação estamental, fazendo com que os colonizadores e os senhores colocassem essa ordem em superposição, ou seja, sua validade era só para os brancos, em sua maioria portugueses. Os demais, a população nativa em especial, *gravitavam fora dessa ordem* e foram determinados sob o status de escravos, seja sob a perspectiva concreta (escravos de fato) ou mesmo virtualmente (escravos em potencial).[375] O que inicialmente se concretizou apenas em relação aos nativos, quer dizer, a institucionalização da escravidão dos índios, foi aprofundado com a implementação do sistema mercantil de escravidão africana em terras brasileiras, sendo que, consequentemente, a estratificação interracial e interétnica viria impactar sobremaneira o modelo original de ordem societária português. Na prática, a sociedade colonial constituía-se de um núcleo central dominante formado pelos brancos, rodeado de conglomerados de escravos índios, negros e mestiços, permeados por uma população livre que se situava em posição ambígua, leal ao topo da cadeia social, mas nem sempre incluída na ordem estamental.[376]

---

[374] FERNANDES, Florestan. *Circuito fechado*: quatro ensaios sobre o poder institucional. São Paulo: Hucitec, 1976, p. 31.

[375] A situação dual e simples do grosso da estratificação social – brancos proprietários inclusos e o restante da massa excluída – é identificada também por Caio Prado Júnior: "É assim extremamente simples a estrutura social da colônia no primeiro século e meio da colonização. Reduz-se em suma a duas classes: de um lado os proprietários rurais, a classe abastada dos senhores de engenho e fazendas; doutro a massa da população espúria dos trabalhadores do campo, escravos e semilivres. Da simplicidade da infraestrutura econômica – a terra, única forma produtiva, absorvida pela grande exploração agrícola – deriva a da estrutura social: a reduzida classe de proprietários, e a grande massa que trabalha e produz, explorada e oprimida". PRADO JÚNIOR, Caio. *Evolução política do Brasil*: e outros estudos. São Paulo: Companhia das Letras, 2012, p. 29.

[376] FERNANDES, Florestan. *Circuito fechado*: quatro ensaios sobre o poder institucional. São Paulo: Hucitec, 1976, p. 32.

Se em relação aos brancos se institui uma estrutura estamental, na qual às vezes eram incorporados alguns da população livre e *pobre*, aos escravos índios, negros e mestiços cabia uma subordem delimitada em castas, a qual se impunha sob efeitos práticos ainda que o escravo houvesse obtido formalmente sua libertação. Havia uma rígida regulação da relação entre os membros dos vários estamentos e das relações de hierarquia contidas no estamento dominante, e essa regulação diluiu-se com o tempo em usos e costumes, incorporando-se às "expectativas de tratamento e de comportamento tradicionais dos estamentos aristocráticos".[377]

A forma de organização estamental da colônia espelhava-se formalmente na ordem vigente na Metrópole, todavia, na prática, sofria um certo *enrijecimento* e *empobrecimento*, na definição de Florestan, por conta do processo de escravidão desenvolvido em terras brasileiras. A escravidão espraiou-se de maneira indelével e total perante toda a ordem estamental, em que, dos nobres aos trabalhadores livres (oficiais mecânicos), todos viam nos escravos "os seus pés e mãos", ou seja, não era apenas a ordem estamental branca que se valia da exclusão dos escravos da ordem social, mas todo o conjunto social não excluído reproduzia, como *caixas de ressonância*, os interesses senhoriais, fruto do efeito da superposição de estamentos e castas que convertiam o estamento branco dominante em *fiel da balança* da ordem social.[378]

Em sentido semelhante, Caio Prado Júnior identifica na população escrava miserável a base, desde o início, da massa popular, constituída por índios, negros e mestiços, em relação à qual a economia colonial era extremamente dependente, dada a escassez da imigração branca e do indispensável emprego da mão de obra escrava, tomando-se por como inspiração o que já ocorria na própria metrópole em termo de exploração do trabalho escravo, principalmente no século XVI.[379]

---

[377] FERNANDES, Florestan. *Circuito fechado*: quatro ensaios sobre o poder institucional. São Paulo: Hucitec, 1976, p. 33.

[378] FERNANDES, Florestan. *Circuito fechado*: quatro ensaios sobre o poder institucional. São Paulo: Hucitec, 1976, p. 36.

[379] Caio Prado Júnior cita que cerca de 10% da população de Lisboa, no século XVI, era composta por escravos. PRADO JÚNIOR, Caio. *Evolução política do Brasil*: e outros estudos. São Paulo: Companhia das Letras, 2012, pp. 24/25.

Porém, contradições importantes irrompiam nesse processo. A escravidão e seu aspecto singular mercantil geravam a perspectiva, ainda que formal, igualmente monetária em relação à "liberdade do escravo", ou seja, ambas estariam no "mercado". Mas, na realidade, não se tratava de uma questão puramente mercantil. Define Florestan que a questão em jogo era a manutenção da base material da economia de plantação e da própria sociedade, fundada no trabalho escravo, e, assim, não poderia haver numerosos casos de "libertação por compra" – assim como não poderia haver mudança de *status* do mestiço (cativo) pelo pai – sob risco de ameaça à supremacia branca e ao próprio estamento social vigente. As consequências estruturais dessas contradições se avolumavam, refletindo em resistências indiretas e diretas dos escravos[380] e no "uso útil" da concretização dessas contradições, tendo como exemplo a "libertação" de escravos em decorrência da necessidade de trabalhadores nos *setores livres*, pois o número de pobres não escravos não dava conta da demanda. A própria forma de exploração da mão de obra escrava foi sensivelmente transformada, saindo da grande lavoura para a lavoura de subsistência, fruto da crise do mercado mundial que aumentou os custos da escravaria e da expansão da produção. Assim, a racionalidade que pautava as *concessões sobre o escravismo* era a racionalidade senhorial, a qual girava sempre no sentido de preservar a estabilidade da ordem escravocrata.[381]

A manutenção dessa estrutura só foi possível, por séculos, em razão da enorme habilidade da Coroa portuguesa em impor e manter a dependência do colono em relação ao Império de forma estrutural, de tal maneira que o colono não passava de um *agente privado instrumental da política imperial*, mas que possuía seu âmbito de exercício de poder nos limites da sociedade estamental colonial. A Coroa sustentava seu poder e riqueza na imposição e manutenção de um Estado nacional patrimonialista, enquanto o colono sustentava seus privilégios na colônia de exploração e no seu domínio patrimonialista por meio da economia de

---

[380] A resistência indireta refere-se a suicídios, infanticídios, sabotagem do trabalho, destruição da propriedade do senhor, sendo que a resistência direta tem relação com as fugas e a aparição dos quilombos.

[381] FERNANDES, Florestan. *Circuito fechado*: quatro ensaios sobre o poder institucional. São Paulo: Hucitec, 1976, pp. 40/41.

plantação e no modo de produção escravista.[382] Logo, Coroa e estamentos senhoriais eram o que se podia chamar de "irmãos siameses", cujo desenvolvimento (atrasado) estava em clara sintonia.[383]

Como destaca Florestan, o apogeu e a crise desse sistema são dados concomitantes, o que transforma claramente a condição do senhor, todavia, não para a condição de vítima, mas de usufruidor agora do estilo capitalista. Quem padece como vítima central desse momento histórico é, inevitavelmente, o "negro", enquanto categoria social, despojado de qualquer das condições materiais para subsistir e disputar espaços na sociedade de competição imposta pelo capitalismo:

> A vítima foi o *"negro"* como categoria social, isto é, o antigo agente do modo de produção escravista que, quer como escravo, quer como liberto, movimentara a engrenagem econômica da sociedade estamental e de castas. Para ele não houve "alternativa histórica". Ficou com a poeira da estrada, submergindo na economia de subsistência, com as oportunidades medíocres do *trabalho livre* das regiões mais ou menos estagnadas economicamente e nas grandes cidades em crescimento tumultuoso, ou perdendo-se nos escombros de sua própria ruína, pois onde teve de competir com o trabalhador branco, especialmente o imigrante, viu-se refugado e repelido para os porões, os cortiços e a anomia social crônica.[384]

---

[382] FERNANDES, Florestan. *Circuito fechado*: quatro ensaios sobre o poder institucional. São Paulo: Hucitec, 1976, p. 44.

[383] "A massa de escravos, de libertos e de mestiços pobres ergui o fantasma de uma rebelião geral, que poderia muito bem ter como estopim o 'inimigo doméstico' que era, ao mesmo tempo, o 'inimigo público'. Em si mesmo, para os estamentos senhorais (ou para a chamada aristocracia colonial) esse risco era muito mais temível e indesejável que o pleno funcionamento do antigo sistema colonial. O que quer dizer, em outras palavras, que o antigo sistema colonial português gerou o agente principal de que carecia, com uma mentalidade tão ultraconservadora e egoísta, que se tornava apto a pôr em primeiro plano e a satisfazer-se com os seus interesses mais estreitos e imediatos. Portanto, se a ordem estamental, em Portugal, caminhava e crescente atraso com referência à história da Europa da revolução capitalista, a ordem estamental e de castas, no Brasil, impunha-se os padrões e os ritmos de uma história colonial. Tudo porque o senhor não transcendia à Coroa, no plano histórico, e ao tornar-se escravo da produção escravista sucumbia à condição colonial". FERNANDES, Florestan. *Circuito fechado*: quatro ensaios sobre o poder institucional. São Paulo: Hucitec, 1976, p. 45.

[384] FERNANDES, Florestan. *Circuito fechado*: quatro ensaios sobre o poder institucional. São Paulo: Hucitec, 1976, p. 46.

O processo de independência nacional e a introdução de uma ordem capitalista significaram a integração dos interesses econômicos, sociais e políticos dos estamentos senhoriais de forma horizontal e nacional, monopolizando o poder político estatal e de comando da política econômica interna. Não houve a supressão dos estamentos coloniais, mas sua internalização e estabilização na forma de Estado nacional, cujo liberto foi o senhor colonial, como artifício para manter o poder nas mãos dos estamentos sociais dominantes e intermediários, sendo que nesse processo o *Povo* jamais foi incluído, desde o seu início.[385]

Muitos elementos do "antigo regime" perduraram, decorrentes da relação entre a estrutura senhorial estamental e a estrutura moderna, típica do desenvolvimento das economias capitalistas da periferia. Não se pode esquecer que o elemento central dessa transformação e desse colapso estrutural foi a "impossibilidade de renovar a força de trabalho escravo e de reproduzir o modo de produção escravista", assim, o escravo e o liberto tiveram função preponderante nesse processo, ainda que não pudessem

---

[385] "Em suma, a supressão dos liames coloniais com Portugal não implicou em desaparecimento do Império colonial. Este se internalizou e se estabilizou, alimentando-se a partir de dentro pelas funções econômicas, sociais e políticas do domínio senhorial, da economia de plantação, e do modo de produção escravista. O liberalismo senhorial era um liberalismo que começava e terminava na 'liberdade do senhor' – e cobria-se contra qualquer risco de *uma revolução verdadeiramente nacional*, que tirasse o Estado nacional do seu controle estamental. O que ocorreu, teve tão larga duração e deixou sequelas que vêm até hoje, permite corrigir a interpretação que cientistas políticos fazem da formação do Estado representativo nas 'nações emergentes' de origem colonial. Não é verdadeiro, pelo menos no século XIX, que os estamentos dominantes e as suas elites usassem as instituições representativas para excluir o Povo da participação política e das estruturas de poder. Na verdade, o Povo, na situação brasileira, nunca teve tais regalias. O que era o Povo? Os estamentos dominantes e intermediários, como queriam os parlamentares e publicistas conservadores do Império? Ou o conjunto da população brasileira, composta em quase totalidade de escravos ou de libertos e 'homens livres' completamente desvalidos, mesmo para se qualificarem para a representação política? De modo que a adoção das instituições representativas não foi um passo para *excluir o Povo do poder,* mas um artifício para manter a concentração social do poder nas mãos dos estamentos sociais dominantes e intermediários. A constituição de uma *sociedade civil* ultra-seletiva permitia criar a base política de um sistema nacional de poder estável, no qual todas as funções do Estado e do Governo podiam transcorrer dentro dos 'parâmetros da ordem'". FERNANDES, Florestan. *Circuito fechado*: quatro ensaios sobre o poder institucional. São Paulo: Hucitec, 1976, pp. 49/50.

desempenhar o papel de "agentes" em uma "revolução contra a ordem".[386] De toda sorte, a substituição do regime senhorial pelo regime moderno não se deu de maneira completa, já que o *polo oligárquico* se converteu em *polo republicano*, em que o desaparecimento do trabalho escravo não foi completo, e deixou como resquício várias formas de trabalho semilivre e também de trabalho escravo disfarçado, que perduram até a contemporaneidade.[387]

Passando pelas entranhas do período colonial e da consolidação das estruturas que determinariam sua superação (ainda que parcial) por ventos modernizantes, as análises e conclusões de Florestan Fernandes aprofundam a questão vetorial da escravidão no Brasil e seus reflexos na estrutura social, e permite problematizar e questionar – mesmo antes de se adentrar a lógica do "edifício" social moderno – construções teóricas

---

[386] Registre-se que autores do calibre de Caio Prado Júnior parecem traçar rotas parecidas, porém não idênticas em relação ao papel da escravidão e dos escravos no processo de Independência e de "modernização" do Brasil. O referido geógrafo e historiador, por exemplo, indica que o processo em torno da Constituição de 1824, ao que denomina de "revolução constitucional", teria feito explodir agitações sociais que teriam culminado no descortinamento das contradições sociais e econômicas decorrentes da era colonial: "Mas para compreendermos a revolução constitucional e sua repercussão entre nós, é preciso considerar ainda outro aspecto que nela ocorre. O desencadeamento da insurreição faz com que venha à tona, e explodam em agitações, as diferentes contradições econômicas e sociais que se abrigavam no íntimo da sociedade colonial e que a ordem estabelecida mantinha em respeito. Assim as profundas diferenças sociais que separavam entre si as classes e os setores sociais, relegando a massa da população para um ínfimo padrão de vida material e desprezível estatuto moral. São ainda as contradições de natureza étnica, resultando em da posição deprimente do escravo preto, e em menor escala do indígena, o que dá no preconceito contra todo o indivíduo, mesmo livre, de cor escura. É a grande maioria da população que é aí atingida, e que se ergue contra uma organização social que, além do efeito moral, resulta para ela na exclusão de quase tudo quanto de melhor oferece a existência na colônia. A condição dos escravos é outra fonte de atritos. Não se julgue a normal e aparente quietação dos escravos (perturbada aliás pelas fugas, formação de quilombos, insurreições mesmo, por vezes) fosse expressão de um conformismo total. É uma revolta constante que lavra surdamente entre eles, e que não se manifesta mais porque a comprime todo o peso e organizada da ordem estabelecida". PRADO JÚNIOR, Caio. *Evolução política do Brasil*: e outros estudos. São Paulo: Companhia das Letras, 2012, pp. 47/48.

[387] FERNANDES, Florestan. *Circuito fechado*: quatro ensaios sobre o poder institucional. São Paulo: Hucitec, 1976, pp. 51-54.

generalizantes e dotadas de extrema abstração, ainda que seja na esfera da dogmática do Direito Administrativo, as quais não consideram o desenvolvimento histórico e concreto das estruturas sociais no Brasil. De antemão, já é possível detectar um inevitável constrangimento com o conceito de interesse público, seja no sentido de generalização dos interesses, ou, ainda pior, de um interesse que tenha relação com o Povo.

Mostra-se, portanto, ainda mais necessário aprofundar o estudo sobre a formação da estrutura social, agora sob o prisma da peculiar revolução burguesa operada no Brasil e seus efeitos.

2.3.2 Independência e revolução burguesa no Brasil: a formatação moderna das classes sociais

A sociologia de Florestan Fernandes possui momentos que refletem o seu amadurecimento enquanto intelectual e como militante político. Nesse sentido, Florestan produziu uma das mais importantes obras sociológicas de compreensão das complexas etapas de desenvolvimento e extensão da virada burguesa em solo brasileiro. A obra *A revolução burguesa no Brasil*[388] é emblemática, especialmente pelo aspecto crítico

---

[388] Trata-se de obra fundamental para a intepretação do Brasil, trazendo para a luz aspectos essenciais do regime de classes sociais operado nesse momento da história, cujo protagonismo negativo cabe à burguesia nacional, incapaz de construir uma nação, como bem define Maria Arminda do Nascimento Arruda: "A obra *A revolução burguesa no Brasil. Ensaio de interpretação sociológica*, publicada em 1975, é testemunho vivo da sua trajetória intelectual e das posições que assumiu [sobre Florestan Fernandes]. Reflexão de grande vulto, voltada à análise do processo histórico de formação da sociedade burguesa no Brasil, cobre um largo período da independência ao pós-golpe limitar de 1964. Partindo das categorias tipológicas de 'burguês', 'burguesia' e 'revolução burguesa', busca as mesmas referências na história do país, para discutir as modalidades de formação da sociedade de classes e da revolução burguesa no Brasil. Estruturado em três partes, o livro caminha no sentido de configurar os dilemas e impasses de uma revolução burguesa impotente, de uma burguesia que não cumpriu a sua missão de construir uma nação, de uma classe que não tornou as suas orientações valorativas dominantes, pois se combinou às formas estamentais, em suma, de um agente histórico que não foi capaz de coordenar o seu papel e consonância com a sua posição. Resulta, daí, o domínio de um "regime de classes sociais" que excluiu os componentes políticos e sociológicos característicos, abrindo espaço para a dominação autocrática, para o imperialismo, para

em relação ao papel das classes sociais então em formação no deslinde desse processo histórico.

Florestan esforça-se em formular algumas delimitações interpretativas, com o objetivo de evitar equívocos e anacronismos. Nesse sentido, frisa que o surgimento das categorias "burguês" e "burguesia" no Brasil, não por acaso, está relacionado ao período derradeiro da escravidão institucionalizada. Dadas as peculiaridades do período colonial, é necessário destacar que o primeiro burguês brasileiro é uma figura *sui generis*, pois nem de perto aquele senhor de engenho (muito menos a aristocracia agrária) pode ser comparado ao burguês típico europeu, já que ocupava "uma posição marginal no processo de mercantilização da produção agrária e não era e nem poderia ser o antecessor do empresário moderno". Todavia, não se pode negar, em especial após a Independência, que os ideais modernos foram assimilados nos planos econômico, político e social, com impacto estrutural no padrão de civilização brasileiro. Em resumo, é forçoso reconhecer que as noções de "burguês" e "burguesia" aparecem tardiamente no Brasil em relação à Europa, porém, seguindo os mesmos padrões e funções pertinentes à personalidade formatada para aquela formação social.[389]

Na perspectiva de classe, esclarece Florestan que a "burguesia" nacional era, antes, uma "congênere social", pois seus membros se relacionavam, até o termo da escravidão, por meio de distinções e avaliações estamentais,[390] e que o elemento de união entre os interesses dos componentes dessa classe burguesa em formação não eram exatamente,

---

um capitalismo carente de realizações civilizadas. A envergadura da análise filia o livro à tradição das obras fundamentais de interpretação do Brasil, paradoxalmente completada no momento em que as suas escolhas se afastavam da universidade". ARRUDA, Maria Arminda do Nascimento. "Florestan Fernandes. Vocação científica e compromisso de vida". *In:* BOTELHO, André; SCHWARCZ, Lilia Moritz. *Um enigma chamado Brasil:* 29 intérpretes e um país. São Paulo: Companhia das Letras, 2009, p. 321.

[389] FERNANDES, Florestan. *A revolução burguesa no Brasil:* ensaio de interpretação sociológica. 2ª ed. Rio de Janeiro: Zahar, 1976, pp. 15-17.

[390] O exemplo utilizado por Florestan para ilustrar esse quadro social era de que um comerciante abastado, mas de origem humilde, não desfrutaria dos mesmos privilégios e prestígio social que um "chefe de repartição" pobre, porém, proveniente de alguma família tradicional.

ainda, interesses de classe, mas as formas como setores dessa mesma classe se posicionavam em relação a "certas utopias".[391]

O *espírito revolucionário burguês* estabeleceu-se em terras brasileiras de forma vacilante e ambígua, cuja afirmação se deu muito mais em razão de interesses egoísticos difusos e indiretamente que propriamente de maneira organizada e esclarecida. De qualquer forma, Florestan deixa claro que, em que pese esse aspecto aparentemente frágil, a transição foi criadora, no sentido de abrir caminho para um *novo estilo de ação econômica*, cuja consequência futura seria a possibilidade de "construir impérios econômicos", de surgir o "capitão de indústria", de abrir caminho para o "grande homem de negócios", *figuras* essas que seriam *inviáveis no passado recente.*[392]

Nesse contexto, a análise de Florestan encaminha-se no sentido de reconhecer a existência de uma revolução burguesa no Brasil, não no exato sentido do processo revolucionário europeu, mas um processo peculiar em que as bases do regime escravocrata-senhorial foram desagregadas e foi formada uma sociedade de classes no Brasil. Significa um fenômeno estrutural, desenrolado a partir de interesses da burguesia em formação, por meio de "opções e comportamentos coletivos, mais ou menos conscientes e inteligentes", o que gerou novas formas de organização do poder em relação à economia, à sociedade e ao Estado.[393] São transformações que não se dão linearmente e que marcam a "transição para a era da sociedade nacional", cujo processo se deslinda em duas fases: (i) *ruptura da homogeneidade da aristocracia*

---

[391] É dizer, como regiam: "1ª) às ocorrências de uma sociedade na qual imperava a violência como técnica do controle do escravo; 2ª) aos *mores* em que se fundavam a escravidão, a dominação senhorial e próprio regime patrimonialista; 3ª) à emergência, à propagação e à intensificação de movimentos inconformistas, em que o antiescravismo disfarçava e exprimia o afã de expandir a ordem social competitiva". FERNANDES, Florestan. *A revolução burguesa no Brasil*: ensaio de interpretação sociológica. 2ª ed. Rio de Janeiro: Zahar, 1976, pp. 18/19.

[392] FERNANDES, Florestan. *A revolução burguesa no Brasil*: ensaio de interpretação sociológica. 2ª ed. Rio de Janeiro: Zahar, 1976, p. 19.

[393] FERNANDES, Florestan. *A revolução burguesa no Brasil*: ensaio de interpretação sociológica. 2ª ed. Rio de Janeiro: Zahar, 1976, p. 21.

agrária; (ii) *o aparecimento de novos tipos de agentes econômicos, sob a pressão da divisão do trabalho em escala local, regional e nacional.*[394]

São os novos tipos de homem urbano, agentes econômicos em potencial, os responsáveis por colocar em xeque as velhas estruturas senhoriais, imprimindo, em um primeiro momento, um discurso modernizador ainda compromissado com as elites da aristocracia agrária e que evolui para opções mais delineadas e radicalizadas para implantar no Brasil as condições econômicas, jurídicas e políticas necessárias para o desenvolvimento de uma ordem social pautada na competição. Porém, Florestan deixa bem claro que, em nenhum desses momentos, esse movimento modernizador e ávido pela competição logrou exigir e defender os "direitos do cidadão", pois possuía como objetivo atacar o que havia de arcaico e colonial, tanto na superfície como no centro da antiga ordem social patrimonialista.[395]

A Independência constituiu-se em marco histórico essencial para a derrocada do estatuto colonial e para a formação da *sociedade nacional*, e constitui-se nessa conexão o verdadeiro aspecto revolucionário desse momento da História, como afirma Florestan. Diante da clara incapacidade de levante das elites nacionais contra as estruturas da sociedade colonial, essas elites operaram revolucionariamente ao nível das estruturas do poder político, paradoxalmente sem negar a ordem social imperante e adaptaram as estruturas às condições internas de integração daquela mesma ordem social. Esse movimento congregava, então, um

---

[394] "Simultaneamente ao 'aburguesamento' dos senhores rurais, que saíam do isolamento da fazenda e do engenho e se projetavam para as cidades, surgem novos tipos humanos desarraigados do código senhorial, vinculados à expansão da esfera de serviços urbanos, decorrentes de surtos econômicos provocados nas regiões de café e pela imigração. É por meio desses novos tipos humanos (negociantes a varejo e atacado, funcionários públicos, profissionais de "fraque e cartola", banqueiros, vacilantes e oscilantes empresários das indústrias nascentes de bens de consumo, artesão e toda uma rede amorfa de pessoas em busca de opções assalariadas) que procediam os representantes mais característicos do 'espírito burguês'". FERNANDES, Florestan. *A revolução burguesa no Brasil*: ensaio de interpretação sociológica. 2ª ed. Rio de Janeiro: Zahar, 1976, p. 28.

[395] FERNANDES, Florestan. *A revolução burguesa no Brasil*: ensaio de interpretação sociológica. 2ª ed. Rio de Janeiro: Zahar, 1976, p. 29.

elemento revolucionário e um elemento conservador: o revolucionário dizia respeito ao ímpeto de despojar a ordem social herdada da sociedade colonial, em nome de uma sociedade nacional autônoma e mais maleável; o elemento conservador era o propósito de preservação e fortalecimento da ordem social em seu aspecto material e moral. Ou seja, o estatuto social colonial foi condenado e superado como estrato jurídico-político, mas, no entanto, o mesmo não se efetivou em relação ao *substrato material, social e moral* desse mesmo estatuto, o qual serviria de "suporte à construção de uma sociedade nacional". Era a perpetuação, no plano material, das estruturas do mundo colonial, posto que a revolução solapou o aspecto formal do "antigo regime", decorrente das condições de exploração das grandes lavouras e da mineração, porém, exigiu a manutenção da escravidão, da extrema concentração de renda, do monopólio de poder nas mãos da elite, na marginalização permanente dos homens livres, na *erosão invisível* da soberania nacional nos planos econômico, diplomático e político em relação às grandes potências.[396] Tratava-se de uma adesão muito peculiar aos princípios liberais, os quais foram aplicados a uma diminuta parcela da sociedade brasileira. O objetivo é a emancipação econômica, social e política das elites, cujos membros poderão desfrutar da legalidade, igualdade e fraternidade, em que o Estado nacional, em vias de construção, constitui-se como instrumento adequado para viabilizar esses "anseios liberais".[397]

---

[396] FERNANDES, Florestan. *A revolução burguesa no Brasil*: ensaio de interpretação sociológica. 2ª ed. Rio de Janeiro: Zahar, 1976, pp. 31-33.

[397] "As elites nativas sentiam-se econômica, social e politicamente 'esbulhadas', em virtude da espoliação que sofriam através das formas de apropriação colonial e das consequências especificamente políticas do estatuto colonial, que alimentava a neutralização inexorável das probabilidades de poder inerentes ao status que elas ocupavam na ordem da sociedade colonial. Sob a perspectiva dessa polarização, o liberalismo assume duas funções típicas. De um lado, preencheu a função de dar forma e conteúdo às manifestações igualitárias diretamente emanadas da reação contra o 'esbulho nacional'. Nesse nível, ele se propõe o problema da equidade da maneira pela qual era sentido por aquelas elites: como emancipação dos estamentos senhoriais das limitações oriundas do estatuto colonial e das formas de apropriação colonial. Tratava-se de uma defesa extremamente limitada, tosca e egoísta, mas muito eficaz, dos "princípios liberais", pois só entravam em jogo as probabilidades concretas com que os membros desses estamentos contavam para poderem desfrutar, legitimamente, soma de liberdade, o poder de igualdade e fraternidade

Ainda que a dominação patrimonialista continuasse a ressoar, o processo de Independência constitui-se em momento histórico propício para que a ideologia liberal pudesse se afirmar, encontrando na formatação de uma *sociedade civil* o seu pilar de sustentação, na qual a figura do "senhor" se transforma em "cidadão". Os elementos ideológicos e utópicos do liberalismo lograram dinamização a partir da instituição estrutural e funcional de uma ordem constitucional, por meio da Constituição de 1824, o que permitiu que o liberalismo adquirisse força política permanente, mas cuja implementação dependia, sobretudo, da sociedade civil. Porém, a partir dos direitos de representação instituídos na inaugural ordem constitucional, o exercício do poder em torno do monarca foi concentrado ao nível dos privilégios senhoriais, em que "'sociedade civil' e 'estamentos sociais dominantes' passaram a ser a mesma coisa". O resultado desse processo não podia ser outro: o grosso da população foi excluído da sociedade civil, a qual continuou a ser estratificada segundo a ordem estamental, cujos critérios foram construídos racial, social e economicamente ainda no tempo da Colônia.[398] Frisa Florestan: "a chamada 'massa dos

---

de interesses inerentes ao seu *status* na estrutura social. De outro lado, desempenhou a função de redefinir, de modo aceitável para a dignidade das elites nativas ou da Nação como um todo, as relações de dependência que continuariam a vigorar na vinculação do Brasil com o mercado externo e as grandes potências da época. (...) A outra polarização do liberalismo o associava, definitivamente, com a construção de um Estado nacional. Na Fase de transição, as elites nativas encaravam o estado, naturalmente como 'meio' e 'fim': 'meio', para realizar a internalização dos centros de decisão política e promover a nativização dos círculos dominantes; e o 'fim' de ambos os processos, na medida em que ele consubstanciava a institucionalização do predomínio político daquelas elites e dos 'interesses internos' com que elas se identificavam. Nesse nível, o liberalismo possui nítido caráter instrumental e se propõe o complexo problema de como criar uma Nação num País destituído até das condições elementares mínimas de uma 'sociedade nacional'. O Estado impôs-se como a única entidade que podia ser manipulável desde o início, a partir da situação de interesses das elites nativas mas com vistas a sua progressiva adaptação à filosofia política do liberalismo. A primeira polarização conduz-nos ao reino da ideologia; a segunda, ao reino da utopia". FERNANDES, Florestan. *A revolução burguesa no Brasil*: ensaio de interpretação sociológica. 2ª ed. Rio de Janeiro: Zahar, 1976, p. 34.

[398] Em sentido semelhante, afirma Caio Prado Júnior: "(...) E na falta de movimentos populares, na falta de participação direta das massas neste processo, o poder é todo absorvido pelas classes superiores da ex-colônia, naturalmente as únicas em contato direto com o regente e sua política. Fez-se a Independência praticamente à revelia do

cidadãos ativos' servia de pedestal e de instrumento aos 'cidadãos prestantes', a verdadeira nata e os autênticos donos do poder naquela sociedade civil".[399] O liberalismo, que sofria a demarcação de uma sociedade civil com fronteiras estamentais, convertia-se em privilégio social, ou seja, proporcionou a autonomia não de um povo, mas de uma pequena parte que "lograra privilegiar seu prestigio social e apossar-se do controle do destino da coletividade".[400] Tratou-se, de fato, de um processo de liberalismo extremamente peculiar e que reflete todo aspecto ideológico da elite nacional no curso da "modernização" brasileira, em que o liberalismo se entrelaça com a estrutura escravocrata sem maior antagonismo, como ressalta Caio Prado Júnior, constituindo-se o artigo 265 do projeto da Constituinte de 1823 em exemplo do reflexo eufemístico da estrutura social vigente: "A Constituição reconhece os contratos [!] entre os senhores e escravos; o governo vigiará sobre sua manutenção".[401]

Essa sociedade civil restritíssima e privilegiada constituía-se efetivamente como o palco de atuação do "senhor-cidadão", estando nela abrangidas as noções de "sociedade" e de "Nação", o que permitia às elites no poder agir "em nome" da sociedade civil, a qual se constitui como seu espaço social de relação social e política. Com efeito, ao se aludir a termos ou expressões como: "Povo", "Nação", "Opinião Pública", "o Povo exige", "o Povo aguarda", "o Povo espera", "interesses da Nação", "a segurança da Nação", "o futuro da Nação", "a Opinião Pública pensa", "a Opinião Pública precisa ser esclarecida", "a Opinião Pública já se manifestou contra ou a favor",[402] o que tinha em mente

---

povo; e se isto lhe poupou sacrifícios, também afastou por completo sua participação na nova ordem política. A Independência brasileira é fruto mais de uma classe que da nação tomada em conjunto". PRADO JÚNIOR, Caio. *Evolução política do Brasil*: e outros estudos. São Paulo: Companhia das Letras, 2012, p. 51.

[399] FERNANDES, Florestan. *A revolução burguesa no Brasil*: ensaio de interpretação sociológica. 2ª ed. Rio de Janeiro: Zahar, 1976, pp. 39-41.

[400] FERNANDES, Florestan. *A revolução burguesa no Brasil*: ensaio de interpretação sociológica. 2ª ed. Rio de Janeiro: Zahar, 1976, p. 42.

[401] PRADO JÚNIOR, Caio. *Evolução política do Brasil*: e outros estudos. São Paulo: Companhia das Letras, 2012, p. 55.

[402] Florestan Fernandes não indica com precisão em qual âmbito tais expressões eram

era tão somente o que deveria ser levado em conta politicamente em relação ao que pensavam e decidiam as camadas senhoriais.[403] Ainda que estivessem em vigência formal os ideais liberais de liberdade e igualdade, o âmbito de sua aplicação não ultrapassava as barreiras do restrito e seleto círculo do que se constituía a sociedade civil pós-Independência, não havendo dúvida quanto à extensão das generalizações formuladas à época, no sentido de que as noções de "Povo", "Nação, "Opinião Pública" limitavam-se claramente a essa ínfima parcela da população brasileira.[404]

Ocorre que as contradições entre a preponderância dos interesses das elites e os princípios liberais gerou um desequilíbrio em relação à ordem legal instituída por meio da Constituição de 1824, atingindo o modelo ideal de *Estado nacional*. É dizer, dada a utilização do poder governamental para a satisfação de seu domínio estamental, as elites reduziam o Estado "à condição de cativo da sociedade civil", e a ordem legal perdia sua eficácia se colidisse com os interesses gerais dos estamentos senhoriais.[405] Todavia, a burocracia estatal desenvolveu-se, criou e expandiu estruturas administrativas e jurídicas, fazendo com que as elites dependessem do aparato administrativo vinculado à ordem legal para fazer valer politicamente seus *interesses gerais*. O Estado moderno, cuja força motriz era justamente o *sepultamento* do regime anterior e de

---

utilizadas, se na esfera de exercício formal do poder, como nas repartições públicas, ou se no exercício das relações corriqueiras e/ou pela imprensa, por exemplo.

[403] FERNANDES, Florestan. *A revolução burguesa no Brasil*: ensaio de interpretação sociológica. 2ª ed. Rio de Janeiro: Zahar, 1976, p. 43.

[404] Diferentemente do que viria a vingar com a instituição plena do liberalismo, centrada na abstração e na especulação dos interesses, a ordem estamental (e seus resquícios) era extremamente objetiva e clara em relação às estratificações sociais e âmbitos de detenção do poder. Interesses gerais significavam com clareza os interesses das elites, sem maiores processos cosméticos discursivos e principiológicos.

[405] É interessante que Florestan Fernandes começa a aludir à perspectiva de prevalência de "interesses de classe" justamente no momento de transição entre o sistema colonial e a modernização liberal, não sendo por acaso que tal perspectiva surge com o surgimento de um Estado nacional, o qual se constituiu justamente como o instrumento necessário para fazer valer os interesses das elites dentro da lógica moderna, ou seja, por meio da atuação e da legitimidade "neutras" do Estado, não obstante essa compreensão não estar ainda totalmente desenvolvida nesse momento histórico.

sua filosofia colidente com os novos princípios em voga, impôs à sociedade colonial, em que pese seus ranços estamentais, converter-se em sociedade nacional.[406-407] Ademais, frisa Florestan que a adesão ao capitalismo não era uma opção, mas a decorrência da posição do Brasil em relação à economia internacional.[408]

É com o desenvolvimento de um Estado nacional independente que se possibilita a conversão dos interesses estamentais em interesses gerais, com condições políticas de imposição geral sob a égide da eclosão e desenvolvimento da ideia de Nação:

> À luz desta interpretação, a dominação patrimonialista vinculava, ao nível da sociedade global, os interesses e as formas de solidariedade das estamentos senhoriais à constituição de um Estado nacional independente e à ordenação jurídico-política da Nação. Mas dera origem a estamentos em condições econômicas, sociais e políticas de identificar o seu destino histórico com esse processo. Desse modo, a constituição de um Estado nacional independente representava o primeiro passo para concretizar semelhante

---

[406] FERNANDES, Florestan. *A revolução burguesa no Brasil*: ensaio de interpretação sociológica. 2ª ed. Rio de Janeiro: Zahar, 1976, pp. 44-46.

[407] Sobre a composição entre as forças conservadoras e modernizantes e a formação da ordem social no Brasil: "Ao combinar na mesma composição ou no mesmo amálgama forças que defendiam a perpetuação do passado no presente e forças que defendiam alguma espécie de ruptura com o passado (inclusive forjando-se um presente que o negasse e idealizando-se um futuro exclusivamente vinculado às determinações históricas de semelhante presente), as elites dos estamentos senhoriais colocavam-se a serviço da inovação cultural e se comprometiam, axiologicamente, com os processos histórico-sociais que transcendiam às situações e aos papéis sociais que elas viviam. Neste sentido, as adaptações econômicas, sociais e políticas – através das quais a burocratização da dominação patrimonialista foi divorciada de seus modelos tradicionais e projetada quer aos interesses e às formas de solidariedade coletivos dos estamentos dominantes, quer aos requisitos materiais, jurídicos e políticos da existência positiva de uma Nação, quer à implantação de um determinado tipo de Estado nacional independente – constituíram o fulcro da formação e do desenvolvimento da ordem social nacional no Brasil". FERNANDES, Florestan. *A revolução burguesa no Brasil*: ensaio de interpretação sociológica. 2ª ed. Rio de Janeiro: Zahar, 1976, pp. 54/55.

[408] FERNANDES, Florestan. *A revolução burguesa no Brasil*: ensaio de interpretação sociológica. 2ª ed. Rio de Janeiro: Zahar, 1976, p. 49.

destino. Por meio dele, os interesses comuns daqueles estamentos podiam converter-se em *interesses gerais* e logravam condições políticas para se imporem como tais. Ao se concretizarem politicamente, porém, os referidos interesses tinham se de polarizar em torno da entidade histórica emergente, a Nação. Somente ela poderia dar suporte material, social e moral à existência e à continuidade de um Estado independente. Assim, ao enlaçar-se à fundação de um Estado independente e à constituição de uma sociedade nacional, a dominação patrimonialista passou a preencher funções que colidiam com as estruturas sociais herdadas da Colônia, com base nas quais ela própria se organizava e se legitimava socialmente e as quais ela deveria resguardar e fortalecer.[409]

Se as elites puderam generalizar seus interesses, como se de fato abarcassem a totalidade dos interesses nacionais e do seu povo, a manutenção das estruturas econômicas coloniais, como a grande lavoura e a exploração da mão de obra escrava, impediu alterações na concentração de renda e suas respectivas distorções.[410] O edifício social permanecia pouco alterado na sua essência, não obstante o topo já não se identificar propriamente como elite estamental, adquirindo cada vez mais a percepção de classe burguesa. O Brasil caminhava para a absorção de todo um estoque de técnicas, instituições e valores sociais da civilização contemporânea ocidental, cujo norte era a sua "modernização", mas que temperava tudo isso com seus ranços estamentais, produzindo o que Florestan denominou de "Estado-amálgama",[411] Estado esse dotado inevitavelmente de uma relação submissa em relação à *iniciativa privada* das elites que exigiam a atuação direcionada aos seus interesses como "direito".[412]

---

[409] FERNANDES, Florestan. *A revolução burguesa no Brasil*: ensaio de interpretação sociológica. 2ª ed. Rio de Janeiro: Zahar, 1976, pp. 55/56.

[410] FERNANDES, Florestan. *A revolução burguesa no Brasil*: ensaio de interpretação sociológica. 2ª ed. Rio de Janeiro: Zahar, 1976, pp. 62/63.

[411] FERNANDES, Florestan. *A revolução burguesa no Brasil*: ensaio de interpretação sociológica. 2ª ed. Rio de Janeiro: Zahar, 1976, pp. 66-69.

[412] FERNANDES, Florestan. *A revolução burguesa no Brasil*: ensaio de interpretação sociológica. 2ª ed. Rio de Janeiro: Zahar, 1976, p. 70.

A aristocracia agrária enredou seu próprio destino de decadência, pois, por obra própria, "escravizou-se" ao escravo e à ordem social sustentada na escravidão, o que a condenava à extinção quando essa ordem e processo social desaparecesse. Nesse processo de transformação burguesa do processo produtivo e social brasileiro, já na segunda metade do século XIX, atuam como novos agentes históricos fundamentais o fazendeiro de café e o imigrante, que incidem concomitantemente no processo econômico-político por pressões do mercado internacional sobre os custos da produção agrária.[413] A máxima capitalista de produzir "mais com menos" atingia o âmago da economia escravista e punha em xeque o custo e a produtividade do próprio trabalho escravo.[414]

Na sua ascensão, além de implementar uma nova forma de relação econômica, pautada na relação comercial capitalista, o fazendeiro de café, enquanto agente econômico que assume a condição de "homem de negócios", atua – dentro de um contexto que envolve outros fatores – de forma a conter o desarranjo institucional causado pelo declínio da ordem senhorial e da extinção da escravidão, controlando o que poderia ter se tornado uma *convulsão social incontrolável e revolucionária* a partir da neutralização social e política do movimento abolicionista. Nesse movimento, o escravo foi posto derradeiramente à margem do processo social e produtivo, sem qualquer intervenção ou consideração do Estado ou dos

---

[413] Explica Caio Prado Júnior que a "pressão" internacional a que se refere decorre das condições objetivas da economia universal, em relação a qual o Brasil passara a enfrentar a partir da Independência. Na verdade, é fato que a abolição dá um empurrão no processo de modernização, mas, antes, a extinção do processo escravizatório oficial se opera por conta do atingimento no Brasil da totalidade de uma mentalidade econômica de tipo burguesa, cujo principal objetivo é o lucro, e cujo resultado óbvio é contestação dos resultados lucrativos da mão de obra escrava. Ou seja, é a mentalidade capitalista que opera a extinção da escravidão no Brasil, e não o contrário: "[a abolição] Nasce das condições objetivas do país, da insuficiência qualitativa e quantitativa do trabalho escravo, e, por efeito disso, do acúmulo de interesses opostos à escravidão". PRADO JÚNIOR, Caio. *Evolução política do Brasil*: e outros estudos. São Paulo: Companhia das Letras, 2012, pp. 88/89 e 93.

[414] FERNANDES, Florestan. *A revolução burguesa no Brasil*: ensaio de interpretação sociológica. 2ª ed. Rio de Janeiro: Zahar, 1976, pp. 107-109.

agentes dos quais dependiam. Como ressalta Florestan, foi a derradeira e fatal espoliação sofrida pelo escravo.[415]

O imigrante possuiu papel fundamental na operação e consolidação do capitalismo no Brasil, rompendo com as tradições senhoriais – em especial de exploração e de não exploração do trabalho escravo –, tendo no seu trabalho próprio a fonte de subsistência e, por ventura, de riqueza.[416] Porém, a relação entre a posição econômica relativamente em ascensão e o interesse pelo protagonismo político leva o imigrante a aderir às ideologias da elite nacional no poder, absorvendo com relativa rapidez "as técnicas sociais de dominação política empregadas por aquelas mesmas elites". O imigrante, portanto, converte-se em termos políticos ao liberalismo das elites nacionais e adentra os círculos conservadores, passando a "compartilhar formas de liderança e de dominação políticas variavelmente conflitantes ou inconsistentes com a consolidação da ordem social competitiva e com o que isso haveria de representar no plano econômico".[417]

No solapamento do regime senhorial, em que as forças burguesas da competição e da expansão comercial se avolumavam como nunca antes, os dois atores essenciais nesse processo, fazendeiro do café e imigrante, operaram poucas mudanças na estruturação política e de poder. Contraditoriamente, atuaram na vanguarda do processo de desenvolvimento das forças produtivas no sentido da competição, porém, adotaram postura conservadora e resistente em relação ao estilo de vida capitalista no que tange a enterrar as velhas práticas políticas senhoriais. Nesse bojo, os "filhos" da escravidão e a grande massa sobrevivente continuava à margem do processo produtivo e das transformações sociais.[418]

---

[415] FERNANDES, Florestan. *A revolução burguesa no Brasil*: ensaio de interpretação sociológica. 2ª ed. Rio de Janeiro: Zahar, 1976, p. 116.

[416] FERNANDES, Florestan. *A revolução burguesa no Brasil*: ensaio de interpretação sociológica. 2ª ed. Rio de Janeiro: Zahar, 1976, p. 130.

[417] FERNANDES, Florestan. *A revolução burguesa no Brasil*: ensaio de interpretação sociológica. 2ª ed. Rio de Janeiro: Zahar, 1976, pp. 145/146.

[418] "Em uma sociedade organizada em castas e estamentos, que conseguia preservar ou fortalecer seu padrão de equilíbrio e de desenvolvimento, os focos de tensão social mais

Na transformação modernizante brasileira, abarcadora dos interesses econômicos e políticos da antiga aristocracia comercial e da emergente elite imigrante, define-se novamente um inimigo comum, protegendo as fontes de acumulação pré-capitalistas e o modelo de acumulação propriamente capitalista. Se na fase puramente senhorial o mirado era o escravo (acorrentado ou liberto); na fase pós-transição, o inimigo a ser combatido era o trabalhador assalariado ou semiassalariado do campo e da cidade.[419] Essa postura é resultado de uma burguesia ultraconservadora e reacionária, fruto da amálgama entre a velha e nova oligarquia, cuja negação sistêmica de abertura visando a mudanças sociais é resultado de um capitalismo dependente. Com a burguesia nacional dotada de poucas opções no plano da sua autodeterminação econômica, a atitude reiterada de fechar os caminhos para uma certa evolução social foi a forma para que essa mesma burguesia pudesse "conciliar a sua existência e florescimento com a continuidade e expansão do capitalismo dependente".[420]

O processo de amadurecimento da burguesia nacional, na passagem do capitalismo competitivo para o capitalismo monopolista, opera-se claramente no plano econômico (soma dos interesses oligárquicos com os novos setores financeiro, comercial e industrial), porém, é reticente no plano ideológico e político (pífia orientação democrático-nacionalista). É na primeira metade do século XX que a burguesia nacional se depara com pressões externas e internas, levando-a a se orientar definitivamente

---

importantes para a continuidade da ordem estabelecida localizavam-se nas posições dos estratos sociais privilegiados e dominantes. Esses estratos dispunham de meios para *fazer história* e para alterar 'o rumo normal das coisas'. Essa regra se aplicava especialmente à aristocracia agrária e nos ajuda a compreender como foi esta que gerou pelas tensões insolúveis da estrutura interna do 'mundo dos privilegiados' e através do destino social do senhor – e não do escravo, do liberto ou do homem livre dependente – os germes da desagregação e da destruição da ordem social escravocrata e senhorial". FERNANDES, Florestan. *A revolução burguesa no Brasil*: ensaio de interpretação sociológica. 2ª ed. Rio de Janeiro: Zahar, 1976, p. 153.

[419] FERNANDES, Florestan. *A revolução burguesa no Brasil*: ensaio de interpretação sociológica. 2ª ed. Rio de Janeiro: Zahar, 1976, pp. 210-211.

[420] FERNANDES, Florestan. *A revolução burguesa no Brasil*: ensaio de interpretação sociológica. 2ª ed. Rio de Janeiro: Zahar, 1976, p. 214.

de maneira reacionária e pragmática em relação à defesa de seus interesses de classe e de domínio do controle direto do Estado como forma de autoproteção ao "predatório privatismo existente".

No plano externo, a pressão foi a do capitalismo monopolista mundial, no sentido de impor à economia dependente brasileira garantias econômicas, sociais e políticas ao capital estrangeiro. Na perspectiva interna, a pressão se dava principalmente pela organização dos trabalhadores e das massas, clamando por um novo *pacto social*. A resistência e o contragolpe da burguesia nacional, a partir da organização dos setores dominantes das classes altas e médias em torno dos mesmos interesses, culminou na manutenção do *status quo* de classe e dominação política econômica e social, com crescimento econômico e expansão da acumulação capitalista a partir do desenvolvimento da modernização tecnológica. Nessa operação, as elites lograram aprofundar o abismo social já cavado durante séculos, adquirindo para si as condições mais vantajosas possíveis para manter a sua condição de classe dominante e de dirigente exclusiva do Estado, possibilitando-a estabelecer conexões íntimas com o capital financeiro internacional, sem esquecer de reprimir violentamente qualquer tentativa de ascensão das classes operárias e populares a partir de um novo pacto social. Como afirma Florestan, foi a primeira vez na história que a burguesia nacional se mostrou como ela realmente é, manifestando-se, também pela primeira vez, de modo coletivo.[421]

Abre-se um novo capítulo na história política e econômica nacional, no qual o passado de privilegiamento do principal ator econômico, político e social repete-se no presente, agora tendo o capitalista como vetor desse processo. Desvela-se a natureza autocrática da dominação burguesa no Brasil, cuja maturidade é atingida na mesma proporção em que se mantêm e agravam "as demais condições, que tornaram a sociedade brasileira potencialmente explosiva, como o recrudescimento inevitável da pressão externa, da desigualdade social e do subdesenvolvimento".[422]

---

[421] FERNANDES, Florestan. *A revolução burguesa no Brasil*: ensaio de interpretação sociológica. 2ª ed. Rio de Janeiro: Zahar, 1976, pp. 216-218.

[422] FERNANDES, Florestan. *A revolução burguesa no Brasil*: ensaio de interpretação sociológica. 2ª ed. Rio de Janeiro: Zahar, 1976, p. 220.

Representa o capitalismo desenvolvido a partir de e para os interesses egoísticos particulares de alguns estamentos e, depois, de classes dominantes, com o claro espírito de que essas classes compunham o único universo efetivamente a ser atingido. A ideia de constituição e desenvolvimento de uma Nação era secundária.

Na transição para um capitalismo de cunho monopolista, especialmente nos anos 50 e seguintes do século XX, restou aflorada o quão as decisões internas operadas pelas classes dominantes não se limitavam ao plano econômico, atingindo planos de motivação psicossocial e política, o que desvelou interesses de classe a partir de práticas egoístas e pragmáticas operadas nos âmbitos empresarial e estatal.[423] Assim, a máquina estatal foi orientada a serviço da revolução econômica demandada pela internacionalização da economia brasileira, um "capitalismo de Estado" que reflete os interesses puramente das classes dirigentes.[424]

Assim, com fundamento na dominação dos possuidores de altas rendas sobre a cultura e o poder político, fazendo do Estado o comitê dos seus interesses de classe, pode-se explicar a facilidade com que o

---

[423] FERNANDES, Florestan. *A revolução burguesa no Brasil*: ensaio de interpretação sociológica. 2ª ed. Rio de Janeiro: Zahar, 1976, p. 259.

[424] "A solidariedade de, expressa na defesa pura e simples do *status quo* (girando, com frequência, em torno da 'defesa' da *propriedade privada* e da *iniciativa privada*), sempre foi suficiente para orientar os arranjos e as composições dos setores oligárquicos 'tradicionais' ou 'modernos' com os demais setores (aliás, os desdobramentos econômicos, em geral, ou financeiros, em particular, tornariam uma tarefa de Hércules separa, claramente, as linhas de interesses de todos os setores, dentro da mesma classe social). Para dar continuidade quer ao desenvolvimento capitalista, da forma em que ele era acessível, quer à dominação burguesa, como ela podia ser praticada econômica, social e politicamente, todos esses setores se viam forçados a manter alianças fundamentais (visíveis ou não), que punham a solidariedade de classe em primeiro lugar e anulavam, sub-repticidamente, os conflitos *setoriais* ou *partidários* aparentemente intransponíveis. A evolução que resultou da predominância dos ritmos econômicos, tecnológico e históricos externos levou a crise do poder burguês ao subterrâneo da história, convertendo-a em uma crise verdadeiramente estrutural. Mas, em circunstâncias tão especiais, que merecem cuidadosa atenção. Pois elas revelam como se dá a revolução econômica inerente à transformação industrial mais avançada na periferia; e mostram como ela refunde, em seu transcurso, as estruturas, as funções e o significado histórico da dominação burguesa, como e enquanto dominação de classe". FERNANDES, Florestan. *A revolução burguesa no Brasil*: ensaio de interpretação sociológica. 2ª ed. Rio de Janeiro: Zahar, 1976, p. 263.

Brasil passa, com o golpe militar de 1964, da "automobilização popular para a ação militar e política", em que o Estado nacional é posto "a serviço de fins particularistas da iniciativa privada" e se constitui como o foco de unificação das várias elites da classe dominante (*econômicas, militares, políticas, judiciárias, policiais, profissionais, culturais, religiosas*). Como define Florestan, essas elites não envolveram o Estado nacional em um projeto clássico de democracia burguesa, mas operaram uma "versão tecnocrática da democracia restrita", versão essa que ele qualifica como uma "autocracia burguesa". [425]

As características de dependência e subdesenvolvimento da revolução burguesa no Brasil apenas adicionam novos e complexos elementos de desequilíbrio na base da relação de classes, cujo antagonismo se constitui como elemento básico do mecanismo capitalista, não obstante processos aqui e acolá de acomodações, competição e conflitos entre classes. Ainda que se tente encobrir ou reprimir os conflitos de classe, isso não reflete o seu desaparecimento, até porque se trata de uma relação de disputa inerente à própria estrutura do capital. O elitismo, revigorado com a eclosão do capitalismo monopolista e seus instrumentos competitivos e dinamismos financeiros e de mercado, reafirma ainda mais a existência do conflito e a abissal distância das condições materiais entre as classes.[426] É sob esse paradigma extremamente atual que se precisa encarar e repensar a factibilidade de um conceito de interesse público que não releve os aspectos estruturais do capitalismo, agudizado pelas contradições e peculiaridades da formação das classes sociais na história do Brasil.

2.3.3 A atualidade das classes sociais no Brasil: economia dependente e superexploração do trabalho como fatores justificantes

A estruturação da pirâmide social brasileira foi pautada e desenvolvida, sobretudo, com base na exploração da escravidão negra e indígena. A

---

[425] FERNANDES, Florestan. *A revolução burguesa no Brasil*: ensaio de interpretação sociológica. 2ª ed. Rio de Janeiro: Zahar, 1976, pp. 267/268.

[426] FERNANDES, Florestan. *A revolução burguesa no Brasil*: ensaio de interpretação sociológica. 2ª ed. Rio de Janeiro: Zahar, 1976, pp. 277/278.

consequência desse processo para o desenvolvimento social, econômico e político na virada capitalista brasileira foi latente, impondo uma forma peculiar de estratificação social, fundamentada em classes sociais que espelham a constituição de um país de capitalismo dependente e subdesenvolvido.

A compreensão da essencialidade das classes sociais no Brasil não se presta apenas para analisar e absorver como se desenvolveu o seu passado social, mas assume função primordial para esmiuçar as complexidades e dificuldades presentes no desenvolvimento da sociedade brasileira como um todo.

Entretanto, não é simples manejar em pleno século XXI a "classe social" como categoria válida e universal para se formular a crítica dos processos sociais e jurídicos que estruturam as relações sociais e atuação estatal, dada a emergência de discursos e teorias que negam ou, ao menos, diminuem a importância da classe social como eixo fundamental da estruturação capitalista e, respectivamente, das suas mazelas sociais, políticas, econômicas e culturais. Cria-se, por meio de um imaginário pisado e repisado pelos meios de comunicação de massa (e pelos mais "intelectualizados" também), a mística de que falar em classes sociais é "coisa arcaica" ou mera construção teórica típica de socialistas. Ressoa o discurso de que no século XXI e seu caráter pós-moderno não faz mais sentido se referir de maneira verticalizada às classes sociais, seja no contexto universal ou especificamente no Brasil.[427]

Na mesma linha de raciocínio, a própria difusão desmensurada e dotada de pouca crítica do alargamento da classe média no Brasil, especialmente a partir das políticas públicas sociais e de distribuição de renda implementados nos governos Lula e Dilma, também viabiliza o

---

[427] Marcio Pochmann chega a definir que tal negação da estruturação de classes causa constrangimento: "Causa constrangimento maior, contudo o viés político difundido pelos monopólios sociais construídos pelos meios de comunicação e seus 'oráculos' midiáticos que terminantemente manipulam o consciente da população em prol de seus próprios desejos mercantis, defendendo consumismo e negando a estrutura de classe na qual o capitalismo molda a sociedade". POCHMANN, Marcio. *Nova classe média?* – o trabalho na base da pirâmide social brasileira. São Paulo: Boitempo, 2012, p. 7.

discurso que defende a fragmentação da centralidade das classes sociais e de seus respectivos embates. Ou seja, atenuam-se virtualmente os conflitos reais entre as classes, elevando-se um número cada vez maior de pessoas a uma grande classe média que abarcaria a imensa maioria da população brasileira. Logo, um processo de abstração e especulação da própria condição de classe das pessoas, que propaga o inchaço de uma classe média que atenua a relação de tensão entre classes, em que a própria noção de classe social e suas repercussões estruturais foram fragilizadas.

Porém, entende-se que a categoria classe social é, ainda, determinante para a compreensão dos problemas estruturais sociais da Brasil e, principalmente, para a construção de uma *práxis* social e política efetivamente emancipatória.[428]

De qualquer sorte, é necessário considerar que a sociedade civil brasileira, com suas estratificações sociais polarizadas e dotadas de peculiaridades, obteve alguns avanços em relação à superação das suas diferenças abissais de desenvolvimento e de renda em apenas alguns períodos recentes, os quais não permitem concluir pela amenização do embate de classes.

Mas sob qual critério se pode delimitar e afirmar que a categoria "classe social" ainda possui firme e necessária função em relação à compreensão da estrutura social, política e econômica do capitalismo no século XXI, em especial na verificação do caso brasileiro, cujas mediações históricas e concretas são mais do que necessárias?

Para tanto, adota-se a perspectiva da Teoria Marxista da Dependência[429] como método que viabiliza identificar a função vetorial da

---

[428] Como bem lembra Marilena Chauí, as transformações e lutas históricas ocorrem concretamente no âmbito da sociedade civil, ou seja, a batalha pela prevalência dos interesses é real entre os homens e suas classes, em que o próprio Estado não é um aparato desligado das correlações forças sociais, mas sim a força que exprime na esfera política – e por consequência jurídica – as relações de exploração que se constituem no âmbito econômico. O palco real dos embates sociais é a sociedade civil: "A história não é o desenvolvimento das ideias, mas o das forças produtivas. Não é a ação dos Estados e governantes, mas a luta das classes. Não é história das mudanças dos regimes políticos, mas a das relações de produção que determinam as forças políticas de dominação. Assim sendo, qual é o palco onde se desenvolve a história? A sociedade civil". CHAUÍ, Marilena. *O que é ideologia*. 33ª ed. São Paulo: Brasiliense, 1991, p. 73.

[429] A Teoria Marxista da Dependência possui em Ruy Mauro Marini seu principal

classe social contemporaneamente, de forma coerente nos planos teórico e material em relação ao desenvolvimento e às conclusões já operados nos parágrafos anteriores. A orientação que se toma é de que, também para análise no século XXI, é necessário e viável operar categorias como a dependência, subdesenvolvimento, divisão internacional do trabalho e superexploração de mão de obra, as quais possuem extrema proximidade e identidade com as categorias já trabalhadas para a compreensão da formação das classes sociais no Brasil desde o início colonial.

A categoria da dependência relaciona-se com à hierarquização do capitalismo enquanto sistema mundial desigual e pautado no monopólio, cujo resultado é a produção e reprodução de padrões nacionais diferentes em relação à acumulação. Essa hierarquização sistêmica produz centros mundiais de acumulação capital ao mesmo tempo em que faz surgir regiões dependentes, cuja função é integrar um processo global de *transferência de valor*, processo esse que assume a tendência de retroalimentação.[430] Esse desenvolvimento da divisão internacional do trabalho, já em um primeiro momento, diferenciou as regiões e países que acompanharam a revolução industrial, cabendo aos países retardatários o papel de dependente do sistema central e das possibilidades de inserção no sistema produtivo mundial.[431]

A estrutura dessa relação de dependência dá-se pela conjunção da assimetria tecnológica presente no mercado mundial, aliada ao controle dos Estados dependentes pelas classes dominantes locais que objetivam lucros extraordinários a partir da utilização dessa tecnologia estrangeira. O resultado é que essa mesma tecnologia "importada" pelos países

---

baluarte, cuja obra complexa e profunda é objeto de reverência e investigação, servindo de suporte teórico às vertentes acadêmicas que pretendem discutir contemporaneamente os elementos do desenvolvimento dependente do Brasil e da América Latina.

[430] MARTINS, Carlos Eduardo. "O pensamento de Ruy Mauro Marini e sua atualidade para as ciências sociais". *In:* ALMEIDA FILHO, Niemeyer (Coord.). *Desenvolvimento e dependência*: cátedra Ruy Mauro Marini. Brasília: Ipea, 2013, pp. 16/17.

[431] CARLEIAL, Liana. "A divisão internacional do trabalho como categoria central da análise de Ruy Mauro Marini". *In:* NEVES, Lafaiete Santos (Coord.). *Desenvolvimento e dependência*: atualidade do pensamento de Ruy Mauro Marini. Curitiba: CRV, 2012, pp. 7/8.

dependentes é concentrada na produção de bens de consumo *suntuários*, limitando fortemente a *capacidade de resposta local*.[432]

Nesse contexto, Brasil e América Latina, dotados de uma vasta base de recursos naturais, terras e população, constituem-se em "dependentes por excelência" de recursos externos e tecnologia, o que resulta no desenvolvimento de uma estrutura produtiva heterogênea, cuja diversificação é mínima e atinge o mercado interno de forma negativa. Tem-se, dessa forma, a tendência de concentração de renda, somada à formação de um mercado de trabalho heterogêneo e limitado. A industrialização que se desenvolve na América Latina e no Brasil, por sua vez, não logra criar a sua própria demanda, mas visa atender a uma demanda que já existe, cuja estruturação é realizada a partir das exigências e dos interesses dos países centrais. Com nível tecnológico baixo, a produção nacional tem seu preço determinado basicamente pelos salários, e o excedente de mão de obra é a justificativa do capitalista para pressionar salários em viés de baixa.[433]

Na geografia das relações entre centro e dependentes, os padrões de acumulação em relação às regiões e aos países dependentes são determinados pela superexploração do trabalho, constituindo-se na principal característica[434] da teoria marxista da dependência que revela a

---

[432] MARTINS, Carlos Eduardo. "O pensamento de Ruy Mauro Marini e sua atualidade para as ciências sociais". *In:* ALMEIDA FILHO, Niemeyer (Coord.). *Desenvolvimento e dependência*: cátedra Ruy Mauro Marini. Brasília: Ipea, 2013, p. 19.

[433] CARLEIAL, Liana. "A divisão internacional do trabalho como categoria central da análise de Ruy Mauro Marini". *In:* NEVES, Lafaiete Santos (Coord.). *Desenvolvimento e dependência*: atualidade do pensamento de Ruy Mauro Marini. Curitiba: CRV, 2012, p. 9.

[434] "No plano histórico concreto, a originalidade de Marini está em introduzir justamente a superexploração da força de trabalho como elemento categorial. A visão crítica do capitalismo é toda ela sustentada em Marx; porém, em uma condição geográfica e social que lhe permita claramente perceber que o desenvolvimento capitalista não ocorria de maneira homogênea, apenas subvertendo modos de produção anteriores. Ao contrário, o processo de desenvolvimento capitalista histórico se fazia a partir das estruturas de dominação existentes, de modo que as formações sociais apresentavam especificidades bem mais relevantes que a princípio sugeria a leitura de *O capital* e particularmente, a de *O manifesto comunista*". ALMEIDA FILHO, Niemeyer. "Superexploração da

contemporaneidade da "classe social" como categoria válida e essencial para a compreensão dos desafios sociais e políticos enfrentados no século XXI.

A partir da paradigmática construção teórica de Ruy Mauro Marini, Carlos Eduardo Martins define o processo de superexploração da mão de obra como elemento essencial da relação de dependência entre nações, a qual se caracterizaria de forma geral na "queda dos preços da força de trabalho abaixo do seu valor", operada por meio de mecanismos que se desenvolvem separada ou concomitantemente a depender da fase em curso da acumulação de capital: (i) elevação ou intensificação da jornada de trabalho com ausência de remuneração proporcional à deterioração da condição do trabalhador; (ii) redução salarial; (iii) incremento na qualificação do trabalhador sem a respectiva resposta no valor da força de trabalho.[435]

Diz respeito a uma forma peculiar de exploração da força de trabalho, na qual o valor real dessa força é violado, ou seja, o salário recebido pelo trabalhador não corresponde à força de trabalho empregada, o que significa que não cobre o seu valor diário ou seu valor total.[436] Nas palavras de Ruy Mauro Marini, os três elementos que caracterizam a superexploração, acima elencados, são próprios de um sistema produtivo que depende exclusivamente da maior exploração do trabalhador, em que se deixa de lado o próprio incremento da capacidade produtiva desse modo de produção, o que é próprio das forças produtivas das economias latino-americanas e o seu baixo nível de desenvolvimento. Nessa perspectiva, as taxas de mais-valia e de lucro elevam-se concomitantemente,

---

força de trabalho e concentração de riqueza: temas fundamentais para uma política de desenvolvimento no capitalismo periférico brasileiro". *In:* ALMEIDA FILHO, Niemeyer (Coord.). *Desenvolvimento e dependência*: cátedra Ruy Mauro Marini. Brasília: Ipea, 2013, p. 171.

[435] MARTINS, Carlos Eduardo. "O pensamento de Ruy Mauro Marini e sua atualidade para as ciências sociais". *In:* ALMEIDA FILHO, Niemeyer (Coord.). *Desenvolvimento e dependência*: cátedra Ruy Mauro Marini. Brasília: Ipea, 2013, p. 17.

[436] OSÓRIO, Jaime. "Fundamentos da superexploração". *In:* ALMEIDA FILHO, Niemeyer (Coord.). *Desenvolvimento e dependência*: cátedra Ruy Mauro Marini. Brasília: Ipea, 2013, p. 49.

resultado do lastreamento da atividade produtiva ao uso extensivo e intensivo da força de trabalho, e que possibilita diminuir a *composição-valor* do capital com a intensificação do grau de exploração do trabalho.[437]

Os efeitos desse processo intenso de superexploração do trabalho são nefastos ao desenvolvimento social dos países dependentes, nos quais se formou uma modalidade de capitalismo em que o poder de consumo da classe trabalhadora é elemento secundário diante dos demais fundamentos que compõem a estrutura produtiva da acumulação dependente, ou seja, os trabalhadores vinculados às economias dependentes, como a brasileira, são reconhecidos mais como produtores que como consumidores. Esse capitalismo dependente logra criar padrões de reprodução voltados ao mercado externo, em que o poder e interesse de consumo dos países centrais importadores se torna mais importante que a própria economia local exportadora.[438] Vale dizer, a superexploração do trabalho não ocorre somente na periferia do mundo, pois atinge também as economias centrais, contudo, com efeitos diametralmente opostos.[439] A superexploração do trabalho constitui-se como uma

---

[437] "É necessário observar além disso que, nos três mecanismos considerados, a característica essencial está dada pelo fato de que se nega ao trabalhador as condições necessárias para repor o desgaste de sua força de trabalho: nos dois primeiros casos, porque ele é obrigado a dispêndio de força de trabalho superior ao que deveria proporcionar normalmente, provocando-se assim seu esgotamento prematuro; no último, porque se retira dele inclusive a possibilidade de consumir o estritamente indispensável para conservar sua força de trabalho em estado normal. Em termos capitalistas, estes mecanismos (que além disso se podem dar e normalmente se dão, de forma combinada) significam que o trabalho se remunera por baixo de seu valor e correspondem, então, a uma superexploração do trabalho". MARINI, Ruy Mauro. *Dialética da dependência*. Petrópolis: Vozes, 2000, p. 126.

[438] OSÓRIO, Jaime. "Fundamentos da superexploração". *In:* ALMEIDA FILHO, Niemeyer (Coord.). *Desenvolvimento e dependência*: cátedra Ruy Mauro Marini. Brasília: Ipea, 2013, p. 65.

[439] "No mundo central e imperialista, as formas predominantes em tempos sem crise estão relacionadas com a intensificação do trabalho – que se encontra estritamente relacionada com o aumento de produtividade – e, em menor medida, com o prolongamento da jornada e a apropriação do fundo de consumo, particularmente dos trabalhadores migrantes e das camadas mais afetadas da população trabalhadora. Neste caso, o esgotamento dos trabalhadores tem como uma de suas expressões as doenças associadas ao estresse e à depressão aguda e prolongada. Os maiores salários no tempo de vida

operação universal, mas que se realiza de maneiras distintas no *mundo imperial* e no *mundo dependente,* resultando em consequências dissemelhantes na forma de reprodução do capital, bem como diferencia a própria base da luta de classes nos países periféricos e nos países centrais.[440]

A razão pela qual a superexploração do trabalho, enquanto categoria nevrálgica da teoria da dependência, merece especial consideração é o fato de que todos os trabalhadores, universalmente considerados, em seus vários níveis de qualificação (inclusive os desempregados), estão subordinados a um processo igualmente universal de luta de classes, em que se engendra um programa, cujo objeto comum a toda classe trabalhadora é o de enfrentamento "da força de trabalho por meio da apropriação privada da mais-valia".[441] A superexploração de mão de obra,

---

útil para o capital permite, por sua vez, rendimentos maiores para a aposentadoria. O que interessa destacar é que esta forma de superexploração não altera – pelo contrário, reforça – as formas de reprodução do capital nas quais os assalariados, dado o montante de seus rendimentos, jogam um papel dinâmico na realização da mais-valia e no mercado interno. Importam para o capital não apenas como produtores, mas também como consumidores. A situação é diametralmente diferente quando a forma de superexploração que prevalece se expressa diretamente num salário abaixo do valor da força de trabalho (apropriação do fundo de consumo), o que estimula o prolongamento da jornada como mecanismo para alcançar – pelos pagamentos extras – um salário diário suficiente para sobreviver, ou a intensificação do trabalho. O custo imediato disso é um prematuro esgotamento dos trabalhadores, sua destruição, a apropriação de seu fundo de vida, sem que, nos anos de vida útil – e menos ainda nos anos de aposentadoria –, suas rendas possam ter um papel significativo no mercado interno e na realização da mais valia. A reprodução do capital (dinâmico, hegemônico, eixo da acumulação) cria estruturas produtivas que desconsideram as necessidades dos produtores, e a realização se dá mediante a abertura aos mercados externos e através da criação de reduzidos mercados com alto poder de consumo. Os trabalhadores importam, então, como geradores de mais-valia, mas não como realizadores desta mais-valia". OSÓRIO, Jaime. "Fundamentos da superexploração". *In:* ALMEIDA FILHO, Niemeyer (Coord.). *Desenvolvimento e dependência*: cátedra Ruy Mauro Marini. Brasília: Ipea, 2013, pp. 68/69.

[440] OSÓRIO, Jaime. "Fundamentos da superexploração". *In:* ALMEIDA FILHO, Niemeyer (Coord.). *Desenvolvimento e dependência*: cátedra Ruy Mauro Marini. Brasília: Ipea, 2013, p. 69.

[441] NASCIMENTO, Carlos Alves do; DILLENBURG, Fernando Frota; SOBRAL, Fábio Maia. "Exploração e superexploração da força de trabalho em Marx e Marini". *In:* ALMEIDA FILHO, Niemeyer (Coord.). *Desenvolvimento e dependência*: cátedra Ruy Mauro Marini. Brasília: Ipea, 2013, p. 121.

própria da dependência do Brasil e da América Latina, é contraditória à ideologia liberal de progresso material e liberdade aos indivíduos, na medida em que é geradora dos altos índices de desigualdade de renda e propriedade e gera uma perspectiva de pobreza estrutural nesses países, ou seja, são democracias liberais que "assentam-se sobre grande fragilidade institucional".[442]

Definidas as estruturas da teoria da dependência, em que submissão econômica e superexploração da mão de obra se constituem pilares, resta clara a factibilidade da adoção da classe social como categoria e eixo social que permitem analisar os problemas estruturais contemporâneos, em especial dos países periféricos, como o Brasil. Como bem define Niemeyer Almeida Filho, o próprio caráter estrutural da concentração de renda e riqueza no Brasil só pode ser realmente compreendido em toda sua magnitude a partir da luta de classes,[443] em que a superexploração do trabalho se revela como categoria que distingue o desenvolvimento capitalista operado no Brasil e na América Latina e explica o nível de desigualdade social nessa região, o qual está muito acima dos níveis de discrepância constitutivos do capitalismo *como ordem social*.[444]

É necessário destacar que o Brasil passou por tentativas de processo de industrialização, todavia, jamais se desvencilhou da atividade exportadora

---

[442] MARTINS, Carlos Eduardo. "O pensamento de Ruy Mauro Marini e sua atualidade para as ciências sociais". *In:* ALMEIDA FILHO, Niemeyer (Coord.). *Desenvolvimento e dependência*: cátedra Ruy Mauro Marini. Brasília: Ipea, 2013, p. 23.

[443] Sobre a relação entre o valor do trabalho e a luta de classes: "É sobre as bases objetivas que definem o valor da força de trabalho que pode ser entendido o papel do desenvolvimento da luta de classes na determinação dos salários, tal como são a mais-valia e a sua transfiguração em lucro e lucro médio na concorrência os elementos fundamentais para compreender a disputa entre capitais. Definitivamente, *não é a luta de classes que determina o valor*, mas é este que define o eixo em torno do qual se desenvolverá a luta de classes". OSÓRIO, Jaime. "Dependência e superexploração". *In:* SADER, Emir; SANTOS, Theotônio dos (Coord.). MARTINS, Carlos Eduardo; VALENCIA, Adrián Sotelo (Org.). *A América Latina e os desafios da globalização*. Rio de Janeiro: PUC/Rio; São Paulo: Boitempo, 2009, p. 179.

[444] ALMEIDA FILHO, Niemeyer. "Superexploração da força de trabalho e concentração de riqueza: temas fundamentais para uma política de desenvolvimento no capitalismo periférico brasileiro". *In:* ALMEIDA FILHO, Niemeyer. *Desenvolvimento e dependência*: cátedra Ruy Mauro Marini. Brasília: Ipea, 2013, p. 184.

primária, ou seja, nunca foi de fato um centro da acumulação do capital. O pouco de desenvolvimento industrial conquistado ao longo de cinco décadas (1930-80) começou a ser revertido nos anos 1980, cujo resultado é um claro processo de desindustrialização ainda não estancado e aprofundado por políticas neoliberais adotadas a partir dos anos 1990, que colocaram o Brasil em desvantagem frente a outros países emergentes, como a China e Índia. Com a desnacionalização do parque produtivo, privatização de empresas estatais e perda de elos da cadeia produtiva, frisa Liana Carleial que o Brasil aprofundou seu subdesenvolvimento,[445] agora com repercussões globalizadas.[446] Nem as políticas de industrialização, adotadas a partir de 2004, tampouco as importantes políticas sociais estabelecidas no mesmo período lograram redefinir na presente década o papel do Brasil na divisão internacional do trabalho como um centro de atividades primárias destinadas à exportação, não obstante o aumento da diversificação desses produtos.[447]

---

[445] Sobre o aprofundamento do subdesenvolvimento na América Latina na era da globalização: "A reestruturação na América Latina, impulsionada pela globalização e pelo neoliberalismo, aprofundou o subdesenvolvimento. O aumento da pobreza e a má distribuição da renda se devem em grande medida a uma reprodução simples do capitalismo com níveis muito baixos de investimento para criação e ampliação de empresas. Isso, apesar dos lucros elevados. Os lucros na América Latina crescem como nos Estados Unidos, e, possivelmente, até mais. A diferença é que nos Estados Unidos há um forte processo de investimento e, na América Latina, uma estagnação do investimento nas últimas décadas. Essa estagnação combina uma diminuição dos investimentos em maquinaria e equipamento com um aumento do investimento em novos ramos residenciais e turísticos". LEIVA, Orlando Caputo. "A economia mundial e a América Latina no início do século XXI". *In:* SADER, Emir; SANTOS, Theotônio dos (Coord.). MARTINS, Carlos Eduardo; VALENCIA, Adrián Sotelo (Org.) *A América Latina e os desafios da globalização.* Rio de Janeiro: PUC/Rio; São Paulo: Boitempo, 2009, p. 151.

[446] Nessa nova divisão internacional do trabalho, Marini aponta que a repercussão se dá agora ao nível da força de trabalho e não pela posição ocupada no mercado mundial pela economia nacional onde o trabalhador atua. O trabalhador passa a integrar um *"verdadeiro exército industrial globalizado".* MARINI, Ruy Mauro. *Dialética da dependência.* Petrópolis: Vozes, 2000, p. 281.

[447] CARLEIAL, Liana. "A divisão internacional do trabalho como categoria central da análise de Ruy Mauro Marini". *In:* NEVES, Lafaiete Santos (Coord.). *Desenvolvimento e dependência*: atualidade do pensamento de Ruy Mauro Marini. Curitiba: CRV, 2012, pp. 10/11.

Há uma nova divisão internacional do trabalho[448] operada mundialmente com fundamento na superioridade dos países centrais em matéria de pesquisa e desenvolvimento, resultando em um prático monopólio em termos de inovação. Cabe nesse processo aos países periféricos recepcionar as atividades industriais que envolvem menor conteúdo de conhecimento, em que as etapas produtivas são dispersadas, o que resulta na fragmentação da produção. É o resultado dos fundamentos da globalização, a saber: (i) dimensão global; (ii) aceleração do tempo histórico; (iii) intensa capacidade produtiva; e (iv) revolução nas comunicações associada ao crescimento populacional urbano, com a multiplicação da circulação de mercadorias, ideias, serviços e dinheiro. A representação mais eloquente dessa nova divisão internacional do trabalho é a firma-rede internacional, a dominação do mercado por empresas transnacionais por meio da fragmentação produtiva.[449] São *empresas globais* que se constituem como chave para a compreensão da globalização da própria superexploração do trabalho contemporaneamente e da nova divisão internacional do trabalho.[450]

---

[448] Para Marini, a criação concreta de uma alternativa ao processo dependente passa pelo engendramento de um modo próprio de circulação da produção na América Latina. Antes, é preciso iluminar as especificidades do ciclo do capital na economia dependente latino-americana, o que significa identificar essa nova divisão internacional do trabalho e as razões da agudização das relações de dependência em relação aos países centrais. MARINI, Ruy Mauro. *Dialética da dependência*. Petrópolis: Vozes, 2000, p. 131.

[449] CARLEIAL, Liana. "A divisão internacional do trabalho como categoria central da análise de Ruy Mauro Marini". *In:* NEVES, Lafaiete Santos (Coord.). *Desenvolvimento e dependência*: atualidade do pensamento de Ruy Mauro Marini. Curitiba: CRV, 2012, pp. 11/12.

[450] "A emergência das chamadas *empresas globais*, como uma etapa mais avançada da transnacionalização empresarial, é a chave nesses processos de globalização da superexploração. Elas reorganizam a divisão internacional do trabalho em escala mundial e criam novas unidades de produção que concentram a maior parte das inovações tecnológicas e produzem para o mercado mundial, tornando obsoletas as empresas estritamente nacionais e pequenas e médias dos países centrais, que empregam a maior parte da força de trabalho dessas regiões e passam a sofrer perdas de mais-valia em função do redesenho das transnacionais. De um lado as empresas globais monopolizam a ciência e o conhecimento simbólico – que se transformaram desde os anos 1970 na principal força produtiva – em suas unidades localizadas nos países centrais e produzem mercadorias de alto valor agregado para o mercado mundial; de outro, descentralizam

A atualidade e a centralidade da categoria da superexploração no século XXI revelam-se na manutenção das condições de pagamento da força de trabalho abaixo do seu valor na América Latina e no Brasil, mesmo que algumas amenizações tenham ocorrido entre o final da primeira década de 2000 até o meio da atual década. Na definição de Carlos Eduardo Martins, haverá superexploração do trabalho sempre que, não obstante o relativo desenvolvimento tecnológico, os preços da força de trabalho se constituírem como insuficientes para se atender às necessidades fundamentais de consumo do trabalhador, o qual "vive em situação de pobreza estrutural, não reproduzindo plenamente sua força de trabalho".[451]

Alguns elementos demonstram que a superexploração do trabalho se constitui como fundamento do desenvolvimento econômico e social brasileiro, exacerbando com fortes tintas a atualidade da condição de classe da massa trabalhadora, muito distante dos privilégios estatais e das condições mais confortáveis estabelecidas pela estruturação social histórica no Brasil. O primeiro fator, nesse sentido, é o da continuidade do pagamento dos salários abaixo do valor real, em orientação contínua ao processo histórico de não pagamento ao trabalhador do valor efetivo da mão de obra dispensada na relação de emprego. A partir da constatação do efetivo poder de compra do salário mínimo real, Mathias Seibel Luce aponta que o salário mínimo oficial, acrescido da inflação do período, não reflete a "relação do salário com o valor da força de trabalho", ainda que o salário mínimo tenha sofrido reajustes significativos a partir dos

---

a tecnologia e conhecimento incorporado para elevar a intensidade tecnológica do trabalho superexplorado da periferia e semiperiferia, dirigindo-os à elaboração de partes e componentes de baixo e médio valor agregado, também para a economia mundial. Com isso, deslocam a concorrência de bases nacionais para globais, bem como padrões de competição empresarial". MARTINS, Carlos Eduardo. "A superexploração do trabalho e a economia política da dependência". In: SADER, Emir; SANTOS, Theotônio dos (Coord.). MARTINS, Carlos Eduardo; VALENCIA, Adrián Sotelo (Org.). A América Latina e os desafios da globalização Rio de Janeiro: PUC/Rio; São Paulo: Boitempo, 2009, pp. 212/213.

[451] MARTINS, Carlos Eduardo. "O pensamento de Ruy Mauro Marini e sua atualidade para as ciências sociais". In: ALMEIDA FILHO, Niemeyer (Coord.). Desenvolvimento e dependência: cátedra Ruy Mauro Marini. Brasília: Ipea, 2013, p. 37.

governos Lula e Dilma. É dizer, o valor do salário mínimo oficial não logra recuperar as perdas anteriores, na comparação da série histórica entre o salário mínimo oficialmente definido e o mínimo salarial efetivamente necessário para a sobrevivência digna do trabalhador.[452] Aliás, o vilipendiamento do valor da força de trabalho torna-se ainda mais grave em tempos atuais, na medida em que se operou gravíssima alteração legislativa (art. 452-A da Lei n. 13.467/2017 – chamada de "reforma trabalhista") no sentido de permitir a formalização de contrato de trabalho intermitente, ou seja, contratos em que o trabalhador é remunerado com fundamento nas horas trabalhadas, o que resulta, na prática, na possibilidade de recebimento de salário com valor abaixo do salário mínimo oficial.[453] Com efeito, o pagamento de salários abaixo do valor real do trabalho, condição exacerbada pela possibilidade de pagamento de salário abaixo do salário mínimo oficial, revela a manutenção e atualidade da condição da superexploração do trabalho no Brasil em pleno século XXI.

O segundo fundamento concreto que justifica a contemporaneidade da categoria superexploração é a constatação real do prolongamento da

---

[452] Luce demonstra com base no SMN (salário mínimo necessário) calculado pelo Departamento Intersindical de Estatísticas e Estudos Socioeconômicos (Dieese) que o salário mínimo oficial, com base em toda a série histórica, não é capaz de atender às necessidades mínimas da unidade familiar do trabalhador, mesmo diante da efetiva e significativa elevação ocorrida a partir dos governos Lula e Dilma. LUCE, Mathias Seibel. "A superexploração do trabalho no Brasil: evidências da história recente". *In:* ALMEIDA FILHO, Niemeyer (Coord.). *Desenvolvimento e dependência*: cátedra Ruy Mauro Marini. Brasília: Ipea, 2013, pp. 149-152.

[453] Sobre a inconstitucionalidade do contrato de trabalho intermitente, Lenio Streck manifesta-se de forma absolutamente objetiva e sem rodeios: "Esses elementos não são mera retórica constitucional. Na verdade, trata-se de dispositivos vinculantes da atuação pública tanto quanto da atuação privada na sociedade brasileira pós-1988, a começar pelo Legislativo e pelo Executivo. Sem mais rodeios, não passa por uma filtragem constitucional a intenção reformista legislada de promover o contrato intermitente pela Lei 13.467/17 com as pinceladas da Medida Provisória 880/17 (e aqui abstraio da inconstitucionalidade *ab ovo* da referida Medida Provisória). Fica nítido na reforma que o contrato de trabalho intermitente foi concebido para a precarização dos meios de contratação de trabalhadores com intento estatístico de propagandear falsamente um incremento do emprego no Brasil". STRECK, Lenio. Reforma trabalhista: contrato intermitente é inconstitucional. Disponível em: https://www.conjur.com.br/2017-dez-04/streck-reforma-trabalhista-contrato-intermitente-inconstitucional. Acesso em: 19 de março de 2021.

jornada de trabalho no Brasil, o que é apresentado por Luce com fundamento em dados empíricos que demonstram que, entre 2003 e 2009, 40% dos trabalhadores brasileiros realizaram jornada de trabalho acima de 44 horas semanais, logo, acima do estabelecido no contrato de trabalho, sendo que em regiões metropolitanas se constatou que 25,5% dos trabalhadores chegaram a desenvolver jornadas de 49 horas ou mais. No mesmo contexto, a possibilidade legal de venda de período de férias está amplamente difundida e institucionalizada. Ainda, com supedâneo na introdução das reformas da Consolidação das Leis do Trabalho, por meio da Lei n. 13.467/2017, restou instituída a possibilidade de diminuição do horário de almoço para até 30 (trinta) minutos. Em que pese ocorra o pagamento de horas extras e do próprio período de férias, o fato é que a recomposição de remuneração pelas horas trabalhadas além da jornada normal não é capaz de compensar os danos e os desgastes da *corporeidade viva* do trabalhador. O prolongamento por anos reiterados da extensão da jornada de trabalho, somado à diminuição do tempo de descanso no período do almoço, impõem e resultam inevitavelmente na diminuição do tempo de repouso e de recuperação da força vital do trabalhador, não havendo compensação efetiva "com o aumento da quantidade de bens consumidos", tratando-se da combinação de duas formas de superexploração, as quais violam o fundo de consumo e o fundo de vida do trabalhador: (i) conversão do fundo de consumo do trabalhador em fundo de acumulação do capital; (ii) prolongamento da jornada além da jornada normal.[454]

Mas não apenas o aumento da extensão da jornada de trabalho constitui-se como forma contemporânea que revela a superexploração do trabalho no século XXI, especialmente no Brasil. A intensidade do trabalho, desde o "milagre econômico" até os dias atuais, também foi elevada de forma significativa, com reflexos extremamente negativos para a saúde do trabalhador e paras suas condições materiais de vida. A elevação clara do número de acidentes de trabalho registrados, na ordem

---

[454] LUCE, Mathias Seibel. "A superexploração do trabalho no Brasil: evidências da história recente". *In:* ALMEIDA FILHO, Niemeyer (Coord.). *Desenvolvimento e dependência*: cátedra Ruy Mauro Marini. Brasília: Ipea, 2013, pp. 153-155.

de 40% nos anos 2000, bem como o aumento do número de trabalhadores atingidos por doenças laborais, demonstram a "tendência atual do capitalismo brasileiro de elevar o desgaste da corporeidade físico-psíquica do trabalhador".[455]

Luce destaca, ainda, o aumento do elemento histórico-moral do valor da força de trabalho sem o respectivo aumento da remuneração do trabalhador como fundamento da superexploração como fenômeno atual. Nessa perspectiva, a sociedade capitalista contemporânea logrou impor aos trabalhadores novas necessidades no plano do consumo, introduzindo novos bens (antes de difícil acesso em razão dos valores) que passam a compor a "cesta de consumo dos trabalhadores", sem que as condições gerais de possibilidade de consumo fossem alteradas, ou seja, a forma possível de acesso a esses novos produtos é o endividamento ou a submissão a uma carga extra de trabalho. Revela, portanto, uma alteração do elemento histórico-moral desacompanhada da remuneração, o "aumento do valor da força de trabalho sem aumentar seu pagamento". O crescimento do consumo na nova classe consumidora (denominada equivocadamente por alguns de "nova classe média" ou "nova classe C") nos anos 2000 e 2010 deu-se fundamentalmente com base no endividamento das famílias, custando ao trabalhador a diminuição do seu fundo de consumo e de seu fundo de vida, o que se constitui como componente da superexploração contemporânea, na medida em que impõe um "hiato entre o elemento histórico-moral do valor da força de trabalho e o pagamento desta".[456]

Na perspectiva da importância ímpar da superexploração do trabalho, enquanto categoria que demonstra as razões históricas e estruturais da relação dependente do Brasil e da América Latina às economias do eixo dominante, é inevitável reconhecer a contemporaneidade e

---

[455] LUCE, Mathias Seibel. "A superexploração do trabalho no Brasil: evidências da história recente". *In:* ALMEIDA FILHO, Niemeyer (Coord.). *Desenvolvimento e dependência*: cátedra Ruy Mauro Marini. Brasília: Ipea, 2013, pp. 155-159.

[456] LUCE, Mathias Seibel. "A superexploração do trabalho no Brasil: evidências da história recente". *In:* ALMEIDA FILHO, Niemeyer (Coord.). *Desenvolvimento e dependência*: cátedra Ruy Mauro Marini. Brasília: Ipea, 2013, pp. 159-162.

importância da categoria "classe social", a qual se constitui como elemento indissociável da própria superexploração. Utilizar-se da classe social como categoria referencial para análises econômicas, sociais, culturais e políticas é, portanto, viável e justificável nos planos teórico e prático no século XXI, em especial no Brasil, e a Teoria Marxista da Dependência revela-se importante ponto de sustentação nesse sentido.

Faz sentido aduzir, então, que o embate de classes no Brasil, a partir da superexploração do trabalho, é um fator estrutural, constante e extremamente atual, cuja relação permeia toda a cadeia das relações econômicas, sociais e políticas e que traz, por consequência, questionamentos acerca da factibilidade da delimitação e constatação real de um conceito de interesse público que abranja a sociedade brasileira como um todo. Ao partir das premissas categoriais propostas pela Teoria Marxista da Dependência, evidencia-se a luta de classes no processo produtivo e social, bem como fica latente a diferença em relação às condições materiais de existência.[457]

Com a clareza de que as classes sociais existem e são centrais no processo social, torna-se inevitável o questionamento sobre seus antagônicos interesses de classe, pois, na medida em que suas posições são verticais no processo de desenvolvimento e de distribuição da riqueza, parece um tanto fictício aludir à possibilidade concreta de definição de interesses que abarquem de forma linear interesses de classe que estão em constante conflito. A definição e a constatação da superexploração do trabalho impõem uma revisitação de categorias e contradições deixadas de lado, especialmente após o processo de redemocratização, reafirmando antagonismos históricos de classe, agora permeados por novos elementos, os quais aprofundam os embates de classe ao invés de amenizá-los.

---

[457] "Outra afirmação errônea a afastar é a que atribui à categoria dependência uma visão que não levaria em consideração a luta de classes. (...) Definitivamente, a luta de classes não passa ao largo da TMD. Antes, ao contrário: seu programa de investigação é presidido pelo objetivo de fazer a rigorosa apreensão do terreno em que ela (a luta de classes) acontece e das transformações que devem se materializar, por obra da atuação consciente da classe trabalhadora, a fim de transcender o jugo da dominação que se vive nas formações econômico-sociais regidas pelas relações de dependência". LUCE, Mathias Seibel. *Teoria marxista da dependência*: problemas e categorias – uma visão histórica. São Paulo, 2018, p. 205.

Com a preocupação de traçar coerentemente a trajetória do desenvolvimento das classes sociais no Brasil, demonstrando sua atualidade, objetiva-se trazer desconforto para as teorias que defendem o conceito de interesse público, em especial aquelas que não logram sequer aludir às contradições e às diferenças materiais entre os integrantes dessas classes.

Capítulo III

TEORIAS CRÍTICAS DO DIREITO E A (NÃO) FACTIBILIDADE DE UM CONCEITO DE INTERESSE PÚBLICO

> *A maior dificuldade, numa apresentação do Direito, não será mostrar o que ele é, mas dissolver as imagens falsas ou distorcidas que muita gente aceita como retrato fiel.*[458]
>
> *O Estado, lugar e cerne de uma luta de classes: eis-nos decididamente bem longe dos juristas clássicos.*[459]

A suscitação de questões e contradições sociais concretas do Direito, essencialmente delineadas pelas ciências sociais, como se demonstrou nos tópicos anteriores, não ficou restrita às searas sociológica, filosófica, econômica e antropológica, chegando às raias da própria Teoria do Direito e de algumas disciplinas dogmáticas, a partir de movimentos pertinentes a escolas críticas que desenvolveram teorias e alternativas para desvelar a função do Direito e, ao mesmo tempo, propor formas de superação de um saber jurídico não comprometido com a emancipação social, como melhor delimita António Manuel Hespanha.[460]

---

[458] LYRA FILHO, Roberto. *O que é Direito*. 17ª ed. São Paulo: Brasiliense, 1999, p. 7.

[459] MIAILLE, Michel. *Introdução crítica ao Direito*. 2ª ed. Lisboa: Estampa, 1994, p. 135.

[460] "As aqui denominadas escolas críticas tem como assunção fundamental a de que

Essas doutrinas críticas têm como característica central a proposição de enxergar o Direito sob um ponto de vista em que se consideram os conflitos, com o intuito de revelar a instrumentalidade do discurso jurídico, porém, não em função de *interesses gerais e independentes*, mas sob o prisma de que o Direito favorece *interesses socialmente particulares e diferenciados*. Desconstrói-se a *ideologia espontânea dos juristas*, para negar a perspectiva de definição do Direito enquanto ciência dotada de neutralidade e independência, vinculando-o aos interesses de grupos sociais dominantes e ao próprio corpo dos juristas. Por outro lado, as escolas de teoria crítica objetivam demonstrar o "caráter mistificador de muitos conceitos com que os juristas costumam lidar sem uma exacta noção de seu caráter enviesado, mítico ou artificial". [461]

É o que aponta Luiz Aberto Warat, ao utilizar a expressão "senso comum teórico dos juristas",[462] a qual seria formada por "visões, fetiches, lembranças, ideias dispersas, neutralizações que beiram as fronteiras das palavras que elas se tornem audíveis e visíveis, mas que regulam o discurso", constituindo-se em uma relação imaginária dos juristas com as expressões jurídicas, as quais determinam a *aceitabilidade do real*.[463] Representa uma *paralinguagem* que impõe às categorias e conceitos jurídicos

---

as normas jurídicas não constituem proposições universais, necessárias ou, sequer, politicamente neutras. Pelo que, antes de tudo, importa compreender o funcionamento do direito (e do saber jurídico) em sociedade, para desvendar os seus compromissos sociais e políticos, bem como a violência e discriminação a ele inerentes. O direito não é uma pura forma, universal, eterna e neutral, de organizar as relações sociais, mas uma regulação local, tecida em funções de conjunturas políticas também locais e acionada por estas". HESPANHA, António Manuel. *Cultura jurídica europeia*: síntese de um milénio. Coimbra: Almedina, 2015, p. 487.

[461] HESPANHA, António Manuel. *Caleidoscópio do Direito*: o Direito e a Justiça nos dias e no mundo de hoje. 2ª ed. Coimbra: Almedina, 2009, p. 272.

[462] "De uma maneira geral, a expressão 'senso comum dos juristas' designa as condições implícitas de produção, circulação e consumo das verdades nas diferentes práticas de enunciação e escritura do Direito. Trata-se de um neologismo para que se possa contar um conceito operacional que sirva para mencionar a dimensão ideológica das verdades jurídicas". WARAT, Luiz Alberto. *Introdução Geral ao Direito*. Interpretação da lei: temas para uma reformulação. vol. I. Porto Alegre: Sergio Antonio Fabris Editor, 1994, p. 13.

[463] WARAT, Luiz Alberto. *Introdução Geral ao Direito*. Interpretação da lei: temas para uma reformulação. vol. I. Porto Alegre: Sergio Antonio Fabris Editor, 1994, p. 14.

algo além dos significados, cujo objetivo é "estabelecer em forma velada a realidade juridicamente dominante". Essas significações são instrumentos de poder que ocultam o componente político da investigação de verdade, canonizando imagens e crenças para "preservar os segredos que escondem as verdades".[464]

Hespanha destaca alguns conceitos centrais para o Direito e as respectivas imagens projetadas, tais como: *sujeito de direito*, em que se prega o agir de um sujeito supostamente livre e racional, desapegado de vínculos sociais e de particularismos culturais ou psicológicos; *igualdade*, circunscrita à mera perspectiva formal perante o Direito; ou o *direito adquirido*, em relação ao qual não há qualquer substrato material, mas apenas *taxinomias puramente dogmáticas*.[465] Toma-se a liberdade de incluir o conceito de *interesse público*, constituindo-se como mais um conceito essencial para o Direito, em destaque para o Direito Administrativo e para o Direito Público em geral, ainda que contenha caráter eminentemente abstrato e especulativo, cuja função precípua é planificar de maneira fictícia os conflitos sociais e as diferenças de interesses, quando se miram os conflitos sob a perspectiva da *luta de classes*. A crítica ao *interesse público*, nesse sentido, tem o condão de revelar a sua essência estrutural para o Direito, a qual, sob a perspectiva crítica, não pode ser dotada de neutralidade e imparcialidade, posto que, assim como a lógica que rege

---

[464] "As significações não deixam de ser um instrumento de poder. Aceitando-se que o Direito é uma técnica de controle social não podemos deixar de reconhecer que seu poder só pode se manter estabelecendo-se certos hábitos de significação. Existe, portanto, um saber acumulado – difusamente presente nas redes dos sistemas institucionais – que é condição necessária para o exercício do controle jurídico da sociedade. Com isto, estamos ressaltando as dimensões políticas dos sistemas de enunciação. (...) Resumindo: os juristas contam com um emaranhado de costumes intelectuais que são aceitos como verdades de princípios para ocultar o componente político da investigação de verdades. Por conseguinte se canonizam certas imagens e crenças para preservar o segredo que escondem as verdade. O senso comum teórico dos juristas é o lugar do secreto. As representações que o integram pulverizam nossa compreensão do fato de que a história das verdades jurídicas é inseparável (até o momento) da história do poder". WARAT, Luiz Alberto. *Introdução Geral ao Direito*. Interpretação da lei: temas para uma reformulação, vol. I. Porto Alegre: Sergio Antonio Fabris Editor, 1994, p. 15.

[465] HESPANHA, António Manuel. *Caleidoscópio do Direito*: o Direito e a Justiça nos dias e no mundo de hoje. 2ª ed. Coimbra: Almedina, 2009, p. 272.

o Direito como um todo, o interesse geral instrumentaliza o domínio de classe, sobretudo em relação ao aparato estatal.

Nesse sentido, Hespanha deixa ainda mais clara a importância das escolas de teoria crítica para a superação dos *déficits democráticos*:

> Apesar de muitos considerarem as teorias críticas como panfletárias ou utópicas, a verdade é que elas apresentam quer uma impressionante fundamentação empírica, quer propostas viáveis para ultrapassar muitos dos défices democráticos do direito; os quais são, da perspectiva de uma legitimação democrática do direito, défices de democraticidade e, logo, razões de invalidez das normas jurídicas. E, na verdade, as normas que análises do tipo das que se apresentam mostram como discriminatórias têm progressivamente mais dificuldade para realizar consensos estáveis e, por isso, para serem reconhecidas como normas jurídicas (*i.e.*, para passarem as condições das normas de reconhecimentos dos Estados democráticos contemporâneos).[466]

A partir dos anos 1970, em razão das crises dos modelos normativos *tecnoformais de origem iluminista*, foram fundados movimentos no campo do Direito que passam a pautar orientações teóricas que questionam e propõem a superação do *reducionismo normativista* e do *formalismo dogmático*. Logo, um movimento *transcontinental* de crítica jurídica, contemplando "múltiplas 'tendências', 'correntes' e/ou 'formulações críticas' que não só nascem de matrizes ideológicas e científicas distintas, mas também refletem as condições sociopolíticas que predominam em seus países de origem".[467]

Ao se considerar toda a produção científica e de análise realizada pelas escolas de teoria crítica do Direito, em especial as correntes que se pautaram numa análise de teoria crítica de matriz marxista, consigna-se a necessidade de identificar de que maneira o conceito de interesse público sofre com as inflexões críticas das construções teóricas delimitadas historicamente por essas escolas.[468] Significa investigar o que "sobra" do

---

[466] HESPANHA, António Manuel. *Caleidoscópio do Direito*: o Direito e a Justiça nos dias e no mundo de hoje. 2ª ed. Coimbra: Almedina, 2009, p. 273.

[467] WOLKMER, Antonio Carlos. *Introdução ao pensamento jurídico crítico*. 9ª ed. São Paulo: Saraiva, 2015, p. 61.

[468] Em consideração à extensão das escolas de teoria crítica, em número e complexidade teórica, limita-se a análise em questão às vertentes dotadas de maior expressão.

conceito de interesse público quando filtrado pelas construções críticas de Teoria do Direito elaboradas pelos pensadores críticos representados nesses movimentos criados a partir dos anos 1970.

3.1 *CRITICAL LEGAL STUDIES* E A DETERIORAÇÃO DA NEUTRALIDADE DOS INSTITUTOS JURÍDICOS: CONTRIBUIÇÕES AO CARÁTER POLÍTICO E IDEOLÓGICO DO CONCEITO DE INTERESSE PÚBLICO

Tendo como herança cultural o realismo jurídico norte-americano[469] e o seu questionamento ao *liberalismo absoluto* de caráter cético,[470] a escola

---

[469] O realismo norte-americano caracteriza-se como uma reação antiformalista de substrato pragmático, no sentido de que o Direito se constitui como instrumento componente da ação social, vinculado ao *processo sociológico total*, melhor delineado por Roberto Lyra Filho: "Este sociologismo radical, destruindo a identificação entre direito e norma legal, abre lugar para a função constitutiva, jurígena, dos *non-legal factors*, desde os elementos sociais aos psicológicos. Stone lembra a função destes, também, enquanto os protagonistas da vida jurídica se deixam governar por seus ideais tradicionais, até suas idiossincrasias e preconceitos. Assim é que o realismo de Frank pode qualificar de 'mitológica' a ciência jurídica tradicional, dada a presença de fatores emotivo e irracionais no desempenho judiciário. Mesmo na linha moderada de Cardozo, que se recusa a dar preeminência, senão hegemonia total, ao *judge-made law*, transformando a lógica jurídica em lógica das probabilidades (previsão de comportamento judiciário, a jurisprudência é vista como emanação dos 'ideais' que dominam o ambiente social). (...) Em todo o 'realismo' norte-americano, com Llewelyn e outros, como Frank, há uma ênfase na atividade judicial enquanto padrão do direito tal qual 'é', mas esta preocupação, embora ligada aos pressupostos da corrente, é, mais amplamente, derivada do tipo de sistema jurídico da tradição inglesa. Nele, sem dúvida, a participação do elemento judicial tem mais destaque e largueza no processo monogenético. Todavia, essa ligação com a magistratura e o aspecto propriamente contencioso é também uma limitação característica daquela visão do *judge-made law*, muito sublinhada, sobretudo a partir de Holmes. Ela não só recai no círculo vicioso, assinalado pela crítica mencionada, de Sarotte, como traduz uma atitude característica de todo formalismo legalista ou sociologista. Geralmente, o que se toma por direito como é parte do ângulo da 'violação' ou do litígio e abandona, obscurece ou minimiza os aspectos da aplicação 'espontânea'. Em outro escrito, já mostrei como essa atitude é artificial, e leva a uma ideia falsa do direito. Ele existe antes, e sob muitos aspectos *acima*, do Estado e seus poderes". LYRA FILHO, Roberto. *A filosófica jurídica nos Estados Unidos da América*: revisão crítica. Porto Alegre: Fabris, 1977, pp. 50/51 e 60/61.

[470] "O pragmatismo de Holmes e a sociologia jurídica de Pound abriram caminho para o

Critical Legal Estudies relacionou Direito e política, numa espécie de radicalização à esquerda das concepções realistas precedentes, fundamentando-se no lema "o direito é política". Figura como um movimento de professores constituído nos anos 1970, cujos vínculos acadêmicos se relacionavam com as universidades de Harvard e Wisconsin, e seus principais representantes eram Roberto Mangabeira Unger e Duncan Kennedy, dentre outros professores de singular relevância.

Impulsionados pela efervescência política mundial do fim dos anos 1960, em especial nos Estados Unidos em relação à oposição à Guerra do Vietnã, a defesa dos direitos civis e pela desagregação racial, o movimento *Critical Legal Studies* associou as questões jurídicas de base ao movimento de contracultura e protestos políticos daquele período histórico, com denúncia ao formalismo do modelo jurídico liberal, o qual sustentaria relações sociais desiguais. Como bem define Alberto Moraes Godoy, o Direito passou a ser caracterizado por esse movimento como "ideologia política legitimadora da sociedade norte americana, seguidora dos cânones do neoliberalismo", e que apenas o jurista neoliberal poderia admitir a lei como expressão de racionalidade e objetividade. Na verdade, a visão dessa escola era de que o Direito liberal se propunha a conciliar elementos eticamente incompatíveis, ou seja, uma prática meramente legitimadora capaz de suscitar "falsas esperanças e propagando conceitos ontologicamente inexistentes".[471]

---

realismo jurídico norte-americano. Trata-se de uma segunda geração de anti-formalistas, geralmente associados ao programa intervencionista *New Deal*, do presidente Franklyn Delano Roosevelt. Academicamente relacionado às universidades de Columbia, Jonh Hopkins e Yale, o realismo jurídico também pontificou no judiciário. Influenciou o pensamento de juízes como Benjamim Cardozo, que expressava desconcertante relativismo jurídico ao afirmar que há várias maneiras de se julgar um mesmo caso. O realismo jurídico desdobrou-se com a ampliação da participação do Estado na vida econômica norte–americana. Duvidou-se do liberalismo absoluto, criticou-se o descaso governamental para com necessidades mais populares, amoldou-se o comando da norma a imperativos casuísticos. O juiz tem postura mais ativista. Ele não revela nem descobre a lei; ele a cria. O realismo jurídico é marcado por um intenso ceticismo. Duvida-se da possibilidade de decisões jurídicas produzidas de acordo com regras específicas. A realidade seria muito complexa e fluida para ser governada por normas de direito". GODOY, Arnaldo Moraes. "Direito e filosofia nos Estados Unidos". *Revista de Informação Legislativa*, Brasília, a. 41, n. 163, pp. 69-83, jul./set. 2004, pp. 72/73.

[471] GODOY, Arnaldo Moraes. "Direito e filosofia nos Estados Unidos". *Revista de Informação Legislativa*, Brasília, a. 41, n. 163, pp. 69-83, jul./set. 2004, pp. 75/76.

A ideia central proposta pelo movimento foi de refutar a concepção de que o Direito se constitui em "saber politicamente neutro, limitado a aplicar 'correctamente' norma ou precedentes", passando a defender que os juristas são agentes políticos e que suas respectivas escolhas são de cunho eminentemente político. O objetivo da escola era destacar o necessário empenho dos juristas em alinharem-se politicamente, para possibilitar a aplicação do Direito de maneira "comprometida com os objectivos políticos, que contrabalançassem a defesa jurídica encapotada dos interesses estabelecidos".[472]

Define Hespanha que esse movimento, pautado pelas ideias da Escola Crítica de Frankfurt,[473] denuncia a ausência de fundamento na ideologia que alicerçava os juristas desde o século XVIII, pois se constituiriam apenas em "máscaras de argumentos favoráveis à defesa de posições dominantes na vida social ou na vida académica". Era a denúncia à existência de uma dogmática formalista e racionalista inútil, própria no plano político e ético.[474]

A proposição do movimento era de cunho estrutural e não meramente doutrinário, ao envolver a adoção de novas práticas e discursos jurídicos, em que se propunha a participação de outros agentes, sempre sob a perspectiva do caráter dialético e ideológico do Direito.[475]

---

[472] HESPANHA, António Manuel. *Caleidoscópio do Direito*: o Direito e a Justiça nos dias e no mundo de hoje. 2ª ed. Coimbra: Almedina, 2009, pp. 287/288.

[473] "A cobertura teórica para uma posição tão provocatória veio da Europa, da Escola Crítica de Frankfurt, que se dedicara à crítica do Iluminismo e do cientismo, bem como das suas consequências na cultura e, sobretudo, na política europeia, ao levarem à desresponsabilização ética dos cientistas (o ideal de 'a ciência pela ciência). A Escola Crítica de Frankfurt insistia em que, por detrás de valores tidos como universais, racionais ou cientificamente indiscutíveis, estavam preconceitos próprios de uma certa cultura, preconceitos esses que uma razão universal não podia validar". HESPANHA, António Manuel. *Caleidoscópio do Direito*: o Direito e a Justiça nos dias e no mundo de hoje. 2ª ed. Coimbra: Almedina, 2009, pp. 288/289.

[474] HESPANHA, António Manuel. *Caleidoscópio do Direito*: o Direito e a Justiça nos dias e no mundo de hoje. 2ª ed. Coimbra: Almedina, 2009, pp. 288/289.

[475] "Entretanto, o que a Escola Crítica do Direito propõe é mais do que substituir uma opinião doutrinal por outra: é, mais radicalmente, substituir as regras da prática e

A premissa que norteia as construções teóricas desse movimento é, portanto, de que o Direito se constitui como elemento instrumental, dotado de ampla controvérsia sobre seus postulados, cuja orientação decorre de opções ideológicas e políticas, para afastar as definições que pretendem fazer do Direito um saber neutro e a-histórico. É consequência que os postulados e conceitos do Direito Público, no que se inclui o Direito Administrativo, estejam igualmente submetidos à crítica mais ampla dos membros da *Critical Legal Studies*, sobretudo conceitos dotados de ampla abstração e especulação, como é o caso do *interesse público*. Nesse contexto, importa identificar as meditações realizadas pelos componentes dessa vertente crítica,[476] com o sentido de delimitar, ainda mais, a fragilidade do conceito de interesse público e das teorias publicistas que o defendem sem mediações.

De plano, as diferenças de referencial são impactantes. Na forma como encaram os conflitos entre aparência e realidade na era moderna, Mangabeira Unger[477] destaca que os publicistas do Estado Liberal aceitaram

---

do discurso jurídicos, admitir que outro tipo de pessoas possam participar no diálogo académico e jurisprudencial dos juristas, utilizar outros tipos de factos como relevantes, falar uma outra linguagem e, sobretudo, admitir que o direito é um saber controverso, cujas escolhas representam também opções de ideologia e de política". HESPANHA, António Manuel. *Caleidoscópio do Direito*: o Direito e a Justiça nos dias e no mundo de hoje. 2ª ed. Coimbra: Almedina, 2009, pp. 291/292.

[476] Sobre a plausibilidade de se compreender a forma do Direito para compreensão do Estado moderno e da sociedade, assim como seu reverso: "A compreensão da sociedade liberal contribui para a percepção da ordem jurídica e dos ideais jurídicos dessa sociedade e vice-versa. Pois acertadamente já se disse que o Estado de direito é a alma do estado moderno. O estudo do sistema legal leva-nos diretamente aos problemas centrais encarados pela própria sociedade. Se for correta esta hipótese, na qual se baseia o meu argumento, então qualquer mudança do caráter e dos usos do direito significará que os acordos básicos da sociedade e o conceito que os homens fazem de si mesmos foram alterados. Ao mesmo tempo, tudo o que pudermos aprender sobre essas transformações sociais nos ajudará a reinterpretar a transformação da ordem jurídica". UNGER, Roberto Mangabeira. *O Direito na sociedade moderna*: contribuição à crítica da teoria social. Rio de Janeiro: Civilização Brasileira, 1979, pp. 202/203.

[477] Sobre Mangabeira Unger e a sua contribuição crítica: "Mangabeira acenou com a concepção de que o direito decorre da separação entre Estado e sociedade, e que reflete a desintegração da comunidade. Essas duas percepções colocavam em dúvida ideias tradicionais e surradas, que vêem o direito como fruto da coesão social e da integração

a ideologia como uma "descrição literal do que a sociedade realmente era ou podia vir a ser", e, ao mesmo tempo, rejeitaram a noção marxiana de ideologia "como um mero disfarce de uma verdade que lhe era oposta".[478] Aliás, na senda de confundir essência e aparência, os equívocos dos publicistas alcançaram a própria ideia do Estado de Direito, o que gerou equívoco e mistificação: "confunde uma teoria dominante e a mentalidade representada por essa teoria [do Estado de Direito] com a descrição exata do verdadeiro lugar do direito na sociedade". E mais, Mangabeira identifica o erro de se reconhecer a *ordem jurídica na vida social* com a maneira como tal *ordem* é tratada pelas doutrinas jurídicas que a utilizam como fundamento. Nessa junção, "todos os símbolos e tradições que dão ao direito uma aparência radicalmente autônoma são tomados pelo seu valor nominal", tendo como consequência a ausência de percepção da verdadeira natureza do Direito,[479] essencialmente nas *suas relações com outros aspectos da sociedade*.[480]

---

comunitária, referenciais que marcam o contratualismo iluminista". GODOY, Arnaldo Sampaio Moraes. *O direito na sociedade moderna de Roberto Mangabeira Unger*. Teoria social clássica revista e focos de imaginação institucional: 30 anos depois. Disponível em: https://jus.com.br/artigos/10007/o-direito-na-sociedade-moderna-de-roberto-mangabeira-unger . Acesso em: 28 de maio de 2018.

[478] UNGER, Roberto Mangabeira. *O Direito na sociedade moderna*: contribuição à crítica da teoria social. Rio de Janeiro: Civilização Brasileira, 1979, pp. 46/47.

[479] Arnaldo Moraes Godoy, referindo-se à concepção de Duncan Kennedy em relação ao Direito e seu papel instrumental: "Embora travestido de noção fundacional, o Direito traria na essência uma função instrumental. Para Duncan Kennedy, em todos os modelos de Direito ocidental o discurso de juízes, autoridades e técnicos políticos procura legitimar o poder do Estado. Nega-se, suprime-se, distorce-se e mistifica-se dois aspectos nucleares. Despreza-se o grau que o Direito dá de poder a alguém em detrimento de outrem, ou de outros grupos, bem como a função geral de reprodução de hierarquias cristalizadas. Também se menoscaba o grau que determinado sistema contém de lacunas, conflitos e ambiguidades, e que seriam resolvidos por magistrados com consciência, semi-consciência ou inconsciência de projeto ideológico que se relaciona à essa formação hierárquica". GODOY, Arnaldo Moraes. *O movimento Critical Legal Studies e Duncan Kennedy*: notas sobre a rebeldia acadêmica no direito norte-americano. Disponível em: http://jus2.uol.com.br/doutrina/texto.asp?id=10254. Acesso em: 19 de março de 2021.

[480] É verdade, também, que Mangabeira ressalva como erro, mais sutil, encarar a generalidade e a autonomia da ordem jurídica como meros *simulacros ideológicos*. UNGER, Roberto Mangabeira. *O Direito na sociedade moderna*: contribuição à crítica da teoria social. Rio de Janeiro: Civilização Brasileira, 1979, p. 66.

Mangabeira aponta paradoxos na constituição do Estado, contradições internas que minam as especulações imparciais da sua atuação, essenciais para a compreensão da relação efetiva entre Estado e sociedade.[481] Nessa perspectiva crítica, ainda que não identifique diretamente o Estado como forma típica da modernidade, denota-se que o conflito assume protagonismo na identificação das relações sociais e na composição do próprio Estado. Não há como evitar que o Estado, em que pese se colocar de maneira preponderante em relação à própria sociedade, está estruturado a partir dessa correlação de forças sociais, constituindo-se *fruto dessa hierarquia social,* o que coloca em xeque o discurso de autonomia, neutralidade e imparcialidade na atuação estatal.[482] A defesa da noção meramente discursiva de uma atuação estatal "como deveria ser", principalmente em relação à premissa do interesse público, nega

---

[481] "Somente uma entidade que, de certa forma, se coloque acima dos grupos em conflito pode limitar os poderes de todos os grupos e alegar uma posição de imparcialidade, impessoalidade ou harmonia providencial que justifique a sua exigência de submissão. Ao mesmo tempo, o Estado deve reforçar as relações de domínio e dependência, enquanto indivíduos que lhe dirigem os órgãos devem necessariamente provir de determinadas categorias. Todos os conflitos básicos que marcam a história de separação entre Estado e sociedade derivam, no fim, do paradoxo implícito nessa situação. O Estado, que é filho da hierarquia social, deve também ser seu governante; deve ser separado de qualquer um dos grupos sociais do sistema de domínio e dependência. No entanto, tem que ir buscar os seus membros e as suas metas em grupos que fazem parte desse sistema. Esquecer um dos lados deste paradoxo é perder de vista a verdadeira relação entre Estado e sociedade". UNGER, Roberto Mangabeira. *O Direito na sociedade moderna*: contribuição à crítica da teoria social. Rio de Janeiro: Civilização Brasileira, 1979, p. 71.

[482] Sobre a característica contemplativa dos ideais abstratos pela sociedade liberal, somado à negação do interesse como fundamento do conhecimento teórico: "Na sociedade tribal, a razão é a percepção de um ideal altamente concreto implícito na realidade. Este tipo de razão não distingue o que *é* e o que *deveria ser*, ou entre a teoria e a prática. Mas na sociedade liberal uma noção diferente da relação entre o ideal e a realidade e, portanto, da natureza de cada um deles acarreta uma mudança no conceito de razão. Esta deve agora ser dividida em diferentes faculdades: a escolha de meios para a realização dos interesses do indivíduo e a percepção ou a expressão de ideais abstratos; a primeira dedica-se àquilo que é, a segunda volta-se para o que deveria ser; uma é instrumental, a outra é contemplativa. Entre ambas, há ainda uma terceira faculdade cuja relação com as duas permanece obscura e ambígua: o conhecimento teórico que, embora se interesse pelo mundo real, é procurado como um fim em si mesmo, e não como subordinado ao interesse". UNGER, Roberto Mangabeira. *O Direito na sociedade moderna*: contribuição à crítica da teoria social. Rio de Janeiro: Civilização Brasileira, 1979, p. 159.

um desses paradoxos apontados por Mangabeira, e que resulta na in-compreensão da *verdadeira relação entre Estado e sociedade*.

Representa desmistificar o próprio Estado de Direito e suas premissas cruciais, consideradas *fictícias* por Mangabeira. Primeiro, desfaz-se a premissa de que na sociedade liberal todo o *poder significativo* está reservado ao governo, uma vez que as hierarquias sociais afetam indelevelmente os sujeitos, a igualdade formal diante da lei não logra corrigir as desigualdades materiais experimentadas, e, tampouco, os mecanismos da democracia política têm o poder de alterar essa situação. Segundo, a legislação concebida na sociedade liberal não pode ser admitida como realmente neutra e impessoal, pois "não se pode separar o processo do resultado", o que aponta a probabilidade de adoção de certas opções em detrimento de outras; bem como o sistema de legislação reflete determinada escolha de valores, pois "incorpora certa ideia de como o poder deve ser distribuído na sociedade e de como resolver os conflitos". Ademais, na atuação do administrador e do próprio juiz, não há como se assegurar a impessoalidade, a não ser que houvesse meios que determinassem o significado das normas independentemente das suas preferências pessoais.[483] Como bem define Mangabeira, o Estado de Direito e suas premissas elementares são falseados pela "realidade da vida na sociedade liberal", pois o "Estado, fiscal supostamente neutro do conflito social, é sempre envolvido no antagonismo dos interesses privados e transformado em instrumento de uma ou outra facção".[484]

A proposta de Mangabeira é a adoção de um modelo pós-liberal, pautado na equidade, na solidariedade e na justiça substantiva, no sentido da dissolução do Estado de Direito, sobretudo no que tange ao compromisso desse regime com a legalidade vinculada à generalidade e à autonomia da lei, sob a justificativa de que esses fatores (generalidade e autonomia) se constituem em ideais que o liberalismo é obrigado a cultivar, mas que são impossíveis de atingir em sua plenitude.[485] Quanto

---

[483] UNGER, Roberto Mangabeira. *O Direito na sociedade moderna*: contribuição à crítica da teoria social. Rio de Janeiro: Civilização Brasileira, 1979, p. 190.

[484] UNGER, Roberto Mangabeira. *O Direito na sociedade moderna*: contribuição à crítica da teoria social. Rio de Janeiro: Civilização Brasileira, 1979, p. 191.

[485] UNGER, Roberto Mangabeira. *O Direito na sociedade moderna*: contribuição à crítica da teoria social. Rio de Janeiro: Civilização Brasileira, 1979, p. 210.

maior o grau de formalismo no raciocínio jurídico, mais facilmente se manipula tal raciocínio com o objetivo de "beneficiar os interesses que o jurista pretende ignorar".[486] É a questão essencial de reconhecer a *ingenuidade* na crença pura na lei, pois, assim como se acredita em verdades teleológicas (para sobrevivência) e no mercado (para ascensão ao poder), todos têm como traço comum a força ideológica, e a negação desse aspecto no campo da subsunção normativa conduziria a "resultados políticos distintos daqueles que ocorreriam em situações hipotéticas de transparência".[487] Nesse sentido, a proposta de Duncan Kennedy é a descrença na suposta neutralidade do Judiciário e na desmistificação dos juízes.

A questão posta pelos membros da *Critical Legal Studies* é a inevitabilidade de que, numa sociedade ideologicamente dividida, a política, tal qual um cavalo de Troia, traduza a ideologia hegemônica em termos de regras jurídicas, o que se espalha para todos os planos da ação estatal. Seja na confecção da lei, na sua execução e mesmo no seu controle pelo Poder Judiciário – a interpretação e a atividade dos juízes constituem o principal foco dos estudos de Duncan Kennedy –, podem-se detectar *projetos ideológicos bem definidos*. De forma mais direta, Godoy identifica que para Kennedy as decisões judiciais "asseguram interesses de classe".[488]

Os consensos lastreados na imposição de um conjunto normativo formal e impessoal apenas disfarçam o domínio social de indivíduos em relação a outros indivíduos. A partir da análise crítica de Mangabeira sobre os limites e fragilidade do Estado de Direito, pode-se concluir que a pretensão de generalidade e de justiça a partir de conceitos abstratos[489]

---

[486] UNGER, Roberto Mangabeira. *O Direito na sociedade moderna*: contribuição à crítica da teoria social. Rio de Janeiro: Civilização Brasileira, 1979, p. 215.

[487] GODOY, Arnaldo Moraes. *O movimento Critical Legal Studies e Duncan Kennedy*: notas sobre a rebeldia acadêmica no direito norte-americano. Disponível em: http://jus2.uol.com.br/doutrina/texto.asp?id=10254. Acesso em: 19 de março de 2021.

[488] GODOY, Arnaldo Moraes. *O movimento Critical Legal Studies e Duncan Kennedy*: notas sobre a rebeldia acadêmica no direito norte-americano. Disponível em: http://jus2.uol.com.br/doutrina/texto.asp?id=10254. Acesso em: 19 de março de 2021.

[489] Aliás, Mangabeira tece ferrenha crítica, à direita e à esquerda, às crenças em abstrações que sustentam as teorias sociais modernas, filiados ou não aos positivistas ou aos que

e especulativos, tal qual o conceito de interesse público, nada mais do que esconde os reais conflitos presentes na sociedade capitalista, "fazendo de conta" que as classes sociais (ou outras formas de classificação da estratificação social) almejam os mesmos fins por meio dos mesmos instrumentos jurídicos. Assim, é necessário reaproximar o *ideal* e a *realidade* a partir da *transformação da experiência social*.[490]

---

defendem uma teoria de *estrutura profunda* (estruturalistas ortodoxos): "Mesmo os que não mantêm fidelidade consciente à premissas da teoria social de estrutura profunda e à ciência social positivista tratam habitualmente tipos abstratos de governo e organização econômica, tais como a economia planejada, de mercado ou democracias representativas, como se tivessem um detalhado conteúdo institucional incorporado. Assim, fala-se como se houvesse a obrigação de escolher entre misturas diferentes de mercado e planejamento, mas não entre formas radicalmente diferentes de centralizar ou descentralizar, e de combinar centralismo e descentralização na economia. Admite-se que haja uma verdadeira identidade entre a ideia abstrata de um mercado – como uma ordem em que muitos agentes econômicos negociam por sua própria conta e iniciativa – e um sistema particular de direitos de propriedade e contrato. Identifica-se o controle social da atividade econômica com os métodos conhecidos de nacionalização e regulamentação. Identifica-se a ideia de democracia representativa com a conjunção peculiar do constitucionalismo liberal do século XVIII à política partidária do século XIX que a história legou". UNGER, Roberto Mangabeira. *Política*: os textos centrais, a teoria contra o destino. São Paulo: Boitempo, 2001, p. 95.

[490] "A experiência que apoia o Estado de direito é a do antagonismo entre vontades individuais, cujo mútuo relacionamento só pode ser ajustado de duas maneiras básicas: subordinação pessoal e lei impessoal. Esta alternativa baseia-se no fato de que não existem normas de direito além das preferências arbitrárias dos indivíduos ou grupos; todo consenso é, afinal, mero disfarce do controle pessoal de alguns indivíduos por outros. Mas a alternativa oferece mais do que pode fornecer; no fim, o Estado de direito é incapaz de eliminar a dependência injustificável na vida cotidiana. Talvez a mudança mais inescrutável, embora também a mais rica em significado, seja a redefinição da relação entre o ideal e a realidade. A elite cultural da civilização liberal define-se a si mesma pela oposição à sociedade a que pertence: a lei oficial da sociedade contrasta fortemente com as práticas implícitas das associações privadas; os seus ideais morais são separados das regularidades factuais do comportamento. E todo esse antagonismo entre o que *é* e o que *deveria* ser baseia-se no senso de radical ilegitimidade ou arbitrariedade da forma existente de vida social. A reaproximação entre o ideal e a realidade torna-se possível pela transformação da experiência social que é a maior responsável por esse contraste na sociedade liberal. A forma jurídica típica dessa reaproximação é a subversão do direito positivo, que estabelece clara distinção entre o que as pessoas fazem na realidade e aquilo que deveriam fazer. E a tendência moral fundamental desse fato é atenuar, ou

O ponto crucial para a compreensão das críticas formuladas pelo movimento *Critical*, em especial a perspectiva de teoria social de Mangabeira, está na refutação severa aos ideais de neutralidade pertinentes às instituições básicas que constituem a sociedade moderna e o Estado, o que resulta da admissão do inevitável choque de interesse e visões conflitantes, como bem explica Zhiyuan Cui, prefaciando a obra *Política* de autoria de Mangabeira:

> Aqui tocamos num ponto crucial da teoria social de Unger. Ele não participa da obsessão da maioria dos outros teóricos sociais e filósofos políticos liberais em identificar as nossas instituições básicas como entidades neutras entre os ideais conflitantes da associação humana. Para ele, a miragem da neutralidade interfere com um objetivo mais importante, o de encontrar disposições compatíveis com um experimentalismo prático de iniciativas e com uma diversidade real de experiências. Não podemos distinguir os atributos permanentes e universais da natureza humana dos que variam de acordo com a circunstância social. É inútil apresentar uma ordem institucional como expressão de um sistema de direitos supostamente neutro entre choques de interesses e visões conflitantes do bem. O importante é reduzir a distância entre a reprodução e a revisão de nossas práticas e acordos. Dessa forma conseguiremos atender às exigências das formas de progresso material que coexistem com a libertação do indivíduo das divisões e hierarquias sociais rígidas.[491]

A contribuição que o movimento *Critical* traz para esse debate é a manutenção do propósito crítico de análise do Direito e das crenças levantadas em seu entorno, com o desvelar das tentativas de busca e de afirmação de neutralidades no discurso jurídico. Como afirma Mangabeira,

---

até mesmo negar, o conflito entre as aspirações morais do indivíduo, de um lado, e as estrutura subjetiva do mundo público, de outro". UNGER, Roberto Mangabeira. *O Direito na sociedade moderna*: contribuição à crítica da teoria social. Rio de Janeiro: Civilização Brasileira, 1979, pp. 230/231.

[491] CUI, Zhiyuan. "Prefácio". *In:* UNGER, Roberto Mangabeira. *Política*: os textos centrais, a teoria contra o destino. São Paulo: Boitempo, 2001, p. 15.

em sua cruzada contra o formalismo jurídico, as tentativas de refutação da ciência do Direito à ideologia e à filosofia geram constrangimentos à ciência jurídica.[492]

Dentre as características definitivas do conceito de interesse público está a pretensão de verdade e de generalidade, sob a forma de síntese dos anseios sociais que não passa pelo crivo imediato das mediações políticas e dos conflitos sociais. As perspectivas ideológicas, filosóficas e oposições políticas, ainda que de fundo mais amplo, são solenemente extirpadas da formação do interesse público, cujo conteúdo deve reverência apenas à lei e a direitos instituídos, como se isso fosse efetivamente factível no plano das relações reais.

As teorias críticas do Direito construídas pelo movimento *Critical* servem de parâmetro para identificar o quão formalista é o conceito de interesse público, assim como a própria tentativa de aplicação neutra e imparcial desse conceito que a doutrina do Direito Administrativo realiza todos os dias.

3.2 O MOVIMENTO *CRITIQUE DU DROIT* E A CRÍTICA AO CONCEITO DE INTERESSE GERAL

O movimento crítico do Direito nos anos 1970 espalhou-se pelo mundo em várias vertentes e fórmulas, e teve na França um dos seus principais e mais marcantes expoentes, onde se constituiu uma verdadeira escola crítica, inspiradora de outros tantos movimentos, cujas produções acadêmicas ecoam até os dias atuais. Refere-se ao movimento *Critique du Droit*, o qual logrou reunir juristas e professores de universidades francesas (Montpellier, Saint-Etienne, Lyon, Grenoble), cujo marco de formação foi o ano de 1978, no qual foi publicado o *Manifesto*, em que vários integrantes apresentaram o projeto científico e político do *movimento*,

___

[492] "The implication of our attack upon formalism is to undermine the attempt to rescue doctrine through these several stratagems. It is to show that a doctrinal practice putting its hope in the contrast of legal reasoning to ideology, philosophy, and political prophecy ends up as a collection of makeshift apologies". UNGER, Roberto Mangabeira. *The critical legal movement*: another time, a greater task. London: Verso, 2015, p. 90.

embalados por um contexto político e acadêmico[493] que envolvia, segundo Wolkmer:[494] o domínio acadêmico da escola marxista de viés althusseriana nos anos 1960; a "redescoberta" de Gramsci; os trabalhos críticos de Foucault; os acontecimentos políticos ocorridos em maio de 1968; a construção de entidade sindical de magistrados e advogados; e a organização de vários eventos e seminários críticos e de *reflexões epistemológicas* nas faculdades de Direito francesas.

Como boa parte das escolas críticas do Direito do segundo quarto do século XX se dedicava a denunciar o conceito de Direito neutro, racional e fundado objetivamente na realidade social,[495] o movimento intentava propor uma teoria do Direito que se opunha ao *individualismo formalista* e ao *positivismo normativista*, tendo como norte metodológico e teórico o materialismo histórico. Aproximava-se à ciência política, o

---

[493] Sobre o contexto político e acadêmico, Martine Kaluszynski pormenoriza o ambiente que proporcionou o surgimento e o desenvolvimento do movimento *Critique du Droit*: "El MCD, de inspiración marxista, intentó proponer su propia concepción del derecho y se organizó gradualmente. Al principio, los autores de esa corriente intentaron de una forma muy ambiciosa contribuir a la elaboración de un nuevo enfoque del derecho que consiguiera una transformación profunda del que existía en ese entonces. Hoy ese movimiento crítico ha desaparecido en Francia, pero todavía tiene una presencia efectiva porque dio lugar a experiencias pedagógicas exitosas, engendró instituciones de investigación de reconocida calidad y parece tener un cierto eco entre los investigadores más jóvenes. El medio jurídico, permeado por las ideas de mayo del 68 y animado por los debates en el seno del marxismo (Gramsci, Althusser), salió por lo tanto de su aislamiento gracias a la influencia del MCD. En tanto que el movimiento se constituyó como una "crítica del derecho", los profesionales del área tomaron partido y decidieron comprometerse con una reflexión crítica sobre las instituciones judiciales o administrativas. En ese mismo periodo se fundó la revista *Actes*, que refleja también un punto de vista crítico sobre el derecho. La actualidad mundial estaba caracterizada por la descolonización y el nacimiento de las políticas de desarrollo, y la "crítica del derecho" del movimiento francés se abrirá a estas realidades internacionales y se la reconocerá de una manera más consecuente fuera de las fronteras nacionales". KALUSZYNSKI, Martine. "Cuando el derecho reencuentra la política: primeros elementos de análisis de un Movimiento Crítico del Derecho". *Crítica Jurídica Comparada*. Bogotá: Universidad Nationale, 2010, pp. 177-210.

[494] WOLKMER, Antonio Carlos. *Introdução ao pensamento jurídico crítico*. 9ª ed. São Paulo: Saraiva, 2015, p. 67.

[495] HESPANHA, António Manuel. *Cultura jurídica europeia*: síntese de um milénio. Coimbra: Almedina, 2015, p. 495.

que resultou da perspectiva de que Direito e Estado são "fenômenos produzidos pelas contradições sociais", e que conceder tratamento de neutralidade ao Direito significaria "reforçar a dominação de todo modo de produção capitalista"; e, de forma mais específica, denunciava-se, à luz da realidade social concreta, o equívoco da naturalidade de clássicas distinções entre ciência política e ciência jurídica, entre Direito Público e Direito Privado, entre indivíduo e coletividade.[496]

O movimento, porém, não limitava seus anseios à mera ruptura da *ideologia dominante* do e no Direito apenas no plano acadêmico, pois tratava-se também de um claro projeto político que almejava, em estágio final, a própria transição para o socialismo. Michel Miaille deixa, aliás, evidenciada a luta do movimento para conciliar a proposta de ruptura epistemológica, realizada essencialmente no plano teórico, com a perspectiva prática operada no plano político, cujo objetivo era delimitar o Direito como forma da relação social, para refutar a ideia da existência de um Direito dotado de verdade e de neutralidade.[497]

Esse recorte político claro do movimento *Critique* não é produto do acaso, como bem explica Ricardo Prestes Pazello. A conjuntura política da Europa reconstruída no pós-Segunda Guerra, a partir de um fortíssimo intervencionismo estatal, exigia uma severa crítica ao Direito para além do mero plano do discurso jurídico.[498] Ademais, boa parte dos

---

[496] WOLKMER, Antonio Carlos. *Introdução ao pensamento jurídico crítico.* 9ª ed. São Paulo: Saraiva, 2015, p. 68.

[497] MIAILLE, Michel. "La critique du droit". *Droit et société,* Paris, n. 20-21, pp. 73-87, 1992, p. 76.

[498] "Marxistas e não marxistas criticam o direito a partir do paradigma do estado e, consecutivamente, os estudos vão deixando de lado o problema das relações sociais para enfatizarem as normas emanadas estatalmente. Entendemos que este processo não é fruto de mero descuido teórico, mas decorrência das necessidades conjunturais da análise do direito. A Europa, após as grandes guerras, conhece a reconstrução de suas economias, pela via interventiva do estado – seja o estado planificado socialista, seja o estado de bem-estar social do capitalismo ocidental. O direito, como sempre, na retaguarda das modificações "políticas" que beneficiavam setores subalternos da sociedade, precisava ser criticado à luz dessa situação nova. Daí aparecerem importantes movimentos de crítica jurídica, notadamente na periferia da Europa ocidental, que passam a pautar um outro direito ou, mais precisamente, um uso alternativo do direito". PAZELLO, Ricardo

membros do *movimento* possuía militância sindical e política efetiva, com experiências concretas em transbordar os estudos sobre o Direito para a seara política, tal como fizeram Michel Miaille e Claude Journès, quando lecionaram na Universidade de Argel, na Argélia, o que teria proporcionado para ambos um rito de iniciação cívica, política e militante, que proporcionou a elaboração de uma verdadeira epistemologia jurídica de fundamento marxista, como explica e define Martine Kaluszynski.[499]

Vale destacar que uma das características marcantes do *movimento Critique du Droit* é a verticalização das análises críticas em específicas áreas da dogmática do Direito (Direito Civil, Direito Constitucional, Direito Mercantil, Direito do Trabalho e Direito Administrativo),[500] com o intuito de "desfetichizar" esses ramos dogmáticos e possibilitar a introdução de discursos críticos rigorosas adaptados às condições reais da sociedade, cabendo ao saber jurídico esclarecer as modalidades das relações atuais entre a vida material e as formas de institucionais, como define Enrique Zuleta Puceiro[501] e Martine Kaluszynski.[502]

Prestes. *Direito insurgente e movimentos populares*: o giro descolonial do poder e a crítica marxista ao Direito. Curitiba, 2014, 545 p. Tese (Doutorado em Direito) – Programa de Pós-Graduação em Direito. Universidade Federal do Paraná, p. 312.

[499] KALUSZYNSKI, Martine. "Cuando el derecho reencuentra la política: primeros elementos de análisis de un Movimiento Crítico del Derecho". *Critica Juridica Comparada*, Bogotá, Universidad Nationale, 2010, pp.177-210.

[500] Não obstante considerar uma atitude ingênua, Antoine Jeammaud afirma que a intenção dos membros do *movimento* era de produzir em cada área dogmática do Direito *"contramanuais"* para se contraporem às obras clássicas de cada área, como forma de concretizar a delimitação da teoria crítica do Direito proposta pelo *movimento* em cada ramo específico: *"Una idea muy fuerte era la de concebir, realizar, difundir, apoyarse después, en contramanuales, y para cada materia la idea un poco general era así, era ingenua, para cada materia, frente a los libros oficiales, los libros clásicos de civil, constitucional, etcétera, etcétera, nuestro proyecto era poner enfrente un manual crítico, que seria como la concreción, en el sector de la disciplina considerada, de la teoría que, por otro lado, teníamos proyectado construir, edificar"*. JEAMMAUD, Antoine. "La crítica jurídica en Francia: veinte años después". *Revista Crítica Jurídica*: Revista Latinoamericana de Politica, Filosofia y Derecho, n. 25, Curitiba, Faculdades Integradas do Brasil, pp. 105-113, jan./dez. 2006, pp. 107/108.

[501] PUCEIRO, Enrique Zuleta. *Teoria del derecho*: una introducción crítica. Buenos Aires: Depalma, 1987, pp. 57/58.

[502] "Los diferentes participantes y autores contribuyeron a la evolución del conocimiento

Traduzindo a crítica do *movimento* ao Direito capitalista, por meio da identificação da raiz do pensamento de Michel Miaille, Clèmerson Merlin Clève destaca que o eixo central do pensamento crítico francês está na explicação do fenômeno jurídico a partir das relações de circulação das mercadorias, ao afirmar a inegável influência da teoria marxista do Direito de Pachukanis e o vínculo entre a *forma valor* e a *forma jurídica*. Desmistifica-se a norma como resultado racional da criação pelos homens, concebendo o Direito como "forma específica e historicamente situada de disciplina das relações sociais".[503] De maneira direta, Jeammaud aponta a visão do *movimento*:

> Segundo o movimento, o Direito participa da constituição, do funcionamento e da reprodução das relações de produção, representando-os de maneira deformada, quer dizer, através desta dimensão que facilmente chamamos de "ideológica" e que todo enfoque crítico atribui ao direito. No fundo, a ideia é que a sociedade capitalista é essencialmente jurídica, ou seja, que o direito aparece como a *mediação específica e necessária* das relações de produção e que a caracterizam. Se queremos falar de sua autonomia relativa, só pode ser para qualificar sua relação com os níveis respectivamente

en el seno de su disciplina e intentaron transformarla, trabajar de una manera diferente el derecho y la ciencia política, o las disciplinas cercanas como la sociología o la filosofía política. Para los fundadores del MCD, es importante reivindicar nuevas prácticas jurídicas que combatan el positivismo circundante y la pobreza del pensamiento jurídico. Las reglas jurídicas y las formas políticas no pueden comprenderse por sí mismas, sino sólo si se consideran arraigadas en las condiciones de la vida material. En este punto, se está frente a una idea de "politización de la ciencia" y del saber; un saber jurídico que se somete a crítica en un análisis donde la principal tesis es la afirmación de que el derecho participa en la constitución, el funcionamiento y la reproducción de las relaciones de producción al presentarlas de manera deformada, es decir, desde una posición que fácilmente se califica como ideológica. Eso significa defender la idea de que la sociedad capitalista es esencialmente jurídica y que el derecho se muestra como la mediación específica y necesaria de las relaciones de producción que caracterizan a esa sociedad". KALUSZYNSKI, Martine. "Cuando el derecho reencuentra la política: primeros elementos de análisis de un Movimiento Crítico del Derecho". *Crítica Jurídica Comparada*, Bogotá, Universidad Nationale, pp.177-210, 2010, p. 196.

[503] CLÈVE, Clèmerson Merlin. *O Direito e os direitos*: elementos para uma crítica do direito contemporâneo. 3ª ed. Belo Horizonte: Fórum, 2011, pp. 126/127.

identificados como econômico e político. Esta relação está ligada ao fato que o direito coloca em cena um universo de sujeito livres e iguais, mas ela certamente não significa que esta representação seja uma simples mentira destinada a enganar a respeito da verdadeira natureza de inconfessáveis relações de exploração. Ao contrário: esta transformação aparece propriamente como uma condição da constituição, do funcionamento e da reprodução dessas relações.[504]

A epistemologia proposta pelo movimento *Critique du Droit* é a de uma *démarche* crítica que se choca com a perspectiva tradicional e dogmática do Direito que se direciona ao *benfazejo*, no sentido de se propor a proteger e libertar a dignidade da pessoa e a permanente busca pela justiça, ao se colocar em xeque a ideologia jurídica e a pretensão científica dos juristas que *teorizam sobre essa organização jurídica da sociedade*. O resultado é a consideração do Direito como "técnica de controle social" ou como elemento que "participa fundamentalmente da organização das relações de exploração características do capitalismo, de sua reprodução e da manutenção da dominação de classe".[505]

Mas, em que pese as duras críticas à essência do Direito e sua intimidade na constituição e reprodução da forma mercantil capitalista, reconhece Jeammaud que o Direito pode também se revelar como espaço de luta contra a opressão e a exploração, constituindo-se em alternativa útil à violência, uma vez que a própria legitimidade do Estado de Direito depende da imposição de direitos, ou seja, só possui "credibilidade e portanto utilidade para a salvaguarda da sociedade de classes e se oferece reais garantias". Jeammaud, aliás, aponta como exemplo o uso "protetivo" do Direito por meio do efeito ideológico do princípio da legalidade, em que as oposições de classe são ficticiamente substituídas pelo interesse geral, mas que de forma paradoxal impõe o "fornecimento

---

[504] JEAMMAUD, Antoine. "Algumas questões a abordar em comum para fazer avançar o conhecimento crítico do Direito". *In:* PLASTINO, Carlos Alberto (Coord.). *Crítica do Direito e do Estado.* Rio de Janeiro: Graal, 1984, pp. 78/79.

[505] JEAMMAUD, Antoine. "Algumas questões a abordar em comum para fazer avançar o conhecimento crítico do Direito". *In:* PLASTINO, Carlos Alberto (Coord.). *Crítica do Direito e do Estado.* Rio de Janeiro: Graal, 1984, pp. 89/90.

de uma proteção aos administrados, compatível com o Estado burguês, porém autêntica".[506]

O Direito, nesse contexto, cai na própria armadilha do seu discurso universalizante, especulativo e abstrato, na medida em que acaba sendo forçado a consignar uma "proteção" indistinta e com pretensão de eficácia, cujo conteúdo e forma podem ser manejados também pelos excluídos. Não se trata, portanto, de uma mera leitura estruturante em relação ao Direito, pautada na lógica binária estrutura e superestrutura, mas de considerar os elementos históricos variantes que incidem em cada momento e lugar, para então compreender o papel do discurso jurídico naquele contexto, como forma de opressão e/ou, também, como forma de resistência.[507]

O *movimento*, no entanto, acabou atingindo o limite da realidade da vida política, da realidade acadêmica francesa e das vicissitudes pessoais de cada um de seus membros, o que levou o movimento a deixar de se reunir e, depois, parar de publicar, resultando no seu desaparecimento sem *ruído,* sem *drama* e sem uma decisão que pusesse fim ao projeto.[508]

---

[506] JEAMMAUD, Antoine. "Algumas questões a abordar em comum para fazer avançar o conhecimento crítico do Direito". *In:* PLASTINO, Carlos Alberto (Coord.). *Crítica do Direito e do Estado.* Rio de Janeiro: Graal, 1984, pp. 92/93.

[507] "*La Critique du Droit* francesa podría ser situada en esta segunda óptica, apuntando, por ejemplo, as carácter metafórico de la distinción infraestructura-superestructura y al papel necesario de la instancia jurídica en las relaciones de producción capitalista. Desde esta óptica, el derecho deja de ser un mero reflejo o producto de las relaciones de producción, a la vez que se rechaza su conceptualización como instrumento de dominación de clase o como disfraz ideológico destinado a encubrir la verdadera naturaleza de las relaciones y conflictos de poder. M. Miaille señala al respecto de la necesidad de que el análisis respete los niveles cada vez más diferenciados de la práctica social, advirtiendo su autonomía creciente. 'Cada instancia – base y superestructura – participa en el funcionamiento global con su propia lógica, sus propios mecanismos y sus propias instituciones'. Y el modo como participa es históricamente variable: la separación entre base y superestructura nada tiene que ver con una ruptura metafísica entre la realidad y lo aparente, entre lo real y lo reflejo, como una lectura superficial de Marx, por mucho tiempo extendida podía sugerir". PUCEIRO, Enrique Zuleta. *Teoria del derecho*: una introducción crítica. Buenos Aires: Depalma, 1987, pp. 58/59.

[508] Como elenca Kaluszynski, dentre os fatores que levaram à derrocada do *movimento,* destacam-se: (i) o incipiente reconhecimento do *movimento* no campo jurídico, somado

Ainda que o *movimento* tenha tido vida curta, pois não chega ao final dos anos 1980, pode-se extrair de parte das construções teóricas desenvolvidas por seus membros contribuições e análises críticas pertinentes a algumas categorias e conceitos do Direito Público, especialmente em relação ao conceito de interesse público.

Ao esmiuçar de um plano mais amplo a relação dos juristas modernos com seus respectivos referenciais teóricos, Michel Miaille explana que as referências não se alteraram substancialmente desde o fundamento de poder hegemônico no período medieval. Como não possui na sociedade a sua respectiva orientação do fenômeno jurídico, o jurista se ampara em Deus e na forma de ensino teológico para definir suas categorias e raciocínios, seja em relação ao Direito Público e nas maneiras de se analisar as formas do poder político, ou, ainda, pertinente ao Direito Privado, na delimitação da relação entre pessoas e bens. Mesmo o Renascentismo não logrou transformar por completo essa relação do jurista com Deus, na medida em que há um câmbio para a Razão ou para a Natureza enquanto pilar fundamental do Direito, logo, a metafísica substitui a teologia. A consequência é que as instituições jurídicas são governadas por uma quantidade de noções, em relação à *natureza das* coisas, bem como de *vontade* ou *equilíbrio*. Como melhor define Miaille, a ciência jurídica passa a ser dirigida por conceitos e maneiras de raciocínio

---

ao número pequeno de membros que tinham de se relacionar com um sistema de publicações regido e fechado, com repercussões também no aspecto das ações políticas; (ii) as diversas e dispersas trajetórias e personalidades dos membros do *movimento* levavam a uma gestão plural do grupo, o que, no entanto, não era reconhecido externamente, havendo, inclusive, críticas de que o *movimento* privilegiava o *"teórico en detrimento del análisis de la realidad actual"*; (iii) a ascensão da esquerda ao poder na França, em 1981, e o êxito profissional de alguns membros. Cf. KALUSZYNSKI, Martine. "Cuando el derecho reencuentra la política: primeros elementos de análisis de un Movimiento Crítico del Derecho". *Crítica Jurídica Comparada*. Bogotá: Universidad Nationale, pp.177-210, 2010, p. 204. De igual maneira, Jeammaud destaca como motivos do desaparecimento do *movimento*: (i) o fator político da ascensão da esquerda ao poder nos anos 1980; (ii) a dificuldade do *movimento* em se relacionar com o mercado editorial; (iii) o fato de não ter logrado transcender a característica de se constituir de pequenos grupos em universidades francesas periféricas. JEAMMAUD, Antoine. "La crítica jurídica en Francia: veinte años después". *Revista Crítica Jurídica*: Revista Latinoamericana de Politica, Filosofia y Derecho, n. 25, Curitiba, Faculdades Integradas do Brasil, pp. 105-113, jan./dez. 2006, p. 110.

a partir de um *centro de todo o pensamento*, o vértice de toda lógica jurídica moderna: *a abstração metafísica.*[509]

Miaille identifica a dificuldade dos juristas modernos em se esquivar do idealismo jurídico e frisa que essa categoria de pensadores possui nas ideias o princípio fundamental da explicação do mundo, em detrimento do mundo da matéria. Nesse movimento, as noções de Direito apresentam-se e são tratadas de forma desconexa do contexto social: "o jurista não nega a existência e o peso das estruturas sociais, subordina-as ao seu sistema de pensamento". O resultado é que os fenômenos, ainda que notórios, são ignorados e a ideia acaba por ser tomada como o fundamento da realidade.[510]

A demonstração da maneira como o Direito é tomado pela abstração metafísica e pelo idealismo dá-se justamente por meio da análise da instituição Estado e da maneira como a sua forma de constituição e dos objetivos de atuação são subvertidos pelo discurso jurídico e pela imagem de mundo dos juristas. Dessa análise formulada por Miaille, pode-se identificar, uma vez mais, o caráter especulativo e desvinculados dos dilemas sociais concretos da noção interesse público.

Nessa perspectiva, reafirma-se a ideia de que na vigência do sistema capitalista ocorre a divisão dos homens em classes sociais antagônicas, mas que essa sociedade precisa de uma certa estrutura política para "ordenar a desordem", "reconciliar aparentemente indivíduos que tudo separa", e "velar pela salvação pública". É o Estado, cujo único objetivo não pode ser apenas de "comitê dos interesses da classe dominante", mas que precisa representar (no sentido de aparentar) certa unidade da sociedade e dos cidadãos que a compõem. É necessário fazer com que os membros da sociedade vislumbrem no Estado uma função, ainda que apenas no plano da aparência, de "apaziguamento e de regulamentação pacífica dos conflitos". Assim, é necessária a delimitação de noções como "interesse geral", ainda que sua factibilidade opere apenas no plano do idealismo e da especulação, pois sem ela, o "funcionamento da instituição

---

[509] MIAILLE, Michel. *Introdução crítica ao Direito*. 2ª ed. Lisboa: Estampa, 1994, pp. 39/40.

[510] MIAILLE, Michel. *Introdução crítica ao Direito*. 2ª ed. Lisboa: Estampa, 1994, p. 47.

estatal estaria comprometido".[511] É preciso que as relações sociais concretas, com todos os seus paradoxos e contradições, sejam "substituídas" ou "interiorizadas" para que sofram uma transformação ideológica,[512] uma interação entre o real e o imaginário, na qual os diversos interesses antagônicos de classe se transformam, como num passe de mágica, em interesses gerais que fundamentam e legitimam a própria atuação do Estado.

Mas as condições do idealismo da ciência jurídica estão, na verdade, na subversão dessa legitimação, ou seja, "a ciência jurídica vai tomar como certa a imagem que lhe transmite a sociedade e tomá-la pela realidade".[513] Como explica Miaille, a sociedade afirma que o Estado é responsável pelo interesse geral e a ciência jurídica manifesta-se a partir de uma teoria edificada inteiramente fundamentada nessa noção. Nesse processo de subversão operado pela ciência jurídica, o Estado deixa de aparecer como um fenômeno social que está atrelado a uma *história particular* e a *certas necessidades*, para ser reduzido ao "estatuto de noção que se explica por uma outra noção, o interesse geral". É a subversão em que as representações das relações sociais produzidas pela sociedade são explicadas por essas mesmas representações e não pela efetiva essência da razão de ser do processo social real: "tudo se passa num palco em que não aparecessem senão as personagens criadas pela ideologia social", o que significa que a ciência jurídica – à qual se verticaliza para a ciência jurídica do Direito Administrativo – não logra atingir uma explicação do fenômeno social, pois não passa de uma *representação da vida social*, logo, *profundamente idealista*.[514] À vista de algum obstáculo institucional ou social, Miaille frisa que o jurista idealista não vacila em substituir o texto, a lei ou a noção idealista por outro, e, nesse sentido, qualquer ideia pode ser "substituída, trabalhada, enriquecida ou actualizada por uma outra ideia mais apropriada", o que lembra, aliás, o que vem ocorrendo atualmente no âmbito da doutrina do Direito Administrativo, em relação às teorias sobre a

[511] MIAILLE, Michel. *Introdução crítica ao Direito*. 2ª ed. Lisboa: Estampa, 1994, p. 50.
[512] MIAILLE, Michel. *Introdução crítica ao Direito*. 2ª ed. Lisboa: Estampa, 1994, p. 51.
[513] MIAILLE, Michel. *Introdução crítica ao Direito*. 2ª ed. Lisboa: Estampa, 1994, p. 51.
[514] MIAILLE, Michel. *Introdução crítica ao Direito*. 2ª ed. Lisboa: Estampa, 1994, p. 51.

substituição ou modulação do conceito de interesse público pela noção ou conceito de direitos fundamentais individuais.[515]

O idealismo jurídico leva ao universalismo *a-histórico* e ao *pluralismo de explicações*, em que as ideias se impõem para a explicação dos fenômenos sociais em geral, em que se despreza o contexto geográfico e histórico que culminou na própria construção da noção ou do conceito jurídico em questão. O pensamento idealista torna-se "um fenômeno em si, alimentando-se da sua própria produção" e, consequentemente, os termos e noções jurídicos elaborados adquirem um nível de abstração tal que deixam de pertencer à sociedade responsável pela sua produção e adquirem autonomia de expressão da *razão pura* e da *racionalidade universal*. É a universalização das realidades e a equalização fictícia dos conflitos em quaisquer contextos de sociedade, em que o próprio conceito de Direito, assim como o de interesse público, estaria presente em toda a parte, "seja o que for que digam", e que, independentemente das diferenças concretas, prevalece a ideia de Direito comum a todas as sociedades, utilizando-se um único termo para exprimir a "identidade da realidade, não obstante as diferenças de forma que afectam esta realidade". [516]

---

[515] A celeuma entre os defensores da noção clássica de supremacia do interesse público e os que advogam a sua derrogação em benefício da noção de direitos fundamentais sobretudo individuais, já foi apontada no primeiro capítulo. De qualquer sorte, é inevitável não lembrar dessa disputa a essa altura do texto, especialmente a partir da reflexão de Miaille sobre as táticas dos juristas idealistas de substituir termos, noções e conceitos idealistas no instante em que se deparam com questões contraditórias ou paradoxais. Ocorre que a substituição se dá por outro conceito ou noção igualmente ideal e abstrata, a qual, geralmente, não dá conta das vicissitudes das relações sociais concretas. É o que acontece com a pretensão de se substituir a noção de interesse público pelos interesses fundamentais, na medida em que a perspectiva idealista e desapegada das questões concretas não é superada, pelo contrário, é repetida por meio de outros termos moldadas aos interesses que se apresentam em determinado momento histórico das relações sociais. Sai de cena o Estado de bem-estar, entra o modelo neoliberal, logo, é preciso remodelar o fundamento ideal de constituição e de finalidade da atuação estatal, perdendo força a noção especulativamente coletiva em benefício de uma perspectiva de atendimento aos direitos fundamentais dos indivíduos. Como bem lembra Miaille, nesse processo de substituição, crê-se em um suposto avanço, quando: "não se cedeu um palmo de terra: crê-se falar 'actual', e quantas vezes de maneira brilhante, quando se continua no fundo a referir-se aos mesmos métodos, em suma, à mesma epistemologia". MIAILLE, Michel. *Introdução crítica ao Direito*. 2ª ed. Lisboa: Estampa, 1994, pp. 52/53.

[516] MIAILLE, Michel. *Introdução crítica ao Direito*. 2ª ed. Lisboa: Estampa, 1994, p. 53.

Recortando-se o estudo sobre o império das abstrações e do idealismo no Direito moderno para as implicações em relação ao Estado, há que se abordar o viés do interesse geral. Nesse sentido, Miaille delimita a noção clássica de que o Estado, por meio de seus agentes, constitui-se no elo que conecta os homens e a realização do "bem comum". O Estado aparece como "a instituição ao serviço de um 'bem comum' e do respeito da dignidade humana", em uma perspectiva vazia elaborada pelos juristas clássicos, herdada da noção de contrato social e da filosofia hegeliana do século XIX.[517] A força e a ordem estatal legitimam-se em razão do "bem comum", o qual está acima dos interesses particulares, ou seja, um interesse comum é superior e legitima-se por si mesmo. Esse Estado reflete a "própria figura do Estado burguês", que, na visão de Miaille, é muito próxima à filosofia de Hegel sobre o Estado, ainda que essa influência permaneça bem camuflada nas teorias jurídicas em relação ao Estado.

A ideia que sustenta o Estado moderno é de unidade, uma instituição una que se relaciona com uma multiplicidade de interesses individuais, mas que se constitui em força superior e exterior a esses interesses particulares, os quais devem se subordinar à autoridade dessa entidade que prescreve deveres aos cidadãos, mas que não pode, ao mesmo tempo, negar os direitos desses mesmos particulares.[518]

A partir dessa aproximação com a filosofia hegeliana, denota-se a constituição de uma concepção de Estado que "reconcilia o universal e o particular dando ao indivíduo a moralidade objectiva", representando o Estado em relação aos interesses privados uma espécie de necessidade, na medida em que a união da vontade universal e da vontade particular permitem a plena realização do homem, o "reconhecimento do seu próprio Espírito". Miaille denuncia que os juristas – e aqui se permite somar os juristas publicistas em geral, especialmente os jusadministrativistas – possuem em suas análises sobre a constituição e finalidade do

[517] MIAILLE, Michel. *El Estado de Derecho*: introducción al derecho constitucional. Coyoacán: Coyoacán, 2008, p. 187.

[518] MIAILLE, Michel. *El Estado de Derecho*: introducción al derecho constitucional. Coyoacán: Coyoacán, 2008, p. 187.

Estado uma perspectiva claramente de matriz hegeliana, em que pese "não tenham lido muito Hegel",[519] fazendo com que tenham no Estado a ideia de instrumento da racionalidade da vida social. O reflexo da hegemonia dessa perspectiva no seio dos juristas são as construções e defesas de expressões e conceitos jurídicos carregadas dessa ideologia, principalmente a noção de interesse geral, assim como serviço público.[520]

É preciso que se tenha em mente, na perspectiva crítica do movimento *Critique du Droit*, que o Estado é um fenômeno histórico,[521] criado com o objetivo de resolver, ou ao menos amenizar, contradições que eclodiram no seio da sociedade civil. As teorias tradicionais encaram o Estado como um conjunto de instituições e de organismos neutros, na qual repousa a ideologia do Estado moderno, ideologia essa sem a qual o Estado burguês não teria legitimação. Mas se o Estado atinge esse estágio de neutralidade, o resultado é que ele se tornou uma "pura ideia, totalmente abstracta, totalmente indiferente às pessoas físicas que o servem",[522] sobrando como argumento contra as notórias diferenças de condições materiais de existência o discurso de um pretenso solidarismo entre os indivíduos, relegando os antagonismos de classe a um plano secundário (ou refutando de forma direta).

A noção preponderante nas teorias clássicas – e nas contemporâneas idem, principalmente no Direito Administrativo – é de que o Estado liberal, representando o interesse geral, é (ou deve ser) indiferente às pressões políticas e aos distintos interesses pertinentes a cada uma das

---

[519] MIAILLE, Michel. *Introdução crítica ao Direito*. 2ª ed. Lisboa: Estampa, 1994, p. 126.

[520] MIAILLE, Michel. *Introdução crítica ao Direito*. 2ª ed. Lisboa: Estampa, 1994, pp. 124-126.

[521] "No máximo, poderíamos dizer que a atitude crítica começa com a recusa de tomar o direito pelo o que ele diz ser, ou seja, a recusa de aderir sem reexaminar radicalmente o discurso – tão difundido em todos os países – que apresenta o estado como a encarnação ou o instrumento exclusivo de um 'bem comum' (ou do 'interesse geral') e faz do direito a realização tendencial, sob forma normativa, de ideais universais e a-históricos de justiça". JEAMMAUD, Antoine. "Algumas questões a abordar e comum para fazer avançar o conhecimento crítico do Direito". *In*: PLASTINO, Carlos Alberto (Coord.). *Crítica do Direito e do Estado*. Rio de Janeiro: Graal, 1984, p. 73.

[522] MIAILLE, Michel. *Introdução crítica ao Direito*. 2ª ed. Lisboa: Estampa, 1994, p. 131.

classes sociais, ou como melhor explica Miaille, representa neutralizar as pressões sociais concretas, para que o aparato estatal se mostre neutro e que "no está acaparato por ninguno de los grupos rivales".[523] Esse é ponto nevrálgico pelo que uma teoria crítica contemporânea do Direito Administrativo precisa deter atenção, uma vez que a explicação do Estado como neutralidade possui reflexos determinantes no plano teórico e no plano prático: no teórico porque revela toda a ideologia jurídica clássica por meio de uma ideia; no plano da prática, porque concretiza-se em instituições determinadas (Constituição, a eleição, o papel dos partidos políticos).[524] Mesmo com o encobrimento refinado da ideologia que gravita no entorno da noção de bem comum ou do conceito de interesse geral, ou ainda da rotatividade partidária nos comandos dos Estados, a perspectiva de neutralidade do aparato estatal continua contraditória, e evidencia a essência do vínculo indelével entre o interesse público e os interesses privados de uma determinada elite, denotando o seu caráter ideológico.[525]

---

[523] MIAILLE, Michel. *El Estado de Derecho*: introducción al derecho constitucional. Coyoacán: Coyoacán, 2008, p. 206.

[524] MIAILLE, Michel. *El Estado de Derecho*: introducción al derecho constitucional. Coyoacán: Coyoacán, 2008, p. 206.

[525] "Los conservadores y los liberales, quienes proclaman la neutralidad del estado, ponen de esta manera a descubierto el carácter ideológico de su afirmación. En efecto, la separación entre la esfera de los intereses privados (los de la sociedad civil de Hegel) y la esfera del interés general (la del Estado) se derrumba. Este derrumbe evidencia claramente los lazos que unen los intereses estatales con los intereses privados. Las encuestas y los análisis de ciertos politólogos han demostrado con bastante precisión la realidad de estos lazos, y por lo tanto la fragilidad de la 'neutralidad' del Estado. Asimismo, al noción del interés general revela su naturaleza ideológica, ocultando la existencia de reales intereses privados. De suerte que, para retomar la fórmula condensada en | Marx, el poder estatal moderno no sería más que "un comité encargado de administrar los intereses comunes de la clase burguesa en su conjunto". Esta gestión se efectúa, por supuesto, bajo la cubierta de la ideología del bien común, del control social o del interés general, ideología que se ha enriquecido hoy día con las distintas variantes surgidas del desarrollo capitalista (panificación, concertación cooperación, participación, etcétera). La presencia alterna en el poder de partidos opuestos (como es el caso de los partidos ingleses o norteamericanos) refuerza la idea de que el mismo aparato puede servir a política diferentes, y que por lo tanto no está sometido a ninguna fuerza social en forma exclusiva". MIAILLE, Michel. *El Estado de Derecho*: introducción al derecho constitucional. Coyoacán: Coyoacán, 2008, p. 208.

Se é verdade que o Estado não é neutro e não persegue um interesse geral, pois constitui-se por excelência em polo de reunião e gestão de interesses particulares de classe, Miaille ressalva não se tratar o ente estatal de um mero instrumento *dócil* e *funcional*, uma vez que a própria estrutura burocrática impõe limites à classe dominante.[526] O aspecto político goza de certa autonomia frente aos meandros econômicos, em que o Estado se apresenta de forma muito mais complexa *"tanto en la representación de los intereses que realiza, como en su funcionamento concreto"*. Nessa perspectiva, o Estado é muito mais do que a mera representação dos interesses da classe dominante, pois reflete, na realidade, o *"conjunto de las clases que luchan en determinado momento"*, sem assumir a posição de árbitro neutro ou coisa que o valha, tratando-se de uma *unidade contraditória.*[527] Essa contradição reside na necessidade do Estado, a partir da sua relativa autonomia política, intervir para realizar certos compromissos entre os capitalistas e a classe subordinada, o que, de forma alguma, não deve ser confundido com a tomada de poder por essa última, mas tão somente como uma espécie de *"contraderechos"* conquistados pela classe dominada por meio da luta social efetiva, a qual possui viés extremamente precário[528] e que permanece *"dominado por la hegemonía de la clase dominante en el lugar que ocupa en el seno del sistema jurídico-político global"*.[529]

---

[526] Sobre como a classe dominante também é ludibriada pela ideologia: "Marx, por exemplo, tinha escrito, com muita prudência, que a dominação ideológica de uma classe não é, nunca, mais do que «a expressão ideal das relações materiais dominantes, entendidas na forma de ideias (...), dito de outro modo, são as ideias da sua dominação». Isto lança para longe a imagem de uma classe criando maquiavelicamente a ideologia dominante para sujeitar as outras classes – a ideologia dominante não engana apenas as classes dominadas, ela engana a classe dominante. A ideologia é também menos a expressão de uma fraude que de uma situação cujas aparências são enganadoras. Do mesmo modo, é preciso apreciar o aparelho do estado para evitar fazer dele um quadro investido pela classe dominante. O Estado não é um instrumento mais ou menos dócil e eficaz entre as mãos da classe dominante: ele é uma forma sociopolítica dentro da qual esta classe exerce seu poder". MIAILLE, Michel. *Introdução crítica ao Direito.* 2ª ed. Lisboa: Estampa, 1994, pp. 134/135.

[527] MIAILLE, Michel. *El Estado de Derecho*: introducción al derecho constitucional. Coyoacán: Coyoacán, 2008, p. 209.

[528] *Vide*, no caso brasileiro recente, a derrubada de direitos trabalhistas (reforma da CLT) e da imposição da estagnação dos investimentos em políticas sociais por vinte anos (Emenda Constitucional n. 96/2016 e o teto dos gastos públicos).

[529] MIAILLE, Michel. *El Estado de Derecho*: introducción al derecho constitucional. Coyoacán: Coyoacán, 2008, p. 210.

Ocorre que a fase monopolista do capitalismo contemporâneo impõe o exacerbamento das contradições do sistema, em que a constituição de monopólios é uma exigência para a sobrevivência dos capitalistas em tempos de acirramento da acumulação e da reprodução do capital, o que demanda a intervenção do Estado em nível político, ideológico e econômico. O resultado é que as relações entre Estado e classe dominante ficam mais estreitas e com feições claras de subordinação do primeiro em relação à segunda, sujeitando a sociedade e o país como um todo aos interesses financeiros de grupos econômicos[530] (a nível nacional e internacional).[531] De todo modo, é certo que a dominação entre as classes se dá por meio dos aparelhos do Estado, donde se observa um *"teatro de una lucha de clases donde la ideología y las practicas burguesas se oponen concretamente a las de la clase obrera"*, todavia, esses aparelhos não são detidos e manejados pela classe dominante de maneira absoluta, fazendo com que o processo de dominação burguesa precise ser *amenizado* e *reconstituído* de maneira perene, de forma que inexiste separação real entre os aparelhos do Estado e a própria sociedade civil, na medida em que esta última produz e reproduz a forma capitalista.[532] Como melhor delimita Miaille, Estado e sociedade civil não podem ser apresentados como esferas que se unem por meio de vínculos exteriores, pelo contrário: o Estado não é nada mais que a forma da sociedade capitalista e, consequentemente, opera sob a mesma lógica dessa sociedade.[533]

---

[530] MIAILLE, Michel. *El Estado de Derecho*: introducción al derecho constitucional. Coyoacán: Coyoacán, 2008, p. 211.

[531] "Este análisis explica el surgimiento de investigaciones ulteriores sobre las formas ideadas por el Estado contemporáneo para domeñar el conjunto de la vida económica y social. La imagen de una cabeza política que ejerce su tutela sobre un conjunto enorme de organismos heterogéneos (grandes administraciones socioeconómicas, ejército y policía, centros de la vida ideológica, dominio nacionalizado, colectividades territoriales, etcétera) revela claramente la constitución de un aparato de Estado, polivalente y pluridimensional, al servicio de los intereses globales de la gran burguesía. En esta perspectiva debe situarse la proposición de L. Althusser acerca de los aparatos de Estado". MIAILLE, Michel. *El Estado de Derecho*: introducción al derecho constitucional. Coyoacán: Coyoacán, 2008, p. 212.

[532] MIAILLE, Michel. *El Estado de Derecho*: introducción al derecho constitucional. Coyoacán: Coyoacán, 2008, p. 216.

[533] MIAILLE, Michel. *El Estado de Derecho*: introducción al derecho constitucional. Coyoacán: Coyoacán, 2008, p. 218.

Econômico e político operam conjuntamente na estrutura social para reprodução e sobrevivência do sistema capitalista, de forma dialética, não natural e, por vezes, contraditória.[534]

O vínculo indelével entre Direito e forma mercantil, entre Direito e política, significa, como frisa Jean-Jacques Gleizal, enfatizar que o Direito se realiza no Estado, e que as características de generalidade e abstração, próprias do Direito moderno, só podem ser atribuídas e efetivadas pela entidade estatal, posto que é a única dotada de *universalidade*. Disso resulta que Direito e política são inseparáveis e que a "juridicização" da política permite, ainda que ficticiamente, a separação entre Estado e sociedade civil, ou seja, de um lado o Estado de Direito e, do outro, as realidades da vida econômica e social. Nesse processo, graças ao Direito, o Estado pode se apresentar acima dos conflitos sociais, pairando sobre os conflitos de interesses entre classes, e, assim, ele (o Estado) é a própria manifestação do interesse geral.[535]

Gleizal, no entanto, já identificava, nos anos 1980, que a própria noção de interesse geral vinha sofrendo mutações, no sentido de que o conceito deveria estar cada vez mais próximo dos interesses particulares.

---

[534] "Por lo demás, esto no significa volver a la noción de la fusión entre gran capital y Estado; por el contrario, esto nos obliga a concebir al Estado y a los monopolios como dos aspectos del capital, entendiendo siempre a éste como una relación social. Esta relación se expresa en términos económicos y políticos, con una autonomía de formas y de funcionamiento, más no de naturaleza. Este es el motivo por el cual hablábamos más arriba de 'dialéctica': las relaciones entre Estado y capital son las que se establecen en el conjunto de la sociedad, para asegurar la reproducción del sistema capitalista". MIAILLE, Michel. *El Estado de Derecho*: introducción al derecho constitucional. Coyoacán: Coyoacán, 2008, p. 219.

[535] "En ce sens, le politique et le juridique sont inséparables. Le droit n'est qu'une forme de l'Etat ou ce qu'on peut appeler un appareil d'Etat. Il désigne une certaine place de l'Etat dans la société. Il renvoie aussi à un personnel d'Etat, celui des professionnels du droit. Plus précisément, la jurisdicisation du politique permet d'organiser de façon parfaite la séparation entre l'Etat politiue et la société civile : d'un côté, l'Etat de droit, d'un autre, les réalités économiques et sociales. Grâce au droit, l'Etat politique est incontestablement au-dessus de la mêlée, c'est-à-dire des conflits d'intérêt. Il est la manifestation de l'intérêt général. Mais, en cela, le juridique rélise de projet étatique". GLEIZAL, Jean-Jacques. *Le droit politique de l'Etat* : essai sur la production historique du droit administratif. Paris: Presses Universitaires de France, 1980, p. 15.

Trata-se de uma concepção de interesse geral perpetrada por um Estado tecnocrático que pauta a redução da externalidade do Estado político em relação à sociedade, ganhando corpo a perspectiva de reativação da subjetivação do Estado.[536] É uma espécie de reativação da sociedade civil em questionar domínios tradicionais do Estado, em que a figura do cidadão é substituída pelo usuário, o qual é chamado a participar do funcionamento da máquina pública, fazendo com que o Estado se livre de suas obrigações para oportunizar a participação dos *administrados*. Consequentemente, surge a contestação da forma *autoritária* do Direito Administrativo e se defende a *"aparición de relaciones administrativas fundamentadas en la participación"*. Mas Gleizal chama a atenção para o caráter contraditório e pouco claro dessa mutação na qual o Estado vai "perdendo" competências, reafirmando que, na verdade, o Estado é *onipresente* e que se apresenta com novas forças, ao passo que se multiplicam organismos privados e *parapúblicos*, todos controlados por uma *tecnocracia* que se caracteriza pela descentralização da burocracia. O resultado desse fenômeno de redefinição das competências estatais é a constituição de uma burocracia que se volta a combater a classe trabalhadora e suas conquistas sociais, com o suporte de acordos com a classe média, apoiando-se principalmente em meios ideológicos para assegurar um domínio mais abrangente da sociedade civil.[537]

A análise crítica de Gleizal, aliás, é oportuna no momento em que a teoria clássica do conceito de interesse público, bem como a sua perspectiva de supremacia sobre o interesse privado, vem sofrendo forte ataque de alguns setores do Direito Público no Brasil, como já se salientou no capítulo primeiro deste livro. Interessa frisar a postura de Gleizal frente às novas perspectivas de reativação da sociedade civil e de subjetivação da figura estatal, com sentido crítico e cético em relação às promessas e resultados desse movimento que pauta uma suposta retirada

---

[536] GLEIZAL, Jean-Jacques. *Le droit politique de l'Etat* : essai sur la production historique du droit administratif. Paris: Presses Universitaires de France, 1980, pp. 65/66.

[537] GLEIZAL, Jean-Jacques. "Seguridad y policía: a proposito del Estado autoritario descentralizado". *In:* MIAILLE, Michel; JEAMMAUD, Antoine; DUJARDIN, Phelippe; JEANTIN, Michel; GLEIZAL, Jean-Jacques. *La crítica jurídica en Francia*. Coyoacán: Coyoacán, 2008, pp. 202/203.

do Estado de certas atividades, para abrir caminho a outras instituições de feições privadas (ainda que parcialmente) para que atuem nesses ramos, antes de competência do Estado (exclusiva ou não), sob o discurso de "desburocratização" dessas atividades e de melhor eficiência na sua prestação. A "crise" do interesse público, com efeito, não é um fenômeno novo e precisa sofrer, assim como a própria teoria do interesse público e seu caráter abstrato e especulativo, a pertinente crítica, o que, no caso, dá-se por meio do desvelamento das suas contradições e do seu caráter neoliberal.[538]

Miaille bem resume o papel de uma teoria crítica do Direito, tal qual fez o movimento *Critique du Droit*, no sentido de afastar do Direito teorias idealistas sobre o Estado. Assim, o Estado é uma forma necessária na sociedade capitalista, com a função de unir os "capitalistas individuais" que estão fragmentados na sociedade civil e que não logram se organizar por si mesmos. O Estado constitui-se na "instituição derivada da necessidade de impor o interesse 'geral' do capital social global", interesse geral desconectado das reais relações de coerção e exploração do capital sobre o trabalho, "transportando-as a um terreno abstrato, a esfera 'política'".[539]

O movimento *Critique* minguou de tal forma a partir dos anos 1990 que chegou ao extremo de desaparecer, deixando, de toda sorte, uma vasta produção crítica do Direito e, também, de Teoria do Estado e de Direito Público, com repercussões importantíssimas para se repensar

---

[538] "En nuestra época, la mixtificación está al orden del día. La primera de todas consiste en hacernos creer que la política practicada es antiburocrática. El poder tiene mucho interés en que lo creamos. Pero una parte de la oposición tiene también mucho que ganar con una actitud prudente sobre este punto. Su proyecto de autogestión no está desprovisto de ambigüedades. Se asemeja frecuentemente a la política liberal de descentralización. De la misma manera que ésta, puede desembocar en una reactivación de la sociedad civil que, en última instancia, refuerce el Estado". GLEIZAL, Jean-Jacques. "Seguridad y policía: a proposito del Estado autoritario descentralizado". *In:* MIAILLE, Michel; JEAMMAUD, Antoine; DUJARDIN, Phelippe; JEANTIN, Michel; GLEIZAL, Jean-Jacques. *La crítica jurídica en Francia.* Coyoacán: Coyoacán, 2008, p. 204.

[539] MIAILLE, Michel. "Críticas das concepções jurídicas de Estado". *In:* PLASTINO, Carlos Alberto (Coord.). *Crítica do Direito e do Estado.* Rio de Janeiro: Graal, 1984, p. 119.

o Direito Administrativo e suas respectivas bases epistemológicas.[540] Puritanismos, ingenuidades e crenças metafísicas sobre a função do Direito foram duramente desveladas e combatidas pelo *movimento* e possibilitam um trilhar muito parecido em relação à crítica do Direito Administrativo contemporâneo e sua sustentação sistêmica no conceito do interesse público e outras variações.

3.3 USO ALTERNATIVO DO DIREITO E A CRÍTICA AO DOGMATISMO: HISTÓRIA, LOCALIZAÇÃO POLÍTICA DO DIREITO E A CONTRIBUIÇÃO PARA A CRÍTICA DO CONCEITO DE INTERESSE PÚBLICO

As correntes críticas apoiadas em perspectivas neomarxistas ecoaram pelo mundo do Direito e da política, no plano europeu e pelas Américas, em que se reafirmava a perspectiva materialista de submissão do Direito ao plano sociopolítico, porém, temperado com a ideia de que o Direito é vinculado de maneira não absoluta aos interesses das classes dominantes, o que permite entendê-lo sob um prisma contraditório e passível de manejo para fins políticos.

Identifica Hespanha que para essas novas correntes críticas o processo de domínio do Direito e do Estado pelos interesses das classes

---

[540] Deve-se realizar, por fim, uma ressalva metodológica suscitada por Michel Miaille. A adoção de uma base epistemológica de matriz crítica e materialista marxiana deve, a toda sorte, ser realizada de forma cuidadosa, racional e clara, já que em última análise o pesquisador chega a um ponto em que lhe cabe tomar a direção que lhe parece mais justa. A adoção dessa base epistemológica crítica é resultado, portanto, de uma escolha do movimento *Critique*, em razão dos benefícios e qualidades que se podem extrair dela. Porém, ressalva Miaille os riscos que tal epistemologia impõe aos pesquisadores no sentido de se mostrar, por vezes, demasiadamente rígida, o que teria resultado, em relação ao movimento, em um enclausuramento em torno da epistemologia marxista, tornando-se, por fim, dogmática. Nesse sentido, alerta Miaille para os riscos de se atingir certa ortodoxia, fato esse que deve ser preocupação constante dos pesquisadores que enveredam para essa epistemologia, para que não se simplifique questões e respostas. A atenção nesse sentido é indispensável para os que desejam "combater o idealismo presente na postura generalista dos juristas, que explicam sempre as situações por meio de invocação de ideias principais: a vontade, o interesse geral, a igualdade, etc". MIAILLE, Michel. Obstáculos epistemológicos ao estudo do Direito: retorno ao movimento "Crítica do Direito" e apontamentos sobre a crítica do Direito hoje. *Méritum*, Belo Horizonte, vol. 9, n. 2, pp. 263-278, jul./dez. 2014, p. 270.

dominantes seria sempre *incompleto*, possibilitando aos demais grupos ou classes, de alguma maneira, fazer valer seus interesses, ainda que parcialmente. Portanto, não obstante o domínio global dos poderes socialmente estabelecidos e funcionalizados, refletidos no Estado e no Direito, irromperia a toda sorte a incompletude das relações de dominação e os compromissos celebrados pela classe dominante, levando as classes dominadas a obterem alguns avanços no plano social e jurídico, tal como a conquista de direitos e garantias trabalhistas.[541]

O discurso jurídico capitalista, com suas abstrações, pseudoneutralidades e generalidade, gera compromissos (ou promessas) sociais que levam o Direito a passar a ideia de orientação para a igualdade e justiça, o que faz com que o jurista (*não crítico*) se veja como agente neutro de um processo em que o Direito se apresentaria como vetor da ponderação justa de interesses políticos e sociais contraditórios. Aproveitando a ampla margem de liberdade disposta ao jurista nesse processo de ponderação de interesses, em razão do caráter *genérico, ambíguo e frequentemente contraditório das proposições jurídicas*, as vertentes de uso alternativo do Direito propõem a utilização dessa liberdade para *contradizer, corrigir e compensar* os pressupostos de classe e de domínio do Direito, mais especificamente no plano doutrinal e jurisprudencial.[542]

O "uso alternativo do Direito" constitui-se como uma ideia que permeou o pensamento jurídico principalmente na Itália, mas com reflexos também na Espanha, entre os anos 1970 a 1990, formado por magistrados progressistas que viam no Direito e suas estruturas capitalistas em vigência a possibilidade de manejo na direção de uma *prática judicial emancipadora, voltada aos setores sociais ou às classes menos favorecidas.* Aliás, como esclarece Wolkmer, não se trata efetivamente de uma corrente que defende propriamente uma alternativa de paradigma ou de substituição da ciência jurídica positivista, constituindo seu objeto principal "tão somente a aplicação diferente da dogmática predominante,

---

[541] HESPANHA, António Manuel. *Cultura jurídica europeia*: síntese de um milénio. Coimbra: Almedina, 2015, p. 496.

[542] HESPANHA, António Manuel. *Cultura jurídica europeia*: síntese de um milénio. Coimbra: Almedina, 2015, p. 497.

explorando suas contradições e crises do próprio sistema e buscando formas mais democráticas superadoras da ordem burguesa". [543] Assim, não se trata propriamente de uma teorização que transita pela ontologia jurídica, cujo objetivo seria a proposição de uma alternativa ao Direito em si, mas sim, como identifica Clèmerson Merlin Clève, de alargar os *espaços libertários* do Direito vigente, sendo um movimento que se compadece com o aparato normativo oficial e busca ampliar os espaços democráticos. [544] É a ideia de que o uso do Direito não é necessariamente repressor e favorável aos grupos dominantes, mas que por meio do próprio Direito e seus respectivos instrumentos se podem implementar soluções e tarefas de cunho progressista e libertador. [545]

A sustentação das ideias do "uso alternativo" em explorar as fissuras, antinomias e contradições da ordem jurídica capitalista está amparada em dois pressupostos, de ordem metodológica e institucional, respectivamente. O primeiro diz respeito ao reconhecimento da função política do Direito e do seu caráter instrumental de dominação vinculado ao processo social e produtivo capitalista. [546] Defende-se a possibilitar uma visão menos mítica em relação ao Direito, refutando teses *sacrossantas* [547] sobre a pureza do Direito, e que possibilita ao jurista uma perspectiva crítica capaz de conscientizá-lo sobre o caráter não neutro do funcionamento das estruturas jurídicas, sobretudo em relação ao comprometimento "parcial" e "local" das instituições jurídicas; o caráter local e, portanto, não racional, não natural e não evidente dos pressupostos do Direito ou do seu impensado (ideologia espontânea dos juristas). [548]

---

[543] WOLKMER, Antonio Carlos. *Introdução ao pensamento jurídico crítico*. 9ª ed. São Paulo: Saraiva, 2015, p. 72.

[544] CLÈVE, Clèmerson Merlin. *Para uma dogmática constitucional emancipatória*. Belo Horizonte: Fórum, 2012, p. 66.

[545] HESPANHA, António Manuel. *Cultura jurídica europeia*: síntese de um milénio. Coimbra: Almedina, 2015, p. 498.

[546] WOLKMER, Antonio Carlos. *Introdução ao pensamento jurídico crítico*. 9ª ed. São Paulo: Saraiva, 2015, p. 73.

[547] Ferrajoli refere-se como *sacrossantas* às teses de pureza e insubordinação de valores apresentadas por Kelsen e Bobbio, respectivamente. FERRAJOLI, Luigi. *Direito e razão*: teoria do garantismo penal. 2ª ed. São Paulo: Revista do Tribunais, 2006, p. 805.

[548] HESPANHA, António Manuel. *Cultura jurídica europeia*: síntese de um milénio. Coimbra: Almedina, 2015, p. 498.

No segundo aspecto, de cunho institucional, reconhece-se no Poder Judiciário a ação de um aparelho ideológico do Estado que age como instrumento de repressão e controle institucionalizado, não se constituindo em instância neutra e independente frente aos demais aparatos estatais, que não está a serviço "das liberdades e acima dos antagonismos de classe", e que impõe a necessária tarefa de desmascarar postulados ideológicos da cultura jurídica capitalista e os mitos de apoliticidade, imparcialidade e independência dos juízes.[549]

Nesse sentido, propõe o movimento uma maior liberdade de atuação do jurista perante a lei, com maior amplitude para a construção independente de soluções jurisprudenciais e doutrinárias alternativas, com o intuito de se contrapor ao poder político estabelecido ao nível da produção (Legislativo) e de intepretação concreta (Judiciário). Apresenta-se uma proposta antipositivista que pauta o "combate ao método subsunção e reivindicação da liberdade jurisprudencial", bem como a "insistência sobre o caráter inelutavelmente individual da solução jurídica". Essa valorização da doutrina e da jurisprudência em combate com o legislado era resultado, para Hespanha, da visão dos membros dessa corrente crítica de que seria mais fácil impor pontos de vista progressistas no campo da doutrina e da jurisprudência, já que não teriam de se submeter ao campo do poder político estadual – o que era muito apropriado ao contexto político italiano dos anos 1970.[550] Era uma

---

[549] WOLKMER, Antonio Carlos. *Introdução ao pensamento jurídico crítico.* 9ª ed. São Paulo: Saraiva, 2015, p. 73/74.

[550] Sobre o contexto político que fomentou o surgimento e desenvolvimento do "uso alternativo do Direito", bem como a aposta, sobretudo, na jurisprudência e nos juízes, Hespanha assim delimita: "No meio desta crise institucional, os juristas universitários e os juízes apareciam como um meio menos contaminado e menos contaminável pela corrupção das instituições (a '*mala vita*'). Menos contaminado, porque selecionado por processos internos, 'corporativos' que, neste caso, tinham a vantagem de serem menos dependentes do poder político central (as provas acadêmicas e os concursos para a magistratura). Menos contaminável, porque mais disperso, até regionalmente, tornando muito mais difícil o estabelecimento de uma rede de corrupção ou de domínio do que no caso da burocracia político-estadual ou partidária, hierarquicamente organizadas. Daí que se passasse a pensar que era justamente nestes juristas e juízes – mas sobretudo nos últimos, dado o seu poder institucional (magistratura) – que residia a única esperança da reforma política, institucional e cívica. Protegidos do governo pela sua independência

perspectiva de reforma das instituições pela via democrática, um triunfo da igualdade para se atingir a liberdade, porém mediante uma atuação mais incisiva e independente do Poder Judiciário, o qual atuaria por meio de juízes que possuíssem tal garantia em relação ao poder governamental, possibilitando-se a tais profissionais meios materiais para a realização de suas tarefas, tal como o controle da atuação policial. Ademais, a própria insistência do movimento em soluções judiciais de cunho individual permitiria, na visão de seus membros, a interpretação da celeuma concreta a partir de uma análise fundamentada na *dinâmica e crítica da realidade*, ou seja, decisões em que se compreendessem a realidade social e suas inerentes imperfeições, tensões e conflitos, cujo objetivo era justamente de regular tais contradições, em busca de uma realidade libertadora e progressista.[551]

Ainda que boa parte das produções críticas e garantistas dos integrantes aderentes ao "uso alternativo do Direito" seja pertinente a áreas como o Direito Processual Civil, Direito Civil, Direito Penal e Criminologia, é certo que existem elementos importantes construídos por essa tendência crítica, principalmente no sentido de delimitar a relação complexa e intrínseca entre Direito e política, em contribuição para a crítica do Direito Público e do Direito Administrativo contra a adoção acrítica de conceitos e noções jurídicas. Em que pese não adentrarem na discussão da matriz ideológica dos institutos, a clareza dos pensadores do "uso alternativo do Direito" em relação à origem dos institutos jurídicos e as soluções garantistas[552] intrassistêmicas podem ser de grande valia para a compreensão e crítica do conceito de interesse público.

---

estatutária, libertos – em virtude do sistema da sua designação segundo o sistema de governo da justiça vigente na Itália – das influências partidárias e dos compromissos eleitoralistas, dominados por um ideal de justiça como igualdade e formados num ambiente intelectual e universitário progressista, os juízes deveriam estar em condições de realizar um 'direito igual', esmo numa sociedade de classes". HESPANHA, António Manuel. *Cultura jurídica europeia*: síntese de um milénio. Coimbra: Almedina, 2015, p. 499.

[551] HESPANHA, António Manuel. *Cultura jurídica europeia*: síntese de um milénio. Coimbra: Almedina, 2015, pp. 499/500.

[552] "Uma teoria garantista do direito – não somente penal – parte da distinção do vigor das normas, tanto de sua validade quanto de sua efetividade. (...) É esta tendente e irredutível ilegitimidade dos poderes o tema privilegiado da pesquisa de uma teoria do direito de imposição garantista: que, por conseguinte, se configura principalmente como

Dentre os nomes que simbolizam a corrente em questão, Pietro Barcellona surge como marco essencial, quando trata do vínculo inevitável entre Direito e política e a necessária atenção do jurista para não ignorar essa indelével realidade. Tratando da necessidade de implementação e currículos mais críticos nos cursos de Direito, sobretudo na Itália, Barcellona e Giuseppe Cotturri apontam que o estudo sobre leis aliado a um *curso orgânico de História contemporânea* possibilitaria o enfraquecimento da falsa noção de contraposição entre Direito e Política. O próprio acesso às atas das sessões que antecederam a aprovação das normas legais possibilitaria aos estudantes afastar a visão abstrata e mistificada sobre a "intenção do legislador", e auxiliaria na compreensão de que a lei é nada mais que o "fruto de complicados acuerdos entre fuerzas políticas distintas". Da mesma forma, a perspectiva histórica permitiria refutar a distinção entre a noção de público e privado, tal como se observa nos manuais, desenvolvendo-se estudos sobre o desenvolvimento e a história dos Estados modernos, o que possibilitaria recuperar e revelar o que se constituiria em mera usurpação da noção de "público" na atuação estatal, na qual são tutelados muitas vezes interesses privados, de questões socialmente oportunas e que sejam de interesse real da comunidade.[553]

De maneira incisiva e sem rodeios, Barcellona e Cotturri não se furtam em criticar os manuais clássicos, principalmente no campo do Direito Privado, e reconhecem que o Direito e o Estado são componentes essenciais da sociedade civil. Nessa perspectiva, a imagem do Estado como instituição neutra e mediadora, e não como instrumento de dominação de classe, dá lugar à noção marxiana de intensa relação entre Estado e sociedade civil, no sentido de entrelaçamento entre os aspectos

---

crítica do direito positivo vigente, não meramente externa ou política, ou *de iure condendo*, mas interna, ou jurídica, ou *de iure condito*, porque voltada aos seus delineamentos de não efetividade e de invalidade. Tal orientação, que bem podemos chamar 'positivismo crítico', de reflete no modo de conceber o trabalho do juiz e dos juristas, pondo em questão dois dogmas do juspositivismo dogmático: a fidelidade do juiz à lei e a função meramente descritiva e valorativa do jurista na observação do direito positivo vigente". FERRAJOLI, Luigi. *Direito e razão*: teoria do garantismo penal. 2ª ed. São Paulo: Revista do Tribunais, 2006, pp. 804/805.

[553] BARCELLONA, Pietro; COTTURRI, Giuseppe. *El Estado y los juristas*. Coyoacán: Coyoacán, 2009, pp. 32/33.

econômicos e políticos ao Estado. O Estado constitui-se em instituição que implementa uma metáfora, subsumindo em si um corpo social cada vez maior, cujo processo decompõe as massas, recompondo-as no interior ou no entorno dos próprios aparelhos estatais, em função da separação entre política e economia.[554]

O Direito, por sua vez, dada essa constituição do Estado capitalista, constitui-se cada vez menos em *"regla del mercado libre"*, em relação a um mecanismo de realização das regras de concorrência entre os indivíduos perante a sociedade civil, diante da modificação do mercado e do seu controle – que se entende como era monopolística –, o que leva o Direito a se relacionar de forma mais íntima com a política e não somente com a economia, porém uma política que serve aos grandes grupos privados ou às organizações políticas que pretendem o controle das instituições públicas. Nessa concepção, Barcellona e Cotturri afirmam que o espaço da luta de classes é propriamente o Estado. Cabe ao Direito se apresentar, na sua forma dominante e atual, como *"derecho igual"* que adota um ponto de vista abstrato e generalista do Estado, em desprezo às desigualdades concretas entre os cidadãos, comandado pelas classes sociais dominantes.[555]A análise restrita do fenômeno estatal e dos vínculos com as demais forças complexas que operam na sociedade civil pode levar ao equívoco de se entender o Direito como mera cristalização da vontade política contida na lei, cuja intepretação seria tarefa exclusiva dos operadores do direito.[556]

---

[554] BARCELLONA, Pietro; COTTURRI, Giuseppe. *El Estado y los juristas*. Coyoacán: Coyoacán, 2009, p. 34.

[555] BARCELLONA, Pietro; COTTURRI, Giuseppe. *El Estado y los juristas*. Coyoacán: Coyoacán, 2009, p. 35.

[556] "No hay duda de que quien toma al Estado como objeto de observación exclusivo, descuidando tal vez determinar sus transformaciones, y reflexiona por tanto sobre un modelo de Estado (por ejemplo, el liberal) superado históricamente, acaba creyendo que sólo es derecho el surgimiento de una voluntad política en la forma cristalizada de la ley, y la interpretación de ésta es la única tarea que puede corresponder a un cuerpo especializado de funcionarios restringido en número y articulado en unas pocas figuras típicas (magistrado, abogado, notario, funcionario público, etc)". BARCELLONA, Pietro; COTTURRI, Giuseppe. *El Estado y los juristas*. Coyoacán: Coyoacán, 2009, p. 45.

Na essência, o Direito, principalmente a norma produzida no âmbito estatal, é produto de interesses específicos dos atores que atuam na cena social – Barcellona não reconhece exclusivamente a classe como ator preponderante no processo social –, cena essa que se passa perante relações econômicas e políticas determinadas a um sistema social delimitado e historicamente construído, ainda que algumas questões e regramentos jurídicos mais específicos possam ter a sua origem explicada sem se recorrer a fatores socioeconômicos e políticos:

> La qual cosa richiede che la legge, la formula normativa, sia posta in relazione a interessi ed esigenza (di singoli, classi o gruppi sociali, ecc.) e che in un modo o in un altro sia possible argomentare una certa corretalativitá fra il significato riferito alle norme e l'interesse e l'esigenza di cui si asserisce la prelalenza sul piano giuridico. È vero che normalmente tale correlatività può essere argomentata – come si vedrà meglio en seguito – sulla base di indici desumibili dallo stesso sistema normativo inteso in senso ampio, e cioè dal rapporto fra singola regola e istituto (così, ad es., la portata della regola che pone a carico dell'impresa i danni produtti dai dipendenti può essere detemimata anche dalla funzione della responsabilità in generale) senza bisogno di recorrere a criteri de giudizio di carattere economico o politico. Ma è altrettanto innegabile che quando si vuole riconstruire e determinare la funzione del sistema normativo complessivamente considerato non si può fare a meno di rapportalo al sistema economico-sociale e al sistema politico entro il quale storicamente si colloca. Infatti, dall'uno e dall'altro didpende, in definitiva, la funzione che ciascun ordenamento positivo – al di là di quelle che possono essere le affinità puramente esteriori – è chiamato ad assolvere nel concreto della esperienza. Analogamente, solo in rapporto a tali fattori, è possibile determinare il grado di autonomia e la specificità della funzione normativa: in che modo, cioè, il criterio della conformità alla legge (si identifica o) si distingue dal criterio della mera convenienza economica o della pura opporttunita política.[557]

---

[557] BARCELLONA, Pietro. *Formazione e sviluppo del diritto privato moderno*. Napoli: Jovene Editore Napoli, 1987, pp. 24/25.

Reconhecendo-se que o sistema jurídico positivo capitalista é um sistema extremamente bem-sucedido no plano da eficácia, no sentido de pautar as relações jurídicas da sociedade capitalista, enfatiza Barcellona que a sistematização positiva não é resultado de uma "necessidade" do sistema jurídico em si, mas se trata de um sistema mais complexo e historicamente determinado por relações sociais e econômicas. Nesse sentido, a repetida proposição sistemática desse sistema jurídico como algo natural e a-histórico significa um próprio repropor do sistema socioeconômico que é seu pressuposto histórico como algo imutável, em clara imposição das perspectivas ideológicas dominantes.[558] Ou seja, ao se naturalizar o sistema jurídico próprio do capitalismo, sendo tal sistema uma forma essencial para a sobrevivência dessa constituição de organização social, naturaliza-se o próprio capitalismo como algo que não pode ser alterado, é dizer, como o estágio de desenvolvimento final da sociedade.

Para além da naturalização e "perpetuação" do sistema de Direito moderno como o "derradeiro", é produzida uma espécie de *libertação* do Direito em relação aos seus vínculos históricos, práticos e de valores, permitindo lhe satisfazer a pretensão de pureza científica, pois seus objetos se convertem em formas puras ou em regras racionais que são expressão da conexão constante entre normas e instituições, fazendo surgir critérios de qualificação universais que *"expresan los caracteres inmutables del obrar social"*. A partir dessa intensa abstração do real – abstração da materialidade das condições de sobrevivência do indivíduo concreto[559] –, é possível

---

[558] "No si può negare che questo sistema di relazioni fra diritto e società e, conseguentemente, fra gli uomini gli uni nei confronti degli altri, sia stato storicamente un sistema effettivo, ricontrabile cioè nelle strutture normative di un ordinamento giuridico positivo. Esso tuttavia non ripsonde – ocorre ripeterlo – ad una necessità imprescindibile dell'ordinamento giuridico, ma si pone piuttosto coe espressione di un sistema più complesso e storicamente determinato di relazioni sociali ed economiche, e al tempo stesso come un momento organizzativo fondamentale e condizione di riproduzione di questo sistema. Il riproporlo quale espressione naturale e astorica del modo di essere del fenomeno giuridico equivale pertanto a riproporre come attuale e tendenzialmente immutabile il sistema socio-economico che ne è il presupposto storico. Operazione quest'ultima nella quale i catteri ideologici prevalgono e condizionano, in ultima analisi, quelli logico-ricostruttivi". BARCELLONA, Pietro. *Formazione e sviluppo del diritto privato moderno*. Napoli: Jovene Editore Napoli, 1987, p. 28.

[559] "Partiendo de individualismo de llega a lo que Piovani llama el totalismo, que sería

afirmar (maliciosamente, como definem Barcellona e Cotturri) que os esquemas que compõem o sistema jurídico e categorias jurídicas estão acima e salvaguardados "*de las disputas, de la historia y de las luchas sociales*", o que tornaria essas instituições jurídicas insubstituíveis.[560]

Recorrem os juristas não críticos, então, aos princípios gerais de Direito, em que determinados valores são privilegiados de forma arbitrária, de que se entende estar incluído o princípio do interesse público e sua perspectiva de privilegiar a *igualdade formal*. Nessa operação o que ocorre é a reconstrução do sistema vigente a partir de interpretações sistemáticas e abstrações generalizadoras, em que as premissas adotadas conduzirão a resultados já esperados e, desse modo, excluem-se da argumentação análises sobre a sociedade e relações sociais reais que podem colocar em xeque justamente a premissa jurídica abstrata adotada já de início.[561] O raciocínio empregado na adoção das abstrações indeterminadas é de contemplação a operações puramente lógicas que impedem a consciência do jurista em

---

mejor designar como la alienación de los individuos desde su propia existencia emperica a la subjetividad jurídica abstracta. Sólo así es posible pensar que el individuo que esté coartado por la pobreza, constreñido por los instintos, empujado por la necesidad, sea al mismo tiempo jurídicamente libre y formalmente igual a cualquier otro individuo. La coacción económica subordina el sujeto abstracto al plano factual. Pero aquél resurge continuamente en su pureza formal más allá de los condicionamientos empírico-factuales. El proceso de liberación del individuo de los vínculos político-social-comunitarios se desarrolla a través de la aparente negación de su premisa". BARCELLONA, Pietro. *El individualismo propietario*. Madrid: Trotta, 1996, p. 47.

[560] BARCELLONA, Pietro; COTTURRI, Giuseppe. *El Estado y los juristas*. Coyoacán: Coyoacán, 2009, p. 82.

[561] "Queda marginado todo análisis de la sociedad y toda valoración de la misma, de modo que el razonamiento jurídico se presenta en términos de operaciones lógicas puras. De hecho, aparece como operación lógica la reconstrucción del sistema, pues se efectúa por medio de la «compatibilidad lógica» de un principio con otro (y cuando esta compatibilidad lógica no aparece por ningún lado a primera vista, la contradicción se supera elaborando un concepto más amplio y disponiendo las diversas normas en una relación de regla y excepción). No ocurre diversamente cuando se tiende a «privilegiar» las normas que son expresión de valores sociales sin introducirlas pese a todo como elementos de contradicción del sistema, sino tratando de reconstruir la unidad de éste a través de ulteriores generalizaciones (Estado social de derecho, etc.)". BARCELLONA, Pietro; COTTURRI, Giuseppe. *El Estado y los juristas*. Coyoacán: Coyoacán, 2009, pp. 97/98.

relação aos condicionamentos econômicos, culturais, históricos e concretos, em que se tem um processo de idealização do Direito e das categorias jurídicas que resulta na negação da relação entre Direito e história, entre instituições jurídicas e estruturas econômico-sociais. Para Barcellona e Cotturri, a ciência jurídica que adota como paradigmas definitivos as normas e conceitos generalizantes e abstratos[562] acaba por se enclausurar em uma espécie de *círculo mágico* que se abre para o terreno das relações sociais apenas para buscar novas convalidações para suas hipóteses e para o próprio projeto em curso de organização das relações humanas (capitalismo). É um processo tautológico conceitual e real, constituindo na elaboração de categorias jurídicas de forma independente dos condicionantes históricos, em que se torna *"instrumento para la 'valoración' positiva de las relaciones de poder existentes"*.[563]

Essa cultura jurídica de "lugar comum"[564] se agarra a conceitos e categorias jurídicas generalizantes e abstratas para constituir uma forma de introduzir critérios seguros para impedir que o juiz – e aqui soma-se o administrador público e a sua função de intérprete na atuação administrativa executiva – adote ponto de vista particular, impregnado de

---

[562] Sobre a relação intrínseca entre abstração das subjetividades e fundação da ordem moderna: "Y aquí se capta realmente el profundo significado revolucionario de la idea de sujeto abstracto, del hecho de conseguir pensar la subjetividad como abstracción. Sólo la abstracción puede fundar el orden. Sólo el sujeto abstracto puede mediar entre el individuo empírico y el orden general y convencional. Es precisamente mediante la categoría del hombre racional, de la racionalidad como cualidad formal, como se hace posible la abstracción constitutiva de la subjetividad abstracta". BARCELLONA, Pietro. *El individualismo propietario*. Madrid: Trotta, 1996, p. 45.

[563] BARCELLONA, Pietro; COTTURRI, Giuseppe. *El Estado y los jusristas*. Coyoacán: Coyoacán, 2009, pp. 101/102.

[564] "En la raíz de todo ello puede advertirse fácilmente los «lugares comunes» característicos de la cultura jurídica, de nuestro modo de hacer cultura jurídica: el convencimiento de que la ciencia jurídica es una ciencia autónoma, que carece de nexos con la economía política, con la sociología, con las demás ciencias del hombre; el convencimiento de que el jurista es pura y simplemente un técnico que se ocupa de operaciones lógicas; el convencimiento de que el intérprete está subordinado a la ley y de que su única función consiste en la puramente técnica de realizar la subsunción del «hecho» en el esquema conceptual". BARCELLONA, Pietro; COTTURRI, Giuseppe. *El Estado y los juristas*. Coyoacán: Coyoacán, 2009, p. 103.

opções íntimas, na solução de determinado caso. Porém, esse intento é em vão, pois o magistrado, assim como o administrador público, irá operar naturalmente nada mais que a própria reconstrução do sistema, uma vez que os princípios, interesses e valores que compõem o ordenamento são aceitos e aplicados de maneira que se condicionam reciprocamente.[565]

A universalização do jurídico, realizada por meio da prevalência do princípio da igualdade formal – no que se inclui a própria igualdade formal de interesses, diz Barcellona –, permite que a economia burguesa se apresente na forma de operação privada, ou seja, desenvolvida entre sujeitos privados. O Direito da modernidade é o Direito da "circulação de e da riqueza, regulados pelo processo produtivo e pelo mecanismo das trocas de mercado".[566] Mas, de outra ponta, detecta-se o paradoxo da previsão abstrata da igualdade perante a lei e o constrangimento concreto ao indivíduo de, em razão da desigualdade real, ter de negociar com o único bem que lhe resta, a força de trabalho. A significação disso é a convivência entre a igualdade (formal) e desigualdade (material) que "não se lê nos códigos, e que estes pressupõem como uma necessidade, mas não regulam diretamente". Essa forma geral e abstrata assumida pelo Direito moderno define a igualdade perante a lei e a existência de um interesse geral que contempla a todos, independentemente dos conflitos sociais. Esse universal jurídico impõe as regras das relações individuais sem estabelecer de antemão a origem dos indivíduos, de que posição social cada membro parte e de que meios dispõem para obter o necessário para sobreviver. Como diz Barcellona: "é este o segredo do direito moderno: o de ser universal sem conteúdo".[567]

De forma semelhante são os conceitos abstratos e especulativos que sustentam o Direito Administrativo. Não por acaso o princípio do interesse público visa ao universal a partir da generalização da igualdade

---

[565] BARCELLONA, Pietro; COTTURRI, Giuseppe. *El Estado y los juristas*. Coyoacán: Coyoacán, 2009, p. 103.

[566] BARCELLONA, Pietro. *O egoísmo maduro e a insensatez do capital*. São Paulo: Ícone, 1995, p. 73.

[567] BARCELLONA, Pietro. *O egoísmo maduro e a insensatez do capital*. São Paulo: Ícone, 1995, p. 73.

de interesses e da abstração das condições materiais de vida das pessoas e dos conflitos sociais, ignorando os antagonismos de interesses contrapostos das diferentes classes sociais, na medida em que especula que a sociedade é formada por cidadãos atomizados, em relação aos quais não importa saber suas reais condições e posições no jogo das relações sociais reais. Tal como delimita Barcellona em relação ao Direito moderno em geral, pode-se fazer idêntica alusão ao Direito Administrativo e seu principal pilar geral e abstrato, é dizer, o interesse público, por seu turno, almeja e se impõe como universal, porém, desprovido de conteúdo. Isso significa que esse vazio pode ser preenchido por qualquer dos interesses em jogo, especialmente dos jogadores ou do grupo de jogadores (classe) que dominam o processo de sustentação real do tabuleiro, no caso, quem domina o processo de circulação dos bens e da riqueza.[568]

Aliás, tratando de forma específica as contradições do Estado moderno e a respectiva crise da burocracia, Barcellona e Cotturri relacionam a fragilidade do formalismo da ciência jurídica e seus pressupostos demasiadamente abstratos com o próprio esvaziamento do conceito de interesse público, contudo, sem adentrar de forma mais profunda nas contradições epistemológicas desse conceito.[569]

---

[568] "A igualdade jurídica formal implica, realmente, na instituição do parâmetro quantitativo da troca, como mediador universal: a redução das diferenças qualitativas a puras diferenças de fatos. O princípio da igualdade formal implica, realmente, na instituição o parâmetro quantitativo da troca como medidor universal: a redução das diferenças qualitativas a puras diferenças de fato. O princípio da igualdade formal, definitivamente, entrega o mundo das diferenças e portanto a individualidade implícita dos mundos vitais à pura contingência e à eterna irrelevância". BARCELLONA, Pietro. O egoísmo maduro e a insensatez do capital. São Paulo: Ícone, 1995, p. 73.

[569] "El mismo formalismo de la ciencia jurídica vuelve a ponerse en discusión así; las categorías y los conceptos en que tradicionalmente se ha realizado la subsunción de todo el proceso social resultan alterados por la caída del interés general, por el vaciamiento y la disgregación de concepto mismo de interés público. Las categorías del derecho igual, la abstracción y la generalidad de la norma, el principio de igualdad de tratamiento de casos semejantes, la certeza del derecho y la previsibilidad de la decisión como garantía de la libertad del ciudadano; los presupuestos, en suma, de la función administrativa, resultan desmentidos de continuo por el desmembramiento legislativo, la pluralidad de los estatutos jurídicos correspondientes a las distintas cualificaciones sociales, y la progresiva corporativización de la función legislativa y de la función administrativa".

Como bem resume Clève, o "uso alternativo do Direito", enquanto tendência crítica, teve êxito em utilizar as ciências sociais para explicar historicamente o Direito contemporâneo, localizando-o no espaço e no tempo, sobretudo se referindo a sua operação na sociedade capitalista. Demonstrando contradições, lacunas, e as conquistas históricas, desmistificou-se mitos com apontamento para atuação libertária e emancipadora da ciência jurídica, espaço pelo qual deve passar a luta pela democratização da sociedade. O Direito, nesse sentido, é apresentado como espaço de luta, no qual se *condensa* a materialização da correlação de forças em embate na sociedade, em que se opõem "vários interesses e direitos em jogo, expressando por meio do signo normativo", constituindo-se em campo, também, de "construção/reconstrução do político e do ideológico" e de mediação entre os grupos sociais, ou seja, "a luta jurídica reelabora o direito cotidianamente, enquanto a luta política repercute, direta ou indiretamente, mediata ou imediatamente, sobre o jurídico da formação estatal".[570]

A Espanha também foi (e ainda é) palco de construções jusfilosóficas de cunho crítico ao Direito tradicional, com recorte antidogmático, segundo Wolkmer.[571] Dentre as tantas linhas críticas surgidas em território espanhol, desde a volta da democracia na era pós-Franco, destaca-se a construção teórica de Nicolás López Calera e Modesto Saavedra e suas interpretações ao "uso alternativo do Direito", chamando a atenção para a relação entre Direito e luta de classes.[572]

A questão central do "uso alternativo do Direito" é identificada no redescobrimento do indelével caráter dialético da realidade social,

---

BARCELLONA, Pietro; COTTURRI, Giuseppe. *El Estado y los juristas*. Coyoacán: Coyoacán, 2009, p. 241.

[570] CLÈVE, Clèmerson Merlin. *Para uma dogmática constitucional emancipatória*. Belo Horizonte: Fórum, 2012, p. 68.

[571] WOLKMER, Antonio Carlos. *Introdução ao pensamento jurídico crítico*. 9ª ed. São Paulo: Saraiva, 2015, p. 79-80.

[572] CALERA, Nicolás López. "Sobre el alcance teórico del uso alternativo del derecho". *In:* CALERA, Nicolás López; LÓPEZ, Modesto Saavedra; IBAÑEZ, Perfecto Andrés. *Sobre el uso alternativo del derecho*. Valencia: Fernando Torres Editor, 1978, p. 19.

bem como a interdependência dialética entre as distintas realidades sociais particulares, dentre as quais se inclui o Direito. Continua-se a acentuar a crise do Direito moderno[573] e, reafirma Calera, seu caráter opressor e de dominação, denunciando a sua natureza eminentemente política e seu viés não neutro e contaminado pela vontade da classe dominante erigida em forma de lei.[574] As estruturas institucionais estão igualmente permeadas por constantes crises, sendo que a "separação" dessas estruturas em relação à sociedade torna ainda mais aguda as contradições, revelando a incapacidade das instituições em resolver e atender os interesses da maioria das pessoas. As instituições vinculadas e que formam o Estado são incapazes de contemplar as demandas sociais, fazendo com que todo o aparato, incluindo servidores e intelectuais vinculados, sejam alcançados e façam parte das tensões e conflitos sociais, ou como melhor define Modesto Saavedra: *"La lucha de clases los engloba"*.[575]

Porém, ainda que adote o binômio estrutura econômica e superestrutura jurídica, Calera adota uma perspectiva que se afasta de estruturalismos ortodoxos, apontando que o uso alternativo do Direito impõe considerar que a incidência do referido binômio não é mecânica e que a superestrutura jurídica nem sempre é reflexo direto das relações de produção, e que qualquer sentença nesse sentido é utópica ou irreal.[576]

---

[573] "A sociedade capitalista opera em permanente crise, não obstante sua capacidade de sobrevivência e superação, sempre enredada tensões e contradições que resultam em relações dramáticas para a sociedade e para os indivíduos. São crises econômicas, sociais, políticas e institucionais que afetam cada vez mais um número maior de pessoas, mas que mostram, por outro lado, a capacidade do capital em se reinventar para superar crises a partir da criação de outras". LÓPEZ, Modesto Saavedra. "Interpretación jurídica y uso alternativo del derecho". *In*: CALERA, Nicolás López; CALERA, Nicolás López; IBAÑEZ, Perfecto Andrés. *Sobre el uso alternativo del derecho*. Valencia: Fernando Torres Editor, 1978, pp. 35/36.

[574] CALERA, Nicolás López. "Sobre el alcance teórico del uso alternativo del derecho". *In:* CALERA, Nicolás López; LÓPEZ, Modesto Saavedra; IBAÑEZ, Perfecto Andrés. *Sobre el uso alternativo del derecho*. Valencia: Fernando Torres Editor, 1978, p. 20.

[575] LÓPEZ, Modesto Saavedra. "Interpretación jurídica y uso alternativo del derecho". *In* CALERA, Nicolás López; LÓPEZ, Modesto Saavedra; IBAÑEZ, Perfecto Andrés. *Sobre el uso alternativo del derecho*. Valencia: Fernando Torres Editor, 1978, p. 36.

[576] Elias Diaz tece inciso comentário sobre certa "culpa" dos marxistas estruturalistas

Os sistemas jurídicos, na verdade, assim como os sistemas econômicos e sociais, são também o reflexo das contradições sociais. Ademais, como bem ressalta Calera, não haveria luta de classes, propriamente dita, e tampouco contradições se todos os aparatos e sistemas de poder estivessem em poder da classe dominante. Assim, a contradição e as disputas se permeiam entre as estruturas econômica, social e jurídica, o que, consequentemente, permite pequenas vitórias da classe dominada com reflexos diretos e indiretos na superestrutura jurídica, em que pese, no geral, a vitória permanecer junto à classe dominante. O Direito, nessa perspectiva, sempre conterá elementos e possibilidades que não estão a serviço da dominação, sendo a seara jurídica um terreno válido para o exercício da luta de classes, pois não se constitui em território abandonado à dominação da classe burguesa.[577]

A refutação do economicismo permite perceber o Direito como espaço a ser disputado, já que as contradições estão encalacradas no interior

---

em relação à simplificação da relação entre Direito e economia, porém, refutando com mais força o inverso dessa equação, ou seja, a perspectiva ahistórica e antissociológica do neoformalismo jurídico: "Ese aparente neutralismo económico, ese desconocimiento o desinterés, más en general, hacia las repercusiones e implicaciones materiales, sociales, históricas, es – como digo – lo que me parece más criticable de no pocas manifestaciones, a veces contradictorias (muy conservadoras o muy 'radicales'), de ese difuso eticismo actual que es ya habitual calificar, provocativamente, como 'fundamentalista': grandes refinamientos en la sofisticada e interiorista elucubración moral, agotadores e inacabables ejercicios casuísticos de eticidad, pero – reacios a la historia ya a la sociología – ocultando siempre toda relación de fondo con concretos sistemas sociales y económicos que hablen de producción, reproducción y acumulación. Comprendo que los abusos simplificatorios de marxismo – especialmente del marxismo estructuralista que es, tal vez, en el que se 'educó' y el que más tuvo que sufrir la 'generación fundamentalista' – dejaron este tema intratable, con las aventuras y desventuras del 'capital monopolista' como eje único y exclusivo de la historia, como explicación mágica y taumatúrgica de todo lo avenido y lo por avenir. Pero ello, ese mal pasado, no es – creo – razón suficiente para justificar, por otro lado, las empecinadas ocultaciones y las escrupulosas asepsias de ese ahistórico y antisociológico neoformalismo jurídico y fundamentalismo ético actual". DIAZ, Elias. *Etica contra política*: los intelectuales y el poder. Madrid: Centro de Estudios Constitucionales, 1990, p. 26.

[577] CALERA, Nicolás López. "Sobre el alcance teórico del uso alternativo del derecho". *In*: CALERA, Nicolás López; LÓPEZ, Modesto Saavedra; IBAÑEZ, Perfecto Andrés. *Sobre el uso alternativo del derecho*. Valencia: Fernando Torres Editor, 1978, pp. 21/22.

do próprio sistema capitalista e de suas estruturas, incluso a jurídica, e que o germe da própria superação da forma social não se encontra no exterior mas dentro das próprias operações dominantes,[578] constituindo-se em desenvolvimento histórico do próprio marxismo admitir ser imperioso trabalhar o campo jurídico como espaço de luta de classes e de denúncia das contradições produzidas no seio das relações sociais que se realizam diante dessa forma hegemônica social. Mesmo os anseios revolucionários mais radicais precisariam, no contexto do capitalismo atual, superar o "dogma" antigo de alguns marxistas de marginalização do Direito, para, ao contrário, revelar o seu caráter instrumental e necessário para a reprodução do capital e, sobretudo, disputá-lo enquanto espaço de luta que permite avanços emancipatórios concretos à classe trabalhadora e aos que sofrem o processo de dominação, não obstante sua origem e tendência ao hegemônico dominante.[579]

O caminho traçado pelo uso alternativo do Direito, tal como defendem Saavedra e Calera, passa pela constatação e reafirmação constante da inexistente neutralidade e independência das estruturas estatais, cujo principal objeto de atenção para os referidos pensadores seria a figura do juiz, mas que pode ser estendida ao âmbito dos administradores públicos, pois todos estão enredados pelas contradições sociais produzidas e reproduzidas na sociedade capitalista de forma contínua. É necessário ter a clareza de que as estruturas necessárias à sustentação e à reprodução do capital, sobretudo o Estado e o Direito, funcionam de maneira ideológica, e que modificações progressistas e emancipatórias dependem da

---

[578] Nesse sentido, Juan-Ramón Capella esclarece a relação contraditória entre Estado ideologicamente burguês e o discurso igualitário e libertador, levando, por vezes, os dominados a obterem o controle do aparelho político, ou seja, do governo. CAPELLA, Juan-Ramón. *Sobre a extinção do Direito e a supressão dos juristas*. Coimbra: Centelha, 1977, pp. 81/82.

[579] "Cuando miles de individuos, a causa de diversas circunstancias y coyunturas, ejercen su trabajo dentro de ese mundo jurídico y tienen por otro lado, hecha al mismo tiempo una clara opción de clase, no parece superfluo, ni siquiera reformista, que presten su trabajo a reorientar ese mundo jurídico dentro del proceso histórico de la lucha de clases". CALERA, Nicolás López. "Sobre el alcance teórico del uso alternativo del derecho". *In:* CALERA, Nicolás López; LÓPEZ, Modesto Saavedra; IBAÑEZ, Perfecto Andrés. *Sobre el uso alternativo del derecho*. Valencia: Fernando Torres Editor, 1978, p. 27.

racionalização sobre essa realidade estrutural, permitindo, então, a proposição de medidas que alterem, ainda que parcialmente, o funcionamento dessas estruturas. Juan-Ramón Capella, aliás, classifica essa relação intrínseca entre Direito e Estado, bem como as operações ideológicas no entorno dessa relação que afastam qualquer intenção idealizadora e de neutralidade, como o grande enigma a ser desvendado a permitir a *libertação do disfarce*.[580]

Desanuviadas as ficções idealistas e neutras do exercício das atividades jurídicas, o uso alternativo do Direito advoga o uso e consolidação do Direito e dos respectivos instrumentos jurídicos na direção da emancipação e da ampliação do espaço democrático, o que significa projetar e realizar práticas jurídicas e culturas distintas das práticas dominantes, contudo, sem romper com a legalidade estabelecida, privilegiando-se no âmbito jurídico determinados interesses ou práticas sociais específicas, é

---

[580] "O enigma do direito é desvendado por alguns enunciados simples a seu respeito: o Estado não existiu sempre, antes é um ser histórico cuja génese assenta na cisão da sociedade em classes antagônicas; o esqueleto do estado moderno é composto não por 'poder, território e povo', a encobridora tripla tagarelice dos ideólogos fascistas (tagarelice que converte o 'povo' em elemento do Estado), mas sim por: 1º um exército permanente; 2º um segundo exército de funcionários; 3º a polícia. Esta imensa máquina de força, separada e colocada acima da sociedade, especializada e subtraída o domínio do perdido conjunto social, o Estado que segrega a sua própria desculpa ideológica, serve invariavelmente para preservar a estrutura variável do sistema de apropriação privada. Naturalmente, o Estado não é apenas um aparelho de força suspenso sobre a maioria da sociedade civil; realiza também, apoiado nessa força, o que já foi chamado de *organização do consentimento*, isto é, segregação de ideologia e ordenação social que afastem o que os sociólogos definem como «conflito», do centro de gravidade do sistema. O aparelho de poder pode ceder então, num ou noutro ponto, perante as pretensões das classes antagónicas e dos sub-grupos que as compõem ou, inclusive, actuar como «árbitro», sempre que permaneça intocada a divisão social fundamental entre detentores e não-detentores dos meios de produção (um papel de árbitro que, precisamente, não é neutro). Por estarem questão as relações de produção da sociedade dividida, a solidariedade das classes dominantes sobrepõe-se às suas contradições internas. Em sua defesa, põe-se em movimento a máquina de poder estatal à margem ou *contra* as suas próprias leis (facto que os juristas, pudicamente, consideram estranho ao seu campo de estudo. No entanto, termina aqui a essência do enigma e, uma vez libertado do disfarce, todos os tecidos deste corpo parasitário podem ser conhecidos, passo a passo, pela nova ciência". CAPELLA, Juan-Ramón. *Sobre a extinção do Direito e a supressão dos juristas*. Coimbra: Centelha, 1977, pp. 32/33.

dizer, "*los interesses y la práctica de aquellos 'sujetos jurídicos' que se encuentran sometidos por unas relaciones sociales de dominación*".[581]

O uso alternativo do Direito, tal qual defendem Calera e Saavedra, é extremamente honesto do ponto de vista da opção pela classe dos dominados e da não admissão do caráter ilusório de um Direito "para todos", exacerbando a tomada de consciência de que o Direito possui uma função política e uma interdependência com relações sociais, econômicas e políticas, o que demanda sua utilização de forma diametralmente distinta daquela realizada predominantemente, ou seja, desigual tanto quanto, no entanto pendente para o lado da emancipação dos dominados.[582]

Em sentido semelhante, Joaquín Herrera Flores, com sua preocupação em relação aos problemas da democracia, das necessidades humanas e dos valores, traz importantes contribuições críticas, ainda que recortado à crítica dos direitos humanos, desvelando o sentido de construções jurídicas idealizadas e que não estão a serviço da emancipação dos sujeitos.

No embate de interesses, os direitos humanos sustentaram a "adequação" da realidade "em função dos interesses gerais de poder da classe social, da ideologia e da cultura dominantes", com o objetivo de delimitar a figura do "humano", abstraindo-se os respectivos direitos da realidade concreta como resultado de uma necessidade ideológica: "a 'racionalidade' não é mais que o que se ajusta a essa formulação abstrata, ideológica e pragmática separada dos contextos". Essa visão liberal típica do Ocidente se impõe universalmente e determina como *cruel violação ética* qualquer forma de desvio, pois se apresenta como a ideologia global dos direitos humanos,[583] uma ideia total que não considera perspectivas parciais e

---

[581] LÓPEZ, Modesto Saavedra. "Interpretación jurídica y uso alternativo del derecho". *In:* CALERA, Nicolás López; LÓPEZ, Modesto Saavedra; IBAÑEZ, Perfecto Andrés. *Sobre el uso alternativo del derecho.* Valencia: Fernando Torres Editor, 1978, p. 40.

[582] "A razão débil engendra a astúcia da razão; o direito é necessário para acabar com o direito. Mas o produto jurídico, liquidador do direito tem de compartilhar com este o inevitável: ser desigual como todo o direito. Quanto ao resto, há-de possuir qualidade nova, libertária, que é já definível". CAPELLA, Juan-Ramón. *Sobre a extinção do Direito e a supressão dos juristas.* Coimbra: Centelha, 1977, p. 7.

[583] "Los derechos humanos quedan reducidos, desde el punto de vista de esta racionalidad,

regionais de formas de culturas não hegemônicas, afinal, como conclui Herrera:"o universalismo do Banco Mundial triunfa sobre os zapatistas".[584]

Aliás, a tendência de "desideologizar" e despolitizar os direitos humanos já era denunciada nos anos 1980 por Luis Alberto Warat, em um movimento que reafirmava a história do pensamento jurídico no curso do século de reivindicação da neutralidade ideológica do Direito, o que, no fundo, significava a sujeição dos direitos humanos à "ideologia das forças historicamente obsoletas e retrógradas", cujo projeto seria a desumanização e despolitização do social, de forma "cínica e mediocremente em nome de certas práticas pseudo humanizantes e de pseudo espírito transcendente e sem alienações".[585]

Ao admitir que adota o método da desconfiança, desconfiança de tudo e, principalmente, da ciência e sua pretensão de verdade, com a intenção de "fugir do universalismo *a priori*", Herrera Flores identifica na dureza da ciência e na sua constante busca pela verdade um dos principais males da humanidade, pois divide os que lograram chegar à verdade e os que *não provaram suas dádivas*.[586] Direciona, então, forte crítica

---

a derechos de propietarios que se piensan a partir del mercado. Los sujetos están instalados en la relación mercantil vista como el ámbito de la libertad natral, lugar desde el que se abomina de toda planificación e intervencionismo. Por esta razón, pueden justificarse las agresiones a os derechos humanos llevadas a cabo bajo la denominación de Planes de Ajuste Estructural (...). Esta es la *única* política realista, el *único* ámbito donde poder situar los derechos, el lugar *físico*, naturalizado. El único espacio de certezas desde el que convencionalmente se cree que podemos realizar una defensa de los derechos. Mundo de certezas aparente. Sólo con no descifrar su enigma sólo con pensar desde sus mismas premisas, tendremos la derrota asegurada". FLORES, Joaquín Herrera. "Hacia una visión compleja de los derechos humanos". *In:* FLORES, Joaquín Herrera (Coord.). *El vuelo de anteo:* derechos humanos y crítica de la razón liberal. Bilbao: Desclée de Brouwer, 2000, pp. 25/26.

[584] FLORES, Joaquín Herrera. A reinvenção dos direitos humanos. Florianópolis: Boiteux, 2009, p. 174.

[585] WARAT, Luiz Alberto. *Introdução Geral ao Direito*: o direito não estudado pela teoria jurídica moderna, vol. III. Porto Alegre: Sergio Antonio Fabris Editor, 1997.

[586] Referindo-se ludicamente a Dostoiévski e sua obra *Os irmãos Karamázov*, Herrera Floras medita sobre o papel complexo e cruel da ciência: "Dostoyevski, nesse relato, além de mostrar de um modo original a evolução da humanidade, adverte-nos de que

ao conteúdo apriorístico e fictício das declarações de direitos humanos, dirigidas a seres humanos atomizados e particularizados, assim como outras tantas ficções elaboradas como "enganos necessários" para a sobrevivência da humanidade, ou seja, mentiras que sustentam a humanidade e que são *encantadoras* e em relação as quais não se pode *prescindir*.[587]

Afastando-se da cientificidade vertical que busca a verdade a todo custo, método esse que o Direito é prodigo em reproduzir, Herrera reconhece nos direitos humanos seu caráter ambivalente: de um lado, o vínculo à tensão de interesses *dos que têm a hegemonia social e cultural*; de outro, os direitos humanos surgem como *voz dos dominados*, não obstante os limites de expressão das culturas "aprisionadas" em relação ao colonialismo. Nesse sentido, intenta Herrera fazer transparecer essa face oculta do Direito, a perspectiva da eclosão da voz do oprimido em defesa de um critério que "expresse a necessidade humana de caminhar para o propriamente humano: quer dizer, a vida, a ação e a luta pela dignidade".[588] Adota, então, a *riqueza humana*, como critério que serve

---

todos os males de que padecemos têm uma única origem: nosso desejo de conhecer. Para Dostoyevski, há algo contra o que lutar: a ideia de que 'o conhecimento da vida está acima da vida... O conhecimento da felicidade está por cima dela'. Para viver, para conseguir a felicidade que o homem ridículo observa naquela cópia da Terra, terá de fugir do conhecimento. O conhecimento é ciência, e ela tende sempre à desagregação, para supostamente chegar a conhecer melhor o que nos rodeia. A ciência, para Dostoyevski, é o pior dos males, tanto que, por sua simples existência, surge a crença de que todos os problemas podem se resolver, dentre eles o da busca constante da verdade. Quando a ciência acredita ter encontrado a verdade, aí começa o horror. Essa verdade divide a humanidade em pelo menos dois grupos: os oniscientes e os não oniscientes. Como os primeiros são os únicos conhecedores da verdade, não tem outra solução que não dominar ou eliminar aqueles que não estão nela...". FLORES, Joaquín Herrera. *A reinvenção dos direitos humanos*. Florianópolis: Boiteux, 2009, p. 189.

[587] "Nossas mentiras: a literatura, a música, a ciência, a filosofia, a religião, até a linguagem e o desejo, quer dizer, todas as formas de objetivação em que se consolidam os produtos de *nossa* falsidade e autoengano são o mundo que recebemos, que herdamos, que reproduzimos e que preenchemos de novas mentiras e, especialmente, de novas interpretações de mentiras antigas. Esse é o mundo que amamos e onde nos sentimos à vontade. Toda volta ao paraíso, além de impossível, é indesejável. Em definitivo, preferimos amar, embora isso comporte sempre sofrimento, a não saber que amamos". FLORES, Joaquín Herrera. *A reinvenção dos direitos humanos*. Florianópolis: Boiteux, 2009, p. 190.

[588] FLORES, Joaquín Herrera. *A reinvenção dos direitos humanos*. Florianópolis: Boiteux, 2009, p. 191.

de *fiel da balança* para sopesar os direitos humanos em relação às diferentes posições culturais, políticas e sociais, valorando as diferentes culturas de forma parcial e regional, de modo a refutar a valoração global própria da *cantilena liberal*, possibilitando o julgamento de questões de choque ou conflito. A *riqueza humana* seria uma forma de suplantar a noção de hierarquização de direitos para uma perspectiva de priorização da satisfação dos direitos e de enfocar uma forma justa de cumprimento de políticas sociais, econômicas e culturais relacionadas a tais direitos.[589]

A rota teórica traçada por Herrera Flores é de defender uma espécie de reconsideração do fator político pela dogmática do Direito, pugnando pela inversão da postura rotineira de se considerar o Direito como algo prévio à construção política, uma vez que essa postura conservadora resulta em uma concepção restrita da ação social, em que ideais subjetivos e fatos sociais objetivos são apartados, o que leva à equívoca ideia de político como *consenso* e ao erro de se entender os ideais que sustentam os direitos humanos como dados de antemão à margem dos conflitos sociais. Ademais, pretender tornar o Direito como algo prévio à ação social significaria adotar uma opção filosófica com consequências políticas conservadoras e que levaria os direitos humanos a assumirem o que Herrera denomina de *ontologia da presença*, em que a realidade seria algo impossível de modificação, uma vez que estaria acima das possibilidades de ação da sociedade e dos indivíduos. Esta ontología: "*reduce el campo de lo político-estratégico a lo lógicamente compatible con la idea de una objetividad social cerrada sobre sí misma*".[590]

Uma teoria crítica do Direito, na análise de Herrera, necessita de uma *ontologia da potência*, em que a ação política cidadã está sempre em tensão com as tendências que pendem para a reificação das relações sociais, permitindo compreender e pôr em prática uma atuação social

---

[589] FLORES, Joaquín Herrera. *A reinvenção dos direitos humanos*. Florianópolis: Boiteux, 2009, pp. 192/193.

[590] FLORES, Joaquín Herrera. "Hacia una visión compleja de los derechos humanos". *In:* FLORES, Joaquín Herrera (Coord.). *El vuelo de anteo:* derechos humanos y crítica de la razón liberal. Bilbao: Desclée de Brouwer, 2000, pp. 27/28.

político-estratégica compatível com uma política democrática de *textura aberta.*[591-592]

Trazendo essas reflexões ao campo do Direito Administrativo, é evidente a necessidade de se resgatar a inevitabilidade do aspecto político, ou seja, é necessário recuperar a natureza política e o elo do Direito Administrativo com as relações sociais concretas. Ao se estabelecer uma noção generalista e demasiadamente abstrata sobre a sintetização dos interesses na sociedade, a dogmática do Direito Administrativo, a partir do conceito de interesse público, realiza uma eterna e frustrante cruzada em busca do consenso, uma forma de equalização dos interesses políticos dos membros da sociedade, mas, contraditoriamente, fazendo de tudo para neutralizar ou se livrar do elemento político.

3.4 A TEORIA CRÍTICA LATINO-AMERICANA DO DIREITO E O PLURALISMO JURÍDICO: O CONCEITO DE INTERESSE PÚBLICO ACANHADO PELA DIVERSIDADE CULTURAL E POLÍTICA

A análise crítica do Direito moderno adquiriu contornos e coloridos diferentes em densas construções teóricas e importantes práticas progressistas na América Latina e, mais especificamente, no Brasil, sob influência dos movimentos críticos europeu e norte-americano, cujo percurso, estruturação e organização são próprios, sendo possível distinguir teoricamente o movimento latino-americano das demais correntes críticas.

---

[591] FLORES, Joaquín Herrera. "Hacia una visión compleja de los derechos humanos". *In:* FLORES, Joaquín Herrera (Coord.). *El vuelo de anteo:* derechos humanos y crítica de la razón liberal. Bilbao: Desclée de Brouwer, 2000, p. 29.

[592] "A única definição defensável é a que visualiza os direitos como *sistema de objetos (valores, normas, instituições) e de ações (práticas sociais, institucionais ou não) que abrem e consolidam espaços de luta pela dignidade humana.* Assim, veremos os direitos humanos como a formulação mais geral dessa nossa necessidade e encontrarmos a nós mesmos, dessa luta para adquirir consciência do que somos e de onde estamos. Os direitos devem ser vistos, e postos em prática, como produto de lutas culturais, sociais, econômicas e políticas para "ajustar" a realidade em função dos interesses mais gerais e difusos de uma formatação social, quer dizer, os esforços por buscar o que faz com que a vida seja digna de ser vivida. Sem imposições. Sem dogmas". FLORES, Joaquín Herrera. A reinvenção dos direitos humanos. Florianópolis: Boiteux, 2009, pp. 193/194.

Com temas prioritários como as práticas alternativas do Direito, direitos humanos, assessoria jurídica popular, pluralismo legal indígena, justiça comunitária e constitucionalismo plurinacional, o movimento crítico latino-americano logrou edificar inúmeras escolas de pensamento crítico do Direito, todas com farta produção acadêmica e com atividades concretas com viés de emancipação social. Wolkmer elenca várias associações, conselhos e agremiações que se formaram em vários países latino-americanos, demonstrando a variedade e capacidade organizativa desse movimento,[593] bem como a complexidade e quantidade de temas tratados.[594]

A característica elementar de origem das correntes que formam a teoria crítica do Direito na América-Latina é a de constituição de uma dogmática jurídica comprometida com objetivos de política social, em que se reconhece que Direito e os juristas devem responder aos problemas da sociedade. A derrocada das ditaduras militares que predominavam sobre a região possibilitou a ocupação dos espaços públicos por movimentos sociais plurais e abriu margem à influência desses movimentos na seara acadêmica, a qual também havia sofrido intensamente os malefícios dos regimes de exceção. As constituições tiveram e ainda têm função essencial na refundação do papel social e político do Direito e dos juristas, sustentando políticas sociais de cunho humanista (direitos humanos) e políticas de viés emancipatório (direitos e políticas sociais).[595]

---

[593] WOLKMER, Antonio Carlos. *Introdução ao pensamento jurídico crítico*. 9ª ed. São Paulo: Saraiva, 2015, p. 94/95.

[594] O objetivo aqui é absorver a forma como a teoria crítica do Direito latino-americana e brasileira analisam as bases estruturais do Estado capitalista e a relação com o Direito, de maneira a contribuir para a presente crítica ao conceito de interesse público. De toda sorte, é importante destacar que a profundidade da presente análise será um tanto superficial em relação à densidade e quantidade de material produzido pelas várias correntes críticas. Para aprofundamento sobre esses pensamentos, sugere-se conferir o mapeamento das várias correntes, formulado por Ricardo Prestes Pazello em sua pesquisa de doutoramento. Cf. PAZELLO, Ricardo Prestes. *Direito insurgente e movimentos populares*: o giro descolonial do poder e a crítica marxista ao Direito. Curitiba, 2014, p. 545. Tese (Doutorado em Direito) – Programa de Pós-Graduação em Direito. Universidade Federal do Paraná.

[595] HESPANHA, António Manuel. *Cultura jurídica europeia*: síntese de um milénio. Coimbra: Almedina, 2015.

Dentre as inúmeras possibilidades de combinação dos marcos teóricos críticos latino-americanos, opta-se por descrever e demonstrar algumas considerações sobre o papel ideológico do Direito e dos aparelhos estatais, e as opções de reconhecimento das relações sociais e da política no manejo das relações jurídicas, visando à proposição de caminhos alternativos e emancipatórios ao *status quo* liberal e neoliberal. Nesse processo, intenta-se extrair reflexões que sirvam à crítica do Direito Administrativo, em especial aos seus cânones centrais, como o conceito de interesse público, solidificando a ideia de crítica ao excesso de dogmatismo abstrato e especulativo que levam à cristalização de conceitos e princípios que em nada contribuem para o exercício da democracia e da liberdade concreta.

A adoção de uma vertente crítica do Direito retrata a tomada de partido, desde um ponto vista ético, em relação à tentativa de modificação do mundo que se considera injusto, com oposição à perspectiva apologética do poder e do capitalismo, em que se reafirma a inexistência de um *ponto central produtor de sentido*, como bem define Óscar Correas.[596] Novamente identifica que os discursos que gravitam no entorno do

---

[596] A complexa produção de Óscar Correas, um "kelseniano" crítico, alia uma teoria do Direito a uma crítica de viés marxista, sem negar o normativismo: "Nesse aspecto de suas formulações, Óscar Correas não nega a influência kelseniana, a qual será, aliás, sentida em toda sua reflexão teórica. Por sua vez, o 'discurso do direito' cinde-se em pelo menos dois sentidos, o 'sentido deôntico do discurso do direito' – 'encontrado nos enunciados do discurso do direito', vale dizer, sua 'forma canônica', a 'norma' – e o 'sentido ideológico do [discurso do] direito' – 'a presença de outros sistemas significantes em um discurso cuja função, ao menos aparentemente, é somente a de dar o sentido do dever às condutas dos cidadãos', ou melhor, "outros sentidos além do sentido de dever". A partir do jogo de expressões – do direito/jurídico –, Correas constrói sua "sócio-semiologia" que vai se aplicando sempre a novas dimensões – discursos, sentidos, ideologias – até se chegar a uma visão crítica do fenômeno, sem que, contudo, ele mereça a sentença do desaparecimento. No fundo, o jurista argentino-mexicano se esforça para conciliar uma teoria *geral* (geral como universal) do direito com uma crítica *marxista* (que vimos ser ontonegativa) do direito. Neste sentido, vemos um ponto de contato com De la Torre Rangel, na medida em que universaliza o fenômeno jurídico mas o apreende criticamente – a diferença é que De la Torre não se pretende marxista, assim como Correas não nega o normativismo". PAZELLO, Ricardo Prestes. *Direito insurgente e movimentos populares*: o giro descolonial do poder e a crítica marxista ao Direito. Curitiba, 2014, p. 545. Tese (Doutorado em Direito) – Programa de Pós-Graduação em Direito. Universidade Federal do Paraná, p. 383.

fenômeno jurídico estão pautados, por excelência, no terreno da política: "seu prestígio depende dos próprios homens e não da natureza ou de deus, e que aceitar um discurso em lugar do outro é, finalmente uma opção ética". Correas parte de uma perspectiva puramente ética, no sentido de "rebaixar" o Direito capitalista à política e não o disputar sob a lógica científica, tal como querem formular alguns teóricos críticos de veia marxista. O embate, com efeito, é na seara da política efetivamente, uma *luta ideológica* em relação à qual se escolhe o lado oposto à ciência oficial e ao capitalismo.[597]

Na linha normativista crítica de Correas, a ideologia no discurso jurídico não se referiria à imposição de uma aparência das relações sociais, ou seja, maquiando uma realidade inexistente, mas de uma descrição aparente no nível do discurso jurídico, no qual "pseudo-prescrições, que do ponto de vista da análise do discurso são o referente do sentido ideológico do direito, desde o ponto de vista da Sociologia jurídica são a causa deste sentido ideológico".[598] Esse sentido ideológico do Direito, portanto, não decorre da ocultação das relações sociais capitalistas em benefício dos *poderosos*, antes, o Direito se vale das *descrições de aparência* para edificar seus respetivos conceitos, e não das relações sociais em si, ou seja, o Direito "transmite, em seu sentido ideológico, uma visão ou descrição fictícia e maquilada das relações sociais".[599]

A validade concreta do Direito para organização e monopolização estatal da violência, na perspectiva de ser um *discurso instrumental*, legitimando a repressão que possibilita a manutenção das relações sociais, significa que o sentido deôntico é necessário para que a ficção operada pela ideologia possa se manter no plano prático, ou melhor, "quando o direito é eficaz embora seja mentiroso".[600] O sentido ideológico do

---

[597] CORREAS, Óscar. *Crítica da ideologia jurídica*: ensaio sócio-semiológico. Porto Alegre: Sergio Antonio Fabris Editor, 1995, pp. 95/96.

[598] CORREAS, Óscar. *Crítica da ideologia jurídica*: ensaio sócio-semiológico. Porto Alegre: Sergio Antonio Fabris Editor, 1995, pp. 210/211.

[599] CORREAS, Óscar. *Crítica da ideologia jurídica*: ensaio sócio-semiológico. Porto Alegre: Sergio Antonio Fabris Editor, 1995, pp. 210/211.

[600] CORREAS, Óscar. *Crítica da ideologia jurídica*: ensaio sócio-semiológico. Porto Alegre: Sergio Antonio Fabris Editor, 1995, p. 211.

Direito impõe a lógica de repercussão geral dos seus comandos, sem transparecer sua constituição em algo de ameaça, assumindo um sentido sempre positivo, algo perene de *bom, inocente* e *justo*. Essa peculiaridade do discurso jurídico permite a reprodução das relações sociais capitalistas em razão da eficácia do Direito, eficácia que só é viável porque as condutas promovidas pelo Direito são as que constituem as relações sociais e isso leve à "tentação de dizer que as normas são verdadeiras".[601]

A definição crítica de que o Direito é produto das relações sociais resulta que essas relações, especificamente as relações capitalistas, não poderiam se expressar de outra forma, pois o capital precisa da forma jurídica para se reproduzir socialmente. A noção de que o Direito reflete o atual estágio da correlação de forças dos grupos que se engalfinham na luta pela hegemonia do poder resulta, para Correas, que as normas jurídicas poderiam *promover* ou *desestimular* outras condutas também reprodutoras da vida social, caso houvesse a tomada da hegemonia por outro grupo. Assim, os juristas não críticos enxergam o Direito como *verdadeiro* pela simples operação de eficácia das normas, ou melhor, trata-se de um discurso jurídico que se sustenta na lógica de que descrição da relação social, fruto da ideologia dominante, é verdadeira e que "o direito como 'produto social' foi gerado pelas relações sociais cuja descrição é a que aparece no discurso do direito".[602] Não conseguem perceber que a descrição das relações sociais contidas no Direito é meramente aparente e que as relações sociais reais estão ocultadas. Porém, a sociologia jurídica não pode prescindir do "discurso descritivo da aparência porque este discurso é a descrição das relações sociais tal qual estas aparecem".[603]

A crítica do Direito, na qual se inclui o Direito Administrativo, não pode se tratar de mera *contestação da justiça* ou de impugnação da

---

[601] CORREAS, Óscar. *Crítica da ideologia jurídica*: ensaio sócio-semiológico. Porto Alegre: Sergio Antonio Fabris Editor, 1995, p. 211.

[602] CORREAS, Óscar. *Crítica da ideologia jurídica*: ensaio sócio-semiológico. Porto Alegre: Sergio Antonio Fabris Editor, 1995, p. 215.

[603] CORREAS, Óscar. *Crítica da ideologia jurídica*: ensaio sócio-semiológico. Porto Alegre: Sergio Antonio Fabris Editor, 1995, p. 223.

conveniência das normas em vigência, demandando fundamento teórico que seja reconhecido como científico. Impõe, por consequência, o abandono de qualquer perspectiva *ingênua* de um discurso científico apolítico. De maneira mais incisiva, a crítica defendida por Correas[604] não se opera no plano do sentido deôntico, que não vai além do "juízo de rechaço ético pela injustiça ou do juízo político de rechaço pela inconveniência do seu conteúdo". A sua crítica do Direito é aquela que denuncia a ocultação produzida pelas pseudodescrições constituídas, tornando-as ferramentas de poder justamente em razão desse ocultamento.[605] É o desvelar das origens das instituições jurídicas e de seus discursos estruturantes, identificando fetiches e fantasias que mascaram o real sentido dos conceitos jurídicos, sacralizando-os, especialmente os vinculados à estrutura estatal.[606]

---

[604] Ricardo Prestes Pazello considera na proposição crítica de Óscar Correas três perspectivas, uma de *avanço* e duas como retrocesso: "Até aqui, a crítica da ideologia jurídica, de Correas, não é mais que uma crítica aos sentidos ideológicos do direito e jurídico. Percebemos aqui um avanço, mas um duplo recuo. O passo em frente diz respeito a entender que 'a *Crítica do Direito* não é o mesmo que a crítica das normas ou do seu sentido deôntico', já que esta 'não pode ir além do juízo de rechaço ético pela injustiça'. Esta crítica deve ser entendida como a 'mostra da ocultação produzida pelas pseudo-descrições constituídas, precisamente por ser ocultamento, em ferramentas do poder'. O recuo é duplo, por seu turno, porque, de um lado, Correas abandona as reflexões críticas ao direito motivadas pela teoria do valor de Marx, em *O capital* (que permitiu a Correas dar passos criativos no sentido de "superação dialética" da proposta de Pachukanis, por exemplo); de outro, como causa da primeira, reafirma o direito como norma e imerge na teoria kelseniana. Sobre estes (dois) passos atrás é que gostaríamos de tecer alguns comentários a seguir". PAZELLO, Ricardo Prestes. *Direito insurgente e movimentos populares*: o giro descolonial do poder e a crítica marxista ao Direito. Curitiba, 2014, p. 545. Tese (Doutorado em Direito) – Programa de Pós-Graduação em Direito. Universidade Federal do Paraná, pp. 383/384.

[605] CORREAS, Óscar. *Crítica da ideologia jurídica*: ensaio sócio-semiológico. Porto Alegre: Sergio Antonio Fabris Editor, 1995, pp. 241/242.

[606] "O efeito ideológico destes discursos sacralizadores é de caráter religiosos. Por mais que o estado moderno se haja desvestido de suas origens religiosas, na realidade o moderno discurso do poder tem o mesmo efeito de subjugação cuja explicação deve ser buscada nos setores obscuros da consciência humana, nestes rincões que explorou a psicanálise. Trata-se do que se pode denominar o *fetichismo jurídico*. Um fetiche é um objeto criado pelo homem ao qual o mesmo homem atribui poderes, de origem mágica, sobre ele. Neste sentido falou Marx do *fetichismo da mercadoria*: o homem da sociedade mercantil se vê subjugado pelas mercadorias, às quais atribui terem por si mesmas o

Recortando ao conceito de interesse público, a lógica teórica traçada por Correas permite refletir a maneira como esse instituto jurídico é, de fato, naturalizado no âmbito da doutrina Direito Administrativo, de tal forma que suas raízes capitalistas e as possíveis (ou notórias) contradições dos antagonismos de classe não são em momento algum objeto das análises dogmáticas. A noção de que o Estado persegue e se sustenta a partir da efetivação de interesses gerais demonstra exatamente a realização da análise crítica de Correas, uma vez que a consideração dos antagonismos e embates correntes no seio da sociedade são substituídos pela incidência e prevalência de um conceito de interesse público que reflete uma perspectiva do que "deveria ser", da efetividade normativa do Direito,[607] em que se refuta outras maneiras de percepção do conceito. Significa a primazia da ficção, a partir de uma perspectiva positiva e neutra ideal, ao mesmo tempo em que se nega a possibilidade de incidência de outros discursos, em razão, justamente, da naturalização do conceito de interesse público em relação ao Direito, ao Estado e à sociedade. A vigência do conceito de interesse público é de tal forma necessária à reprodução das relações capitalistas e da atuação dos aparelhos estatais que o Direito o sacraliza de forma a torná-lo natural e livre de quaisquer elementos que o fragilizem. É assim que a dogmática do Direito Administrativo veneradora do interesse público opera, ao encarar o conceito de interesse público e o próprio Estado de forma fetichizada.[608]

---

valor que se impõe; mas este valor não o possuem as mercadorias por si mesmas, mas em virtude do trabalho do homem que as criou; quer dizer, o homem cria a coisa, lhe agrega valor, e este valor se objetiviza na coisa e se opõe como algo estranho que o oprime. Do estado pode-se dizer o mesmo". CORREAS, Óscar. *Introdução à sociologia jurídica*. Porto Alegre: Crítica Jurídica-Sociedade em Formação, 1996, pp. 228/229.

[607] "(...) la ideología del estado de derecho no pregunta por la justicia, sino exclusivamente por le efectividad de las normas". CORREAS, Óscar. *Teoría del derecho*. Barcelona: Editorial María Jesús Bosch, 1995, p. 147.

[608] "Es decir, detrás del estado, detrás de la ficción, siempre hay alguien de carne y hueso que domina – ponto de vista sociológico. Pero la comprensión de la *Grundnorm* como ficción, permite mostrar, paladinamente, esta naturaleza mentirosa, tautológica, del estado. Es como si estuviéramos en un teatro, en que algunos actores representan papeles. Producen discursos que no pertenecen a ellos, sino a los personajes de ficción que interpretan. Pero el teatro sabemos que se juega una ficción. En cambio en la vida política eso queda oculto. Por eso el estado es un fetiche: porque su poder depende

Nesse processo de fetichização e de "divinização" dos conceitos jurídicos, o imaginário social complementa esse *discurso da ordem*, impulsionando esses conceitos e discursos jurídicos como "crenças favoráveis ao poder existente, ao qual vestem de uma auréola que o faz digno de respeito e reverência, que lhe outorga a gravidade e a dignidade que se supõe deve ter o poder". [609]

A convicção na igualdade formal e no consenso especulativo, aliás, é um fator que impede o êxito de propostas democráticas dotadas de maior poderio emancipatório, como expõe Ricardo Sanín-Restrepo. Ao se especular o consenso e afirmar a primazia da igualdade formal, os conflitos sociais e diferenças materiais presentes na sociedade são anulados ficticiamente com amparo em uma lógica *cartesiana*, em que o histórico se desvanece e é absorvido por presunções de igualdade e simetria. O resultado desse processo é que os problemas de ordem política, como a desigualdade e os antagonismos sociais, são tratados como fundamentos não políticos, nos quais as desigualdades reais desaparecerem como que por *arte de magia*, aprofundando tais problemas pois: "*no pueden ser integrados al discurso como problemas de opresión, injusticia y exclusión sino como teoremas dentro de un estadio falaz de igualdad discursiva*". O problema está na retórica da imparcialidade como elemento que envolve, desde o início, o momento político, convertendo-se em ingrediente metadiscursivo com o qual se inibe o substrato político, criando uma "*base por fuera de discusión y al nos er creada políticamente no admite ninguna intervención posterior sobre bases de validez o legitimidad*".[610]

Diante da gama de opções críticas latino-americanas à disposição para consulta, meditação e inspiração, importa destacar a teoria defensora

---

del proprio dominado. Y por eso el discurso jurídico es mágico: porque permite crear el fetiche". CORREAS, Óscar. *Teoría del derecho*. Barcelona: Editorial María Jesús Bosch, 1995, p. 144.

[609] CORREAS, Óscar. *Introdução à sociologia jurídica*. Porto Alegre: Crítica Jurídica-Sociedade em Formação, 1996, p. 231.

[610] SANÍN-RESTREPO, Ricardo. *Teoria crítica constitucional*. Aguascalientes; San Luís Potosí; San Cristóbal de Las Casas: Centro de Estudios Jurídicos y Sociales Mispat; Facultad de Derecho de la Universidad Autónomo de San Luis Potosí; Educación para las Ciencias en Chiapas, 2013, pp. 41-43.

de uma epistemologia jurídica crítica pautada na libertação popular latino-americana, avessa aos modelos normativos formais predominantes na cultura ocidental moderna, e que opta por um jusnaturalismo histórico encaixado à América Latina.[611] Tendo em Jesús Antonio de la Torre Rangel um dos principais nomes dessa vertente crítica, a premissa central é o uso alternativo do Direito de forma a fazer com que as organizações populares se reapropriem do poder normativo, o que decorreria da consciência dos explorados em relação à injustiça das suas condições materiais de sobrevivência e do direito de não serem mantidos nessa condição, buscando-se uma justificação jurídica alternativa oposta à juridicidade vigente.[612] Refere a uma espécie de "exigência" do povo latino-americano em relação aos seus direitos, mas não necessariamente fundamentados no Direito vigente ou positivo, sendo possível o manejo de conceitos jurídicos alicerçados em um *sentimento de justiça* que decorre do conhecimento adquirido por meio da experiência e da história do povo explorado. Não se trata, com efeito, de uma juridicidade extraída do direito positivo, mas de uma concepção de justiça histórica, "*alternativo al concepto de 'justicia conservadora' de la legalidad vigente*". Reflete uma lógica em que a noção de juridicidade nasce da justiça, na qual o direito à terra decorre do trabalho exercido nela de geração em geração, opondo-se à noção de direito de propriedade respaldada em títulos, registros e direitos sucessórios. É a juridicidade que nasce da consciência do povo explorado e que exige justiça, confrontando a juridicidade da classe dominante e seus privilégios fundamentados nas normas jurídicas vigentes e injustas.[613]

Rangel reconhece que o Direito se constitui em lei, em um conjunto de normas, mas também se converte em direitos subjetivos, faculdades pessoais e de grupos. Mas, no seu entendimento, o Estado não seria a única fonte legítima de produção do jurídico, pois usos e costumes,

---

[611] WOLKMER, Antonio Carlos. *Introdução ao pensamento jurídico crítico*. 9ª ed. São Paulo: Saraiva, 2015, p. 98.

[612] RANGEL, Jesús Antonio de la Torre. *El derecho que nace del pueblo*. Bogotá: Fica; Ilsa, 2004, pp. 18/19.

[613] RANGEL, Jesús Antonio de la Torre. *El derecho que nace del pueblo*. Bogotá: Fica; Ilsa, 2004, pp. 20/21.

princípios gerais do Direito, a própria realidade, incluídas a história e a natureza do ser humano e das coisas, também produzem juridicidade, pois o Direito também provém do povo, das relações *inter-humanas*, bem como das reinvindicações dos diversos processos coletivos. Emerge um pluralismo jurídico que se defronta à teoria *univocista* da modernidade,[614] em que ocorre um rompimento propriamente epistemológico, no qual se aceita o plural como uma racionalidade analógica para aceitar o diverso e o distinto, sem perder a essência da juridicidade, ou seja, a justiça. Pluralismo jurídico, portanto, é o reflexo da adoção de um projeto emancipatório aliado a uma práxis de libertação, tendo como fundamento central o ser humano, no sentido de que *"los derechos humanos son necesidades juridificadas"*.[615]

Por um lado, o Estado com suas leis e ações não logra satisfazer as necessidades humanas básicas das maiorias, resultando em injustiças; por outro, Rangel consigna que os seres humanos não podem prescindir do Direito em razão da necessidade de convivência e, portanto, da juridicidade. Por consequência, havendo a imperiosa necessidade do Direito,

---

[614] Sobre o modelo occidental político e jurídico e seu antagonismo com propostas plurais: "Los modelos occidentales políticos y jurídicos se basan en un paradigma positivista, formalista, procidimentalista, monista y excesivamente estatalista que basado en la pretensión moderna de unidad, sistema, cierre, lenguaje técnico y especializado, ignora formas de normatividad informales y plurales basadas en narraciones sociales pluriculturales conformada por múltiplos sujetos. (…) Especial mención merece la crisis del paradigma jurídico monista que tiene que ser superado por el paradigma pluralista del derecho. No solo los actuales procesos de globalización están demostrando el surgimiento de actores sociales poderosos que elaboran normas jurídicas más allá del dominio y control de los estado (multinacionales, FMI, OMC, Unión Europea, por ejemplo), sino la propia estructura fragmentada, plural, multicultural e periférica de América Latina, manifiestan la diversidad de actores locales que producen sus propios derechos (comunidades de vecinos, pueblos indígenas, quilombos, grupos de narcotráficos y mafias, etc)". RÚBIO, David Sánchez. "Prólogo". *In:* MÉDICI, Alejandro. *La constitución horizontal*: teoría constitucional y giro decolonial. Aguascalientes; San Luís Potosí; San Cristóbal de Las Casas: Centro de Estudios Jurídicos y Sociales Mispat; Facultad de Derecho de la Universidad Autónomo de San Luis Potosí; Educación para las Ciencias en Chiapas, 2012, pp. 16/17.

[615] RANGEL, Jesús Antonio de la Torre. *El derecho que sigue naciendo del pueblo*: movimientos sociales y pluralismo jurídico. Universidad Autónoma de Aguascalientes; Coyoacán, 2012, pp. 13-15.

mas vislumbrando-se o caráter injusto do Direito estatal oficial, os demais sujeitos locais estão aptos a produzir *outro* Direito, um Direito alternativo que gera o pluralismo jurídico.[616] Revela-se o uso político do Direito, questionando pressupostos e resultados injustos do viés estatal oficial, mas sem, no entanto, negar a possibilidade do seu caráter e uso libertário, em que se pode constituir o uso alternativo do Direito pelos *pobres*, constituindo um espaço de luta pela prevalência histórica dos direitos humanos contra os *estragos* gerados pelo capitalismo justamente em relação aos portadores desses direitos humanos.[617] A luta pela modificação das condições sociais decorre não apenas da conscientização e da organização alternativa de reapropriação do poder normativo, mas também resulta do uso da juridicidade vigente em benefício dos dominados, pois, de qualquer forma, não se pode negar a existência da instância normativa dos *poderosos*. Na possibilidade de se negar essa realidade, "*se cae en grave peligro de perder todo lo logrado em consciência y organización*", sendo necessário, ainda que paradoxalmente, valer-se do Direito vigente para viabilizar experiências de relações jurídicas distintas e alternativas.[618]

Rangel opta por um jusnaturalismo histórico como forma de contraposição às injustiças operadas nas relações sociais as quais são travestidas de legalidade. Ele acredita na possibilidade de efetivação da

---

[616] RANGEL, Jesús Antonio de la Torre. *El derecho que sigue naciendo del pueblo*: movimientos sociales y pluralismo jurídico. Universidad Autónoma de Aguascalientes; Coyoacán, 2012, p. 16.

[617] "Podemos decir, que el Derecho puede ser usado políticamente. Y la política del Derecho puede constituir su uso alternativo. Es decir, usar el derecho y contrasentido al papel asignado por el modelo de producción y distribución de bienes de la sociedad. El *uso alternativo del derecho* presupone superar las llamadas ideologías del 'rechazo'. Es decir, que para hacer política del derecho en el sentido indicado, es necesario no rechazar de manera absoluta la juridicidad vigente, ni tampoco aceptarla acríticamente, sino entenderla dentro de la estructura y en el momento coyuntural, y procurar darle un sentido que beneficie a las clases dominadas. (...) El uso alternativo del derecho por los *pobres* constituye un espacio de lucha por la prevalencia histórica por los derechos humanos frente a los estragos del capitalismo, causados, precisamente, a los portadores de estos derechos". RANGEL, Jesús Antonio de la Torre. *Iusnaturalismo histórico analógico*. Ciudad de México: Porrúa, 2011, p. 265.

[618] RANGEL, Jesús Antonio de la Torre. *El derecho que nace del pueblo*. Bogotá: Fica; Ilsa, 2004, p. 23.

justiça social, dos direitos humanos e do bem comum como categorias universais e naturais, cuja frustração da efetivação seria fruto das contradições operadas nas relações capitalistas e na máscara de legalidade que se põe sobre elas.[619] Nesse sentido, há uma clara divergência de Rangel com boa parte dos teóricos críticos, incluindo os latino-americanos, sobre a noção de direitos humanos e de bem comum como formas jurídicas necessárias à reprodução das relações capitalistas. Para outros adeptos da teoria crítica, como Carlos Derpic Salazar,[620] não é a legalidade formal e

---

[619] "Sigo los presupuestos de la filosofía de la liberación. Por lo que la concepción filosófica desde la cual se ha abordado el Derecho, a lo largo de este trabajo, es el *iusmaterialismo histórico.* Iusnaturalimo porque se considera que lo prioritario en lo jurídico está constituido por la justicia, el bien común y los derechos humanos. Pero la realidad social que se nos presenta, frecuentemente contraría a la justicia, el bien común y los derechos humanos postulados, la realidad histórica, en la que estamos inmersos, la encontramos produciendo injustica, mal común y violación sistemática de los derechos. La alienación política, económica y cultural acarrea el hambre, la incultura, la sumisión y la vida indigna de la mayoría de los seres humanos; la concentración, en unos cuantos, de los bienes productivos y de los de consumo, y la opresión política que hace que sólo unos cuantos decidan sobre las cuestiones importantes de la vida de los seres humanos en sociedad, dejando a la mayoría sin decidir ni plasmar materialmente su palabra, son producto de la injusticia. Y esta realidad injusta se arropa, se reviste de legalidad; es la *legalidad de la injusticia,* en otras palabras, la normatividad que producen y rigen los Estado, y que regula los intercambios económicos internacionales, frecuentemente legalizan lo injusto y la violación de los derechos humanos". RANGEL, Jesús Antonio de la Torre. *El derecho que sigue naciendo del pueblo*: movimientos sociales y pluralismo jurídico. Universidade Autónoma de Aguascalientes; Coyoacán, 2012, pp. 9/10.

[620] Salazar é adepto do uso alternativo do Direito, cujo fundamento é muito próximo do pautado por Jesús de la Torre Rangel, porém, reconhece o fundamental papel das classes sociais em relação ao Direito moderno: "Pues bien, hay que reconocer que, frente a la igualdad proclamada e y consagrada por el Derecho de la modernidad, la realidad muestra la desigualdad real de las personas. Que la libertad tan difundida no es tal, porque los hombres están sujetos a una voluntad externa, que no es la suya, que actúa en muchos niveles de la sociedad (el mercado, por ejemplo) y del Estado. Se trata, ni más ni menos, que de una farsa, de un engaño, tratar igual a los desiguales, es una injusticia. Por detrás de la universalidad con que se presenta el Derecho de la Modernidad están intereses muy concretos de una clase social: la burguesía; y en el mundo en que vivimos cabría aclarar el papel 'clasista' que juegan las empresas transnacionales devenidas clase dominante a nivel planetario, y los gobiernos y organizaciones internacionales que actúan a su servicio. El Derecho tiene, entonces, una intención política que no es la proclamada en orden a la igualdad, sino que sirve para favorecer a la clase social dominante. El uso alternativo del Derecho plantea la posibilidad de utilizar el Derecho,

oficial sobre o conceito de *bem comum* que gera a injustiça, mas é o próprio conceito que decorre de uma necessidade premente do sistema capitalista de mascarar os conflitos e antagonismos entre as classes sociais, necessitando de um instrumento que neutralize ficticiamente esses conflitos para que as relações sociais e a atuação estatal possam ocorrer de forma a reproduzir e intensificar as relações do capital.[621]

O elemento de consideração do Direito como instrumento de luta nas batalhas sociais, com delimitações e estratégias extremamente práticas em lugar do puro exaltamento das teorias, como eixo fundamental na libertação do pobre e do trabalhador frente ao sistema jurídico oficial que lhe oprime, é a principal contribuição que se extrai do pensamento de Rangel.[622]

---

que tiene la intencionalidad política descrita, precisamente en un sentido inverso, es decir, a favor de los desposeídos, de los pobres". SALAZAR, Carlos Derpic. *El Derecho del poder contra el poder*: alternativas para afrontar los vicios de la (in)justicia en Bolívia. Aguascalientes; San Luís Potosí; San Cristóbal de Las Casas: Centro de Estudios Jurídicos y Sociales Mispat; Facultad de Derecho de la Universidad Autónomo de San Luis Potosí; Educación para las Ciencias en Chiapas, 2013, p. 73.

[621] Aqui se entende que há uma certa limitação no pensamento de Rangel, na medida em que não resta evidenciada na sua proposta a necessidade de denúncia dos elementos jurídicos como engrenagem do modelo social capitalista, numa espécie de crítica que abarca apenas o não cumprimento das promessas realizadas pelo Direito moderno, optando pela formulação de um uso alternativo não exatamente do Direito estatal, enquanto conteúdo, mas da sua validade e forma deônticas, em que aponta no plano do conteúdo para uma opção pelo *pobre*, ou seja, de um direito de libertação do oprimido. RANGEL, Jesús Antonio de la Torre. *Iusnaturalismo histórico analógico*. Ciudad de México: Porrúa, 2011, p. 266.

[622] Para Pazello, a proposta crítica de Rangel se mostra importante muito mais pelo que nega do que propriamente pelo que afirma, o que significa que ele é "impingido a construir uma teoria jurídica da luta – nós diríamos: uma justificação para um uso político tático pré-revolucionário latente do direito". O Direito com efeito é elevado ao nível político como arma de luta e por justiça e libertação e, nesse movimento, restariam agudizadas as contradições do ordenamento jurídico vigente: "O uso do direito aparece referido a uma alternatividade que tem nos pobres, como categoria sociológica, sua ancoragem, daí defender um "uso do direito a serviço dos pobres". A noção de "pobre" está muito vinculada ao "popular" e é uma alternativa da sociologia crítica latino-americana para a noção de classe trabalhadora. Ainda que apoiada na obra do sociólogo brasileiro José de Souza Martins, a categoria é coerente, por exemplo, com a perspectiva dusseliana, da filosofia da libertação. De todo modo, essa caracterização leva-o a pensar um "uso total da juridicidade, em toda sua complexidade, a favor dos pobres" e não somente um uso político da legalidade estabelecida. O uso político do

A importante inspiração promovida pelas ideias de Rangel é de que o uso político do Direito tem que ser realizado para as questões e dilemas sociais que se apresentam imediatamente, e a orientação para o critério "a partir do pobre" auxilia na construção de uma alternativa ao Direito posto, ou seja, é possível delimitar uma nova forma de atuação estatal cujo critério de balizamento da decisão estatal não seja mais a fictícia e especulativa ideia do conceito de interesse público, dada sua inevitável incompatibilidade com as reais mazelas sociais e as contradições de interesses que atuam nas relações sociais. Ainda que Rangel até certo ponto acredite no *bem comum* como fim do Estado,[623] sem formular críticas aos aspectos da abstração e ficção exacerbadas que decorrem desse conceito em plena sociedade capitalista com suas contradições, as perspectivas críticas de seu jusnaturalismo histórico permitem reintroduzir o elemento político como fator preponderante do manejo do Direito e de seus conceitos. Representa, ainda que não adote a perspectiva materialista histórica, que é possível de alguma maneira escapar da conceituação fictícia e especulativa do conceito de interesse público, com a adoção do critério preponderante da opção pelo pobre e pela classe trabalhadora no momento da decisão administrativa.

Nas várias perspectivas da teoria crítica do Direito latino-americana apresentadas, o conceito de interesse público, tal qual manejado pela doutrina do Direito Administrativo, não possui reverberação. Pelo contrário, ainda que não se observe tratamento específico sobre essa temática, resta claro que essas perspectivas progressistas e emancipatórias

---

direito desdobra-se em uma arma de luta, por justiça e libertação. O direito como arma de libertação é, então, a maneira de se repensar o âmbito jurídico mesmo e "agudizar as contradições do ordenamento jurídico em vigor". Repensamento e agudização esses que encontram eco em uma teoria crítica do direito que, pelos seus pressupostos, pretende afirmar a dignidade humana que o direito deveria assegurar e negar suas injustiças em prol de uma postura jurídica diferenciada. O corolário do Direito como arma de libertação, em sua íntegra e nos quatro analogados, é o entendimento de que ele nasce do povo. Nasce do povo a luta por direitos negados mas também dele a autonomia para sua produção, como no caso das comunidades indígenas e dos movimentos populares". PAZELLO, Ricardo Prestes. *Direito insurgente e movimentos populares*: o giro descolonial do poder e a crítica marxista ao Direito. Curitiba, 2014, 545 p. Tese (Doutorado em Direito) – Programa de Pós-Graduação em Direito. Universidade Federal do Paraná, pp. 368/369.

[623] É o que se extrai das reflexões de Rangel em obra do final dos anos 1970, reafirmado em obras mais recentes. RANGEL, Jesús Antonio de la Torre. *Hacia una organización jurídica del Estado, solidaria y liberadora*. Distrito Federal: Jus, 1977.

privilegiam, sobretudo, a primazia das relações sociais concretas e a revelação das suas contradições. É notório, de qualquer sorte, que o elemento político e o elo indelével com o Direito são elevados à condição de requisito essencial para a compreensão da realidade política e social latino-americana, e que qualquer alternativa ao *status quo* passa justamente por não se desprezar ou ignorar o fator político do Direito, seja como elemento de formação dos conceitos ou para justificar a sua utilização de forma tática contra os problemas sociais imediatos a serem enfrentados. Portanto, a noção de neutralidade e imparcialidade que alicerça a ideia de interesse público encontra nas teorias críticas do Direito da América Latina uma forte oposição epistemológica, no sentido de romper com a lógica-formal da dogmática jurídica tradicional.[624]

3.5 TEORIA CRÍTICA DO DIREITO NO BRASIL E O CONCEITO DE INTERESSE PÚBLICO: OS CONFLITOS SOCIAIS E A INEXISTENTE NEUTRALIDADE DOS APARATOS ESTATAIS

Antes da incursão específica acerca da maneira como a teoria crítica do Direito produzida em solo brasileiro analisa e identifica as

---

[624] "En la teoría jurídica crítica se investiga el fenómeno socio-jurídico vinculado a la realidad social concreta en la cual se desenvuelve, indagando a su vez, sobre cuestiones epistemológicas y político-ideológicas – fundamentales para una postura antidogmática y antiformalista –, y determinando las relaciones entre el fenómeno socio-jurídico constatado por verificación empírica y las interpretaciones del mismo. Los métodos a utilizar serán múltiples; desde posiciones analíticas, dialécticas, semiológicas, psicoanalíticas, empíricas, hermenéuticas, etc., todos con una perspectiva crítica acerca de la realidad social. Los fines de un pensamiento jurídico crítico es reconsiderar, desacralizar y romper con la dogmática jurídica lógica-formal propiciando algunas condiciones y presupuestos necesarios para el proceso estratégico-pedagógico – siempre mucho más amplio y no sólo ligado al derecho- de esclarecimiento, autoconsciencia, transformación y emancipación de las personas y los grupos en su devenir social". MATAMOROS, Mylai Burgos. El Derecho como ciencia social: un análisis crítico filosófico. *In:* MATAMOROS, Mylai Burgos; PADILLA, Jorge Peláez; CERVANTES, Aleida Hernández; MARTINÉZ, Edmundo del Pozo; MALDONADO, Aline Rivera; LÓPEZ, Liliana López; ESPINOZA, Yacotzin Bravo; RIVAS, Rodrigo Gutiérrez; EMANUELLI, Maria Silvia. *Imaginando otro Derecho*: contribuciones a la teoría crítica desde México. Aguascalientes; San Luís Potosí; San Cristóbal de Las Casas: Centro de Estudios Jurídicos y Sociales Mispat; Facultad de Derecho de la Universidad Autónomo de San Luis Potosí; Educación para las Ciencias en Chiapas, 2013, p. 123.

fragilidades dos discursos jurídicos técnico-formais vigentes e hegemônicos no Direito brasileiro, é importante delimitar que não se refere propriamente a uma Escola ou a um *movimento* dotado de coesão epistemológica e tampouco de unidade organizativa. Como define Wolkmer, a teoria crítica do Direito brasileira é fragmentada e difusa, o que, entretanto, não lhe retira a condição de instância do saber, ainda que marginalizado, que logrou (e ainda logra) "desmistificar as dimensões político-ideológicas que sustentam a racionalidade alienante do formalismo jurídico contemporâneo", admitindo-se uma certa autonomia relativa em relação à totalidade social, porém, compromissada em "instaurar o diálogo entre os marcos políticos do Direito e os pressupostos jurídicos da política".[625]

Para se compreender o desenvolvimento do pensamento crítico do Direito no Brasil, há que se ter em conta a antinomia paradigmática instaurada entre o conhecimento jurídico dogmático e o saber crítico, sendo este último formado por críticos e antidogmáticos unidos pela denúncia às "falácias do normativismo estatal e as abstrações do formalismo legal-dogmático", em que se propõe redefinições dos padrões tradicionais do pensamento que já não mais correspondem às "reais necessidades do estágio de desenvolvimento socioeconômico e às diretrizes de modernização das instituições políticas da sociedade brasileira contemporânea".[626]

Ainda que não se constitua maioria no campo jurídico, nas universidades e na operação prática nos tribunais e escritórios, a teoria crítica do Direito desenvolve-se no Brasil a partir da percepção das desigualdades sociais latentes e de que a manutenção do *jogo das forças estabelecidas*,[627] como aponta Hespanha, não seria suficiente para responder às demandas de justiça social e de cidadania. Para atingir a teoria

---

[625] WOLKMER, Antonio Carlos. *Introdução ao pensamento jurídico crítico*. 9ª ed. São Paulo: Saraiva, 2015, p. 121.

[626] WOLKMER, Antonio Carlos. *Introdução ao pensamento jurídico crítico*. 9ª ed. São Paulo: Saraiva, 2015, pp. 128/129.

[627] HESPANHA, António Manuel. *Cultura jurídica europeia*: síntese de um milénio. Coimbra: Almedina, 2015, pp. 516/517.

jurídica, a dogmática jurídica, o ensino jurídico e a ética dos profissionais do Direito, introduziu-se um espírito de que o Direito precisa responder às demandas sociais ou não se justifica, pois cabe ao jurista a aplicação não neutra do Direito de forma a manejá-lo como "instrumento de um supremo projeto comunitário", o que explica a proximidade entre o Direito e políticas de participação popular e de políticas cidadãs, pautando-se um modelo deliberativo e participativo de democracia.[628]

Esse grupo de juristas que se propõe a rever a relação entre Direito, política e sociedade não foi movido pelo mero sentimento de inconformismo, mas porque estava (e ainda está) inserido em um contexto de crise do Direito nas sociedades pós-industriais, sobretudo em países subdesenvolvidos, o que demanda a "revisão de seus postulados básicos, individualistas, idealistas ou formalista, fomentando uma reflexão necessária".[629] Era o momento de se optar: ou se formavam juristas bem informados burgueses, ou se seguia pela via do aprofundamento democrático, formando-se juristas bem informados e progressistas.[630]

A possibilidade de contribuições que todas as correntes[631] da teoria crítica do Direito nacionais podem fornecer às reflexões realizadas neste livro, a dimensão e a pluralidade de fundamentos críticos, bem como os limites de aprofundamento teórico da análise proposta, não permitem a visitação a cada uma dessas vertentes críticas e às produções de seus respectivos representantes. Contenta-se com a absorção de algumas reflexões mais amplas sobre a relação entre Direito e sua dimensão política, com o intento de se absorverem observações críticas sobre a relação entre Direito e Estado, especialmente no que tange à apreciação

---

[628] HESPANHA, António Manuel. *Cultura jurídica europeia*: síntese de um milénio. Coimbra: Almedina, 2015, pp. 516/517.

[629] CLÈVE, Clèmerson Merlin. *Para uma dogmática constitucional emancipatória*. Belo Horizonte: Fórum, 2012, p. 53.

[630] CLÈVE, Clèmerson Merlin. *Para uma dogmática constitucional emancipatória*. Belo Horizonte: Fórum, 2012, p. 54.

[631] Wolkmer divide as *tendências da crítica jurídica* no Brasil em quatro vertentes: a) crítica jurídica de perspectiva sistêmico-estrutural; b) crítica jurídica de perspectiva dialética; c) crítica jurídica de perspectiva semiológica; d) crítica jurídica de perspectiva psicanalítica.

de conceitos e institutos dogmáticos jurídicos abstratos e míticos, recortando-se para o objetivo de formular a verificação crítica do conceito de interesse público.

O ponto de partida são as reflexões de Roberto Lyra Filho, que delimita o ponto central que unifica as teorias críticas do Direito, qual seja, "dissolver as imagens falsas ou distorcidas que muita gente aceita como retrato fiel". Apresenta o Direito enquanto emanação do Estado e ligado à classe dominante, uma vez que os aparelhos estatais compõem um sistema de órgãos que comandam a sociedade organizada e estão sob o controle de quem detém o controle do processo econômico. Ainda que seja estruturalmente o produto dos interesses de uma classe, a legislação não se caracteriza como ditado simples das conveniências de poder, pois é portador ao mesmo tempo do seu próprio "contradireito", pois convivem na mesma esfera o Direito, reto e correto, e a negação do Direito, "entortado pelos interesses classísticos e caprichos continuístas do poder estabelecido".[632]

A compreensão adequada do Direito precisa considerar os aspectos do processo histórico, o que exige afastar o âmbito da legalidade com o da legitimidade, pois o Direito reduzido à pura legalidade é dominação ilegítima, levando o Direito ao *necrotério duma pseudociência*, denominada de "dogmática" pelos juristas conservadores – dogmático aqui no sentido de dogmatismo acrítico. No entanto, uma ciência verdadeira não poderia se firmar em *dogmas* nos quais se *divinizam* as normas estatais (e o próprio Estado), transformando práticas *pseudocientíficas* em "tarefa de boys do imperialismo e da dominação e degradam a procura do saber numa ladainha de capangas inconscientes ou espertos".[633]

A ideologia jurídica dominante, nesse sentido, assim como toda ideologia, traduz de forma deformada elementos da realidade,[634] ou seja,

---

[632] LYRA FILHO, Roberto. *O que é Direito*. 17ª ed. São Paulo: Brasiliense, 1999, pp. 7/8.

[633] LYRA FILHO, Roberto. *O que é Direito*. 17ª ed. São Paulo: Brasiliense, 1999, pp. 10/11.

[634] A construção de raciocínios falsos, no sentido ideológico, não significa um *defeito ético*, mas um equívoco em relação à realidade mesmo, uma deformação. Assim, parece ocorrer com o conceito de interesse público, uma vez que seus ferrenhos defensores de

alteram a imagem sem, no entanto, inventá-la.[635] Para conservar o mito da neutralidade, o qual confere lugar seguro no *condomínio do poder,* segundo Plauto Faraco de Azevedo ,[636] afirma-se que o Direito se constitui em técnica de organizar a força, deixando com que o poder fique sem justificação, "como que a nu e pronto para ferrar todo o mundo, mas de calças arriadas, com perigo para sua dignidade", sendo necessário e inevitável acrescentar que a força é empregada enquanto "monopólio

---

fato observam nele (no conceito) um fator de efetivação das liberdades e de emancipação: "Mas é bom que logo se dissipe um equívoco, já que a expressão 'desconjuntamento do raciocínio' pareceria a alguns indicar um defeito ético – o que não é, de nenhum modo, insinuado aqui, nem representa o sentido exato da palavra empregada. Os raciocínios falsos, a que se dá o nome de paralogismo, distinguem-se precisamente dos sofismas, porque não conotam o matiz pejorativo 'comumente associado a noção de sofisma (a intenção de enganar alguém)'. O paralogismo é realizado de boa-fé. Tal como na distorção material da ideologia, o erro operacional do raciocínio paralógico deixa indenes as boas intenções – o que não as impede, como no broçardo popular, de arriscar-nos à queda no 'inferno' das construções sobre areias movediças". LYRA FILHO, Roberto. *Karl, meu amigo*: diálogos com Marx sobre o Direito. Porto Alegre: Sergio Antonio Fabris Editor; Instituto dos Advogados do RS, 1983, p. 23.

[635] LYRA FILHO, Roberto. *O que é Direito.* 17 ed. São Paulo: Brasiliense, 1999, p. 23.

[636] "Pode-se afirmar em síntese, que a redução gnosiológica resultou na elaboração de um discurso jurídico flagrantemente ideológico, que termina por desembocar no formalismo lógico-jurídico, cuja premissa fundamental consiste justamente na pretensão de conhecimento do direito separado de toda e qualquer ideologia. Nessas condições, o estudo e a investigação do direito se realizam em um sistema fechado, cujos pressupostos são aprioristicamente tidos como verdadeiros e cujo objeto mostra-se imune à crítica e distante dos problemas sociais reais. Em nome da autonomia da 'ciência do direito', assim construída e limitada, aferram-se os juristas àquilo que é 'puramente' jurídico'. Às teimosas investidas de um mundo em vertiginosa mutação, às crises sociais sucessivas, ao clamor da vida que reclama nova configuração politico-jurídica, inspirada pela ética da solidariedade em um universo cada vez mais interdependente, os juristas respondem com o refinamento de suas técnicas analítico-descritivas, encarando o drama humano com o óculo de um aparato conceitual que lhes garante um confortável afastamento do campo de luta. Essa postura de aparente neutralidade lhes confere lugar seguro no condomínio do poder. (...) Percebe-se que a cisão do discurso jurídico é em verdade efeito de uma concepção do direito, de seu ensino e de sua investigação, que, em nome da 'neutralidade científica' – diga-se da acomodação ao poder dominante, seja ele qual for –, viras as costas para a história e para os interesses e valores que reclamam tomadas de posição, opções, engajamentos e não uma neutralidade que não existe e nem é deste mundo". AZEVEDO, Plauto Faraco de. *Crítica à dogmática e hermenêutica jurídica*. Porto Alegre: Sergio Fabris Antonio Editor, 1989, pp. 21/22.

da comunidade" e para a realização da "paz social". Equiparam-se Estado e comunidade, como se o Estado efetivamente representasse todo o povo, fazendo ocultar toda a dominação classista e de grupos associados a tal classe, bem como se denomina "paz social" à ordem estabelecida "em proveito dos dominadores e tentando disfarçar a luta de classes e grupos".[637]

Lyra Filho perfila-se àqueles que entendem que a contradições ideológicas do sistema hegemônico só serão dissolvidas com a busca do processo histórico-social, mas não apenas da mera relação entre Direito e processo histórico, mas sim de que a *práxis jurídica* se apresenta vinculada à vida social e que fora desse contexto não possui qualquer sentido ou fundamento. A compreensão da "essência" do Direito exige cuidados para não se cair em especulações metafísicas ou em *pormenores irrelevantes*, e exige que os retratos históricos sejam postos em movimento, "seguindo o modelo geral da constituição de cada uma daquelas imagens".[638] O Direito e as respectivas análises e propostas críticas exigem o que Lyra Filho chama de "fôlego dialético",[639] ou seja, uma visão dialética social do Direito, uma sociologia jurídica crítica reveladora do caráter instrumental do Direito não apenas para a dominação e controle, mas, também, como dispositivo para mudanças sociais e para a libertação conscientizada.[640]

---

[637] LYRA FILHO, Roberto. *O que é Direito.* 17ª ed. São Paulo: Brasiliense, 1999, p. 37.

[638] LYRA FILHO, Roberto. *O que é Direito.* 17ª ed. São Paulo: Brasiliense, 1999, p. 50.

[639] "A Justiça e o Direito retiram-se, então, do terraço da cobertura ideológica, descem auspiciosamente as escadas, vendo que, afinal de contas, o apartamento da 'ideia' não voga no ar e, sim, resulta assentado em um edifício social, mas, desdialetizando-se, ficam presos ao porão, onde se confundem com os alicerces e, desta maneira, se inutilizam, para a função de *mirante* da construção mais avançada, em que hão de morar, futuramente, se não quiserem parecer, agarrados às paredes que caem, no terremoto social". LYRA FILHO, Roberto. *Karl, meu amigo:* diálogos com Marx sobre o Direito. Porto Alegre: Sergio Antonio Fabris Editor; Instituto dos Advogados do RS, 1983, p. 77.

[640] "É no bojo do pluralismo jurídico insurgente não estatal que se tenta dignificar o Direito dos oprimidos e dos espoliados. Evidentemente, o Direito não mais refletirá com exclusividade a superestrutura normativa do moderno sistema de dominação estatal, mas solidificará o processo normativo de base estrutural, produzido pelas cisões classistas e pela resistência dos grupos menos favorecidos". WOLKMER, Antonio Carlos. *Introdução ao pensamento jurídico crítico.* 9ª ed. São Paulo: Saraiva, 2015, pp. 140/141.

Como bem enfatiza Edmundo Lima de Arruda Júnior, a ciência jurídica é um ato político, e, como tal, a sociologia jurídica alternativa (ou crítica) tem como fundamento epistemológico o marxismo, a partir da teoria do conflito, é dizer, parte-se do pressuposto do acontecimento da luta de classes e do antagonismo de interesses.[641] Não se desvinculando das teorias gerais, a sociologia crítica se opõe ao Direito posto, não exatamente contra a dogmática jurídica, e sim contra "dada política que faz da dogmática um dogmatismo perfeitamente funcional à lógica do status quo, qual seja, a reprodução da sociedade de classes e de seus efeitos planejados e perversos". Assume-se a opção política pela *classe trabalhadora*, pois o conflito que mais importante ainda é entre os que detêm os meios de produção e os que vendem a força de trabalho.[642]

O paradigma determinante é o reconhecimento do antagonismo de classe perante a *instância* jurídica, reconhecendo-se o papel político do Direito, ainda que sob dominação eminentemente burguesa, no sentido de uso do Direito de maneira a possibilitar conquistas sociais relacionadas a interesses que não são dominantes. O Direito não se reduz a mera superestrutura ou reflexo da infraestrutura, mas reflete a seu modo as "contradições sociais que passam pela sua mediação institucional", permitindo reconhecer um espaço de luta de classes, espaço de disputa dos oprimidos, e não como *território* abandonado à dominação de classe burguesa.[643]

Atinando ao papel dos juristas alternativos (ou críticos), Arruda Jr. defende uma contraposição extremamente transparente à metodologia jurídica sustentada em mitos da cultura jurídica liberal-legal-burguesa,

---

[641] Edmundo, aliás, de forma irônica, provoca os "críticos" do marxismo, que refutam existência da luta de classes ou que dizem estar ultrapassado o conceito de mais valia e de alienação, convocando-os a: acompanharem uma greve nas portas de fabricas do ABC; avaliar o "arrocho salarial acumulado" pela classe trabalhadora; a consultar os dados de concentração fundiária no país, entre outros.

[642] ARRUDA JR., Edmundo Lima. *Introdução à sociologia jurídica alternativa*: ensaios sobre o Direito numa sociedade de classes. São Paulo: Acadêmica, 1993, pp. 22/23.

[643] ARRUDA JR., Edmundo Lima. *Introdução à sociologia jurídica alternativa*: ensaios sobre o Direito numa sociedade de classes. São Paulo: Acadêmica, 1993, p. 130.

com seus ideais racionalistas e cientificistas, que buscam o caráter científico do Direito, "construído a partir e na 'complexidade' e autonomia quase absoluta do mesmo. Tal tendência indica um verdadeiro trem da alegria acadêmico". As bases críticas estariam na negação dos postulados da apoliticidade; imparcialidade e independência do Magistrado (ao qual se soma o administrador público), cabendo aos intérpretes críticos negar a ideia de que o Judiciário (e principalmente o Poder Executivo) se constitui em "sede dos interesses gerais" e tampouco "depositário do bem comum". Além de denunciar as várias facetas da ideologia jurídica imersa na ideologia dominante e de expor *generalidade* e a *ambiguidade* como características do *senso comum* dos juristas, cabe à crítica do Direito delimitar as possibilidade e limites emancipatórios dos específicos sistemas normativos.[644]

Nesse contexto, a teoria crítica do Direito verticaliza análise à própria constituição do Estado, com a desmistificação de dogmas e teorias que circundam a compreensão da essência da estrutura e da atividade estatal moderna, as quais não passam de "definições jurídicas ou metafísicas como a de que o Estado é o bem comum ou legítimo",[645] na definição de Alysson Leandro Mascaro. Por sua vez, Wolkmer destaca que o Estado possui uma natureza mascarada e contraditória, cuja aparência nem sempre se identifica com a sua essência, ou seja, em que o conteúdo nem sempre condiz com suas "intenções" e "atitudes", em razão dos blocos e facções que o "controlam egoisticamente e que o utilizam arbitrariamente em momentos distintos da história". Essa característica determina a razão do Estado se apresentar de forma ideal e a serviço de todos, e que sua existência é orientada para "assegurar e perpetuar a opressão de poucos sobre muitos". Essa mesma classe dominante formula determinados mitos, constituídos em *fantasias* ou *crenças* utilizadas para iludir os *cidadãos*, necessários à legitimação da figura moderna de Estado – tal como o conceito de interesse público e seus míticos aspectos de

---

[644] ARRUDA JR., Edmundo Lima. *Introdução à sociologia jurídica alternativa*: ensaios sobre o Direito numa sociedade de classes. São Paulo: Acadêmica, 1993, pp. 132/133.
[645] MASCARO, Alysson Leandro. *Estado e forma política*. São Paulo: Boitempo, 2013, p. 13.

LUASSES GONÇALVES DOS SANTOS

generalidade e apaziguamento dos embates sociais entre classes.[646] Descortina-se o argumento liberal, encampado por juristas e pensadores liberais, que separa ficticiamente Estado e sociedade civil, denunciando que essa suposta autonomia estatal tem o objetivo de *"encobrir e passar a ideia da incrível falácia de que o estado não participa da vida econômica, dos interesses sociais e dos conflitos de classes"*.[647]

Não se trata, contudo, de uma visão de imediata supressão do Estado, tão mítica quanto a ideia de atuação estatal para o "bem comum" neutro, mas de edificar um Estado democrático controlado e subordinado à sociedade civil, sobretudo que leve em conta a perspectiva periférica da América Latina, resgatando-se, na posição de Wolkmer, as peculiaridades e a experiência histórica de "povos subdesenvolvidos, dependentes e espoliados que buscam a emancipação, a libertação, a modernização e o amadurecimento democrático". Esse avanço só poderá ocorrer sob a lógica crítica, na qual se refutam construções abstratas de neutralidade, bem como de "desaparecimento" do caráter repressivo do Estado, pugnando-se por um Estado assentado em bases populares e comprometido com o *projeto histórico das maiorias*.[648]

A partir de conceitos fictícios e especulativos, como o interesse público, encobrem-se as grandes questões ideológicas do capital e de seu domínio hegemônico, prometendo-se a equalização das diferenças (operada apena no plano das ideias) para se arrefecerem os riscos de *turbações coletivas*. Há que se ter em mente de forma muito clara que as construções e atribuições de neutralidade e imparcialidade, formatadas por meio de comandos normativos e por institutos jurídicos dogmáticos, contêm função específica e primordial na composição e reprodução do sistema de domínio capitalista, constituindo-se em formas próprias dessa composição social. Não há, portanto, finalidade universal possível

---

[646] WOLKMER, Antonio Carlos. *Elementos para uma crítica do Estado*. Porto Alegre: Sergio Antonio Fabris Editor, 1990, pp. 51/52.

[647] WOLKMER, Antonio Carlos. *Elementos para uma crítica do Estado*. Porto Alegre: Sergio Antonio Fabris Editor, 1990, p. 53.

[648] WOLKMER, Antonio Carlos. *Elementos para uma crítica do Estado*. Porto Alegre: Sergio Antonio Fabris Editor, 1990, pp. 58/59.

a ser atribuída ao Estado e ao seu aparelho burocrático, muito menos em relação a um fantasioso conceito de busca do *bem comum*, de forma que as idealizações de neutralidade, imparcialidade e generalidade revelam um idealismo político e a ignorância das reais relações de poder. Nesse sentido, Gilberto Bercovici bem afirma que em termos de Teoria do Estado, não obstante a presença inevitável da teleologia, é inadequado tratar dos fins universais do Estado, os quais não passam de *pura especulação metafísica*.[649]

O resultado dessa perspectiva crítica é o constrangimento das teorias idealistas do *bem comum* como finalidade central do Estado moderno e de seu aparato burocrático, em que se denuncia essa faceta estatal de "benfeitor da sociedade", como alude Camilo Onoda Caldas, quando se sabe que a orientação da estrutura estatal é garantir os interesses classistas, não obstante se apresentar como *defensor da ordem pública* e de aparato de *constituição do social*.[650] À *inocente visão* de orientação ao *bem comum*, devem-se contrapor fortes doses de historicismo, afirmando-se a concepção e a origem do Estado liberal e das razões políticas e de conciliação de interesses para o desenvolvimento até do Estado de bem-estar social. Não é porque houve importantes conquistas sociais, que precisam ser louvadas e radicalizadas, que o Estado muda a sua essência de classe,

---

[649] BERCOVICI, Gilberto. *Desigualdades regionais, Estado e Constituição*. São Paulo: Max Limonad, 2003, p. 297.

[650] "O caráter terceiro do Estado em face da própria dinâmica da relação entre capital e trabalho revela a sua natureza também afirmativa. Não é apenas um aparato de repressão, mas sim de constituição social. A existência de um nível político apartado dos agentes econômicos individuais dá a possibilidade de influir na constituição de subjetividades e lhes atribuir garantias jurídicas e políticas que corroboram para a própria reprodução da circulação mercantil e produtiva. E, ao contribuir para tornar explorador e explorado sujeitos de direito, sob um único regime político e um território unificado normativamente, o Estado constitui, ainda afirmativamente, o espaço de uma comunidade, no qual se dá o amálgama de capitalistas e trabalhadores sob o signo de uma pátria ou nação. A característica tipicamente atribuída aos Estados, de repressão, como instrumento negativo, realizando a obstacularização das condutas, é definidora mas não exclusiva do aparato político moderno. A repressão, que é um momento decisivo da natureza estatal, deve ser compreendida em articulação com o espaço de afirmação que o Estado engendra no bojo da própria dinâmica de reprodução do capitalismo". MASCARO, Alysson Leandro. *Estado e forma política*. São Paulo: Boitempo, 2013, p. 19.

tampouco se transforma em agente dos interesses de toda a coletividade, posto que as contradições entre as classes sociais e os antagonismos de interesses continuam presentes[651]. Apenas na compreensão da *totalidade social*, na qual se insere a compreensão da crítica da economia política capitalista, é que se pode alcançar o entendimento da extensão do significado do Estado moderno, em refutação à ideologia do bem comum, da ordem ou do louvor dado, pois a verdade da política se encontra no "seio das explorações, das dominações e das crises da reprodução do capital".[652]

O Estado precisa ser encarado de forma a desmentir o discurso de independência da sociabilidade a que se inscreve, reafirmando-se a sua materialidade social, relacional e derivada da forma mercantil. Porém, é necessário destacar que tal derivação é factual, histórica e marcada por uma série de contradições: "daí que o Estado não pode ser o elemento de contenção das instabilidades e defeitos do capitalismo – sua forma

---

[651] "Não é à toa que a maioria da sociedade e a própria classe trabalhadora acabem por acreditar que o Estado seja expressão do 'bem comum' da sociedade. De um lado, o ente estatal atua realmente, não apenas ideologicamente, como defensor da ordem pública de uma legalidade igualmente válida para todos. Aqui está sua face de 'benfeitor da sociedade'. Porém, de outro lado, se os problemas sociais – exploração, desigualdade, alienação do trabalho, destruição ambiental, fragmentação social etc. – têm origem no capitalismo, não no Direito e no Estado, ambos são instrumentos de solução dessas mazelas. Somente a transformação no nível das relações econômicas torna possível novas forma de organização político-social voltadas para o todo social. Evidentemente Mascaro não afirma que o Estado e o Direito tutelem e regulem apenas situações ligadas à esfera econômica. Seria pueril supor que o marxismo afirma que a atividade estatal tem por objetivo apenas garantir a reprodução das relações sociais capitalistas. No entanto, ingenuamente, a tradição de toda a teoria do Estado, perdida em explicações idealistas e culturalistas, imagina que a razão de ser do Estado, desde sua fundação até os dias de hoje, é o bem comum. Na vã tentativa de escapar dessa inocente visão, procura-se acrescentar uma pitada de historicismo, afirmando que o Estado foi concebido inicialmente numa perspectiva liberal, voltado apenas para conciliar os interesses individuais, porém, posteriormente, teria adquirido uma nova feição, tornando-se um Estado de Bem-Estar Social, equilibrando assim os interesses individuais e coletivos (novamente recai-se, aqui, invariavelmente, na ideia de bem comum, além disso, não se percebe que o modelo de democracia atualmente disseminado é insuficiente para lidar com a contradição social intrínseca que define o capitalismo e que o torna por princípio antidemocrático)". CALDAS, Camilo Onoda. *O Estado*. São Paulo: Estúdio, 2014, p. 27.
[652] MASCARO, Alysson Leandro. *Estado e forma política*. São Paulo: Boitempo, 2013, p. 14.

não é superior à reprodução capitalista, e sim derivada dela – nem o instrumento excelente da luta de classes superadora do capitalismo".[653] Na afirmação de Mascaro, o Estado não se confunde com as classes burguesas, é, antes, um terceiro necessário à reprodução das relações capitalistas, responsável pela intensa dinâmica das relações mercantis, fazendo da forma estatal uma estrutura eminentemente capitalista,[654] porém, não imune às contradições decorrentes da dinâmica social concreta.[655] Se o Estado não é neutro, é porque se constitui em elemento fulcral para as estruturas da reprodução capitalista, bem como de "manutenção da dinâmica e constante contradição entre classes".[656]

A crítica de Mascaro lembra o equívoco de se determinar o Estado como mero *comitê gestor dos interesses imediatos da burguesia*, uma vez que a própria forma política do Estado está separada das classes, grupos e indivíduos. O Estado não se confunde com a classe dominante e tampouco é cooptado por ela, antes, a forma política estatal apartada é fundamental para a reprodução capitalista,[657] ou seja, "o Estado não é

---

[653] MASCARO, Alysson Leandro. *Filosofia do Direito*. 6ª ed. São Paulo: Atlas, 2018, p. 593.

[654] MASCARO, Alysson Leandro. *Estado e forma política*. São Paulo: Boitempo, 2013, p. 46.

[655] "Do mesmo modo que se estabelece a partir das contradições da luta de classes e no seu seio, o Estado se relaciona com a dinâmica dos grupos e das instituições sociais, reagindo a ela. A religião interfere em algumas de suas configurações e no alcance de ações políticas. Os horizontes da cultura média e da informação de massa são quase sempre os mesmos da política estatal, porque os agentes estatais são talhados ideologicamente no mesmo todo social e também porque o Estado forja grande parte dessa ideologia. O patriarcalismo da sociedade se reflete e é retrabalhado no aparato político. As relações de gênero e raça estão no torvelinho da constituição e da presença do Estado. Assim, se o Estado é autônomo em relação a indivíduos, grupos e classes, o é só relativamente também porque suas relações se fazem a partir dos limites da própria sociedade, embora o Estado possa, eventualmente, também assumir posições contraditórias em face dessas mesmas contradições sociais". MASCARO, Alysson Leandro. *Estado e forma política*. São Paulo: Boitempo, 2013, p. 47.

[656] MASCARO, Alysson Leandro. *Estado e forma política*. São Paulo: Boitempo, 2013, p. 60.

[657] MASCARO, Alysson Leandro. *Estado e forma política*. São Paulo: Boitempo, 2013, p. 61.

domínio dos capitalistas; menos e mais do que isso: o Estado é a forma política do capitalismo".[658] Assim ocorre também com o conceito de interesse público, na medida em que se constitui como instrumento que não é pertencente a essa ou aquela classe, mas, antes de tudo, pertence à estrutura do sistema capitalista e que é essencial para sua reprodução, pois é fulcral para que os conflitos de classe e os antagonismos de interesses sejam planificados e escamoteados, abrindo caminho para pacificação social, ainda que operada meramente no plano ideal e abstrato.

Essa realidade, todavia, é temperada pelas vicissitudes da arena política e pela impossibilidade concreta do Estado ser capaz totalmente de administrar a reprodução perfeita do sistema, em razão de que um dos pilares sistêmicos é a luta de classes, a qual é constantemente reconfigurada, em razão dos constantes conflitos sociais gerarem crises, "reconstituindo as próprias posições das classes em luta e a sua relação com o Estado".[659] Por trás das tensões entre norma, Estado e realidade, encontram-se as contradições da sociedade de classes, obrigando os aparelhos estatais a se adequarem constantemente à correlação de forças na sociedade no sentido de garantia da maquinaria capitalista.

O interesse público pode sofrer, assim como outros institutos e ramos do Direito, o crivo do método crítico e o rechaçamento de ficções claramente apartadas da realidade concreta, especialmente quando diante da imersão nos problemas e contradições reais que ocorrem nas relações sociais, sobretudo no envolvimento entre as classes sociais. Toda a construção crítica do Direito apresentada culmina na desmistificação do Estado voltado ao *bem público* e na do Direito posto voltado à justiça, desmascarando-se, na sequência, a vitalidade sistêmica do conceito de interesse público no sentido de se constituir no biombo que "esconde" os antagonismos sociais e a luta de classes.

Entende-se que a manutenção do discurso acrítico sobre o interesse público serve, sobretudo, à opacidade da realidade social e de como o

[658] MASCARO, Alysson Leandro. *Estado e forma política*. São Paulo: Boitempo, 2013, p. 63.
[659] MASCARO, Alysson Leandro. *Estado e forma política*. São Paulo: Boitempo, 2013, pp. 61/62.

aparelho estatal e o Direito não são neutros e tampouco alheios aos interesses de classe e aos embates sociais, nas esferas econômica e política.

Abrir as contradições que sustentam a ideia de interesse público, identificando seus reais e sistêmicos fundamentos, com o apontamento das razões do seu desenvolvimento histórico, constitui-se no primeiro procedimento necessário para que a dogmática do Direito Administrativo avance em direção a construções teóricas mais afetas à realidade.

Capítulo IV

ALTERNATIVA MATERIAL CRÍTICA E PRAGMÁTICA À SUPERAÇÃO DO CONCEITO DE INTERESSE PÚBLICO COMO FUNDAMENTO DAS DECISÕES ADMINISTRATIVAS

É fundamental o trabalho intelectual de recomposição de uma massa de pensamento crítico, de extensão do número de formadores de opinião que começam a pensar diferente. Hoje, aos intelectuais de esquerda compete uma função fundamental de crítica, de desvelamento da lógica, das contradições e dos limites da estratégia liberal e do processo real que estamos vivendo. Devem lutar sem medo de parecerem antigos contra o pensamento único, começando por rejeitar as suas premissas. Enquanto os intelectuais de esquerda ou progressistas seguirem submetidos exclusivamente aos supostos "requerimentos universais de uma economia globalizada", estarão condenados a seguir repetindo os seus adversários, ou participando de uma disputa inócua sobre o melhor lugar das vírgulas. Já partem derrotados por falta de coragem para pensar com autonomia, perseguidos pelo receio acadêmico de não serem respeitados pelo mainstream, e quando assim se comportam e pensam que estão sendo respeitados como interlocutores sérios não percebem que estão apenas fazendo o papel de bobo da corte.[660]

---

[660] FIORI, José Luís. "O capitalismo e suas vias de desenvolvimento". *In:* HADDAD,

4.1 O INTERESSE PÚBLICO DESVELADO: O QUE FAZER DIANTE DO DESNUDAMENTO CONSERVADOR DE UM CONCEITO?

O Direito Administrativo no Brasil carecia (e ainda carece) de uma verticalização crítica, com o objetivo de questionar seus pressupostos teóricos e os resultados que são obtidos por meio de teorias impregnadas de conceitos passíveis de severas restrições e desconstruções, sobretudo no plano epistemológico.

A origem e a demanda sistêmica de reprodução das relações capitalistas explicam o conceito de interesse público e a sua importância como véu que encobre o funcionamento dos aparelhos estatais em benefício preponderante de uma classe dirigente, ainda que ocorram pontuais usos progressistas do aparato do Estado em benefício das classes não dominantes. Descortina-se o viés ideológico e estrutural do conceito de interesse público, o qual se constitui, não raro, como planificador fictício dos conflitos sociais, constituindo-se em verdadeiro "óleo" que possibilita às engrenagens políticas e jurídicas de reprodução do capitalismo o movimento uniforme e sem "fricções" que poderia travar ou romper com o funcionamento de todo o sistema.[661]

Diante de toda filtragem crítica realizada, com a opção epistemológica pelo materialismo histórico e algumas de suas derivações no

---

Fernando (Coord.). *Desorganizando o consenso*: nove entrevistas com intelectuais à esquerda. Petrópolis: Vozes, 1998, p. 85.

[661] "Nesse contexto, é possível perceber qual o trabalho específico do discurso ideológico: realizar a lógica do poder fazendo com que as divisões e as diferenças apareçam como simples diversidade das condições de vida de cada um, e a multiplicidade das instituições, longe de ser percebida como pluralidade conflituosa, apareça como um conjunto de esferas identificadas umas às outras, harmoniosa e funcionalmente entrelaçadas, condição para que um poder unitário se exerça sobre a totalidade social e apareça, portanto, dotado de aura de universalidade, que não teria se fosse obrigado a admitir realmente a divisão efetiva da sociedade em classes. Se tal divisão fosse reconhecida, teria de assumir-se a si mesmo como *representante de uma das classes da sociedade*. Para ser posto como o representante da sociedade no seu todo, o discurso do poder já precisa ser um discurso ideológico, na medida em que este se caracteriza, justamente, pelo ocultamento da divisão, da diferença e da contradição". CHAUÍ, Marilena. *Cultura e democracia*: o discurso competente e outras falas. 13ª ed. São Paulo: Cortez, 2011, pp. 31/32.

plano filosófico, sociológico e jurídico críticos, resta muito pouco (ou nada) do conceito de interesse público tal qual defendido pela escola administrativista liderada por Celso Antônio Bandeira de Mello. Tratando-se de conceito de notória matriz liberal, cuja importância histórica e estrutural revelam seu caráter ideológico e político, resta a inevitável constatação de que o interesse público se concretiza como conceito jurídico de origem classista, indispensável na constituição e reprodução das relações capitalistas na medida em que torna opaca a luta de classes. É dizer, se se compreende que a sociedade moderna é estratificada em classes sociais, cujas bases materiais de sobrevivência são antagônicas (possuidores x despossuídos) e os interesses colidentes, a equalização fictícia desse fenômeno social e histórico, por meio desse conceito jurídico, torna-se insustentável.

A partir da linha crítica traçada, a pretensão de desconstrução do conceito de interesse público foi completada, se não exaustivamente, entende-se que ao menos alguns pontos centrais foram levantados e tratados dentro dos limites de densidade e de capacidade impostas a este trabalho.

Mas, ao cabo, surge um dos grandes dilemas de uma proposta de teoria crítica, em especial na seara do Direito. Revelado o caráter ideológico do conceito de interesse público, do qual pouco se aproveita em termos de conclusão e proposição crítica, fica pendente a pergunta: O que fazer? Como não se iludir com um mero estudo "denuncista"? Há opções no plano da ação imediata?

A crítica do Direito, com fundamento no método materialista histórico, e a sua importância de mostrar as etapas, instâncias e aparelhos de reprodução do capital que se apresentam de forma universal e neutra, não podem conduzir, por outro lado, a uma rasa concepção economicista ou voluntarista do Direito. Deve-se evitar uma análise e proposta que conduza a encarar o Direito como *simples epifenômeno* ou reflexo da infraestrutura, apenas um *efeito ilusório e fantasmagórico*, como alerta Clèmerson Merlin Clève, cujo objetivo é tão somente ocultar a realidade concreta.[662]

---

[662] CLÈVE, Clèmerson Merlin. *Para uma dogmática constitucional emancipatória*. Belo Horizonte: Fórum, 2012, p. 57.

Ao operador do Direito que comunga do método e das reflexões marxistas cabe aplicar a teoria do conflito e identificar a dimensão político ideológica do jurídico. Porém, é igualmente sua missão a defesa de uma sociedade democrática, em que ocorra a efetivação da justiça social, com a superação da legalidade tradicional liberal-burguesa aliada à opção pelos excluídos e injustiçados.[663] Aos juristas marxistas, além da opção pelos excluídos e pela massa trabalhadora, emerge a tarefa de colaborar com a efetividade e com a eficácia dos instrumentos já disponíveis, como as Constituições progressistas vigentes, assim como se deve questionar quais institutos ou instituições apontam ou podem se transformar em novos caminhos, na direção de outro mundo, "*sin mercancías*".[664]

Ao se adotar a democracia como valor universal, com a soma nesse contexto do próprio Direito, impõe-se a eleição de um método que não se prenda às "dicotomizações", mas que considere na racionalidade jurídica uma racionalidade instrumental que não lhe retira o caráter revolucionário, e que pode se constituir em uma técnica para a emancipação.[665]

Ciente da função do jurista com formação marxista de não se "livrar" da dogmática, mas sim de envidar todo o esforço no sentido de transformar institutos e/ou propor novos caminhos por meio do Direito, com o objetivo de alçar conquistas emancipatórias concretas, há que se questionar e responder, ainda que de forma parcial e limitada, quais alternativas se apresentam em relação ao conceito de interesse público.

---

[663] WOLKMER, Antonio Carlos; WOLKMER, Maria de Fátima Schumacher. "Marxismo, pluralismo e teoria crítica do Direito na América Latina". *In:* BELLO, Enzo; LIMA, Letícia Gonçalves Dias; LIMA, Martonio Mont'Alverne Barreto; AUGUSTIN, Sérgio (Coord.). *Direito e marxismo*: tendências atuais. Caxias do Sul: Educs, 2012, p. 105.

[664] CORREAS, Óscar. "Marxismo y derecho: el juridicismo marxista". *In:* BELLO, Enzo; LIMA, Letícia Gonçalves Dias; LIMA, Martonio Mont'Alverne Barreto; AUGUSTIN, Sérgio (Coord.). *Direito e marxismo*: tendências atuais. Caxias do Sul: Educs, 2012, p. 120.

[665] ARRUDA JR., Edmundo Lima de. "Gramsci: a democracia enquanto racionalidade jurídico-normativa – reflexões preliminares". *In:* ARRUDA JR., Edmundo Lima de; BORGES FILHO, Nilson (Coord.). *Gramsci*: Estado, Direito e Sociedade – ensaios sobre a atualidade da filosofia da práxis. Florianópolis: Letras Contemporâneas, 1995, pp. 14/15.

Se o conceito de interesse público, conforme se pretende demonstrar, é resultado da dominação burguesa e necessário à reprodução das relações capitalistas, a sua simples extirpação do mundo jurídico e da política traria algum tipo de benefício? É possível propor a introdução de uma categoria jurídica capaz de possibilitar alternativas mais progressistas e emancipatórias, ainda que se reconheçam os limites estruturais das propostas alternativas jurídicas? Como superar a mera denúncia crítica do viés ideológico do interesse público, para propor alternativa factível e estratégica contra as mazelas decorrentes das contradições sociais que se realizam na sociedade contemporânea?

Questões complexas e desafiadoras como essas precisam ser enfrentadas e, na medida do possível, respondidas. Entretanto, não é objetivo aqui alinhavar todas as possíveis alternativas, possibilidades, releituras e aspectos de contradição de propostas frente ao conceito de interesse público. Assim, restringe-se a defender a possibilidade da existência de uma dogmática crítica do Direito Administrativo e vislumbra-se a oportunidade para se propor a formulação de um novo conceito, dotado de menor abstração e generalização, extirpando-se a "promessa" de neutralidade, e que leva na sua constituição a perspectiva dos conflitos sociais e do caráter dialético dos interesses que gravitam no entorno da sociedade.

4.2 A "DEMOCRACIA COMO VALOR UNIVERSAL": UMA SUSTENTAÇÃO TEÓRICA POLÍTICA PROGRESSISTA PARA A DEFINIÇÃO DE NOVOS RUMOS AO DIREITO ADMINISTRATIVO

A proposta de fundamentação e estruturação de uma dimensão crítica do Direito Administrativo, assim como em relação a qualquer ramo do Direito, exige a eleição de um paradigma de teoria crítica social que permita integrar elementos filosóficos, sociológicos e políticos nas análises e proposições que a dogmática crítica se proponha a realizar. É necessário adotar de maneira transparente e direta uma determinada sustentação teórica crítica das ciências sociais que possa dialogar com a dogmática crítica do Direto Administrativo e lhe fornecer método e conteúdo políticos, com vistas à formulação de ideias e práticas progressistas e emancipatórias factíveis no plano concreto das relações sociais.

São múltiplas as possibilidades de adoção de paradigmas em relação à teoria social, englobando áreas do conhecimento social, que convergem para um pensamento crítico de origem marxista, mas que não se perdem no cadafalso "estruturalista" superficial e que têm na unidade de luta pelas liberdades democráticas a finalidade imediata e mediata das suas elaborações teóricas. Superam-se as análises que compreendem a democracia como puro instrumento ou tática que converge a uma nova forma de dominação burguesa, cujos fundamentos decorrem de uma visão *estreita* e errônea da concepção da teoria marxista de Estado, na qual se realiza uma equivocada identificação entre democracia política e a dominação burguesa.[666]

Para o materialismo histórico, defende Carlos Nelson Coutinho, não pode existir identidade mecânica entre *gênese* e *validade*, assim, a democracia mantém seu *valor universal,*[667] independentemente do desaparecimento da sociedade burguesa que lhe serviu de gênese. As conquistas democráticas − pluralidade de sujeitos políticos, autonomia dos movimentos de massa e dos organismos da sociedade civil, a liberdade de organização, a legitimação da hegemonia por meio da obtenção permanente do consenso majoritário − que nascem com a sociedade burguesa e são resultado das *lutas populares no interior do capitalismo*, não perdem o seu valor mesmo com a derrocada do capitalismo e a ascensão socialista, o que faz da democracia política um *valor estratégico permanente.*[668]

Na própria hipótese de conquista de uma nova forma social, há que se reconhecer a necessidade de criação de novos institutos políticos

---

[666] COUTINHO, Carlos Nelson. *A democracia como valor universal e outros ensaios.* 2ª ed. Rio de Janeiro: Salamandra, 1984, pp. 19/20.

[667] "As objetivações da democracia − que aparecem como respostas, em determinado nível histórico-concreto da socialização do trabalho, ao desenvolvimento correspondente dos carecimentos de socialização da participação política − tornam-se valor na medida em que contribuíram, e continuam a contribuir, para explicitar as componentes essenciais contidas no ser genérico do homem social. E tornam-se valor universal na medida em que são capazes de promover essa explicitação em formações econômico-sociais diferentes, ou seja, tanto no capitalismo quanto no socialismo". COUTINHO, Carlos Nelson. *A democracia como valor universal e outros ensaios.* 2ª ed. Rio de Janeiro: Salamandra, 1984, p. 24.

[668] COUTINHO, Carlos Nelson. *A democracia como valor universal e outros ensaios.* 2ª ed. Rio de Janeiro: Salamandra, 1984, p. 25.

ainda inexistentes ou em fase embrionária na democracia liberal, sendo necessária a definição de *mudança de função* de outros *velhos institutos liberais*. Conceitos e institutos políticos – somando-se a isso os jurídicos também – vinculados e essenciais à reprodução das relações capitalistas acabam imprescindíveis ou têm suas finalidades alteradas, o que representa a viabilidade de serem trabalhados de forma progressista e emancipatória vários institutos políticos e jurídicos criados na lógica das relações sociais capitalistas.

A democracia que surge nesse contexto de superação é fruto de conquistas das classes trabalhadoras – e dos demais excluídos do processo produtivo – realizadas no seio dos regimes políticos democráticos dominados pelas forças do capital, ou seja, não é algo que surge após a conquista do poder, mas que possibilita justamente tal triunfo de forma paulatina e estratégica.[669] Revela-se a necessidade de eliminar (ou enfraquecer) o domínio burguês em relação ao Estado, com a finalidade de permitir que os "institutos políticos democráticos possam alcançar pelo florescimento e, desse modo, servir integralmente à libertação da humanidade trabalhadora",[670] o que

---

[669] Marcelo Braz identifica com propriedade a tese de Carlos Nelson Coutinho sobre a revolução realizada de forma *"processual"* por meio do uso estratégico das instituições capitalistas: "Para tanto, torna-se imprescindível a expansão das alianças para além dos setores socialistas mais avançados, o que incluía também uma necessária revalorização da questão eleitoral e parlamentar como *momentos privilegiados* para tal expansão. Ela se daria por um salto quantitativo da luta socialista junto às massas e aos setores mais organizados da sociedade civil, agregando à estratégia revolucionária elementos políticos democratizantes e reformadores da própria sociedade capitalista. Tais elementos, fundamentalmente as reformas ainda operadas no âmbito da ordem burguesa, compreenderiam momentos políticos propiciadores de graduais avanços indispensáveis ao acúmulo de forças sociais que, por já conterem elementos socialistas, colidiriam progressivamente com a institucionalidade capitalista. O processo revolucionário atenderia a uma dinâmica *processual* composta pela conquista de vitórias parciais – no parlamento, no governo, na institucionalidade burguesa – necessárias à ultrapassagem da ordem dominante, desenrolando-se por *meios não insurrecionais*. A derrubada do poder de classe burguês não se efetivaria por meio de uma ruptura radical ou por qualquer forma de assalto ao Estado burguês, precisamente porque a processualidade revolucionária – ou a *revolução processual* – permitiria, em si, a conquista da hegemonia por parte das forças sociais revolucionárias atuantes na sociedade, obtida por meio da direção social exercida tanto nas organizações políticas da sociedade civil como nos órgãos e instituições estatais". BRAZ, Marcelo. "A democracia como valor universal": um clássico da esquerda no Brasil. *In:* BRAZ, Marcelo (Coord.). *Carlos Nelson Coutinho e a renovação do marxismo no Brasil*. São Paulo: Expressão Popular, 2012, p. 268.

[670] COUTINHO, Carlos Nelson. *A democracia como valor universal e outros ensaios*. 2ª ed. Rio de Janeiro: Salamandra, 1984, p. 26.

viabiliza a superação da alienação política por meio da progressiva reabsorção do Estado pela sociedade.[671]

Por meio da ideia de *hegemonia*,[672] Carlos Nelson Coutinho[673] lança a base dialética para a proposição de uma ideia marxista de democracia,

---

[671] "A superação da alienação política pressupõe o fim do 'isolamento' do Estado, sua progressiva reabsorção pela sociedade que o produziu e da qual ele se alienou. Ora, com o atual nível de complexidade social, essa reapropriação só se tornará possível por meio de uma articulação entre os organismos populares de democracia de base e os mecanismos 'tradicionais' de representação indireta (como os Parlamentos). Essa articulação fará com que estes últimos adquiriram uma nova função – ampliando o seu grau de representatividade – na medida em que vierem a se tornar o local de uma *síntese política* dos vários sujeitos coletivos. E essa síntese é imprescindível se não se quer que tais sujeitos coletivos se coagulem ao nível da defesa corporativa de interesses puramente grupais ou particularistas, reproduzindo assim em outro nível a atomização da sociedade civil que serve objetivamente à perpetuação do domínio burguês". COUTINHO, Carlos Nelson. *A democracia como valor universal e outros ensaios*. 2ª ed. Rio de Janeiro: Salamandra, 1984, p. 30.

[672] A concepção de *hegemonia* adotada por Carlos Nelson Coutinho tem origem em Antonio Gramsci, cuja densidade e expansão do conceito são impossíveis de serem aqui delimitados. Porém, pode-se obter uma noção da ideia de Gramsci a partir de algumas passagens: "A proposição contida na introdução à *Crítica da economia política*, segundo a qual os homens tomam consciência dos conflitos de estrutura no terreno das ideologias, deve ser considerada como uma afirmação do valor gnosiológico e não puramente psicológico e moral. Disto decorre que o princípio teórico-prático da hegemonia possui também um alcance gnosiológico; e, portanto, é nesse campo que se deve buscar a contribuição teórica máxima de Ilitch à filosofia da práxis. Ilitch teria feito progredir efetivamente a filosofia como filosofia na medida em que fez progredir a doutrina e a prática política. A realização de um aparelho hegemônico, enquanto cria um novo terreno ideológico, determina uma reforma das consciências e dos métodos de conhecimento, é um fato de conhecimento, um fato filosófico. Em linguagem crociana: quando se consegue introduzir uma nova moral conforme a uma nova concepção do mundo, termina-se por introduzir também esta concepção, isto é, determina-se uma completa reforma filosófica". GRAMSCI, Antonio. "Hegemonia e ideologia". *In:* COUTINHO, Carlos Nelson (Coord.). *O leitor de Gramsci*. Rio de Janeiro: Civilização Brasileira, 2011, pp. 194/195. "Entre os muitos significados de democracia, parece-me que o mais realista e concreto se possa deduzir em conexão com o conceito de hegemonia. No sistema hegemônico, existe democracia entre o grupo dirigente e os grupos dirigidos na medida em que o desenvolvimento da economia e, por conseguinte, a legislação que expressa este desenvolvimento favorecerem a passagem molecular dos grupos dirigidos para o grupo dirigente". GRAMSCI, Antonio. "Hegemonia e democracia". *In:* COUTINHO, Carlos Nelson (Coord.). *O leitor de Gramsci*. Rio de Janeiro: Civilização Brasileira, 2011, p. 293.

[673] A leitura de *hegemonia* de Carlos Nelson Coutinho diz respeito à percepção desse conceito em Gramsci, na qual avança em relação à noção defendida por Lenin de

a partir do desvelamento das estruturas sociais capitalistas e do uso estratégico de institutos e instituições modernas que possam fazer germinar a semente dessa nova noção democrática, tendo função primordial o próprio Estado.

Nesse sentido, Coutinho reafirma o que se vem defendendo no curso de toda a presente análise, em relação à forma como a teoria liberal clássica reconhece os sujeitos como indivíduos autônomos, supondo (especulando) que os diversos interesses desses sujeitos serão de forma automática e natural *harmonizados* e *coordenados*: "A mítica 'mão invisível' de Adam Smith se encarregaria de fazer com que a máxima explicitação dos interesses egoístas individuais desembocasse num aumento do bem-estar geral".[674]

Diante da falsa sustentação na igualdade real entre os sujeitos econômicos, a especulação da harmonização das condições reais de

---

hegemonia como sinônimo de coerção, para uma visão que concebe o Estado como unidade dialética: "A concordância entre os dois revolucionários [Lenin e Gramsci], em relação ao conceito de hegemonia, decorre do fato de que ambos concebem a hegemonia como superação do corporativismo, ou seja, como elevação da consciência de classe do particular ao universal. Além disso, nem Lenin nem Gramsci opõem a presença da hegemonia ao fato de que todo Estado tem uma dimensão coercitiva (ou ditatorial). Mas essa concordância essencial não anula o fato de que Gramsci tem uma leitura muito particular de Lenin e de sua herança. (...) Nesse sentido, embora não tenha consciência disso, Gramsci vai além de Lenin. No revolucionário russo, a noção de hegemonia certamente introduz um novo elemento na concepção da estratégia revolucionária (sobretudo a necessidade de uma aliança entre o proletário e os camponeses) – um elemento não presente no marxismo da Segunda Internacional –, mas essa noção não modifica sua concepção do Estado, o qual, na trilha das afirmações de Marx e Engels na época do *Manifesto*, continua identificado apenas com seus aparatos repressivos. Ao contrário, como Gerratana reafirma sempre, Gramsci concebe o Estado como unidade dialética de coerção e consenso, de dominação e direção, de ditadura e hegemonia. (...) Isso significa que hegemonia não é Gramsci apenas um conceito estratégico (a luta pela hegemonia se torna certamente um momento essencial da nova teoria gramsciana da revolução socialista), mas também um conceito analítico, que lhe permite analisar diferentes formas de supremacia de classe, do *Risorgimento* ao fascismo, do governo soviético ao americanismo". COUTINHO, Carlos Nelson. *De Rousseau a Gramsci*: ensaios de teoria política. São Paulo: Boitempo, 2011, pp. 144/145.

[674] COUTINHO, Carlos Nelson. *A democracia como valor universal e outros ensaios*. 2ª ed. Rio de Janeiro: Salamandra, 1984, p. 32.

sobrevivência em que se abstrai a diferença entre proprietários dos meios de produção e detentores apenas da *força de trabalho*, a maneira de equalização dessas diferenças entre os sujeitos e os seus respectivos interesses se dá a partir da progressiva subtração do poder de controle social em relação ao Poder Executivo, transformando o Estado em um corpo separado e posto acima da sociedade. Assim, os interesses do capital são harmonizados em duplo sentido (tal como já avaliava Claus Offe[675]): primeiro, para se colocar acima das *paixões individuais dos capitalistas singulares*; para depois, impor os interesses capitalistas globais para que se imponham sobre o *conjunto da sociedade*.[676]

Coutinho esclarece que o sentido de *hegemonia* que se deve eleger, em termos de uma teoria social para além do capitalismo, constitui-se de forma distinta da ideia liberal adotada pela social-democracia, em que a noção de hegemonia é sinônimo de totalitarismo ou despotismo. A questão que se põe é de não repetir o disfarce ideológico de neutralidade e de isolamento da burocracia estatal realizado pela classe dominante. Não se esconde a pretensão da classe trabalhadora à hegemonia, representando essa a questão central de todo o poder de Estado, na luta para "superar a dominação de uma restrita oligarquia monopolista sobre o conjunto da sociedade".[677]

A ideia da *democracia como valor universal* é vacina contra a anomia prática de uma teoria crítica materialista que não se propõe a identificar alternativas progressistas e emancipatórias por meio de processo vigente, evitando, por fim, uma certa *fetichização da via revolucionária*.[678] Não mais se constituindo como mero "comitê executivo da burguesia", o Estado capitalista se ampliou, obrigando-se a abrir às demandas de outras classes,

---

[675] A proposta teórica de Claus Offe, em semelhante sentido, está exibida no item 3.2.2.2 deste livro.

[676] COUTINHO, Carlos Nelson. *A democracia como valor universal e outros ensaios*. 2ª ed. Rio de Janeiro: Salamandra, 1984, p. 33.

[677] COUTINHO, Carlos Nelson. *A democracia como valor universal e outros ensaios*. 2ª ed. Rio de Janeiro: Salamandra, 1984, pp. 34/35.

[678] BRAZ, Marcelo. "A democracia como valor universal": um clássico da esquerda no Brasil. *In:* BRAZ, Marcelo (Coord.). *Carlos Nelson Coutinho e a renovação do marxismo no Brasil*. São Paulo: Expressão Popular, 2012, p. 282.

em que pese continuar sob a hegemonia de uma delas. O que caracteriza o Estado contemporâneo é a necessidade de formulação de concessões para a manutenção da sua legitimidade,[679] ainda que a onda neoliberal venha impondo severos refluxos contra as conquistas sociais das classes não hegemônicas. A estratégia defendida por Coutinho é a de *guerra de posições*,[680] em que se conquistam espaços no interior da sociedade civil de maneira progressiva, o que permite atingir vitórias em relação ao próprio Estado, o qual é obrigado a negociar sua legitimidade e, assim, na medida que a correlação de forças permite, atender às reivindicações das massas trabalhadoras organizadas. Em resumo: "O avanço da democratização política é, ao mesmo tempo, condição e resultado de um processo de transformações também nas esferas econômica e social".[681]

É necessário frisar, contudo, que não se trata de um "reformismo social-democrata", limitado pela incapacidade de superar sua visão *neutra* e *instrumental* da política estatal. A proposta é ousada e exige uma política *ativa* de reformas, as quais são dirigidas à superação do capitalismo, impondo uma mudança radical no aparelho do Estado e, por consequência, a substituição do controle da máquina burocrática por forças

---

[679] COUTINHO, Carlos Nelson. *Contra a corrente*: ensaios sobre democracia e socialismo. 2ª ed. São Paulo: Cortez, 2008, p. 39.

[680] "A riqueza polissêmica do conceito de guerra de posição é significativa do método gramsciano: ela tem um valor descritivo e gnosiológico e registra a transformação da arte militar aplicando-a à ciência política, tornando-se nos Q [*Cadernos do Cárcere*] um dos principais instrumentos usados pela filosofia da práxis para definir as modalidades com as quais se afirmam a luta e a organização das classes e para descrever as principais estratégias militares adotadas pelos exércitos modernos na Primeira Guerra Mundial. Em comparação com a guerra de movimento, a guerra de posição preparada minuciosamente pelos Estados e pelas classes sociais em tempo de paz. Para G. [Gramsci] a guerra de posição não ocorre somente em época de guerra, entre as trincheiras construídas entre 1914-1918 na frente franco-alemã ou ítalo-austríaca, mas é a expressão do 'assédio recíproco' entre as classes que se desenvolve constantemente em todas as sociedades capitalistas modernas". CICCARELLI, Roberto. "Guerra de posição". *In:* LIGUORI, Guido; VOZA, Pasquale (Coord.). *Dicionário gramsciano*. São Paulo: Boitempo, 2017, p. 358.

[681] COUTINHO, Carlos Nelson. *Contra a corrente*: ensaios sobre democracia e socialismo. 2ª ed. São Paulo: Cortez, 2008, p. 40.

renovadoras que transferem a execução das reformas para os sujeitos coletivos vinculados à sua realização. Há que se obter o protagonismo da sociedade civil no controle do Estado, uma *democracia de massas* cujo objetivo é a realização de uma *política de reformas* de maneira consequente e que se oriente para a superação do capitalismo.[682]

As reflexões de Coutinho e a proposta de radicalização democrática como forma de superação das contradições da forma social capitalista possuem especial singularidade e importância no contexto brasileiro, marcado pela débil história de desenvolvimento da democracia, resultado do que ele chama de eleição da "via prussiana",[683] concernindo no fato de que as decisões fulcrais sempre foram tomadas "pelo alto", logo, pelas elites, marginalizando-se as classes populares nos processos decisórios. Representa que o valor da democracia possui dimensão mais complexa e profunda, na medida em que se toma consciência acerca da *tendência dominante* que permeia toda a história brasileira, em que se constata o domínio do elitismo e do autoritarismo que sustentaram (e ainda sustentam) toda a história da evolução política, econômica, social e cultural do Brasil, ainda que analisada pontualmente os curtos períodos democráticos.[684]

Coutinho lança a tese da *Democracia como valor universal* no ano de 1979, em clara contraposição ao Regime Militar vigente desde 1964, e defende que a renovação democrática no Brasil dependia da consolidação das conquistas até então alcançadas, com a introdução de novos sujeitos políticos visando a "progressiva obtenção de posições firmes no

---

[682] COUTINHO, Carlos Nelson. *Contra a corrente*: ensaios sobre democracia e socialismo. 2ª ed. São Paulo: Cortez, 2008, pp. 47/48.

[683] Trata-se de expressão atribuída a Lenin, cujo conceito é semelhante à expressão de Gramsci "revolução passiva", e que significa em seu contexto originário a passagem do sistema feudal ao capitalismo de modo que a estrutura agrária se adequasse às necessidades do capital. Em um contexto mais global, a "via prussiana" significa a conciliação "pelo alto", na qual as camadas sociais marginalizadas são excluídas dos processos decisórios, ou seja, são guinadas decisivas na história que não são realizadas mediante revoluções ou efetivas rupturas de um movimento "de baixo para cima". COUTINHO, Carlos Nelson. *Cultura e sociedade no Brasil*: ensaios sobre ideias e formas. 4ª ed. São Paulo: Expressão Popular, 2011, pp. 45/46.

[684] COUTINHO, Carlos Nelson. *A democracia como valor universal e outros ensaios*. 2ª ed. Rio de Janeiro: Salamandra, 1984, p. 36.

seio da sociedade civil". Essa posição era determinada para almejar novos avanços no plano político democrático, mas, ao mesmo tempo era vital consolidar as conquistas sociais já efetivadas, as quais deveriam ser paulatinamente reafirmadas para tornar cada vez mais real a "conquista democrática do poder de Estado pelas classes trabalhadoras", evitando precipitações que levassem a recuos desastrosos.[685]

A lógica da renovação democrática brasileira presente na obra de Carlos Nelson Coutinho é sustentada em dois planos. O primeiro é a conquista de um regime de liberdades fundamentais – ainda se aludia sobre a necessidade de uma Assembleia Nacional Constituinte. Em segundo, era imperiosa a crescente participação popular no processo democrático, objetivando uma *democracia organizada de massas*, que buscasse por meio do consenso democrático a adoção de medidas antilatifundiárias e antimonopolistas. A *Democracia como valor universal* se constitui como imperativo ético que impõe a conservação e elevação superior das conquistas democráticas efetivadas na democracia liberal ou formal, com vistas a sua superação.[686]

Diante das circunstâncias do parco desenvolvimento da democracia no Brasil, cuja revolução burguesa se deu de forma *sui generis* e na camada social alta, assim como é corriqueiro nos países de capitalismo periférico, o espaço político delimitado não chega de fato sequer às raias de uma *República democrática burguesa*, prevalecendo uma espécie de autocracia burguesa, que se autodesigna como "democrática", como bem define Florestan Fernandes. O sociólogo vai além e defende o caráter fundamental da eleição da democracia como *valor, meio e alvo ideal* aos movimentos progressistas e socialistas. Essa perspectiva de radicalização democrática, associada à defesa dos *direitos fundamentais do homem*, assume caráter revolucionário em um processo de capitalismo dependente e subdesenvolvido, como é o caso brasileiro.[687] A defesa das conquistas

---

[685] COUTINHO, Carlos Nelson. *A democracia como valor universal e outros ensaios.* 2ª ed. Rio de Janeiro: Salamandra, 1984, pp. 42/43.

[686] COUTINHO, Carlos Nelson. *A democracia como valor universal e outros ensaios.* 2ª ed. Rio de Janeiro: Salamandra, 1984, p. 48.

[687] "As desigualdades inerentes à sociedade capitalista não comportam nem a democracia de massa nem a autogestão dos negócios comuns da coletividade. Nos países capitalistas

democráticas constitui-se, assim, em instrumento de luta contra um processo histórico de dominação e de levantamento de uma estrutura autocrática de uma classe, cujo objetivo precisa ser a edificação de uma democracia popular, em que se almejem novos rumos para a superação do meio vigente de relações sociais, porém, sem se esquecer das conquistas libertárias e igualitárias já promovidas e delimitadas na Constituição de 1988.[688]

Diante da onda neoliberal que "derruba" as fronteiras nacionais a fim de viabilizar a circulação de mercadorias e capitais dos grandes centros

---

periféricos nem chega a haver espaço político para a República democrática burguesa. O que prevalece, com tons mais duros ou mais brandos de barbárie, é a alternativa da República autocrática burguesa, que se autodesigna como 'democrática'. Por isso, os movimentos socialistas colocam-se diante da democracia como valor, como meio, e como alvo ideal. Ela aparece como um valor por associar-se aos direitos fundamentais do homem, por si mesmos um dado revolucionário em países coloniais, semicoloniais e dependentes. Ela se apresenta como meio porque constitui uma técnica social legítima para alterar a ordem existente, fundada na opressão sistemática, na miséria da imensa maioria e no esbulho dos trabalhadores excluídos, em todos os níveis de sua existência social. Ela afirma como alvo ideal porque contém os dinamismos de uma revolução permanente, que vai de sua ausência total à sua realização completa ou absoluta" FERNANDES, Florestan. "Classe, socialismo e democracia". In: FERNANDES, Florestan. *Democracia e desenvolvimento*: A transformação da periferia e o capitalismo monopolista da era atual. São Paulo: Hucitec, 1990, pp. 203/204.

[688] "Os trabalhadores da cidade e do campo e todas as minorias que se rebelam contra a asfixia provocada pela ordem existente, querem ter peso e voz na sociedade civil, adquirir influência direta sobre o funcionamento e o rendimento do Estado, participação na condução do país. Em suma, para eles chegou a hora de passar da 'democracia burguesa', que a própria burguesia sempre repeliu e que nunca passou de um biombo, para um regime de democracia popular, dirigida pela maioria. O segundo passo consiste em incorporar à Constituição todos os direitos fundamentais do cidadão, acompanhados de medidas que imponham a sua observância real. De nada adianta uma 'democracia de fachada'. A reforma agrária, a liberdade e a autonomia sindical, a igualdade do negro perante o branco, etc, são exigências concretas, que não podem mais ser adiadas para um futuro remoto. Ou a carta fundamental acolhe e a sociedade civil respeita tais exigências libertárias e igualitárias, ou a democracia terá de ser imposta por meios violentos. Não existem mais escapatórias aos donos do poder. Eles não corresponderam à suas responsabilidades cívicas. Portanto, não possuem crédito para que o povo endosse uma nebulosa e retórica 'transição lenta, gradual e segura'". FERNANDES, Florestan. "Luta de classes e constituição". In: FERNANDES, Florestan. *Pensamento e ação*: O PT e os rumos do socialismo. São Paulo: Brasiliense, 1989, p. 154.

capitalistas, resultando no acirramento da marginalização dos países periféricos e de suas respectivas economias, a alternativa que se impõe à classe trabalhadora é a de compreensão da sua condição de classe (assegurar a unidade de classe) para disputar o terreno da democratização do Estado, tal como defende Ruy Mauro Marini. É necessário, portanto, que as classes dominantes sejam afastadas do controle da economia, perseguindo-se um projeto de desenvolvimento econômico que considere a nova configuração do mercado mundial e a posição periférica e dependente do Brasil nesse cenário.[689] O desenvolvimento e a emancipação dos povos latino-americanos no século XXI depende da adoção de políticas públicas e da utilização dos instrumentos democráticos diretos de *participação popular* e *vigilância cidadã*, constituindo-se a luta pela democracia como a via para a viabilização das demais conquistas libertárias e emancipatórias, seja no plano econômico, político, social ou cultural.[690-691]

Importa frisar que o raciocínio que envolve a produção crítica da dogmática não pode prescindir do recorte geopolítico. Remete-se, nesse sentido, às considerações da *Teoria da Dependência*, em que a posição da América Latina e, por consequência, do Brasil, na divisão internacional do trabalho, compele as análises críticas a levar em conta o processo

---

[689] MARINI, Ruy Mauro. *Dialética da dependência*. Petrópolis: Vozes, 2000, p, 293.

[690] MARINI, Ruy Mauro. *Dialética da dependência*. Petrópolis: Vozes, 2000, p. 294.

[691] "Nada há na vida, porém, que não tenha signos opostos. Se a experiência molecular e marcadamente reivindicativa do movimento popular se constituiu em fator negativo para seu pleno desenvolvimento, ao início da redemocratização, ela lhe proporciona, hoje, as premissas para uma estratégia de luta pelo poder e para um projeto novo de sociedade. Ao lado de suas organizações tradicionais, como os sindicatos, o movimento popular conta com órgãos de todo tipo, que ele teve de criar para assegurar seu direito à educação, à habitação, ao transporte, ao abastecimento de alimentos, luz e água, os quais lhe conferem uma capacidade nova e surpreendente para compreender, manipular e controlar os complexos mecanismos da produção e distribuição de bens e serviços. Assim, quando a burguesia se orienta para um modelo de sociedade que transfere à iniciativa privada esses mecanismos e se limita a controlá-los mediante um Estado articulado em torno do parlamento, onde a iniciativa privada reina soberana, o movimento popular está em condições de contrapor seu próprio esquema de organização social, baseado na organização das massas em função de seus interesses imediatos e na sua participação direta nas instâncias pertinentes de decisão". MARINI, Ruy Mauro. *América Latina*: dependência e integração. São Paulo: Brasil Urgente, 1992.

de *dependência* econômica e política em relação às economias centrais. É vital a consideração contínua da condição latino-americana no processo de desenvolvimento global, sobretudo em tempos de avanço neoliberal, o que exige das proposições e análises críticas recorte específico acerca dessa condição dependente e de subdesenvolvimento. A história colonial e atual condição de dependência da América Latina e do Brasil precisam estar escancaradas, logo, expostas de forma transparente nos pensamentos críticos para moldá-los às necessidades e vicissitudes de economias que estão à margem do processo central de desenvolvimento.

A radicalização democrática como forma de implementação socialista, da maneira como David Harvey manifesta,[692] é no sentido de garantir algum tipo de justiça social, contrapondo-se ao refluxo do neoliberalismo em relação aos avanços sociais conquistados. Os meios burocráticos e institucionais edificados precisam, com efeito, serem reafirmados, conquistados e ressignificados. A construção de um movimento político progressista e emancipatório deve surgir da reforma de estruturas estatais e conceitos jurídicos já institucionalizados, dentre os quais, a própria reconfiguração da noção de interesse público, na medida em que se dê conta das inerentes e inexoráveis contradições de classe no capitalismo.[693] Ressignificar o interesse público, compreendendo-se os limites

---

[692] "O socialismo visa gerir e regular democraticamente o capitalismo de modo acalmar seus excessos e redistribuir seus benefícios para o bem comum. Trata-se de distribuir a riqueza por meio de arranjos de tributação progressiva, enquanto as necessidades básicas – como educação, saúde e até mesmo habitação – são fornecidas pelo estado, fora do alcance das forças de mercado". HARVEY, David. *O enigma do capital*: e as crises do capitalismo. São Paulo: Boitempo, 2011, p. 182.

[693] "Uma política revolucionária capaz de enfrentar o problema do interminável acúmulo de capital composto e, finalmente, desligá-lo como o principal motor da história humana, requer uma compreensão sofisticada de como ocorre a mudança social. O fracasso de esforços passados para construir um socialismo e um comunismo duradouros tem de ser evitado e lições dessa história extremamente complicada devem ser apreendidas. No entanto, a absoluta necessidade de um movimento revolucionário anticapitalista coerente também deve ser reconhecida. O objetivo fundamental desse movimento é assumir o comando social sobre a produção e distribuição de excedentes. (...) Um movimento político pode começar em qualquer lugar (nos processos de trabalho, em torno de concepções mentais, na relação com a natureza, nas relações sociais, na concepção de tecnologias e formas de organização revolucionárias, na vida diária ou nas tentativas de

e contradições de se aludir a um "interesse geral" em uma sociedade premida pela luta de classes, pode, também, representar o começo de um movimento político dotado de força para efetivas transformações sociais em busca de um sistema de vida que permita a emancipação das pessoas.

Um novo recorte teórico que compreenda o interesse público a partir das suas limitações de classe, precisa, inevitavelmente, adotar o método dialético como eixo fundamental para captar os movimentos que se realizam no interior da sociedade, identificando quais interesses devem prevalecer no sentido de operar políticas públicas de caráter emancipatório.[694] Como bem diz Harvey, "a mudança surge de um estado de coisas existentes e tem de aproveitar as imanentes possibilidades dentro de uma situação existente",[695] mas sem se esquecer que o esclarecimento dos enigmas do capital, de revelar o que o poder político quer manter opaco, é "crucial para qualquer estratégia revolucionária".[696]

Para uma melhor compreensão desse uso estratégico das estruturas sociais e estatais modeladas pelo modo capitalista de produção, é oportuna a reflexão de Hans-Georg Flickinger sobre a emancipação do homem a partir do paradigma da produção da tecnologia industrial. A filosofia de Flickinger pretende compreender e expor que a emancipação

---

reformar as estruturas institucionais e administrativas, incluindo a reconfiguração dos poderes de Estado)". HARVEY, David. *O enigma do capital*: e as crises do capitalismo. São Paulo: Boitempo, 2011, p. 185.

[694] "O truque é manter o movimento político movendo-se de uma esfera de atividade para a outra, de maneiras que se reforçam mutuamente. Foi assim que o capitalismo surgiu no feudalismo e é assim que algo radicalmente diferente – que podemos chamar socialismo, comunismo ou o que for – deve surgir no capitalismo. As tentativas anteriores de criar uma alternativa comunista ou socialista fracassaram fatalmente em manter em movimento a dialética entre as diferentes esferas de atividade e também não abraçaram as imprevisibilidades e incertezas no movimento dialético entre as esferas. O capitalismo tem sobrevivido precisamente por manter esse movimento dialético e por aceitar as inevitáveis tensões, incluindo as crises, que dele resultam". HARVEY, David. *O enigma do capital*: e as crises do capitalismo. São Paulo: Boitempo, 2011, p. 185.

[695] HARVEY, David. *O enigma do capital*: e as crises do capitalismo. São Paulo: Boitempo, 2011, p. 185.

[696] HARVEY, David. *O enigma do capital*: e as crises do capitalismo. São Paulo: Boitempo, 2011, p. 195.

deve ser o resultado da consciência de se retomar uma prática social inscrita e vinculada às formas atuais da produção tecnológica industrial, devolvendo ao gênero humano suas qualidades produtivas historicamente sonegadas, sobretudo pelo liberalismo e, agora, pelo neoliberalismo.[697] De forma mais clara, a ideia de Flickinger é de que o homem social – refuta veementemente a noção liberal e neoliberal da sociedade de indivíduos compreendidos como meros defensores de seus interesses particulares – deve retomar suas qualidades revolucionárias a partir da lógica já implícita na tecnologia e na grande indústria e, assim, "ultrapassar definitivamente o mito do indivíduo burguês que se afirma como senhor de si mesmo e de sua história, que é a história de um falso liberalismo".[698] As condições para a revolução do processo político não são simplórias e emergem como reação ao *cenário anterior considerado anacrônico*, ou seja, os processos revolucionários são fruto daquilo que pretendem suplantar.[699]

Nessa importante interpretação de Flickinger, a superação do *status quo* conservador ou reacionário é resultante de pequenas modificações, uma vez que as mudanças radicais na política não estariam vinculadas apenas a atividades revolucionárias, as quais seriam a expressão apenas dos exemplos mais óbvios e extremos. Ações menos espetaculares, porém, não menos eficientes, desencadeadas por "mansas variáveis políticas", constituem-se no impulso da transformação e serão a "gota d'água que, levando a ultrapassar os limites de tolerância do barril, o fará transbordar".[700]

As reflexões acima mostram o caminho para que uma proposta de teoria crítica se desvencilhe das armadilhas de uma teoria estéril do ponto de vista da práxis. Certo de que se trata da escolha de uma racionalidade

---

[697] FLICKINGER, Hans-Georg. *Em nome da liberdade*: elementos da crítica ao liberalismo contemporâneo. Porto Alegre: EdiPUCRS, 2003, p. 121.

[698] FLICKINGER, Hans-Georg. *Em nome da liberdade*: elementos da crítica ao liberalismo contemporâneo. Porto Alegre: EdiPUCRS, 2003, p. 122.

[699] FLICKINGER, Hans-Georg. *A filosofia política na sombra da secularização*. São Leopoldo: Unisinos, 2016, p. 168.

[700] FLICKINGER, Hans-Georg. *A filosofia política na sombra da secularização*. São Leopoldo: Unisinos, 2016, p. 174.

materialista histórica para além da fundamental tarefa de denunciar o que está por detrás dos discursos abstratos e especuladores da igualdade e da equalização dos interesses — bem como de revelar as contradições das promessas sistematicamente não cumpridas pelo capital —, é preciso que a teorização crítica proposta possua compromisso com o processo imediato de alteração das condições materiais de reprodução social, impondo a proposição de alguma alternativa à superação das contradições ora impostas a partir das condições atuais de organização social e institucional.

Nesse raciocínio, a escolha da *Democracia como valor universal* como eixo filosófico paradigmático significa impor à teoria crítica da dogmática do Direito Administrativo um certo e importante limite, com o objetivo de estabelecer o compromisso de que as atuais estruturas e os avanços conquistados no plano jurídico dogmático não sejam automaticamente dispensados, mas que possam se constituir em elementos que reafirmem a democracia e a superação das contradições sociais que se apresentam. A tarefa define-se, portanto, em assegurar e reafirmar os triunfos duramente obtidos durante todo o processo político do domínio liberal, mas, também, propor novos institutos, conceitos, noções ou elementos dentro da própria dogmática jurídica, que possam se constituir em bases para a desconstituição dos fundamentos fictícios liberais, e que permitam, na mesma proporção, viabilizar avanços progressistas e emancipatórios concretos. Essa virada epistemológica exige que se alinhave um novo critério da atuação dos aparelhos estatais, pois o conceito de interesse público, abstrato e especulativo, não possui robustez teórica suficiente para se manter válido diante da introdução de um recorte crítico no Direito Administrativo.

4.3 UMA ALTERNATIVA DOGMÁTICA CRÍTICA DO DIREITO ADMINISTRATIVO: POR UM "FÔLEGO DIALÉTICO"

Quando se alude ao pensamento crítico e à necessidade da sua intervenção, intenta-se adotar sentido semelhante ao exposto por Wolkmer, na busca de outra direção ou referencial epistemológico que atenda aos anseios da *modernidade presente*, pois os paradigmas de fundamentação do

Direito Administrativo posto passam por crise semelhante àquela que atravessa o saber "sacralizado e hegemônico das estruturas lógico-formais de normatividade jurídica".[701] A opção pelo pensamento crítico exige a desestabilização do paradigma da cientificidade do discurso jurídico liberal-individualista, o qual se mostra desajustado em relação às vicissitudes e complexidades do capital globalizado e desconexo das contradições estruturais da sociedade. E mais, a perspectiva jurídica crítica, além de denunciar o vazio descontextualizado do discurso jurídico oficial, permite a emergência de *categorias de ruptura ao instituído* com o direcionamento da teoria jurídica (em especial do Direito Administrativo) com os *reais interesses da experiência social*, o que permite ao ramo dogmático se constituir em efetivo instrumento de transformações emancipatórias.[702]

Aliás, não se confunde a teoria crítica com a *utopia*. Nas palavras de Celso Luiz Ludwig, a opção pelo pensamento crítico relaciona-se ao tema da *factibilidade*, ou seja, de ver as coisas a partir das suas potencialidades. A teoria crítica representa "mostrar as coisas como realmente são", porém, "a partir da perspectiva de como deveriam ser", ou ainda, "compreender o mundo desde o melhor que nele está embutido, mas não efetivado",[703] rompendo com a visão jurídica tradicional e revelando o oculto.[704]

O objetivo de uma comprometida teoria crítica do Direito Administrativo precisa, inspirando-se nas palavras de Edmundo Lima

---

[701] WOLKMER, Antonio Carlos. *Introdução ao pensamento jurídico crítico*. 9ª ed. São Paulo: Saraiva, 2015, p. 118.

[702] WOLKMER, Antonio Carlos. *Introdução ao pensamento jurídico crítico*. 9ª ed. São Paulo: Saraiva, 2015, p. 118.

[703] LUDWIG, Celso Luiz. *Para uma filosofia jurídica da libertação*: paradigmas da filosofia, filosofia da libertação e Direito Alternativo. 2ª ed. São Paulo: Conceito, 2011, p. 152.

[704] "A insuficiência epistêmica do positivismo, marcado por uma lógica técnico-formal e seus pressupostos cientificistas, bem como a desocultação de seu caráter ideológico, propiciou a recepção da Teoria Crítica no mundo do Direito. A recepção operada permitiu e permite romper com a visão jurídica tradicional. Desocultar o oculto. Investigar os pontos de partida. Proceder renovada crítica, tanto interna quanto externa do Direito". LUDWIG, Celso Luiz. *Para uma filosofia jurídica da libertação*: paradigmas da filosofia, filosofia da libertação e Direito Alternativo. 2ª ed. São Paulo: Conceito, 2011, p. 153.

Arruda Júnior,[705] *abandonar o dogmatismo*, afastando-se de míticas enunciações metafísicas,[706] para possuir na luta pela democracia o *valor universal* a ser perseguido, tal como defendia Carlos Nelson Coutinho.

Se se parte da premissa que o Direito Administrativo é dominado pela lógica epistemológica dominada por pressupostos cientificistas e de uma lógica técnico-formal (ainda que se tenha em mente as tentativas progressistas de refinamento), entende-se viável e necessária a interpretação e o desenvolvimento da dogmática do Direito Administrativo a partir de um eixo epistêmico alternativo. Identifica-se no Direito e no Direito Administrativo uma função essencial social e política que exige a adoção de uma forma de conhecimento que possibilite sua instrumentalização

---

[705] ARRUDA JR., Edmundo Lima. *Introdução à sociologia jurídica alternativa*: ensaios sobre o Direito numa sociedade de classes. São Paulo: Acadêmica, 1993, p. 90.

[706] "Vamos, neste momento, admitir que as contemporâneas leituras críticas sobre o direito tentaram enfatizar o seu caráter político, assim como as dimensões jurídicas da política. Tentaram verificar como, por intermédio do direito, realiza-se o programa ideológico-político do Estado. As propostas pretenderam criar um espaço discursivo, que superasse as duplas alienações dos juristas e dos cientistas políticos (positivistas), que reciprocamente negam-se a discutir: uns, os aspectos políticos do direito e os outros, os aspectos jurídicos da política. Este espaço discursivo estaria inserido no marco de uma teoria crítica da sociedade. De certa forma, posso afirmar que a partir da proposta de uma nova emergência epistemológica para a produção do saber jurídico, as leituras críticas sobre o direito encaminham as discussões e pesquisas jurídica a uma nova articulação semiológica-operativa entre o que, grosseiramente, podemos chamar 'técnica jurídica' e prática política. Tal operação articuladora encontra-se estreitamente ligada aos ativos processos coletivos de socialização. Assim, parece-me oportuno indicar que uma discussão prioritária a ser levantada por este tipo de leitura vincula-se à oposição de questões das questões 'democracia' x 'fascismo molecular'. Desta forma, os juristas devem procurar reconhecer as estratégias teóricas e práticas capazes de intervir ativamente para a formação do que poderíamos chamar uma 'democracia do desejo'. A questão não é fácil. A ideia exposta passa por um processo de dessacralização da teoria, vista sempre como um discurso de ordem em relação aos desejos dos indivíduos. E, tal discurso de ordem sempre foi metafísico. É exatamente frente a esta função metafísica da teoria, que devem levantar-se as leituras críticas, não como uma outra fonte de enunciação metafísica, mas como uma denúncia sobre a forma pela qual a metafísica da razão se mostra um conhecimento que opera miticamente como uma forma moral da razão". WARAT, Luis Alberto. "A partir de Kelsen". *In:* PRADO, Luiz Régis; KARAM, Munir (Coord.). *Estudos de filosofia do Direito*: uma visão integral da obra de Hans Kelsen. São Paulo: Revista dos Tribunais, 1984, pp. 100/101.

voltada à emancipação e à democracia (na perspectiva de *valor universal*), constituindo-se o materialismo histórico marxista nessa sustentação epistêmica um *instrumento teórico de trabalho de análise social* imprescindível, a despeito de ser objeto de toda sorte de "desprezos" acadêmicos.[707]

A escolha pelo materialismo histórico é, com efeito, legítima academicamente e necessária às pretensões teóricas ainda mais progressistas do Direito Administrativo, porém, com os "pés bem plantados no chão". Os problemas sociais, econômicos e políticos enfrentados na parte periférica do mundo, na qual se incluem América Latina e Brasil, são de ordem tipicamente moderna, já que essa parcela dos povos sequer provou das benesses das "luzes", em que pese a profusão de teorias que insistem em abolir a História e em eliminar ideologias, afirmando, em última instância, a extinção da luta de classes (se é que já reconheceram que existiu). Nesse cenário, o marxismo revela-se como referencial teórico e prático dotado de extrema importância para a análise do Direito e, ao nosso ver, para a crítica e construção de um renovado Direito Administrativo, posto que se trata de referencial do conhecimento orientado para a efetiva e factível transformação da sociedade e da estrutura jurídico-política.[708]

Note-se, entretanto, que a escolha da teoria crítica marxista como marco de sustentação passa ao largo de qualquer perspectiva apenas es-truturalista ou que enxerga no Estado e no Direito apenas o viés repressivo (presente também) das estruturas. É possível e necessária a adesão a uma concepção de tipo gramsciana *antimecanicista do marxismo*, orientada

---

[707] "O direito tem papel fundamental (constitutivo nesse processo de construção democrática) e o marxismo constitui-se em um, não mais que um, instrumento teórico de trabalho, talvez o menos incompleto, com certeza imprescindível, de análise social. Desconhecê-lo ou subestimá-lo, com considera-lo démodé, superado 'epistemologicamente', sem entrar 'por dentro' na eventual 'desconstrução' epistêmica de tal conhecimento, parece ser procedimento típico da pequena burguesia acadêmica, ávida na busca fácil da relação entre ruínas do ex-muro de Berlim e a neo-aquisição acadêmica, cuja sentença é a fornalha (ou lixo), para os quais Marx já está condenado desde que começou a propiciar a realização da 11ª tese célebre...". ARRUDA JR., Edmundo Lima. *Introdução à sociologia jurídica alternativa*: ensaios sobre o Direito numa sociedade de classes. São Paulo: Acadêmica, 1993, p. 90.

[708] ARRUDA JR., Edmundo Lima. *Introdução à sociologia jurídica alternativa*: ensaios sobre o Direito numa sociedade de classes. São Paulo: Acadêmica, 1993, p. 91.

contrariamente a qualquer determinismo econômico em qualquer das etapas da vida social e do conhecimento, em especial do Direito, o qual se constitui em importante esfera de reprodução ideológica e consolidação formal da estrutura material, mas que, em seu movimento dialético, possibilita aos grupos políticos influenciarem as transformações sociais, na afirmação de Enzo Bello.[709]

Assim como o Estado, o Direito e o Direito Administrativo integram a lógica de se constituírem em espaços de coerção, por serem estruturas tipicamente estatais; mas, lidos de maneira dialética, também se perfilam à categoria de espaços de luta por *hegemonia*, pois sobre as regras que regulam a vida econômica, social e cultural, não atuam apenas os agentes econômicos prevalecentes, posto que há inevitável dependência em relação aos sujeitos despossuídos dos meio de produção, dos grupos não hegemônicos.[710]

A dogmática crítica do Direito Administrativo, ciente de que o político e o jurídico são níveis específicos que, em conjunto com o econômico, formam *um todo*, deve se ater às estruturas, acessando a categoria do *modo de produção*, na qual se deve vislumbrar uma unidade complexa de estrutura social, em que os demais níveis não se comportam como meros apêndices desse elemento econômico, antes, são verdadeiras condições para sua existência.[711] A teoria crítica, com suporte no materialismo histórico, não pode, portanto, ignorar que o Direito e o Direito Administrativo assumem na sociedade capitalista uma relativa autonomia, o que é resultado de sua forma específica e historicamente situada de disciplina das relações sociais, na definição de Clèmerson Clève.[712]

---

[709] BELLO, Enzo. *A cidadania na luta política dos movimentos sociais urbanos.* Caxias do Sul: Educs, 2013, p. 192.

[710] BELLO, Enzo. *A cidadania na luta política dos movimentos sociais urbanos.* Caxias do Sul: Educs, 2013, p. 197.

[711] CLÈVE, Clèmerson Merlin. *O direito e os direitos*: elementos para uma crítica do direito contemporâneo. 3ª ed. Belo Horizonte: Fórum, pp. 119/120.

[712] "Está-se a caracterizar o direito como forma específica e historicamente situada de disciplina das relações sociais. Esta é, na verdade, uma teoria da autonomia relativa da forma jurídica, concebendo as relações de produção como relações determinantes, em

A construção de uma alternativa crítica de leitura e desenvolvimento do Direito Administrativo precisa, sobretudo, da compreensão de que a sua própria arena dogmática se constitui em espaço de lutas. É afirmar, antes de tudo, que a sociedade contemporânea é resultado de fraturas e conflitos sociais, formada por classes sociais portadoras das lutas sociopolíticas, cujo domínio jurídico não está apartado dessa realidade. Como define Clève, os embates sociais entre classes estão presentes na esfera jurídica de maneira mediatizada, pois "atravessam o campo jurídico constituindo-o e ultrapassando-o ao mesmo tempo", é dizer, assim como todo aparelho, o Direito é a materialização de uma correlação de forças, uma "relação assimétrica de poder".[713] Em sentido semelhante, é preciso reafirmar que o Estado, por possuir como função precípua a organização do poder e de *atomização do poder popular*, acaba por "recuperar as relações de poder, de modo a dotá-las de um pertencimento de classe".[714]

O Direito, o Estado e, por consequência, o Direito Administrativo, não estão desvinculados das relações sociais concretas e contraditórias, não se constituindo em instâncias imunes aos conflitos. Clève destaca que o Estado impõe a coesão social e, ao mesmo tempo, fragmenta a sociedade em sujeitos de direito individualizados, desorganizando as massas populares e organizando as classes dominantes, as quais se encontram nos aparelhos estatais. Porém, na dialética que permeia essa relação,

---

última instância, e as relações de circulação e distribuição de mercadorias como aquelas que constituem e reproduzem as relações legais. (...) Nas relações capitalistas de produção pode-se encontrar um ponto de partida para a compreensão da forma, da funcionalidade e da autonomia, ou seja, da especificidade do jurídico nas sociedades contemporâneas. Nelas pode ser encontrada a base teórica a partir da qual será possível decifrar o universo jurídico, especialmente, porque aí radica o ponto nodal da explicação de emergência das características primeiras deste direito: o sujeito de direito individualizado e a liberdade e igualdade formais encarnadas num conjunto geral e organizado de princípios normativos abstratos". CLÈVE, Clèmerson Merlin. *O direito e os direitos*: elementos para uma crítica do direito contemporâneo. 3ª ed. Belo Horizonte: Fórum, pp. 127/128.

[713] CLÈVE, Clèmerson Merlin. *O direito e os direitos*: elementos para uma crítica do direito contemporâneo. 3ª ed. Belo Horizonte: Fórum, pp. 132/133.

[714] CLÈVE, Clèmerson Merlin. *O direito e os direitos*: elementos para uma crítica do direito contemporâneo. 3ª ed. Belo Horizonte: Fórum, p. 134.

esses indivíduos, que compõem as classes sociais, são criações do Direito e estão concentrados em "aparelhos materializados de relações de poder", *impondo que esses indivíduos são impensáveis sem a perspectiva de luta.*[715]

Materializando as correlações de forças na sociedade contemporânea, Estado e Direito se revelam em arenas de luta, nas quais as minorias e as classes populares, na definição de Clève, não estão excluídas, pois os confrontos sociais seriam passíveis de moldar e transformar o Direito, assim como as próprias estruturas estatais.[716] Se a classe dominante está nas entranhas dos aparelhos do Estado, as classes populares, por sua vez, não estão totalmente ausentes e se integram de forma mediatizada, sendo que suas respectivas lutas se incorporam à própria estrutura institucional. Assim, "a política a ser seguida, pelo Estado, resulta tanto das relações de forças entre as frações capitalistas, como também entre as classes populares". Pode-se concluir, a partir das considerações de Clève, que o Estado, o Direito contemporâneo e o Direito Administrativo constituem-se espaços de contradição entre as classes sociais, levando-os a se fundarem em espaços de mediação e de luta entre forças antagônicas e conflituosas,[717] que operam na tensão entre consenso e dissenso, cooperação e conflito.[718]

A dogmática do Direito Administrativo, por estar inserida em idêntica lógica à do Direito contemporâneo em geral, é também arena própria e inevitável para o embate dos interesses dissonantes decorrentes da correlação de forças operadas no âmbito da relação entre as classes sociais. Diante desse fato, é imperioso que se construa uma alternativa dogmática do Direito Administrativo dotada de crítica e robustez teórica suficiente, em que o conhecimento do jurista esteja vinculado ao mundo

---

[715] CLÈVE, Clèmerson Merlin. *O direito e os direitos*: elementos para uma crítica do direito contemporâneo. 3ª ed. Belo Horizonte: Fórum, p. 134.

[716] CLÈVE, Clèmerson Merlin. *O direito e os direitos*: elementos para uma crítica do direito contemporâneo. 3ª ed. Belo Horizonte: Fórum, p. 135.

[717] CLÈVE, Clèmerson Merlin. *O direito e os direitos*: elementos para uma crítica do direito contemporâneo. 3ª ed. Belo Horizonte: Fórum, pp. 136/137.

[718] CLÈVE, Clèmerson Merlin. *Para uma dogmática constitucional emancipatória*. Belo Horizonte: Fórum, 2012, p. 105.

real e se oriente para transformá-lo,[719] perseguindo os passos de outros ramos da dogmática que já alçaram pular de patamar, tal como o Direito Constitucional, a Criminologia, o Direito Econômico.[720]

---

[719] "Eis o momento de se propor um saber inscrito na historicidade, resultado de uma relação de conhecimento do jurista com o mundo e, voltando-se para o futuro, apto a formular conceitos teóricos-práticos para mudá-lo. Um saber que, conhecendo o direito positivo, seja capaz de explica-lo teoricamente, a sua lógica e a sua funcionalidade, ao mesmo tempo em que, compreendendo-o adequadamente, promova e reclame a afirmação dos direitos e a promoção da dignidade humana. Está-se a referir, neste caso, a um saber emancipatório, capaz de operar a síntese entre o singular posto e o plural jurídico instituinte". CLÈVE, Clèmerson Merlin. *Para uma dogmática constitucional emancipatória*. Belo Horizonte: Fórum, 2012, p. 105.

[720] É o caso, por exemplo, da dogmática crítica proposta por Gilberto Bercovici, na seara do Direito Econômico, em que defende, a partir da desmitificação da efetividade do direito estatal e da denúncia do Estado *bloqueado por interesses privados,* a necessidade de existência de um Estado forte e interventivo no Brasil, com vistas à ampliação da cidadania e, consequentemente, para passagem de uma realidade subdesenvolvida para o desenvolvimento: "A concepção tradicional de um Estado demasiadamente forte no Brasil, contrastando com uma sociedade fragilizada, é falsa, pois pressupõe que o Estado consiga fazer com que suas determinações sejam respeitadas. Na realidade, que há é a inefetividade do direito estatal, com o Estado bloqueado pelos interesses privados. A conquista e ampliação da cidadania, no Brasil, portanto, passam pelo fortalecimento do Estado perante os interesses privados e pela integração igualitária da população na sociedade. A crise atual, por mais paradoxal que possa parecer, denota a necessidade de fortalecer o Estado: tanto para resistir aos efeitos perversos da globalização, controlar os desequilíbrios por ela gerados, como para encontrar um caminho para sair da crise. Dessa forma, a falta de integração social, econômica e política continua exigindo uma atuação do Estado, inclusive para a conclusão do projeto de formação nacional, ultrapassando a barreira do subdesenvolvimento. A tentativa de elaborar uma política nacional de desenvolvimento exige uma presença ativa e coordenadora do Estado nacional, portanto, desapareceu das considerações governamentais com o neoliberalismo. A opção do Brasil não é se integrar na globalização ou se isolar de modo autárquico. A questão fundamental é se a integração dar-se-á a partir dos objetivos nacionais ou não. Diante dos desafios e ameaças traídos pela globalização, precisamos de um projeto para o Brasil que sirva de substrato material para o desenvolvimento social, políticos e econômico. Dado, portanto, o caráter de dominação do fenômeno do subdesenvolvimento, a passagem do subdesenvolvimento para o desenvolvimento só pode ocorrer em processo de ruptura com o sistema, internamente e com o exterior. Deste modo, é necessária uma política deliberada de desenvolvimento, em que se garanta tanto o desenvolvimento econômico como o desenvolvimento social, que são interdependentes, não há um sem o outro. O desenvolvimento só pode ocorrer com a transformação das estruturas sociais, o que faz com que o Estado Desenvolvimentista precise ser um Estado mais

O desafio que se apresenta ao jurista administrativista, premido pela lógica crítica comprometida e responsável, está no Estado e na sociedade civil.[721] Cabe a ele superar os paradigmas que sustentam as práticas conservadoras e, em conjunto, adotar e construir novos modelos para viabilizar novas práticas de viés emancipatório. Nessa tarefa, o jurista crítico precisa reconhecer o Estado como instância central nas disputas pela hegemonia, junto com as lutas no seio da sociedade civil, o que significa que "a emergência e/ou realização de juridicidades, novas ou velhas, no estado e fora dele, dão-se no marco das 'regras do jogo', portanto, no terreno da legalidade".[722]

Se as disputas no campo jurídico são inevitáveis, na afirmação de Clève,[723] e compõem a própria dialética da realização do Direito, como diz Lyra Filho,[724] carece a dogmática do Direito Administrativo de reconhecer

---

capacitado e estruturado que o Estado Social tradicional. E não é o fato de não termos tido, no Brasil, um Estado de Bem-Estar Social que nos impede de construir um Estado que possa superar a barreira do subdesenvolvimento. A questão da retomada do desenvolvimento no Brasil está intrinsicamente ligada, portanto, à Crise de estado brasileiro. Sem repensarmos o Estado brasileiro, como queremos estrutura-lo e quais devem ser os seus objetivos, não há como pensar em desenvolvimento". BERCOVICI, Gilberto. "O Estado desenvolvimentista e seus impasses: uma análise do caso brasileiro". *Boletim de Ciências Económicas*, Coimbra, jan. 2004, pp. 32-34.

[721] ARRUDA JR., Edmundo Lima de. "Gramsci e o Direito: reflexões sobre novas juridicidades". *In:* ARRUDA JR., Edmundo Lima de; BORGES FILHO, Nilson (Coord.). *Gramsci*: Estado, Direito e Sociedade – ensaios sobre a atualidade da filosofia da práxis. Florianópolis: Letras Contemporâneas, 1995, p. 37.

[722] ARRUDA JÚNIOR, Edmundo Lima de. *Direito moderno e mudança social*: ensaios de Sociologia Jurídica. Belo Horizonte: Del Rey, 1997, p. 66.

[723] CLÈVE, Clèmerson Merlin. *Para uma dogmática constitucional emancipatória*. Belo Horizonte: Fórum, 2012, p. 48.

[724] "A contradição entre a injustiça real das normas que apenas se dizem justas e a injustiça que nelas se encontra pertence ao processo, à dialética da realização do Direito, que é uma luta constante entre progressistas e reacionários, entre grupos e classes espoliados e oprimidos e grupos e classes espoliadores e opressores. Esta luta *faz parte* do Direito, porque o Direito não é uma 'coisa' fixa, aparada, definitiva e eterna, mas um processo de libertação permanente. (...) É a luta social *constante*, com suas expressões de vanguarda e suas resistências e sacanagens reacionárias, com suas forças contraditórias de progresso e conservantismo, com suas classes e grupos ascendentes e libertários e suas classes e grupos decadentes e opressores – é *todo* o processo que define o Direito, em cada etapa,

que os juristas que a compõem possuem função estratégica na luta democrática, desde que estejam cientes da sua missão, juntamente com os demais sujeitos históricos. Nos limites do discurso jurídico crítico, o jurista consciente deve renovar categorias e formar novos conceitos jurídicos, com a consolidação das conquistas já alcançadas e à procura de novas alternativas que se consubstanciem em práticas emancipatórias concretas.

O Direito Administrativo brasileiro, a partir desse recorte crítico, precisa considerar racionalmente o elemento político como algo inevitável e inerente à própria "natureza" social do discurso jurídico. É ter em conta os conflitos sociais reais que se estabelecem no seio de uma sociedade desigual e estratificada em classes sociais, cujos interesses e condições materiais de sobrevivência são antagônicos. Trata-se de compreender que as disputas sociais no Brasil são mais acirradas e desiguais, em razão de uma história colonial e escravocrata, cujos efeitos reverberam de forma marcante até os dias atuais e que resultam em uma sociedade cujo abismo social e econômico é absurdamente profundo e revoltante.

O Direito Administrativo crítico precisa firmar sua raiz no reconhecimento de que a compreensão de si e a perspectiva de engendrar uma missão progressista só é viável a partir da premissa da dialética social. Inspirando-se na lição crítica de Lyra Filho sobre o Direito,[725] a dogmática do Direito Administrativo precisa ter em mente e compreender o movimento dialético social, no qual a luta de classes e grupos divide o bloco demográfico, criando as condições contraditórias entre espoliadores e espoliados, oprimidos e opressores.[726] Porém, o movimento inverso, de se reduzir ou

---

na procura das direções de superação". LYRA FILHO, Roberto. *O que é Direito*. 17ª ed. São Paulo: Brasiliense, 1999, pp. 82/83.

[725] LYRA FILHO, Roberto. *O que é Direito*. 17ª ed. São Paulo: Brasiliense, 1999, p. 68.

[726] "De toda sorte, a garantia democrática é parte do problema de realização do Direito, e não basta substituir a disciplina legal da propriedade para chegar ao socialismo autêntico: resta saber que *posição real* têm as classes na determinação do sistema, em que medida os trabalhadores *efetivamente* comandam o processo e que canais políticos ficam abertos para evitar o enriquecimento do Estado e o domínio burocrático-policial da estrutura por um conjunto de agentes repressores". LYRA FILHO, Roberto. *O que é Direito*. 17ª ed. São Paulo: Brasiliense, 1999, p. 75.

fechar o fenômeno jurídico e o próprio Direito Administrativo como mera norma da classe e grupos dominantes, resulta em subtrair toda a dialética.[727]

Ao se tomar novamente as reflexões de Lyra Filho como paradigma, envereda-se para a guinada de um Direito Administrativo que possua na dialética social e no processo histórico a sua essência, em que a totalidade, sempre em movimento, imponha a consideração de todos os aspectos sociais e políticos que se apresentam, afastando a própria dialética jurídica das "nuvens idealistas" e de cristalizações ideológicas de qualquer essência metafísica. A direção que se toma é norteada pela busca de um socialismo democrático, no qual o Direito se vincula à ideia da democracia como *valor universal*, tal qual Carlos Nelson Coutinho propôs, em que o sentido do discurso jurídico é de *progresso da humanidade em sua caminhada histórica*.[728] E nesse contexto, entende-se plenamente inserida a dogmática crítica do Direito Administrativo.

Socorrendo-se à expressão cunhada por Lyra Filho, é preciso com urgência possibilitar à dogmática do Direito Administrativo um *fôlego dialético*,[729] o qual não se constitui em algo acabado e perfeito, mas um *vir a ser* que se "enriquece nos movimentos de libertação das classes e grupos ascendentes e que definha nas explorações e opressões que o contradizem, mas de cujas próprias contradições brotarão as novas conquistas".[730] É luta imediata, por dentro do processo, aqui e agora, explorando-se as contradições do próprio discurso jurídico.[731] Na orientação de proporcionar ao

---

[727] LYRA FILHO, Roberto. *O que é Direito*. 17ª ed. São Paulo: Brasiliense, 1999, pp. 84/85.

[728] LYRA FILHO, Roberto. *O que é Direito*. 17ª ed. São Paulo: Brasiliense, 1999, pp. 78/79.

[729] LYRA FILHO, Roberto. *O que é Direito*. 17ª ed. São Paulo: Brasiliense, 1999, p. 49.

[730] LYRA FILHO, Roberto. *O que é Direito*. 17ª ed. São Paulo: Brasiliense, 1999, p. 86.

[731] "É preciso notar, inclusive, que as contradições *não se dão apenas* entre blocos de normas, porém, *dentro* desses blocos. Assim, por exemplo, o direto estatal, as leis que exprimem, em linhas gerais, o domínio de classe e grupos privilegiados têm elementos que *podem ser utilizados* pelas classes e grupos libertadores, porque, na hipocrisia de fazer o contrário do que dizem (isto é, dizer que vão construir a 'Justiça' nas normas, enquanto fazem das normas uma proteção injusta de seus privilégios), a classe e grupos dominadores muitas vezes se contradizem, deixam 'buracos' nas suas leis e costumes,

Direito Administrativo uma dogmática arejada, a busca de introduzir o elemento do político se torna fundamental. Clève faz alusão à *recuperação do pilar político* em relação ao Direito em geral.[732]

Eis a missão dos juristas administrativistas críticos: a captação pela dogmática administrativista dos elementos políticos indeléveis que gravitam em torno do Direito Administrativo e de seus respectivos institutos e conceitos. Entenda-se que a extirpação da política é impossível e que o Direito Administrativo não pode se pretender cientificamente de forma isolada. Nessa busca da consideração e delimitação do elemento político, a dogmática é forçada a aderir a uma postura mais humilde, com o reconhecimento de que seus conhecimentos são estreitos e condicionados por outros fatores sociais. Nesse cenário, resta a árdua, porém indispensável, tarefa de aprofundar o diálogo interdisciplinar, em que cabe à dogmática administrativista se abrir cada vez mais ao conhecimento e às complexidades teóricas apresentadas nos demais campos das ciências sociais (sociologia, ciência política, filosofia, antropologia, economia política).

A possibilidade de avanços emancipatórios concretos, operados por meio de uma dogmática crítica e consciente do seu papel progressista, depende da qualidade de identificar e considerar o elemento político e reconhecer a História como a esfera do desenvolvimento e das transformações possíveis do Direito e do Direito Administrativo.[733]

Se o Direito não possui uma epistemologia própria, ou seja, não se trata de uma vertente do conhecimento que permita se constituir em

---

onde os mais hábeis juristas de vanguarda podem enfiar a alavanca do progresso, explorando a contradição". LYRA FILHO, Roberto. *O que é Direito*. 17ª ed. São Paulo: Brasiliense, 1999, p. 83.

[732] CLÈVE, Clèmerson Merlin. *O direito e os direitos*: elementos para uma crítica do direito contemporâneo. 3ª ed. Belo Horizonte: Fórum, p. 139.

[733] "Ora, a transformação da história opera-se pela própria história, ou seja, no plano concreto, no nível das relações de forças que dinamizam o tecido social, constituindo a própria materialidade do direito. Daí a necessidade de um saber que conheça o direito como ele é, como se apresenta em sua histórica concreção, para modifica-lo historicamente. As reconstruções ontológicas, neste caso, acompanharão as mutações históricas, e não o inverso". CLÈVE, Clèmerson Merlin. *O direito e os direitos*: elementos para uma crítica do direito contemporâneo. 3ª ed. Belo Horizonte: Fórum, p. 144.

ciência por si só, os estudos sobre ele carecem de opção prévia de um eixo epistemológico. O que se pretende é, de forma transparente, delinear um caminho dogmático para o Direito Administrativo a partir de um novo eixo epistemológico, cujo fundamento é o materialismo histórico, porém, devidamente temperado pelas propostas de teoria crítica das ciências sociais e das teorias críticas do Direito que veem no próprio Direito não apenas um instrumento de dominação de classe, mas que também reconhecem no discurso jurídico um considerável campo de luta, o qual precisa ser disputado de forma consciente e estratégica.

Na saga de reinventar, reinterpretar e desnudar as contradições do Direito Administrativo, é necessário identificar conceitos e institutos jurídicos que possam ser manejados de forma crítica, no sentido de se extrair deles algum substrato progressista e que viabilize, ainda que parcialmente, a superação de contradições sociais concretas. Tudo isso, a partir de um novo paradigma epistemológico.

Diante desse quadro, duas alternativas (desalentadoras) podem emergir em uma análise mais açodada: (i) manter o conceito de interesse público, tal qual vem defendendo a dogmática do Direito Administrativo brasileiro, acreditando na sua capacidade em si de viabilizar e vincular a atuação estatal ao bem comum, ignorando toda a sorte de conflitos sociais e de interesses, bem como a própria luta de classes; (ii) pregar a mera extinção do conceito de interesse público, em razão do seu caráter de classe e de dominação.

A coerência teórica e epistemológica impede de se adotar a primeira hipótese, pois seria estagnar a ação dogmática no local onde ela já se encontra. Mas a opção segunda se mostra também frágil por não apresentar outro conceito ou fórmula para se colocar no lugar do interesse público. Se o conceito de interesse público é demasiadamente abstrato e encobre os conflitos sociais, porém, reconhece-se a necessidade de existência imediata de algum critério que norteie as decisões administrativas.

Entende-se que há alternativa viável a ser desenvolvida pela dogmática do Direito Administrativo, orientada por um viés epistemológico materialista histórico, que possua compromisso com a realidade social dialética e histórica, bem como esteja alinhada às peculiaridades da concretude da divisão de classes no Brasil. Representa afirmar que é possível à dogmática crítica do Direito Administrativo delimitar e propor uma alternativa ao conceito de interesse público, de caráter progressista e emancipatório, abandonando a generalidade fictícia, para se adotar um recorte específico de ascensão aos interesses da classe trabalhadora e demais grupos oprimidos, ou seja, quem efetivamente precisa da intervenção estatal para a melhoria concreta das suas vidas: o povo, enquanto sujeito histórico.

4.4 DO INTERESSE PÚBLICO AO INTERESSE DO POVO: UMA PROPOSTA DE CONTRIBUIÇÃO PARA UMA NOVA DOGMÁTICA CRÍTICA DO DIREITO ADMINISTRATIVO

Nos subcapítulos anteriores foram consignadas ideias para o desenvolvimento de uma dogmática crítica do Direito Administrativo, a partir da alteração do eixo epistêmico liberal até então adotado. Com a afirmação do materialismo histórico contemporâneo como sustentação epistemológica central, refinado com o amparo na *democracia como valor universal* e a defesa de um *fôlego dialético*, é possível repensar categorias e conceitos jurídicos do Direito Administrativo a partir de um paradigma comprometido com as transformações sociais concretas, porém, consciente das complexidades históricas e dialéticas que envolvem esse ramo dogmático e o Direito em geral.

Para propor algo de inovador e factível sobre a questão do conceito de interesse público, antes foi necessário trilhar um caminho longo sobre a compreensão das raízes estruturais desse instituto jurídico caríssimo à dogmática tradicional do Direito Administrativo. Com a transparente adoção de um método próprio da teoria crítica, o objetivo precípuo foi desencantar o princípio do interesse público, com a revelação da sua importância sistêmica para a reprodução das relações capitalistas, bem como para demonstrar sua fragilidade e incompatibilidade com perspectivas críticas das ciências sociais e das teorias críticas elaboradas no âmbito do Direito. O conceito de interesse público, abstrato, especulativo e "inconsciente" dos conflitos sociais concretos, tal como definem e defendem a dogmática tradicional administrativista, não logra ser recepcionado pelas análises críticas sociológicas, filosóficas e jurídicas aqui expostas. O interesse público sob a crítica da teoria crítica não foi capaz de manter intacta sua estrutura conceitual e suas promessas se desmancham no ar.

Afinal, o Estado capitalista brasileiro e o seu aparato burocrático continuam em pleno funcionamento, ainda que sua legitimidade em relação ao aspecto social venha sofrendo ataques ferozes da frente neoliberal (seja na esfera política ou na academia). Ademais, é fato que a sociedade civil, ainda que cindida em classes e com interesses antagônicos, possui na atuação estatal um dos poucos suportes ainda factíveis de introdução e manutenção de políticas públicas que, em que pese as restrições e limitações, ainda se constituem fundamentais medidas para a própria sobrevivência de grande parte da população, cada vez mais dependente da ação interventiva do Estado na esfera social.

Sabe-se que o conceito de interesse público está definido pela dogmática do Direito Administrativo brasileiro como critério fundamental das decisões administrativas, constituindo-se fundamento para o controle dessas decisões, seja pelo Poder Judiciário, Ministério Público, Tribunais de Contas. Os próprios agentes políticos, os partidos políticos e os sindicatos utilizam-se da noção de interesse público para pleitear suas demandas ou para contestar determinada ação estatal. O cidadão, nesse contexto, tem o interesse público como argumento para pugnar pela introdução ou melhoramento de alguma política pública, ou, ainda, para desancar a ação estatal, costumeiramente definida como ineficaz e "burocrática" no Brasil.

Se o interesse público é um critério falacioso na visão de uma teoria crítica do Direito Administrativo, porque especula uma igualdade de interesses inexistente no plano do concreto, resta estabelecer, então, um critério legítimo e, ao mesmo tempo, de caráter emancipatório para atuação imediata do Estado. Uma forma de norteamento e delimitação da ação estatal que não ignore ou refute os aspectos políticos que permeiam de maneira inevitável a atividade do Estado, mas que também imponha considerar os conflitos sociais inerentes a uma sociedade civil estratificada em classes sociais de destoantes e contraditórios interesses, diante das condições materiais antagônicas de sobrevivência.

Um novo juízo finalístico do Estado precisa ser o resultado de uma dogmática do Direito Administrativo que tenha enchido seus pulmões de dialeticidade e de consciência histórica, com o *fôlego dialético* de inspiração em Lyra Filho, no qual a democracia seja o valor fundamental a ser perseguido, com vistas à superação do capitalismo como sistema hegemônico de reprodução das relações sociais.

A tarefa de uma teoria crítica comprometida é de renovar os conceitos e institutos jurídicos já estabelecidos, que de alguma forma reflitam aspectos e avanços progressistas, conquanto suas origens se relacionem ao caráter opressor de classe do Direito e do próprio Estado. Todavia, não se vislumbra ser possível a adoção de método semelhante em relação ao conceito de interesse público. Tal conclusão decorre, primeiro, da constatação da pesadíssima carga teórica e histórica que a expressão *interesse público* carrega, desde as proposições liberais mais longínquas, como as de Rousseau. É reconhecer que existe toda uma construção teórica e de significados em torno da expressão *interesse público* que a vinculam de imediato à noção de generalidade e igualdade, um conceito dominado pela definição do "geral", do "para todos" e "por todos", em que as contradições levantadas pela teoria crítica materialista não são consideradas, pelo contrário, são abstrata e ficticiamente ignoradas ou isoladas. Outrossim, a própria carga semântica da palavra *público*, ao ser inserida na expressão em questão, suporta todo o fardo de ser vinculada à noção do *comum*, seja pela doutrina especializada do Direito Administrativo, seja pelo próprio senso comum, independentemente das contradições e antagonismos sociais que isso representa.

Em termos de uma dogmática que se propõe crítica, considerado o contexto em que está inserido e a sua importância estrutural, é inócuo disputar o conceito de interesse público com o objetivo de tencioná-lo até que assuma um método dialético suficiente para ter em conta as contradições sociais e o embate de classes como fatores preponderantes, em que a totalidade política seja reconhecida como elemento imanente. A raiz histórica desse conceito é profunda e ramificada no plano da abstração e da metafísica, consistindo em sustentáculo teórico, prático e, sobretudo, retórico da reprodução das relações capitalistas e da legitimação da atuação burocrática estatal, de tal maneira que a política liberal clássica (e a neoliberal de certa forma idem) não pode abrir mão da hegemonia sobre o significado de *interesse público*, sob risco de ver ruir todo o *castelo de cartas* do qual é composto o sistema capitalista.

Reconhecendo-se que o Direito e o Estado são campos inevitáveis de luta pela democracia, é urgente que os teóricos da dogmática crítica compreendam que a estratégia da disputa imediata pelo critério norteador da atuação estatal passa pela defesa da substituição do conceito de interesse público, para a emergência de um padrão conceitual alternativo factível no plano social e político. Busca-se um conceito que opere a partir da absorção das contradições e antagonismos de classe e interesses, cujo caráter histórico-dinâmico das relações sociais e da própria intervenção realizada no plano jurídico seja a todo tempo reavaliado, almejando-se a conquista de novas vitórias emancipatórias em concomitância com a política de reafirmação daquelas já realizadas.

No processo de elaboração de um critério alternativo de orientação e vinculação da ação estatal, sob a sustentação epistemológica materialista histórica, é preciso reafirmar que está em jogo uma proposta de disputa da hegemonia, a hegemonia como *questão central de poder do Estado*, na definição de Carlos Nelson Coutinho.[734] A ação primeira é denunciar a mistificação liberal do conceito de interesse público e revelar quais interesses de classe estão efetivamente por "de trás do biombo" da generalidade; o segundo passo, de uma dogmática que se pretende crítica, é deixar bem claro o objetivo de disputa pela hegemonia dos aparelhos burocráticos, por meio da definição de um critério alternativo de balizamento da ação estatal afastado do isolamento e da neutralidade. Remete-se a um conceito que abertamente reflita a candidatura da classe trabalhadora e de outros atores sociais à hegemonia desse aparelho, cujo horizonte é exatamente a sua superação. Até porque, adotando o que sentencia Harvey, seria risível para qualquer movimento anticapitalista ignorar o Estado e a respectiva dinâmica interestatal.[735]

---

[734] COUTINHO, Carlos Nelson. *A democracia como valor universal e outros ensaios*. 2ª ed. Rio de Janeiro: Salamandra, 1984, pp. 33/34.

[735] HARVEY, David. *O enigma do capital*: e as crises do capitalismo. São Paulo: Boitempo, 2011, p. 206.

A trajetória de desenvolvimento da melhor definição desse conceito alternativo pode levar à compreensão de que o fiel da balança a ser adotado para a atuação do Estado seriam os interesses identificados diretamente com a classe trabalhadora, enquanto sujeito histórico universal protagonista da constituição de um processo democrático, cuja hegemonia caberia aos trabalhadores. Nesse ambiente que Coutinho denomina de *democracia pluralista de massas*, os trabalhadores far-se-iam representar nessa estrutura democrática por meio dos *organismos de massas* (partidos, sindicatos, comunidades de bases).[736] Logo, a disputa pela hegemonia em que se insere a classe trabalhadora, na direção de domínio do Estado e da sua estrutura burocrática, leva à inevitável necessidade da modificação das balizas de orientação das decisões estatais, as quais não podem mais representar meramente os interesses "de todos" (quando representam interesses dos capitalistas), passando a exprimir os interesses do sujeito histórico que busca a efetivação da democracia, qual seja, a classe trabalhadora.

Contudo, aludir à classe trabalhadora como sujeito histórico em pleno século XXI atrai inúmeras contradições e complexidades, constituindo-se aqui um dos principais pontos de sustentação da crítica filosófica e sociológica pós-moderna que defende a dissolução da noção de classes sociais e, por consequência, do próprio conceito de classe trabalhadora. Porém, os antagonismos, contradições e complexidades entre as classes sociais formadas no seio do capitalismo, tal qual delineadas por Marx ainda no século XIX, continuam atuais em relação às classes sociais hoje, ainda que se precise considerar o notório enfraquecimento da condensação organizacional da classe trabalhadora e o polêmico fenômeno da "medianização" da sociedade, o qual pode ser interpretado a partir da reflexão positiva de Jean Pierre Durant[737] ou, ainda, por meio da visão descrente de Marcio Pochmann.[738]

---

[736] COUTINHO, Carlos Nelson. *A democracia como valor universal e outros ensaios*. 2ª ed. Rio de Janeiro: Salamandra, 1984, p. 34.

[737] Jean-Pierre Duran tece análise a partir do fenômeno global da polarização das classes sociais no século XXI, tendo a França como principal ponto de pesquisa, concluindo que o alargamento da classe média nas últimas décadas coloca em xeque a clássica polarização de classes. DURANT, Jean-Pierre. *A sociologia de Marx*. Petrópolis, Vozes, 2016, pp. 140-146.

[738] Analisando o fenômeno brasileiro de "medianização", Pochmann questiona, inclusive

Não se pode negar que a estratificação de classes sociais identificada no século XXI contém elementos diferentes em relação à forma que se apresentava nos anos 1970 e 1980, quando Carlos Nelson Coutinho formulou sua tese sobre a *democracia como valor universal*. O desemprego como ingrediente estrutural e a terceirização da mão de obra são fenômenos que expõem a forma atual de organização do capital, sob o signo neoliberal, modificando de maneira substancial a forma como a classe trabalhadora se manifesta e se organiza atualmente, cujo resultado é desmobilização de classe e aumento da pobreza.[739]

As vicissitudes contemporâneas das formas de reprodução do capital impõem a readequação das clássicas definições marxistas de classe social e da sua abrangência frente aos fenômenos que alteraram as relações de trabalho e que modificam, a todo tempo, a maneira como se define a condição de trabalhador. Pende, ainda, compreender como se integram os excluídos do processo produtivo contemporâneo, aqueles que, por definição, clássica, não integrariam a classe trabalhadora, cuja colocação se dá na "beirada" da luta de classes. Portanto, antes de se suscitar uma possível proposição de desenvolvimento do critério do *interesse da classe trabalhadora*, é necessário esclarecer no que consiste contemporaneamente essa classe, para que se possa, desde já, refinar dialeticamente o conceito para que abranja da melhor maneira possível toda a complexidade social atual, máxima quando se trata dos infortúnios do caso brasileiro.[740]

---

estatisticamente, a pertinência de se aludir ao alargamento da classe média no Brasil. Cf. POCHMANN, Marcio. *Nova classe média?* – o trabalho na base da pirâmide social brasileira. São Paulo: Boitempo, 2012. POCHMANN, Marcio. *O mito da grande classe média*: capitalismo e estrutura social. São Paulo: Boitempo, 2014.

[739] CHAUÍ, Marilena. *Cultura e democracia*: o discurso competente e outras falas. 13ª ed. São Paulo: Cortez, 2011, pp. 319/320.

[740] É importante ressaltar a valiosa lição de Florestan Fernandes, alertando para o fato de que as classes socais não se constituem de forma diferente na América Latina, antes, é o próprio capitalismo que possui objetivos diferentes e atua de forma específica sobre essa região: "Isso quer dizer que o modo histórico-social de concretização do capitalismo engendra a sua própria realidade substantiva. As classes sociais não "são diferentes" na América Latina. O que é diferente é o modo pelo qual o capitalismo se objetiva e se irradia historicamente como força social". FERNANDES, Florestan. *Capitalismo dependente e classes sociais na América Latina*. 4ª ed. São Paulo: Global, 2009, p. 47.

A fábrica sempre figurou como o espaço tradicional e por excelência da luta de classes no capitalismo, em relação ao qual a própria organização da classe trabalhadora (sindicatos, partidos) se fez possível. Porém, David Harvey questiona, de forma pertinente, o que acontece com a organização dos trabalhadores em relação ao novo perfil do domínio dos meios de produção pelo capital. Na concretude contemporânea marcada pelo desaparecimento das fábricas ou da sua mobilidade de instalação pelo mundo, pela força de trabalho que se torna cada vez mais temporária ou ocasional, "a organização laboral pela via tradicional perde sua base geográfica, e seu poder diminui de modo correspondente".[741] Esse contexto específico do avanço neoliberal, somado à exigência dialética como método, exige a adequada revisão acerca da concepção de *classe trabalhadora*, para a pertinente compreensão da sua magnitude e limitação nos tempos atuais, sob risco de se estabelecer uma proposta anacrônica.

Harvey lembra que a fábrica foi historicamente fixada por boa parte das teorias sociais de esquerda como o *locus*, por excelência, da *classe trabalhadora* (classe revolucionária). Para o geógrafo, essa ideia conteria grave equívoco e limitação, em razão de ignorar os trabalhadores não abrangidos pela relação de trabalho "oficial". O seu entendimento é de que os trabalhadores do campo, os que trabalham na economia informal, os trabalhadores domésticos, os do setor de serviços, a imensidão de trabalhadores na construção civil, não podem ser tratados como *atores secundários*, pois as peculiares e severas condições de trabalho desses trabalhadores impõem difícil condição de *solidariedade de classe* e de *criação de formas coletivas de organização*.[742] Trata-se de trabalhadores que formam uma camada de "precariado", que possuem empregos de caráter flutuante e nada estáveis, mas que representam um grande segmento em relação à força de trabalho total. Nesse contexto, para Harvey, é "errado ignorar as lutas de todos esses outros trabalhadores".

---

[741] HARVEY, David. *A produção capitalista do espaço*. São Paulo: Annablume, 2005, p. 214.

[742] HARVEY, David. *O enigma do capital*: e as crises do capitalismo. São Paulo: Boitempo, 2011, p. 196.

Soma-se, além disso, toda uma segunda categoria de "despossuídos", cuja composição e caráter de classe são extremamente complexos. Os componentes dessa camada são inúmeros destituídos e despossuídos, cuja forma depende do lugar e da época. Harvey adiciona à composição dessa massa as populações camponesas e os indígenas expulsos de suas terras, privados dos recursos naturais e de seus modos de vida, em que suas terras são transformadas em mercadorias.[743] Contemporaneamente, pode-se somar a esse indignante processo a vastidão de refugiados pelo mundo, destituídos de toda e qualquer forma de dignidade humana, tratados sob a forma mais primitiva e cruel de "despossuir", na qual a própria identidade é sonegada, assim como ocorre de forma semelhante com os escravos modernos.

Essa massa de atores sociais, despossuídos e destituídos das mínimas condições de sobrevivência e, por consequência, de organização enquanto classe, não pode ser ignorada nesse panorama sobre a composição e significação da *classe trabalhadora*, especialmente a partir das especificidades inerentes à reprodução capitalista das relações sociais no século XXI. No processo de luta pela hegemonia dos aparelhos burocráticos, é inevitável que a emancipação e libertação dessa massa "superespoliada" seja objeto de pauta, e que ocorra a adequação da concepção de *classe trabalhadora* no sentido de incluir essa massa na percepção de sujeito histórico e não como meros espectadores da luta de classes. Lembrando-se de Florestan Fernandes, essa coexistência entre trabalhadores e "despossuídos" não pode ser ignorada.[744]

---

[743] HARVEY, David. *O enigma do capital*: e as crises do capitalismo. São Paulo: Boitempo, 2011, p. 197.

[744] Florestan Fernandes delimita sua análise à formatação das classes sociais às peculiaridades do desenvolvimento capitalista na América Latina, aludindo à existência de uma grande massa de "*condenados do sistema*", despossuídos que são sistematicamente relegados à miséria e à marginalidade, os quais não podem ser ignorados: "Os anuários, relatórios especiais e contribuições interpretativas da CEPAL, em particular, demonstram que se pode falar de uma categoria tão numerosa quão heterogênea de pessoas, que constituem os 'condenados do sistema' e sua 'maioria silenciosa'. Sob esse aspecto, a economia capitalista, a sociedade de classes e sua ordem social competitiva atuam como o 'motor da história' mais porque nelas estão concentrados os centros de decisão (do que por outras razões alternativas, como a absorção e eliminação dos 'sistemas' ou 'resíduos'

A classe operária (classe trabalhadora), nos termos de Ruy Mauro Marini, deve ser compreendida de forma abrangente, malgrado o número de assalariados ser crescente, assim como a sociedade não pode ser circunscrita apenas à composição por capitalistas e trabalhadores.[745] A definição, portanto, da constituição da classe trabalhadora precisa ir além do aspecto econômico pertinente à posição objetiva que os homens ocupam na reprodução material da sociedade. É vital para o processo de compreensão da classe social compreendê-la em seu contexto histórico, para, em sequência, considerar os fatores sociais e ideológicos que irão determinar a "consciência em relação com o papel que creem desempenhar nela". Assim, mesmo os atores que estão alijados do processo produtivo – que Marini considera para todos os efeitos trabalhadores –, ou seja, que não estão incluídos "formalmente" no que se denomina classe trabalhadora ou que estão alheios a ela, podem ter aspirações coincidentes, integrando-se ao movimento geral de organização dos interesses dos trabalhadores.[746]

Reconhecendo-se as classes sociais como fenômeno intrínseco ao processo capitalista de produção e reprodução das relações sociais, é fato que a *classe trabalhadora* é reconhecida pelo materialismo histórico como o sujeito histórico, capaz de alterar os rumos da organização social, seja de maneira revolucionária ou reformista. Mas as alterações históricas e estruturais do próprio capitalismo modificaram de maneira substancial a constituição das classes sociais e como os seus componentes se veem nesse processo, principalmente as classes não dominantes. O acirramento

---

pré-capitalistas). No fundo, quer se trata das metrópoles, das cidades ou do campo, as classes sociais propriamente ditas abrangem os círculos sociais que são de uma forma ou de outra *privilegiados* e que poderiam ser descritos, relativamente, como 'integrados' e 'desenvolvidos'. Tais setores coexistem com a massa dos despossuídos, condenados a níveis de vida inferiores ao de subsistência, ao desemprego sistemático, parcial ou ocasional, à pobreza ou à miséria, à marginalidade socioeconômica, à exclusão cultural e política etc. As classes sociais se superpõem a outras categorias sociais de agrupamento, de solidariedade e de articulação às sociedades nacionais". FERNANDES, Florestan. *Capitalismo dependente e classes sociais na América Latina*. 4ª ed. São Paulo: Global, 2009, p. 45.

[745] MARINI, Ruy Mauro. *Dialética da dependência*. Petrópolis: Vozes, 2000, pp. 249/250.

[746] MARINI, Ruy Mauro. *Dialética da dependência*. Petrópolis: Vozes, 2000, pp. 252/253.

da marginalização e da exclusão do sistema produtivo aumentam o número de pessoas que sequer podem ser compreendidos como trabalhadores, sendo que a constituição da sua consciência de classe resta ainda mais prejudicada e quase que "inexistente". É desafiador adequar concretamente à lógica da classe trabalhadora como sujeito histórico essa realidade dos "despossuídos", alijados dos mínimos elementos para se constituírem socialmente, mas que sofrem todo o influxo e consequências do embate entre as classes sociais.

Com o fim de propor um critério dialético para a atuação e legitimação dos aparelhos burocráticos estatais, compreende-se que o recorte para a *classe trabalhadora* possui, como obstáculo a ser considerado, a integração dos demais sujeitos excluídos, sem descaracterizar sua indelével função histórica e contraposição à classe dominante.

Uma proposta alternativa de baliza das ações estatais, em superação ao conceito de interesse público, precisa, com efeito, estar alinhada à consideração da classe trabalhadora como sujeito histórico e essencial para compreensão das relações capitalistas e para a conquista da hegemonia do Estado, mas deve, também, abranger a massa "despossuída" como objeto de libertação conjunta, ainda que a reboque da luta perpetrada pelos trabalhadores organizados. Aludir ao *interesse da classe trabalhadora* pode causar inúmeros "mal-entendidos" e usos equivocados da expressão, resultado da complexa (por vezes superficial) relação dos movimentos sociais e partidos políticos progressistas com a necessidade do raciocínio dialético para se compreender a abrangência da noção de classe social no século XXI.

Em resumo, em uma pesquisa cuja base epistemológica é abertamente marxista, a tentação de se valer da expressão que se entende mais adequada em representar o oposto aos interesses da classe dominante − *interesse da classe trabalhadora* − como medida da atividade estatal se constituiria no caminho mais óbvio e, talvez, consistente. Porém, a função de uma nova proposição dogmática exige o raciocínio não apenas no contexto específico de uma análise e proposição marxista, mas em solução que se permita abrangente e manejável o suficiente dentro e por meio do próprio sistema político e jurídico vigentes de maneira imediata. A complexidade de se estabelecer a amplitude da noção de *interesse da classe trabalhadora*, em razão da consideração da perspectiva dos "despossuídos", pode causar mais confusões que soluções.

A alternativa que se mostra com maior sustentação teórica, dentro do recorte materialista histórico, e com viabilidade prática de aplicação imediata nos meandros da atuação dos aparelhos burocráticos oficiais, é o desenvolvimento de um conceito amplo, porém, que não ignore e tampouco afaste a consideração dos conflitos sociais e da luta de classes como elemento central da reprodução capitalista. Exige-se a construção de um conceito que possua o *fôlego dialético* de Lyra Filho e aponte para a *democracia como valor universal* de Carlos Nelson Coutinho; que tenha a classe trabalhadora como sujeito histórico fundamental, mas que seja maleável o suficiente para incorporar os "despossuídos" que estão à margem do processo produtivo. Há que se arquitetar um novo conceito que represente a perspectiva de uma economia que se reconheça dependente, subdesenvolvida e inserida no contexto latino-americano, como é a brasileira, e que, portanto, exige a escolha por soluções que levem em conta o passado colonial, escravocrata e estamental, cujos reflexos são sentidos até os dias de hoje.

Defende-se, então, a introdução do *interesse do povo*, enquanto critério emergente que visa delimitar a atuação do Estado e de seus aparelhos, em substituição ao conceito de interesse público. Porém, não se trata da adoção *aleatória* de um conceito de *povo*, mas de escolha específica e coerente, com o amparo teórico utilizado e defendido até este ponto. Sabe-se do risco e da complexidade que envolvem o debate sobre a categoria *povo*, nas ciências sociais em geral e no campo do Direito, o que, no entanto, não desestimula sua aplicação; pelo contrário, uma concepção progressista dessa categoria pode ensejar a orientação clara do Estado em relação à contemplação dos interesses dos oprimidos, excluídos e dos que estão à margem do processo produtivo e social.

Não se trata de admitir um conceito aberto de *povo*, o que conduziria a proposta ao mesmo caminho metafísico trilhado pelo conceito de interesse público. Isto é, defender a prevalência do *interesse do povo* sem explicitar e delimitar quem constitui o próprio *povo*, seria cair na mesma armadilha denunciada em relação ao interesse público, na medida em que se incorreria no mesmo equívoco de abstração e generalização da categoria, sem especificar quais atores sociais estão sendo efetivamente beneficiados nesse jogo de interesses de classe. Aludir ao *povo* de maneira genérica e sem recorte específico acerca dos conflitos sociais representaria não ir muito distante do que o conceito de *público* significa em relação ao *interesse público*, no que tange à generalização especulativa e fictícia da atuação estatal.

Não se introduzirá todo o possível debate sobre a conceituação de *povo*, o qual é de extrema complexidade e que suscita divergências no plano da Ciência Política, da Teoria do Direito, do Direito Constitucional. Para os objetivos desta análise, entende-se suficiente demonstrar qual conceito de *povo* se está aderindo, sem adentrar no denso debate sobre as inúmeras construções teóricas sobre o conceito de *povo*, demonstrando-se que se pretende avançar também em relação às formulações teóricas progressistas, mas que desconsideram o conflito de classes e de interesses.

É necessário explicitar que a noção de *povo* que se pretende afiliar é concreta e radical ao se ter como elemento central o conflito e o papel das classes sociais e dos sujeitos excluídos do processo produtivo. Não se adere ao pensamento de Friedrich Müller, jusfilósofo reconhecido pelo pensamento progressista, em oposição à "estreiteza de uma visão positivista", na definição de Fábio Konder Comparato.[747] Müller tem em mente a questão eminentemente jurídica para o conceito de *povo*, que busca o afastamento da *justaposição* dos conceitos formulados no âmbito da Ciência Política, Sociologia e demais ciências "não jurídicas".[748] O *povo*, nessa análise jurídica, só poderia ser assim considerado quando praticados e respeitados os direitos fundamentais individuais e os direitos políticos, o que fundamentaria juridicamente uma sociedade libertária

---

[747] COMPARATO, Fábio Konder. "Prefácio": Friedrich Müller: o autor e sua obra. *In:* MÜLLER, Friedrich. *Quem é o povo?* – a questão fundamental da democracia. São Paulo: Max Limonad, 1998, p. 12.

[748] MÜLLER, Friedrich. *Quem é o povo?* – a questão fundamental da democracia. São Paulo: Max Limonad, 1998, pp. 51/52.

363

e um Estado democrático,[749] ou seja, o *povo* deve se apresentar como um *sujeito político real*, afastando-se de uma visão mística e "desrealizada" da população,[750] refutando a unificação da população diferenciada, ao mesmo tempo em que não admite cindi-la segundo diferenças de classe, gênero ou camadas sociais.[751]

Conquanto Müller admite as diferenças sociais e a exclusão dos sujeitos e de *grupos populacionais* na sociedade moderna, suas conclusões decorrem da utilização do binômio inclusão/exclusão, em que as diferenças de classe ou de estratificação social não teriam mais sentido. Assim, a luta do jurista em geral se resumiria ao combate contra a exclusão, no sentido de garantir aos grupos populacionais (sem aludir à estratificação em classes sociais) a dignidade humana e a aplicação dos direitos fundamentais; sendo o "objetivo da luta" a imposição da *igualdade de todos*, representada na democracia constitucional que se legitima no *demos como destinatário.*[752]

---

[749] MÜLLER, Friedrich. *Quem é o povo?* – a questão fundamental da democracia. São Paulo: Max Limonad, 1998, p. 63.

[750] MÜLLER, Friedrich. *Quem é o povo?* – a questão fundamental da democracia. São Paulo: Max Limonad, 1998, p. 67.

[751] MÜLLER, Friedrich. *Quem é o povo?* – a questão fundamental da democracia. São Paulo: Max Limonad, 1998, p. 72.

[752] "É certo que a diferenciação funcional da sociedade moderna gera uma diferença nítida entre inclusão e exclusão, mas acaba solapando a diferenciação pelo fato de não incluir grandes contingentes populacionais 'na comunicação dos sistemas funcionais'. Assim não se trata mais de diferenças de classes ou de estratificação social *no quadro* de uma inclusão genérica, ainda que muito desigual. Muito pelo contrário, o esquema inclusão/exclusão sobrepõe-se como uma *superestrutura* à estrutura da sociedade, também à estrutura da constituição – como 'uma espécie de metacódigo [...], que mediatiza todos os outros códigos'... O código direto/não direito [Recht/Unrecht] continua a aqui existindo como código hierarquicamente mais elevado para o sistema jurídico na esfera nacional: a saber, o código constitucional/institucional. Mas 'para grupos populacionais excluídos essa questão tem reduzida importância em comparação com o que a exclusão lhes impõe. Eles são tratados conforme o direito ou conforme o não-direito e comportam-se correspondentemente conforme o direito ou conforme o não-direito, de acordo com as situações e chances'. *Na prática* se retira aos excluídos a dignidade humana, retira-se lhes mesmo a qualidade de seres humanos, conforme se evidencia na atuação do aparelho de repressão: não-aplicação sistemática dos direitos fundamentais e de outras garantias jurídicas, perseguição física, 'execução' sem acusação

A questão pendente em Müller é que sua justificativa generalista de *povo* exige a exclusão direta da consideração dos conflitos sociais. Exclui, portanto, da noção de *povo* os embates sociais entre as classes, resumindo todas as contradições do processo social capitalista a uma *superestrutura* que opera sob o binômio inclusão/exclusão. Nesse sentido, o *povo* é um "todo" – cuja noção é extremamente distante da totalidade dialética materialista – que engloba o povo dos "generosos documentos constitucionais" e que inclui todas as pessoas, as *sobreintegradas* e as *excluídas*; um *povo* que é destinatário positivo e negativo de prestações estatais.[753]

Reconhece-se que a referida tese se constitui em referencial paradigmático acerca do conceito de *povo* e do ideal democrático. Todavia, independentemente dessa importante constatação, a ideia a que se adere, sob o ângulo materialista histórico, é a de conceito de *povo* com radical recorte em relação à consideração dos elementos concretos dos conflitos sociais, nos quais têm papel elementar e perene as classes sociais.

Pretende-se uma teoria sobre o conceito de *povo* que possua a dialeticidade suficiente para suportar uma visão estrutural e concreta dos conflitos sociais, que admita a existência e a luta de classes na estruturação

---

nem processo, impunidade dos agentes estatais da violação, da opressão ou do assassínio. Por isso a luta contra a exclusão, que é obrigatória para o jurista, também não tem como objetivo um *babouvismo* próprio de um 'comunismo da Idade da Pedra' nem uma sociedade burguesa de classe média; ambos os objetivos estão fora do alcance da atuação especializada dos juristas. O objetivo da luta é impor a *igualdade de todos* no tocante à sua qualidade de seres humanos, à dignidade humana, aos direitos fundamentais e às restantes garantias legalmente vigentes de proteção – sem que se permitisse aqui as mais ligeiras diferenças, tampouco aquelas com vistas à nacionalidade, aos direitos eleitorais passivos e ativos ou à faixa etária (meninos de rua). Em duas palavras: na luta contra a exclusão, uma democracia constitucional não pode justificar-se apenas perante o *povo ativo* nem perante o povo enquanto *instância de atribuição*, mas deve necessariamente poder fazer isso também perante o *demos como destinatário* de todas as prestações afiançadas que a respectiva cultura constitucional invoca. E na medida da sua dominância efetiva *a superestrutura constituída de superintegração/subintegração (inclusão/exclusão) deslegitima uma sociedade constituída* não apenas no âmbito do Estado de Direito, mas *já a partir da sua base democrática*". MÜLLER, Friedrich. *Quem é o povo?* – a questão fundamental da democracia. São Paulo: Max Limonad, 1998, pp. 93-95.

[753] MÜLLER, Friedrich. *Quem é o povo?* – a questão fundamental da democracia. São Paulo: Max Limonad, 1998, p. 100.

do capitalismo moderno e contemporâneo, mas que tome o cuidado de compreender o papel histórico da massa de excluídos do processo produtivo.

É imprescindível, então, evocar uma filosofia crítica e consequente, e que possua densidade e reconhecimento científico em relação ao trato da categoria *povo*. Assim, recorre-se à produção filosófica de Enrique Dussel, por figurar como teórico responsável pelo desenvolvimento de uma teoria crítica filosófica com inspiração marxista, e que adota um recorte ético específico em relação ao processo de descolonialidade do saber, com verticalização para uma filosofia elaborada a partir do que é periférico e do excluído.

A teoria crítica de Dussel, concebida sob a lógica da *Ética da Libertação*, é tão complexa quanto extensa, constituindo-se em tarefa inviável a delimitação e o resumo da sua produção intelectual em espaço tão curto quanto este. Contudo, pode-se valer do conceito de Dussel acerca do *povo*, importando sintetizar sua proposta de teoria crítica, a qual se faz *crítica* porque é material e negativa, pois pressupõe: uma totalidade vigente; uma vítima desta totalidade; e a reflexão da vítima negativamente acerca dessa totalidade. Trata-se de uma teoria crítica que está articulada às *vítimas*, pois são elas que suportam a carga de negatividade do todo e que experimentam as contradições. Logo, o ponto de partida de Dussel é a "experiência da vítima",[754] não como mera questão formal, mas como elemento material. Em sua *Ética da Libertação*, a vítima, o oprimido pela totalidade negativa, o *pobre*, o excluído, torna-se participante do processo de reprodução da vida,[755] ou seja, sujeito histórico.

---

[754] DUSSEL, Enrique. *Ética da libertação na idade da globalização e da exclusão*. Petrópolis: Vozes, 2000, p. 334.

[755] "A partir do fato da exclusão, Dussel se posiciona neste debate considerando, inicialmente e "desde uma comunidade de comunicação empírica e hegemônica" (uma comunidade de comunicação real, não ideal), a impossibilidade de "não excluir o Outro". A própria afirmação da exterioridade do Outro, ao irromper na Totalidade, abre a possibilidade de negar a negação: desde o não-ser é criada a possibilidade de uma comunidade de vida. A interpelação do pobre, do Outro, é, portanto, um momento anterior à ação comunicativa. A interpelação é um "enunciado performativo sui generis emitido por alguém que se encontra, com relação a um ouvinte, 'fora' ou 'além' do

Em seus estudos sobre a produção teórica de Marx, em específico sobre os *Grundrisse*,[756] Dussel esclarece sua ideia sobre a identidade entre o conceito marxiano de *mais-valia* e o conceito de *corporalidade negada*, pois:"negação da vida como morte do 'trabalho vivo' e afirmação como vida do capital pelo trabalho morto – como se dizia nos Manuscritos de 1844 – são o mesmo".[757] A leitura *latino-americana* de Dussel sobre os manuscritos econômicos de Marx abre perspectivas específicas sobre a

---

horizonte ou marco institucional normativo do sistema". Mas essa exclusão não é apenas das comunidades de comunicação, ela também é uma exclusão da comunidade de reprodução da vida. Portanto, não se trata de uma questão formal, mas material. Em defesa da articulação do formal com o material, Dussel leva em consideração o *principus exclusionis*: o Outro, o afetado na Exterioridade, o excluído da comunidade de participação que não pode participar (mesmo se for representado) coloca a questão moral do problema da validade da comunidade de comunicação. A diferença fundamental entre a ética do discurso e a ética da libertação é que a primeira parte da comunidade de comunicação e a segunda parte dos excluídos dessa comunidade. Portanto, há um nó crítico na aplicação da norma básica de moralidade procedimental da ética do discurso porque a materialidade empírica histórica é relegada a uma posição secundária e irrelevante. Ela não tem relevância porque a validade, definida pela ética do discurso como uma universalidade racional de consenso formal intersubjetivo, tem prioridade com relação ao conteúdo ético. Já para a ética da libertação, "o princípio concreto *liberta hic et nunc* o oprimido transforma o afetado-excluído em um participante" e tem uma lógica procedimental diferente: as situações de exceção para a prática da ética do discurso são situações usuais para a ética da libertação. Esse debate (1) propiciou uma aproximação positiva com aspectos formais e procedimentais; (2) esclareceu as razões pelas quais o discurso ético tem dificuldades com os fundamentos e aplicação de normas morais. Ao longo do debate, Dussel foi redigindo sua Ética da libertação, uma "arquitetônica" que objetiva "incorporar os aspectos materiais do bem e a dimensão formal da validade e do consenso ético". Essa arquitetônica inclui um conjunto de princípios e critérios: vida humana como conteúdo material da ética; moralidade formal a partir da validade intersubjetiva; factibilidade ética – o bem; crítica ética a partir da negatividade das vítimas do sistema; validade intersubjetiva da comunidade das vítimas; libertação. Nos próximos parágrafos, será feito um esforço de apresentação dessa arquitetônica, em que são destacadas a formulação do princípio material ético-normativo da ética da libertação, sua factibilidade e a práxis da libertação". MISOCZKY, Maria Ceci; CAMARA, Guilherme Dornelas. "Enrique Dussel: contribuições para a crítica ética e radical nos Estudos Organizacionais". *Cadernos EBAP.BR*, vol. 13, n. 2, Rio de Janeiro, pp. 286-314, abr./jun. 2015, p. 296.

[756] MARX, Karl. *Grundrisse*: manuscritos econômicos de 1857-1858: esboços da crítica da economia política. São Paulo: Boitempo, 2011.

[757] DUSSEL, Enrique. *A produção teórica de Marx*: um comentário aos *Grundrisse*. São Paulo: Expressão Popular, 2012, p. 19.

pobreza atroz e dilacerante que toma conta da América Latina, o que lhe faz colocar o *pobre* como categoria antropológica e metafísica, enquanto singular, e o *povo*, sob o prisma de *coletivo histórico*.[758] De plano, portanto, a partir do recorte empregado por Dussel, adota-se, tal qual realiza Celso Luiz Ludwig, a posição e conceituação de *povo* como significado de *oprimidos de uma nação*, o que resulta na exclusão das classes opressoras em relação a tal conceito, com o descarte do conceito "populista" de povo como sinônimo de "toda a nação".[759]

A noção de classe social,[760] representada pela classe trabalhadora, e povo não são categorias idênticas. *Povo,* na análise de Celso Ludwig, é também classe; porém, ao se afirmar que existem os excluídos das próprias classes (os "despossuídos"), com ênfase nos países periféricos, é necessário reconhecer que a perspectiva de classe trabalhadora não dá conta de abranger todos os excluídos e dominados. É necessário reafirmar que o trabalhador se constitui em vítima e excluído no mundo do capital, conforme frisa Dussel;[761] mas a existência de sujeitos que sequer estão e

---

[758] DUSSEL, Enrique. *A produção teórica de Marx*: um comentário aos *Grundrisse*. São Paulo: Expressão Popular, 2012, pp. 19/20.

[759] LUDWIG, Celso Luiz. *Para uma filosofia jurídica da libertação*: paradigmas da filosofia, filosofia da libertação e Direito Alternativo. 2ª ed. São Paulo: Conceito, 2011, p. 168.

[760] Como bem destacam Misoczky e Camara, ao fazer referência à categoria *povo,* a classe social é entendida aqui, assim como na obra de Dussel, como a classe operária ou a trabalhadora, ou seja, como trabalho vivo. MISOCZKY, Maria Ceci; CAMARA, Guilherme Dornelas. "Enrique Dussel: contribuições para a crítica ética e radical nos Estudos Organizacionais". *Cadernos EBAP.BR*, vol. 13, n. 2, Rio de Janeiro, pp. 286-314, abr./jun. 2015, p. 293.

[761] "O intercâmbio entre o capital e o trabalho parte de dois termos contraditórios: o capital, que possui trabalho objetivado como dinheiro, e o trabalho que, empobrecido, tem apenas que vender-se a si mesmo. Mas antes mesmo do intercâmbio, quando o trabalhador ainda não trabalhou para o capital, em sua exterioridade original, é um "trabalho ainda não objetivado". Enquanto "não" objetivado, é nada; negatividade para o capital; "são fantasmas que ficam fora do seu reino". (...) Por hora estamos nos referindo somente ao primeiro "nada" (seu "pleno nada"), o não-ser que permanece ainda fora do intercâmbio. [...] Cabe dizer, no "mundo" do capital o trabalhador não é nenhum ente: nada. Mas além do capital (...) é a não objetividade (porquanto ainda não é objeto; ou, se é objeto, enquanto não objetivado, é não objeto: um trabalhador desempregado). Se a riqueza é o capital, o que está fora é a "pobreza absoluta". Nada de

se incluem nas classes exige a adoção de uma categoria de maior abrangência. O *povo* é a categoria dotada de sintetismo suficiente para incluir a categoria da classe social trabalhadora, sem negá-la,[762] ou seja, a categoria da *classe trabalhadora* é subsumida na categoria *povo* – enquanto "referência sócio-histórica comunitária dos pobres".[763]

A categoria marxista de classe não é, portanto, inadequada (pelo contrário!), mas insuficiente, em especial diante das peculiaridades periféricas e da realidade pós-colonial, que garante uma configuração cultural e histórica para o fenômeno do *populismo*. Nas palavras de Dussel, não se pode na América Latina e no Brasil, aludir ao conceito de *povo* de forma semelhante ao de *Volk, people, peuple*, mas sim a partir das categorias alteridade e exterioridade.[764]

Em termos de contexto latino-americano, Dussel defende que o *povo* se apresenta como o *bloco social dos oprimidos* delimitados em um determinado Estado; um bloco heterogêneo, sem unidade e sincrético, no qual se constitui uma intersubjetividade e memória histórica que transversalmente se contrapõe aos antagonismos frente às classes e aos estamentos dominantes.[765] Nesse bloco se incluem a classe trabalhadora e os grupos sociais que "não são classe" e que estão marginalizados do processo produtivo formal, constituindo-se em sujeito histórico que possui na consciência popular (na qual se inclui a consciência de classe)

---

sentido, nada de realidade, improdutivo, inexistente, não valor. Chamamos "o Outro" a esta posição da pessoa. Mas deve-se levar em conta que o trabalhador, enquanto homem, pode sempre tornar-se – mesmo quando um assalariado – "o Outro" da totalidade do capital. (...) Resumindo: como ente intramundano, como coisa ante a consciência, como mercadoria possível, mas atualmente não mercadoria, o trabalhador e seu trabalho são pura negatividade". DUSSEL, Enrique. *A produção teórica de Marx*: um comentário aos *Grundrisse*. São Paulo: Expressão Popular, 2012, pp. 138/139.

[762] LUDWIG, Celso Luiz. *Para uma filosofia jurídica da libertação*: paradigmas da filosofia, filosofia da libertação e Direito Alternativo. 2ª ed. São Paulo: Conceito, 2011, p. 168.

[763] MISOCZKY, Maria Ceci; CAMARA, Guilherme Dornelas. "Enrique Dussel: contribuições para a crítica ética e radical nos Estudos Organizacionais". *Cadernos EBAP. BR*, vol. 13, n. 2, Rio de Janeiro, pp. 286-314, abr./jun. 2015, p. 293.

[764] DUSSEL, Enrique. *Hacia una filosofía política crítica*. Bilbao: Desclée de Brouwer, 2001, p. 217.

[765] DUSSEL, Enrique. *Hacia una filosofía política crítica*. Bilbao: Desclée de Brouwer, 2001, p. 218.

a sustentação do projeto da transformação social.[766] O sentido captado da *Ética da Libertação* de Dussel é que o *povo* precisa ser compreendido a partir do seu conteúdo material, isto é: a partir da corporalidade vulnerável do sujeito que *"vive y puede morir"*; do trabalho compreendido por meio da realidade, como relação de produção que se reproduz graças às instituições, inclusive as que monopolizam a coação legítima do Estado; e os valores culturais que *"arquitectonizam las mediaciones de la reprodución de la vida de esa comunidad contradictoria e histórica del 'pueblo'"*.[767]

Na realidade periférica, como a brasileira, o conceito de *povo* precisa estar relacionado diretamente ao *pobre*, pois, nas definições de Dussel[768] e Ludwig,[769] é o *povo* e o *pobre* que constituem o *oprimido como oprimido*, no sentido de classe social ou fora dela, fruto da subsunção ao

---

[766] LUDWIG, Celso Luiz. *Para uma filosofia jurídica da libertação*: paradigmas da filosofia, filosofia da libertação e Direito Alternativo. 2ª ed. São Paulo: Conceito, 2011, p. 169.

[767] DUSSEL, Enrique. *Hacia una filosofia política crítica*. Bilbao: Desclée de Brouwer, 2001, p. 218.

[768] "'Pueblo' no es sólo el residuo y el sujeto del cambio de un sistema histórico (abstractamente modo de apropiación o producción) a otro. En cada sistema histórico, además, es el 'bloque social' de los oprimidos, que se liga históricamente en la identidad del "nosotros mismos" con los 'bloques sociales' de las épocas anteriores (modos de apropiación perimidos) de la misma formación social. Es por esto por lo que, años hace, habíamos intuido que pobre y pueblo estaban ligados, que ambos constituían, por una parte, en el oprimido como oprimido (y en uno de sus sentidos son igualmente clase social, pero pueden no serlo), pero al mismo tiempo eran el oprimido como exterioridad". DUSSEL, Enrique. *La producción teórica de Marx*: Un comentario a los Grundrisse. 2ª ed. Coyoacán: Siglo Veintiuno, 1991, p. 411.

[769] "A identificação da alternatividade em favor dos oprimidos como 'bloco social' não se reduz a uma classe, nem mesmo a um conjunto de classes determinadas pelo capitalismo. Esta é sem dúvida uma determinação de importância fundamental. No entanto, a categoria 'povo' inclui também outros grupos sociais que guardam *exterioridade* em relação ao capital como totalidade. Mesmo no interior de uma totalidade nacional (a nação, o país), há grupos que mantêm certa exterioridade em relação à nação (etnias não integradas, por exemplo). Também no interior do horizonte nacional, o bloco social pode guardar exterioridade em relação aos oprimidos como classe. Ou ainda, o bloco social chamado 'povo' contém reserva de exterioridade, porque em certa medida, mediante a conscientização/organização, se constitui como *sujeito coletivo e histórico*. Isso ocorre porque ele tem sua memória, reserva de cultura própria, enfim, tem sua historicidade, em que pese a práxis imitativa que reproduz o sistema de dominação. Em nossa realidade periférica, a categoria 'povo' está intimamente ligada ao *pobre*. Povo e pobre constituem o oprimido *como oprimido* (que num sentido é classe social, porém, nem sempre é), fato que resulta da subsunção ao sistema de dominação". LUDWIG, Celso Luiz. *Para uma filosofia jurídica da libertação*: paradigmas da filosofia, filosofia da libertação e Direito Alternativo. 2ª ed. São Paulo: Conceito, 2011, p. 170.

sistema de dominação. Esse *povo* é um sujeito coletivo histórico e orgânico, possuindo memória e identidade, mas que se afasta da noção de mera soma ou multidão, o que lhe permite ter estrutura própria, reproduzindo a totalidade dos oprimidos em um dado sistema (no caso, o Brasil), mas que ao mesmo tempo se realiza como *exterioridade*, como "afirmação positiva e fonte axiológica de exigência de justiça".[770] Se os representantes da categoria *povo* são justamente aqueles sujeitos concretos que suportam a negatividade da opressão e da dominação social, por outro lado, são esses mesmos sujeitos que carregam a *dimensão da positividade* para reclamar por justiça e por modificação das suas condições reais de existência. O meio para o êxito dessa mudança, em tempos de um neoliberalismo em expansão, é a radicalização democrática, encabeçada pelos movimentos sociais na luta pelo reconhecimento do *povo* e da humanidade, porém contra o empobrecimento massivo na periferia do mundo; mas, também, por meio da luta pela hegemonia dos instrumentos políticos e jurídicos (burocráticos ou não) já à disposição e cuja hegemonia precisa ser disputada,[771] no que se inclui a adoção de uma práxis jurídica alternativa.[772]

---

[770] LUDWIG, Celso Luiz. *Para uma filosofia jurídica da libertação*: paradigmas da filosofia, filosofia da libertação e Direito Alternativo. 2ª ed. São Paulo: Conceito, 2011, p. 171.

[771] Bercovici, por exemplo, defende a radicalização democrática, por meio da exaltação do poder constituinte do povo como instrumento de luta e de emancipação dos *destituídos de propriedade e de poder econômico*: "A alternativa ao estado de exceção econômico permanente e às ameaças de dissolução da soberania popular, do Estado e do poder constituinte do povo é o resgate mais intenso da democracia. Neste sentido, Fábio Konder Comparato defende a opção pela soberania dos pobres. Afinal, os destituídos de propriedade e de poder econômico são os maiores interessados na instituição de um regime efetivo de igualdade, além de constituírem a maioria da população. Na mesma direção, Raymundo Faoro afirma que o argumento de que o poder constituinte só interessa à elite é uma falácia, pois o poder constituinte ameaça o núcleo de seus interesses. Quem precisa de manifestação do poder constituinte é justamente quem não tem voz. Não tem outro significado a afirmação de Karl Marx, em 1843, na *Crítica da Filosofia do Direito de Hegel*, de que não é a constituição que cria o povo, mas é o povo que cria a constituição. (...) Retornando à pergunta sobre qual a verdade que se vingará, nas atuais circunstâncias, temos a escolha bem nítida diante de nossos olhos. Ou escolhemos a verdade de estado de exceção permanente a que estamos submetidos, e que muitos fingem que não enxergam, ignorando a realidade. Ou escolhemos a outra verdade, a do outro estado de exceção, a da exceção à exceção, a do estado de exceção a ser instaurado, a do poder constituinte do povo em busca da sua efetiva e plena emancipação". BERCOVICI, Gilberto. *Soberania e Constituição*: para uma crítica do constitucionalismo. 2ª ed. São Paulo: Quartier Latin, 2013, pp. 342-344.

[772] "A forma concreta de busca dessa alteridade pode dar-se pela práxis jurídica alternativa,

A opção pela categoria *povo*, como critério de orientação das ações estatais e de fundamento das respectivas decisões, mostra-se a mais coerente em relação à proposta de alternativa crítica no Direito Administrativo e sua respectiva dogmática.

A defesa pelo *interesse do povo*, em substituição ao *interesse público*, exige a consideração dos conflitos sociais pertinentes à reprodução das relações capitalistas que cinde a sociedade em classes sociais, mas que, ao mesmo tempo, produz uma larga camada de sujeitos à margem do processo produtivo e que sequer podem ser enquadrados na perspectiva do *trabalhador*. O protagonismo histórico cabe às duas fundamentais classes no processo produtivo moderno (classe dos proprietários dos meios de produção e classe trabalhadora), mas a realidade dos oprimidos em geral é abrangente e emergente, exigindo a intervenção dos aparelhos burocráticos na implementação das medidas mais comezinhas para a sobrevivência digna.

Se o interesse público é categoria frágil e padece de concretude, que ignora (ou refuta) os conflitos sociais e os antagonismos de interesses, na medida em que no plano formal não distingue dominantes e dominados, o *interesse do povo* visa ao contrário. Delimita-se como objeto a realidade histórica dos sujeitos, dos grupos e das classes sociais, definidos no contexto da realidade em que se apresentam como oprimidos, pobres e excluídos. A disputa pela hegemonia dos aparelhos burocráticos reclama a definição de um lado, de uma opção ética.

O interesse do povo tem como pressuposto lógico e ético que o momento histórico vivido, sobretudo nos países periféricos, é de opressão à classe trabalhadora e aos demais grupos e minorias oprimidos, fruto de um processo de produção e reprodução das relações sociais bem

---

situando o pobre/oprimido como realidade (histórica) e tendo na categoria (também epistemológica) da *exterioridade* a fonte de uma ética jurídica da libertação. A práxis jurídica alternativa (Direito Alternativo em sentido amplo) configura um espaço de luta motivado pela injustiça histórica real, a partir de uma antropologia ética (tendo na exterioridade a categoria fonte, abstrata, em geral), e não como opção de um discurso e práticas 'amigas', paternalistas e assistencialistas, ou de sentimento e mera comiseração". LUDWIG, Celso Luiz. *Para uma filosofia jurídica da libertação*: paradigmas da filosofia, filosofia da libertação e Direito Alternativo. 2ª ed. São Paulo: Conceito, 2011, p. 171.

definido e que possibilita o domínio das estruturas por um parco número de pessoas que integram uma específica classe. Trata-se de uma massa de pessoas reais, que tem a potencialidade das suas vidas reprimidas, integrantes de classes e de grupos que formam o *povo*, propriamente dito, e que demandam a intervenção estatal para a melhoria da sua existência. Nessa perspectiva crítica, não há espaço para descuidos ou tergiversações. Significa impor – sob a perspectiva da *exterioridade* em Dussel –, na luta pela hegemonia dos aparelhos burocráticos, a opção ética pelo *povo*,[773] e isso representa que o fundamento a balizar a ação estatal está vinculado à efetiva prevalência dos interesses dos oprimidos, sendo este o critério medular da atividade estatal em todos os seus níveis.

A tarefa é complexa. Impor ao administrador público que suas decisões devem considerar o *interesse do povo* como critério fundante, fazendo-o dispensar a clássica e "estável" noção generalista e neutra do interesse púbico, representa politizar o que já é por essência político, não obstante o discurso preponderante reverberar se tratar de decisão eminentemente jurídica. Nesse raciocínio, a decisão estatal e o ato administrativo não são destinados e fundamentados em um interesse geral extraído da norma ou da Constituição, mas, primeiro, impõe-se opção ética pelo oprimido, pelos interesses das classes e grupos que compõem a grande massa dos dominados. Estado e aparelhos burocráticos passam a refletir uma opção ética que refuta o "para todos", assumindo a postura de prevalecer os interesses e necessidades daqueles que concretamente necessitam da intervenção estatal para a melhoria real das suas condições de sobrevivência mais básicas, as quais são negadas no atual cenário de aplicação do conceito de interesse público.

---

[773] Fábio Konder Comparato, em icônico artigo, já questionava, à época da redemocratização: "por que não a soberania dos pobres?". Reconhecia abertamente que o povo é formado pelas distintas classes e grupos sociais, sendo que a atribuição de soberania à parcela majoritária do povo, ou seja, os pobres, poderia efetivamente modificar o sistema de poder: "Propugnar a efetiva atribuição da soberania à fração majoritária do povo, composta dos economicamente fracos, significa alterar fundamentalmente o esquema de poder". COMPARATO, Fábio Konder. "Por que não a soberania dos pobres?". *In:* SADER, Emir (Coord.). *Constituinte e Democracia no Brasil hoje.* São Paulo: Brasiliense, 1985, pp. 104/105.

Sinaliza-se que toda decisão administrativa demanda certa dose de exercício dialético contínuo para compreender quem são os oprimidos que formam o *povo* em determinado momento histórico e das correlações de forças sociais em um específico contexto político, uma vez que o *povo* não é categoria estanque e que não pode ser totalizada de forma unívoca, o que seria a própria negação da sua constituição dialética e dinâmica, como bem lembra Celso Ludwig.[774]

Não se identifica no atual cenário da dogmática do Direito Administrativo brasileiro o aceno à mudança de paradigma epistemológico ou de alguma alternativa à formatação liberal dominante. As tentativas de refutação ao conceito de interesse público advêm da parcela de pensadores que optam por um caminho neoliberal, logo, mais conservador.

Falta uma teoria crítica do Direito Administrativo, a começar pela crítica do conceito de interesse público e seu caráter especulativo e mítico, que construa um método de atuar dogmático pautado no desvelar do caráter político e social das categorias jurídicas, e que retire o véu da neutralidade e do isolamento científico, situando-os no contexto histórico e geográfico. Manobrar as categorias jurídicas existentes e construir novas com o intuito de abrir brechas e fissuras na estrutura jurídica capitalista vigente, com o intuito de estruturar alternativas que possibilitem de maneira concreta a emancipação dos sujeitos oprimidos e excluídos do processo social e econômico. É indispensável uma postura nesse sentido.

Trata-se de enraizar uma maneira de tratar o Direito Administrativo tendo como alicerce a *Democracia como valor universal*, com o sentido de luta pela hegemonia dos aparelhos burocráticos pelo *povo* e com suporte no princípio democrático, mas sem abrir mão do exercício dialético contínuo: o *fôlego dialético* que exige a ininterrupta renovação e meditação sobre o Direito Administrativo e a sua respectiva teoria crítica, com o

---

[774] "Assim, a *exterioridade como fonte* não pode esgotar *todo* o espaço da alternatividade, sob pena de resultar em nova totalidade totalizadora, e, portanto, reduzir o alternativo ao uno (concepção unívoca do Direito), o que seria sua própria negação por definição, além de revelar-se injusta". LUDWIG, Celso Luiz. *Para uma filosofia jurídica da libertação*: paradigmas da filosofia, filosofia da libertação e Direito Alternativo. 2ª ed. São Paulo: Conceito, 2011, p. 172.

objetivo de compreender as contradições sociais, ao mesmo tempo em que se propõem alternativas para a sua superação.

Essa proposta de abertura de um viés de teoria crítica no Direito Administrativo é, como bem enfatizado, apenas um prelúdio rudimentar, quer dizer, integra tão somente o elo inaugural de uma corrente alternativa sem fim, a qual representa o desenvolvimento de ideais dotadas de teor crítico a partir de uma sustentação epistemológica igualmente alternativa, cujo objetivo derradeiro não é outro senão a constituição de uma sociedade mais justa e democrática, em que o *povo* possa ser protagonista da sua história e, assim, emancipar-se.

Se é possível fazer desse mundo um "outro", isso só ocorrerá se houver contraposição efetiva às teorias dominantes, por meio de teorias alternativas que anunciem "um potencial de emancipação e de libertação – potencialidade da realidade como ela é, desde o que ela deveria ser –, ou um imaginário utópico de que outro mundo é possível", nas palavras de Celso Ludwig.[775]

Com amparo na reflexão de István Mészáros, se o Estado é "a montanha que devemos conquistar" para a transformação positiva das condições de existência da humanidade,[776] o Direito Administrativo é a própria "montanha" a ser escalada. Para tanto, buscou-se traçar o começo de uma rota alternativa crítica, a iniciar pela denúncia da essência estrutural e parcial de classe do conceito de interesse público, para propor uma nova categoria, o *interesse do povo*, como forma de balizamento mais justo e libertário dos fundamentos e da justificação da ação estatal.

---

[775] LUDWIG, Celso Luiz. *Para uma filosofia jurídica da libertação*: paradigmas da filosofia, filosofia da libertação e Direito Alternativo. 2ª ed. São Paulo: Conceito, 2011, p. 174.

[776] "O Estado na sua composição na base material antagônica do capital não pode fazer outra coisa senão proteger a ordem sociometabólica estabelecida, defendê-la a todo custo, independentemente dos perigos para o futuro da sobrevivência da humanidade. Essa determinação representa um obstáculo do tamanho de uma montanha que não pode ser ignorado ao tentar a transformação positiva tão necessária de nossas condições de existência. Pois, sob as circunstâncias que se desdobram da crise estrutural irreversível do capital, o Estado se afirma e se impõe como a montanha que *devemos* escalar e conquistar". MÉSZÁROS, István. *A montanha que devemos conquistar*: reflexões acerca do Estado. São Paulo: Boitempo, 2015, pp. 28/29.

Resta muito a fazer, não há dúvida, em termos de aprofundamento da teoria crítica do Direito e, ainda mais, de uma possível teoria crítica do Direito Administrativo. Mas a crítica e a revelação das contradições do processo social capitalista, assim como a formulação de ideias alternativas e emancipatórias, são o inevitável caminho a ser adotado pelos intelectuais de esquerda e progressistas, sem medo de parecer "antigos contra o pensamento único".[777]

---

[777] FIORI, José Luís. "O capitalismo e suas vias de desenvolvimento". *In:* HADDAD, Fernando (Coord.). *Desorganizando o consenso*: nove entrevistas com intelectuais à esquerda. Petrópolis: Vozes, 1998, p. 85.

CONCLUSÃO

A conclusão de algo que não se pretende concluído é sempre custosa, ademais quando a pretensão fundamental é de início de jornada e não de término. Porém, alguns resultados podem ser extraídos dessas reflexões, não apenas em relação ao desvendamento da identidade de um conceito jurídico, mas, também, da proposição de uma via alternativa para o Direito Administrativo, um ramo dogmático jurídico enrijecido e pouco receptivo a mudanças.

Existe um vácuo no desenvolvimento do Direito Administrativo no Brasil (não se pode afirmar peremptoriamente o mesmo em relação a outros países) que despertou a inspiração para a proposição e formulação deste livro. Não se observam na construção da dogmática administrativista brasileira incursões jurídicas pautadas em paradigma epistemológico vinculado à teoria crítica, muito menos em relação à teoria crítica do Direito. Essa afirmação não significa que inexistem teses de orientação progressista na doutrina brasileira administrativista, contudo, são proposições e estudos que pouco (ou nada) debatem ou problematizam os seus arqué-tipos teóricos fundamentais, todos (até onde se observou) de matriz liberal ou neoliberal.

Outras áreas da dogmática jurídica brasileira já passaram por experiências e pela construção de escolas inspiradas e alicerçadas na teoria crítica (Criminologia e Direito Constitucional). Antes de se iniciar esta pesquisa, entendia-se que era possível desenvolver plano semelhante em relação ao Direito Administrativo, pois se compreendia haver certa lacuna teórica nesse sentido e que a proposição de uma perspectiva crítica aos respectivos conceitos e institutos jurídicos se revelava necessária e urgente. Era imprescindível apontar um novo caminho para que o Direito Administrativo também pudesse se constituir em área do conhecimento jurídico passível de germinar teses jurídicas que tenham fundamento epistemológico diferente do tradicionalmente imposto, ou seja, era preciso "preparar o terreno" para o plantio e germinação de propostas e reflexões dogmáticas que possuam um paradigma crítico, contraposto às sustentações teóricas liberais e neoliberais.

A difícil escolha de "onde partir", ou seja, a afirmação do ponto de início dessa trajetória, foi facilitada pela observação da principal celeuma ainda em voga no Direito Administrativo, quanto à existência e abrangência do princípio da supremacia do interesse público sobre o privado. O debate persiste há algumas décadas no Brasil e denota a proeminência do conceito de interesse público para o Direito Administrativo. Seja para defendê-lo ou para refutá-lo (de forma conservadora), invariavelmente os estudos desse ramo dogmático se esmeram em estudar o conceito de interesse público.

Pretendia-se deflagrar uma proposta teórica crítica no Direito Administrativo, e nada mais coerente do que inaugurar esse trajeto pelo instituto jurídico mais caro, estrutural e polêmico dessa corrente dogmática. Logo, pautou-se o conceito de interesse público como o elemento jurídico a ser destrinchado sob a lógica da teoria crítica, o que poderia levar a alguma conclusão teórica igualmente crítica e que ensejasse a proposição de alternativa dotada de maior grau emancipatório. O foco em Celso Antônio Bandeira de Mello teve o sentido de centralizar os esforços de análise do desenvolvimento do conceito de interesse público em torno da produção teórica do jurista mais reverenciado e (em tempos atuais) criticado, em razão da profundidade da sua teoria e por ter sido o primeiro jurista administrativista brasileiro a defender um conceito delimitado de interesse público.

Nesse processo de captação das origens e estrutura da teoria elaborada por Celso Antônio Bandeira de Mello, observou-se a sua inspiração nas ideias de Hans Kelsen e na sua teoria pura do Direito. A proposta de criação de um sistema próprio ao Direito Administrativo (regime jurídico-administrativo), cujo alicerce era justamente o *interesse público*, visava, sobretudo, insular a disciplina das influências políticas e de outras áreas "não jurídicas", com a intenção de dotá-la de forma e conteúdo científicos próprios. Essa perspectiva de isolamento fica latente com a demonstração da base doutrinária em que Celso Antônio se inspirou. São autores estrangeiros e nacionais que beberam das lições de Kelsen, e que enveredaram suas teses para a "purificação" do Direito Administrativo.

A contextualização do momento histórico e político brasileiro, na oportunidade em que se traçava a conceituação do interesse público e a sua introdução na seara jurídica administrativista, explica, sob certo ponto de vista, as razões da emergência e fixação desse conceito. Se de um lado a cena doutrinária administrativista internacional e nacional pendia à construção do paradigma de um Direito Administrativo puro, de outro, Celso Antônio estava inserido nesse contexto histórico e político brasileiro dos mais complexos e efervescentes. A imposição do regime de exceção militar ensejava o desenvolvimento e proposição de uma teoria que extirpasse o fundamento político do Direito Administrativo, salvaguardando-o dos mandos e desmandos autoritários perpetrados pelo regime fardado. A teorização sobre o regime jurídico-administrativo possibilitava, de alguma maneira, que se impusessem freios à atuação estatal, por meio de uma ferrenha defesa de amparo das decisões administrativas na legislação vigente e no interesse público. Não há como negar o caráter progressista da teorização em momento político tão delicado e que demandava soluções engenhosas e "por dentro" do próprio sistema, em que se confiava ao interesse público e à sua supremacia a função de controle da atuação estatal.

Mais de cinquenta anos depois (lembre-se de que o artigo de Celso Antônio Bandeira de Mello, que inicia a introdução do regime jurídico-administrativo, foi publicado em 1967), o conceito de interesse público e sua vitalidade para a estruturação do Direito Administrativo continuam muito firmes, servindo de alicerce para teorias que tentam desenvolvê-los ainda mais, como a proposta de vincular a realização do interesse público à consumação dos diretos fundamentais. Vale lembrar, com exceção de

Marçal Justen Filho (o único a defender que o interesse público não é factível, a partir de uma perspectiva ainda mais liberal), que não se detecta na doutrina brasileira administrativista teorias que neguem o interesse público, mas que, no máximo, contrapõem-se ao caráter da sua supremacia em relação aos interesses particulares. O conceito de interesse público continua pujante no seio do Direito Administrativo desenvolvido no Brasil, com repercussões inevitáveis no próprio exercício da atividade administrativa e do seu respectivo controle, ou seja, o interesse público constitui-se fundamento constante nas decisões e atos administrativos, assim como é manejado de forma rotineira nas decisões e atos de controle pelo Poder Judiciário, Ministério Público, Tribunais de Contas.

Porém, o que acontece quando se denuncia que o conceito de interesse público possui caráter generalista e especulativo? Na medida em que supõe a igualdade entre as pessoas e que se pretende geral, ou seja, o interesse público como síntese dos interesses dos indivíduos enquanto cidadãos, ainda que isso signifique a realização dos direitos fundamentais, como fica a realidade dos conflitos sociais? Não há diferença de interesses? As classes sociais e seus antagonismos não tornam o conceito de interesse público meramente retórico?

A ideia inicial foi propor a categoria classe social como fio condutor da análise crítica. Demonstrou-se, desde a ideia de interesse universal em Hegel, integrada pelas categorias da totalidade e da dialética, que o conceito de interesse público padece com o seu isolamento fictício, resultado do próprio isolamento do Direito Administrativo como vertente científica e desvinculada dos aspectos políticos e concretos em ação na sociedade. Mesmo em relação à filosofia moderna-burguesa de Hegel, o conceito de interesse público apresenta-se limitado e fantasioso, pois rejeita a relação com o todo, com a sociedade e seus conflitos. Com os elementos da teoria crítica de Marx e dos teóricos críticos que o sucederam, escancaram-se as contradições do conceito de interesse público e seu papel essencial para a reprodução das relações capitalistas e da fundamentação da atividade dos aparelhos burocráticos estatais.

Uma das questões fundamentais é reafirmar que a sociedade moderna é uma sociedade de classes, na qual se realiza uma *feroz guerra de*

CONCLUSÃO

classe, em que o Estado se constitui instrumento fundamental e poderoso na reprodução das relações capitalistas, como assevera Pachukanis. Porém, se o Estado e seus aparelhos burocráticos são criação de uma classe, essa estrutura em si não se confunde com a própria classe criadora, o que permite encará-lo como campo de disputa hegemônica pelas demais classes e grupos não dominantes, assim como ocorre com o próprio Direito. As estruturas jurídicas e políticas capitalistas não se apresentam, assim, como simples aparelhos de repressão e dominação de classe, mas como representação da própria comunidade política da sociedade capitalista e que estão, com efeito, submetidas ao *fetiche* típico do capital.

O domínio das ações estatais reflete o desequilíbrio da correlação de forças entre as classes na sociedade como um todo, o que significa que o domínio se dá pela classe social que detém os meios de produção. Logo, a alusão ao interesse público, desprovida de mediações acerca das desigualdades materiais e políticas entre as classes sociais, revela que esse conceito não ultrapassa as limitações de mera tentativa de equacionar o desigual por meio da radical abstração da realidade e da especulação da igualdade. As inevitáveis vicissitudes políticas que permeiam as relações sociais são abstraídas de tal forma que as classes sociais e as respectivas contradições materiais são ignoradas, para que o Estado possa operar em nome de "todos", ainda que isso se realize apenas no plano da idealidade.

No entanto, a acusação mais corriqueira contra as teorias que concentram nas classes sociais parcela representativa da energia para a profusão das análises críticas é de que se trata de categoria do conhecimento ultrapassada, que não mais reflete o dinamismo das relações sociais e da produção capitalista no século XXI. A "porosidade" e a "fragmentação" da sociedade contemporânea pós-moderna teriam diluído a sociedade de classes, e qualquer formatação teórica no sentido da teoria crítica seria anacrônica. Porém, o debate que se propõe não se dá no plano da validade epistemológica, mas da escolha de um outro paradigma, no sentido de fundamento do conhecimento.

Amparando-se nas conclusões de Harvey e Mészáros, este livro afirma a validade do paradigma epistemológico materialista histórico, no qual a constituição e as contradições entre as classes sociais possuem imprescindível sentido, em especial no contexto histórico e social do século XXI. Não há incoerência ou erro no uso da classe social contemporaneamente, pois é categoria que não desapareceu com o predomínio da forma econômica capitalista globalizada nem com a expansão de uma sociedade que se orienta cada vez mais em redes, estruturadas e dependentes das novas tecnologias e do mundo digital. Ao inverso, as classes sociais passaram (e ainda passam) por um processo complexo de refinamento das suas fronteiras, no qual é cada vez mais difícil definir em que consistem exatamente os limites entre a classe trabalhadora e a classe média, ou entre a classe trabalhadora e os próprios excluídos do processo produtivo, o que é fruto da reformulação constante da relação capital/trabalho, sobretudo em termos da reconfiguração do trabalhador na era das inovações tecnológicas. A propriedade dos bens de produção continua inalterada e a sociedade capitalista ainda se divide, essencialmente, nos grupos que detêm esses meios de produção e os despossuídos. No cenário em que o capitalismo continua como ordem hegemônica econômica, social, política, cultural, entre outras, e que a mais-valia ainda se revela como seu elementar vetor de funcionamento, nada obstante sua capacidade de se moldar e sobreviver às crises constantes, a classe social apresenta-se como categoria válida, útil e inevitável (para a teoria crítica) para a compressão dessa sociedade e para a proposição de alternativas factíveis.

Se a categoria classe social ainda possui validade teórica e científica, mesmo diante das rejeições pós-modernas, revelando antagonismos de condições materiais de existência e de propriedade dos meios de produção, entende-se inviável defender o conceito de interesse público e o seu desapego às contradições sociais reveladas pela realidade. Levando-se em conta que a sociedade está estratificada em classes sociais, principalmente em duas classes centrais e de interesses antagônicos por excelência, não há como persistir na ilusão de impor, como critério decisório e de legitimação dos atos administrativos, um conceito que ignora os conflitos que integram as relações sociais capitalistas.

A concretude das relações de classe no Brasil, assim como na América Latina em geral, (cujo antagonismo é ainda mais agudo em razão da forma *sui generis* como as classes sociais se desenvolveram a partir de uma estrutura escravocrata e colonial), torna o conceito de interesse público ainda mais frágil e inviável.

Ademais, é necessário reafirmar a condição dependente e subdesenvolvida do Brasil e da América Latina, no contexto da divisão internacional do trabalho e da expansão do capitalismo globalizado. Nessa afirmação, consiste que a superação dessa condição, dependente e periférica, depende da escolha de caminhos realmente alternativos e que reflitam a condição peculiar do país e da região, em que se reconhece a história da opressão à classe trabalhadora e aos demais grupos excluídos como fenômeno estrutural, cuja fórmula e os respectivos efeitos continuam em plena vigência. Ora, se a luta de classes é notória, é certo que ela acontece sobretudo na periferia do mundo, em cuja condição Brasil e América Latina estão totalmente inseridos. Portanto, pautar teorias com fundamento nas classes sociais e no respectivo antagonismo entre elas consiste em atualíssimo debate legitimado por essa condição periférica, mormente por conta da agudização do fenômeno da superexploração da mão de obra, tal como alertava Ruy Mauro Marini.

Quando se alude à defesa do conceito de interesse público, de forma a não contabilizar expressamente a forma como as classes sociais se formaram no Brasil, ignora-se (ou se despreza deliberadamente) o fato de que a imensa maioria das pessoas compõe uma grande massa de excluídos e oprimidos, os quais estão nessa condição social justamente por conta de um Estado que age (ou deveria agir) de forma "neutra" e imparcial. Uma dogmática que se planeja crítica não pode conviver com tamanho embaraço.

Observa-se, entretanto, que não se trata apenas de apontar as flagrantes fragilidades do conceito de interesse público (porque não entrega o que promete) e de refutá-lo sem se propor algo que preencha o consequente vácuo teórico sobre o critério de definição das ações estatais. Aliás, é na existência de tal lacuna que os discursos conservadores e neoliberais, já presentes no Direito Administrativo, encontram terreno fértil para suas elucubrações e propostas que caminham em sentido oposto à diminuição dos abismos sociais e à emancipação dos excluídos.

A proposição de esmiuçar o conceito de interesse público por meio das construções teóricas formuladas no âmbito da teoria crítica tem por finalidade o desenvolvimento de uma dogmática administrativista brasileira mais progressista. O objetivo é que essa mesma dogmática desça à terra, e, ao possuir contato orgânico com a dura realidade social brasileira e latino-americana (o que exige admitir que os conflitos entre as classes são a base da reprodução das relações capitalistas, principalmente nas economias periféricas), possa erigir conceitos e institutos jurídicos no âmbito do Direito Administrativo voltados à modificação dessa realidade injusta.

Não se pretende reforçar ou contribuir de qualquer maneira com as "desconstruções" do conceito de interesse público operadas à guisa da imposição do discurso neoliberal, cuja pretensão é enfraquecer a figura do Estado e das políticas públicas, com a proposta de prevalecerem os interesses e direitos individuais, em que as formas mais elementares de relações coletivas são solenemente menosprezadas.

Desconstituir o conceito de interesse público como algo factível ou que realmente representasse um critério justo de atuação do Estado e de seus aparelhos representa retirar toda a sustentação teórica do seu oposto. A fragilidade do conceito de interesse público reside na sua inadequação à realidade social capitalista sustentada nos conflitos sociais, em que as classes sociais possuem papel inevitável, cujos interesses, consequentemente, em regra não coincidem. Radicalizar, portanto, o reconhecimento do conflito como sendo a estrutura da reprodução das relações capitalistas, com especificidade na luta de classes, representa enfraquecer o próprio discurso neoliberal que toma corpo no polo oposto da dogmática administrativista.

As escolas de teoria crítica do Direito fornecem o caminho a ser trilhado por uma dogmática do Direito Administrativo que se pretende crítica, tal como já se fez (e ainda se faz em alguns poucos recantos) no Brasil, a partir do uso alternativo do Direito. Se por um lado é necessário revelar e denunciar o caráter estrutural e político de institutos jurídicos consolidados, por outro, há que se firmar o compromisso de proposição de alternativas factíveis que possibilitem conquistas emancipatórias por meio das estruturas jurídicas e políticas ainda vigentes.

O recorte crítico, aliás, não é novidade em relação ao Direito e para algumas vertentes dogmáticas, constituindo-se como legítimo e válido o amparo epistemológico de matriz materialista, refinado pelo desenvolvimento de teorias jurídico-políticas progressistas e que consideram o Direito como campo vital de disputa social. Entende-se que no Direito Administrativo se pode desenvolver uma opção dogmática crítica, em que se compreenda o elemento político inevitável do Direito. Por consequência, é necessário assumir o compromisso de revelação dos institutos e conceitos que servem à reprodução do atual estágio das forças produtivas capitalistas, bem como se proponha como objetivo a formulação de alternativas factíveis para a emancipação e a superação dessas estruturas que oprimem a classe trabalhadora e os demais grupos marginalizados.

A *Democracia como valor universal* e a dialética como fôlego constante e renovador, nas perspectivas de Carlos Nelson Coutinho e Lyra Filho, respectivamente, são valores a serem incorporados nesse processo de delimitação de uma corrente crítica, em companhia de outros tantos valores decorrentes de reflexão crítica possíveis de serem absorvidos. Adotando-se tais valores, é factível o início de uma dogmática administrativista que se conceba inserida no processo de totalidade histórica e política. Constituindo-se em uma dogmática crítica, essa vertente do Direito Administrativo há que tomar, de forma peremptória, posição pelos trabalhadores e pelos despossuídos em geral, aqueles que compõem a grande massa oprimida pela reprodução das relações sociais capitalistas.

Entende-se necessário afirmar a existência de um espaço para proposições de alternativas teóricas críticas que optem por uma matriz epistemológica igualmente alternativa e crítica, em que a delimitação histórica e as complexidades dialéticas sejam fundamentais, combatendo-se ao máximo soluções que não transponham a barreira da metafísica. Assim, descortinam-se as fragilidades e as contradições envolvidas no conceito de interesse público, ao mesmo tempo que se propõe a sua superação por meio de um novo conceito, enquanto critério de orientação e justificação do ato administrativo, pautado na eleição ética pelos oprimidos e pela classe trabalhadora como elemento fundante.

A nova baliza proposta e que altera o paradigma da fundamentação e da justificação da ação dos aparelhos burocráticos do Estado é o *interesse do povo*. Com o cuidado para que não se caia na mesma fórmula metafísica e idealista do conceito de interesse público, *povo*, nesse senti-do, não é sinônimo de "todo mundo" sobre um território ou que detém direitos políticos, mas representa o oprimido enquanto sujeito histórico, representação de quem sofre as mazelas da opressão capitalista, seja por estar necessariamente incluso, como a classe trabalhadora, ou por estar excluído. do próprio processo produtivo do capital.

Nessa proposta crítica e provocativa, os aparelhos burocráticos estatais passam a ser orientados pelo critério do *interesse do povo*, em que o "fiel da balança" não é mais o interesse geral, ou seja, não se trata de orientar a ação estatal para o "bem de todos" indistintamente, mas de fixar como elemento ético central a opção pelo oprimido e pela classe trabalhadora. É verdade que a volatilidade social em que novos grupos oprimidos surgem e no qual a noção de classe trabalhadora sofre contí-nuo refinamento impõe difícil obstáculo em se estabelecer quem são esses sujeitos à margem. Mas é no deslinde desse processo de redefinição do sujeito histórico do oprimido – que é contínuo e infindável, dialéti-co e total, mas, também, histórico e recortado perifericamente – que se fixa a opção ética pelo excluído, é dizer, a partir dessa práxis do exercício dialético rotineiro de identificar o oprimido é que se torna possível delimitar a melhor opção da ação administrativa para sua emancipação no caso concreto e no plano estrutural mediato.

Há que se ressaltar, no entanto, que a proposta de introdução do conceito de *interesse do povo* carece ainda de desenvolvimento e aperfei-çoamento, em caráter principal às possíveis fragilidades sobre as vicissitudes da organização burocrática do Estado brasileiro, no qual ainda está total-mente impregnado o conceito de interesse público como sendo o funda-mento central da sua atuação. O conceito de *interesse do povo* constitui-se como ideia, cujo objetivo essencial é fomentar o desenvolvimento de uma dogmática do Direito Administrativo com recorte crítico claro e de com-bate, que desenvolva teorias e crie alternativas jurídicas calcadas na reali-dade social e política. Defende-se que o Direito Administrativo, assim como o Direito em geral, não pode se desvencilhar ficticiamente dos conflitos que se consumam no seio dessa sociedade capitalista, desigual estrutural-mente e cindida em classe sociais antagônicas e em grupos excluídos. E mais, ciente da influência política inevitável, o Direito Administrativo precisa ser manejado de maneira que seu conteúdo sirva de fundamento e de instrumento para a disputa da hegemonia dos aparelhos burocráticos pelo *povo*, com o desígnio de viabilizar a atividade estatal voltada à diminuição (até a erradicação) das desigualdades sociais e da opressão sobre os excluídos.

O conceito de *interesse do povo* representa uma Administração Pública que adote postura ética pelo pobre, pelo excluído, pelos que estão à margem das benesses do sistema social vigente, pela imensa maioria de pessoas que possuem mera expectativa de sobrevivência diária, cujo horizonte de vida plena é extremamente curto. Esse novo conceito, ainda merecedor de profícuo desenvolvimento, representa uma tentativa de substancial mudança de eixo epistemológico no Direito Administrativo, em que se transpõe a barreira do fundamento teórico liberal (e, por consequência, o fundamento neoliberal), em busca de alicerce crítico, materialista, histórico e dialético.

A via ortodoxa da dogmática jusadministrativista não se constituía em momento algum como opção para o norte desta obra. A orientação precípua era buscar a heterodoxia teórica e epistemológica, com o intuito de apresentar uma maneira alternativa factível de tratar e desenvolver o Direito Administrativo, de forma que juristas e acadêmicos com posições políticas alinhadas à esquerda pudessem vislumbrar nesse ramo dogmático um instrumento de luta contra as opressões e antagonismos sociais, ou seja, como forma de ferramenta concreta para a efetivação da emancipação da classe trabalhadora e dos oprimidos em geral.

A síntese é que o conceito de interesse público não cabe em uma sociedade estratificada em classes sociais antagônicas, mas, ao mesmo tempo, reconhece-se que os aparelhos estatais precisam imediatamente de um critério que valide e oriente seus atos e decisões, porém, sob uma lógica mais progressista e emancipatória. Para isso, propõe-se uma radical substituição: do interesse público ao *interesse do povo*!

REFERÊNCIAS BIBLIOGRÁFICAS

ALMEIDA, Fernando Dias Menezes. *Formação da teoria do Direito Administrativo no Brasil.* São Paulo: Quartier Latin, 2016.

ALMEIDA FILHO, Niemeyer. "Superexploração da força de trabalho e concentração de riqueza: temas fundamentais para uma política de desenvolvimento no capitalismo periférico brasileiro". *In:* ALMEIDA FILHO, Niemeyer (Coord.). *Desenvolvimento e dependência:* cátedra Ruy Mauro Marini. Brasília: Ipea, 2013, pp. 167-187.

ARRUDA JR., Edmundo Lima de. *Direito moderno e mudança social:* ensaios de Sociologia Jurídica. Belo Horizonte: Del Rey, 1997.

ARRUDA JR., Edmundo Lima de. "Gramsci: a democracia enquanto racionalidade jurídico-normativa – reflexões preliminares". *In:* ARRUDA JR.; BORGES FILHO, Nilson (Coord.). *Gramsci:* Estado, Direito e Sociedade – ensaios sobre a atualidade da filosofia da práxis. Florianópolis: Letras Contemporâneas, 1995.

ARRUDA JR., Edmundo Lima de. "Gramsci e o Direito: reflexões sobre novas juridicidades". *In:* ARRUDA JR.; BORGES FILHO, Nilson (Coord.). *Gramsci:* Estado, Direito e Sociedade – ensaios sobre a atualidade da filosofia da práxis. Florianópolis: Letras Contemporâneas, 1995.

ARRUDA JR., Edmundo Lima. *Introdução à sociologia jurídica alternativa:* ensaios sobre o Direito numa sociedade de classes. São Paulo: Acadêmica, 1993.

ARRUDA, Maria Arminda do Nascimento. "Florestan Fernandes. Vocação científica e compromisso de vida". *In:* BOTELHO, André; SCHWARCZ, Lilia Moritz. *Um enigma chamado Brasil:* 29 intérpretes e um país. São Paulo: Companhia das Letras, 2009.

REFERÊNCIAS BIBLIOGRÁFICAS

ATALIBA, Geraldo. *Sistema Constitucional Tributário Brasileiro.* São Paulo: Revista dos Tribunais, 1968.

AZEVEDO, Plauto Faraco de. *Crítica à dogmática e hermenêutica jurídica.* Porto Alegre: Sergio Fabris Antonio Editor, 1989.

BACELLAR FILHO, Romeu Felipe; HACHEM, Daniel Wunder. *Direito Administrativo e Interesse Público*: estudos em homenagem ao professor Celso Antônio Bandeira de Mello. Belo Horizonte: Fórum, 2010.

BARCELLONA, Pietro. *El individualismo propietario.* Madrid: Trotta, 1996.

BARCELLONA, Pietro. *Formazione e sviluppo del diritto privato moderno.* Napoli: Jovene Editore Napoli, 1987.

BARCELLONA, Pietro. *O egoísmo maduro e a insensatez do capital.* São Paulo: Ícone, 1995.

BARCELLONA, Pietro; COTTURRI, Giuseppe. *El Estado y los juristas.* Coyoacán: Coyoacán, 2009.

BARROSO. Luís Roberto. "A constitucionalização do Direito e suas repercussões no âmbito administrativo". *In:* ARAGÃO, Alexandre Santos de; MARQUES NETO, Floriano de Azevedo (Coord.). *Direito Administrativo e seus novo paradigmas.* Belo Horizonte: Fórum, 2008.

BELLO, Enzo. *A cidadania na luta política dos movimentos sociais urbanos.* Caxias do Sul: Educs, 2013.

BERCOVICI, Gilberto. *Desigualdades regionais, Estado e Constituição.* São Paulo: Max Limonad, 2003.

BERCOVICI, Gilberto. "O Estado desenvolvimentista e seus impasses: uma análise do caso brasileiro". *Boletim de Ciências Económicas*, Coimbra, jan. 2004.

BERCOVICI, Gilberto. *Soberania e Constituição*: para uma crítica do constitucionalismo. 2ª ed. São Paulo: Quartier Latin, 2013.

BINENBOJM, Gustavo. "Da supremacia do interesse público ao dever de proporcionalidade: um novo paradigma para o direito administrativo". *Revista de Direito Administrativo*, n. 239, Rio de Janeiro, jan./mar. 2005, pp. 1-31.

BOBBIO, Norberto. *Estudos sobre Hegel*: direito, sociedade civil, Estado. 2ª ed. São Paulo: Unesp; Brasiliense, 1995.

REFERÊNCIAS BIBLIOGRÁFICAS

BRAZ, Marcelo. "A democracia como valor universal": um clássico da esquerda no Brasil. *In:* BRAZ, Marcelo (Coord.). *Carlos Nelson Coutinho e a renovação do marxismo no Brasil.* São Paulo: Expressão Popular, 2012.

CALERA, Nicolás López. "Sobre el alcance teórico del uso alternativo del derecho". *In:* CALERA, Nicolás López; LÓPEZ, Modesto Saavedra; IBAÑEZ, Perfecto Andrés. *Sobre el uso alternativo del derecho.* Valencia: Fernando Torres Editor, 1978.

CALDAS, Camilo Onoda. *O Estado.* São Paulo: Estúdio, 2014.

CAPELLA, Juan-Ramón. *Sobre a extinção do Direito e a supressão dos juristas.* Coimbra: Centelha, 1977.

CARLEIAL, Liana. "A divisão internacional do trabalho como categoria central da análise de Ruy Mauro Marini". *In:* NEVES, Lafaiete Santos (Coord.). *Desenvolvimento e dependência:* atualidade do pensamento de Ruy Mauro Marini. Curitiba: CRV, 2012.

CAVALCANTI, Themístocles Brandão. *Curso de Direito Administrativo.* 4ª ed. Rio de Janeiro: Freitas Bastos, 1956.

CHAUÍ, Marilena. *Cultura e democracia:* o discurso competente e outras falas. 13ª ed. São Paulo: Cortez, 2011.

CHAUÍ, Marilena. *O que é ideologia.* 33ª ed. São Paulo: Brasiliense, 1991.

CHOMSKY, Noam. *A luta de classes:* entrevistas a David Barsamian. Porto Alegre: Artes Médicas Sul, 1999.

CICCARELLI, Roberto. Guerra de posição. *In:* LIGUORI, Guido; VOZA, Pasquale (Coord.). *Dicionário gramsciano.* São Paulo: Boitempo, 2017.

CLÈVE, Clèmerson Merlin. *O direito e os direitos:* elementos para uma crítica do direito contemporâneo. 3ª ed. Belo Horizonte: Forum, 2011.

CLÈVE, Clèmerson Merlin. *Para uma dogmática constitucional emancipatória.* Belo Horizonte: Fórum, 2012.

COMPARATO, Fábio Konder. "Por que não a soberania dos pobres?". *In:* SADER, Emir (Coord.). *Constituinte e Democracia no Brasil hoje.* São Paulo: Brasiliense, 1985.

COMPARATO, Fábio Konder. "Prefácio: Friedrich Müller: o autor e sua obra". *In:* MÜLLER, Friedrich. *Quem é o povo?* – a questão fundamental da democracia. São Paulo: Max Limonad, 1998.

REFERÊNCIAS BIBLIOGRÁFICAS

CORREAS, Óscar. *Crítica da ideologia jurídica*: ensaio sócio-semiológico. Porto Alegre: Sergio Antonio Fabris Editor, 1995.

CORREAS, Óscar. *Introdução à sociologia jurídica*. Porto Alegre: Crítica Jurídica-Sociedade em Formação, 1996.

CORREAS, Óscar. "Marxismo y derecho: el juridicismo marxista". *In:* BELLO, Enzo; LIMA, Letícia Gonçalves Dias; LIMA, Martonio Mont'Alverne Barreto; AUGUSTIN, Sérgio (Coord.). *Direito e marxismo*: tendências atuais. Caxias do Sul: Educs, 2012.

CORREAS, Óscar. *Teoría del derecho*. Barcelona: Editorial María Jesús Bosch, 1995.

COSTA, Pietro. "O Estado Direito: uma introdução histórica". *In:* COSTA, Pietro; ZOLO, Danilo (Coord.). *O Estado de Direito*: história, teoria e crítica. São Paulo: Martins Fontes, 2006.

COSTA, Pietro. *Soberania, representação, democracia*: ensaios de história do pensamento jurídico. Curitiba: Juruá, 2010.

COUTINHO, Carlos Nelson. *A democracia como valor universal e outros ensaios.* 2ª ed. Rio de Janeiro: Salamandra, 1984.

COUTINHO, Carlos Nelson. *Contra a corrente*: ensaios sobre democracia e socialismo. 2ª ed. São Paulo: Cortez, 2008.

COUTINHO, Carlos Nelson. *Cultura e sociedade no Brasil*: ensaios sobre ideias e formas. 4ª ed. São Paulo: Expressão Popular, 2011.

COUTINHO, Carlos Nelson. *De Rousseau a Gramsci*: ensaios de teoria política. São Paulo: Boitempo, 2011.

CRETELLA JÚNIOR, José. *Direito Administrativo*. São Paulo: Revista dos Tribunais, 1962.

CRETELLA JÚNIOR, José. *Do desvio de poder*. São Paulo: Revista dos Tribunais, 1964.

CUI, Zhiyuan. "Prefácio". *In:* UNGER, Roberto Mangabeira. *Política*: os textos centrais, a teoria contra o destino. São Paulo: Boitempo, 2001.

DIAZ, Elias. *Etica contra política*: los intelectuales y el poder. Madrid: Centro de Estudios Constitucionales, 1990.

DUSSEL, Enrique. *A produção teórica de Marx*: um comentário aos *Grundrisse*. São Paulo: Expressão Popular, 2012.

REFERÊNCIAS BIBLIOGRÁFICAS

DUSSEL, Enrique. *Ética da libertação na idade da globalização e da exclusão.* Petrópolis: Vozes, 2000.

DUSSEL, Enrique. *Hacia una filosofía política crítica.* Bilbao: Desclée de Brouwer, 2001.

DUSSEL, Enrique. *La producción teórica de Marx:* Un comentario a los Grundrisse. 2ª ed. Coyoacán: Siglo Veintiuno, 1991.

ENTERRÍA, Eduardo García de; FERNÁNDEZ, Tomás-Ramon. *Curso de Derecho Administrativo.* Madrid: Civitas, 1984.

ENTERRÍA, Eduardo García de. *La lucha contra las inmunidades del Poder em el derecho administrativo:* poderes discrecionales, poderes de gobierno, poderes normativos. Madrid: Civitas, 1983.

ESTORNINHO, Maria João. *A fuga para o Direito Privado:* contributo para o estudo da actividade de direito privado da Administração Pública. Coimbra: Almedina, 2009.

FAGUNDES, M. Seabra. *O controle dos atos administrativos pelo Poder Judiciário.* 4ª ed. Rio de Janeiro: Forense, 1967.

FALLA, Fernando Garrido. *Las transformaciones del Regin Administrativo.* 2ª ed. Madrid: Instituto de estudos políticos, 1962.

FERNANDES, Florestan. *A revolução burguesa no Brasil:* ensaio de interpretação sociológica. 2ª ed. Rio de Janeiro: Zahar, 1976.

FERNANDES, Florestan. *Capitalismo dependente e classes sociais na América Latina.* 4ª ed. São Paulo: Global, 2009.

FERNANDES, Florestan. *Circuito fechado:* quatro ensaios sobre o poder institucional. São Paulo: Hucitec, 1976.

FERNANDES, Florestan. "Classe, socialismo e democracia". *In:* FERNANDES, Florestan. *Democracia e desenvolvimento:* A transformação da periferia e o capitalismo monopolista da era atual. São Paulo: Hucitec, 1990.

FERNANDES, Florestan. "Luta de classes e constituição". *In:* FERNANDES, Florestan. *Pensamento e ação:* O PT e os rumos do socialismo. São Paulo: Brasiliense, 1989.

FERRAJOLI, Luigi. *Direito e razão:* teoria do garantismo penal. 2ª ed. São Paulo: Revista do Tribunais, 2006.

FIORAVANTI, Maurizio. "Público e Privado: os princípios fundamentais da

REFERÊNCIAS BIBLIOGRÁFICAS

Constituição democrática". *Revista da Faculdade de Direito da UFPR*, Curitiba, n. 58, pp. 7-24, 2013.

FIORI, José Luís. "O capitalismo e suas vias de desenvolvimento". *In:* HADDAD, Fernando (Coord.). *Desorganizando o consenso*: nove entrevistas com intelectuais à esquerda. Petrópolis: Vozes, 1998.

FLEINER, Fritz. *Instituciones de Derecho Administrativo*. Barcelona: Labor, 1933.

FLICKINGER, Hans-Georg. *A filosofia política na sombra da secularização*. São Leopoldo: UNISINOS, 2016.

FLICKINGER, Hans-Georg. *Em nome da liberdade*: elementos da crítica ao liberalismo contemporâneo. Porto Alegre: EdiPUCRS, 2003.

FLICKINGER, Hans-Georg. *Marx*: nas pistas da desmistificação filosófica do capitalismo. Porto Alegre: L&PM, 1985.

FLICKINGER, Hans-Georg. *Marx e Hegel*: o porão de uma filosofia social. Porto Alegre: L&PM, 1986.

FLORES, Joaquín Herrera. *A reinvenção dos direitos humanos*. Florianópolis: Boiteux, 2009.

FLORES, Joaquín Herrera. "Hacia una visión compleja de los derechos humanos". *In*: FLORES, Joaquín Herrera (Coord.). *El vuelo de anteo:* derechos humanos y crítica de la razón liberal. Bilbao: Desclée de Brouwer, 2000.

FONSECA, Ricardo Marcelo. *Introdução teórica à História do Direito*. Curitiba: Juruá, 2012.

FORSTHOFF, Ernst. *Tratado de Derecho Administrativo*. Madrid: Instituto de Estudios Politicos, 1958.

GABARDO, Emerson. *Interesse público e subsidiariedade*: o Estado e a sociedade civil para além do bem e do mal. Belo Horizonte: Fórum, 2009.

GABARDO, Emerson; HACHEM, Daniel Wunder. "O suposto caráter autoritário da supremacia do interesse público e das origens do Direito Administrativo: uma crítica da crítica". *In:* BACELLAR FILHO, Romeu Felipe; HACHEM, Daniel Wunder. *Direito Administrativo e interesse público*: estudos em homenagem ao Professor Celso Antônio Bandeira de Mello. Belo Horizonte: Fórum, 2010.

GADAMER, Hans-Georg. *Hermenêutica em retrospectiva*. Petrópolis: Vozes, 2009.

GIANNINI, Massimo Severo. *Diritto Amministrativo*, vol. 1. Milão: Dott. A. Giuffrè, 1970.

REFERÊNCIAS BIBLIOGRÁFICAS

GIORGI, Raffaele de. *Direito, democracia e risco*: vínculos com o futuro. Porto Alegre: Sergio Antonio Fabris Editor, 1998.

GLEIZAL, Jean-Jacques. *Le droit politique de l'Etat*: essai sur la production historique du droit administratif. Paris: Presses Universitaires de France, 1980.

GLEIZAL, Jean-Jacques. "Seguridad y policía: a propósito del Estado autoritario descentralizado". *In:* MIAILLE, Michel; JEAMMAUD, Antoine; DUJARDIN, Phelippe; JEANTIN, Michel; GLEIZAL, Jean-Jacques. *La crítica jurídica en Francia*. Coyoacán: Coyoacán, 2008.

GODOY, Arnaldo Moraes. Direito e filosofia nos Estados Unidos. *Revista de Informação Legislativa*, Brasília, a. 41, n. 163, jul./set. 2004, pp. 69-83.

GODOY, Arnaldo Sampaio Moraes. *O direito na sociedade moderna de Roberto Mangabeira Unger*. Teoria social clássica revista e focos de imaginação institucional: 30 anos depois. Disponível em: https://jus.com.br/artigos/10007/o-direito-na-sociedade-moderna-de-roberto-mangabeira-unger. Acesso em: 28 de maio de 2018.

GODOY, Arnaldo Moraes. *O movimento Critical Legal Studies e Duncan Kennedy*: notas sobre a rebeldia acadêmica no direito norte-americano. Disponível em: http://jus2.uol.com.br/doutrina/texto.asp?id=10254. Acesso em: 19 de março de 2021.

GRAMSCI, Antonio. "Hegemonia e democracia". *In:* COUTINHO, Carlos Nelson (Coord.). *O leitor de Gramsci*. Rio de Janeiro: Civilização Brasileira, 2011.

GRAMSCI, Antonio. "Hegemonia e ideologia". *In:* COUTINHO, Carlos Nelson (Coord.). *O leitor de Gramsci*. Rio de Janeiro: Civilização Brasileira, 2011.

GUANDALINI JÚNIOR, Walter. *História do direito administrativo brasileiro*: formação (1821-1895). Curitiba: Juruá, 2016.

HABERMAS, Jürgen. *Mudanças da Esfera Pública*: investigações quanto a uma categoria da sociedade burguesa. 2ª ed. Rio de Janeiro: Tempo Brasileiro, 2003.

HACHEM, Daniel Wunder. *Princípio constitucional da supremacia do interesse público*. Belo Horizonte: Fórum, 2011.

HACHEM, Daniel Wunder. *Tutela administrativa efetiva dos direitos fundamentais sociais*: por uma implementação espontânea, integral e igualitária. Curitiba, 2014, 614 f. Tese (Doutorado em Direito) – Programa de Pós-Graduação em Direito. Universidade Federal do Paraná.

REFERÊNCIAS BIBLIOGRÁFICAS

HARVEY, David. *17 contradições e o fim do capitalismo.* São Paulo: Boitempo, 2016.

HARVEY, David. *A produção capitalista do espaço.* São Paulo: Annablume, 2005.

HARVEY, David. *O enigma do capital*: e as crises do capitalismo. São Paulo: Boitempo, 2011.

HARVEY, David. *Os limites do capital.* São Paulo: Boitempo, 2013.

HEGEL, G. W. F. *Cursos de estética*, vol. 1, 2ª ed. São Paulo: Edusp, 2015.

HEGEL, G. W. F. *Fenomenologia do Espírito.* 7ª ed. Petrópolis: Vozes, 2012.

HEGEL, G. W. F. *Filosofia da História.* 2ª ed. Brasília: UNB, 2008.

HEGEL, G. W. F. *Introdução à História da Filosofia.* São Paulo: Hemus, 1976.

HEGEL, G. W. F. *O Sistema da Vida Ética.* Lisboa: Edições 70, 1991.

HEGEL, G. W. F. *Princípios da Filosofia do Direito.* São Paulo: Martins Fontes, 1997.

HESPANHA, António Manuel. *Caleidoscópio do Direito*: o Direito e a Justiça nos dias e no mundo de hoje. 2ª ed. Coimbra: Almedina, 2009.

HESPANHA, António Manuel. *Cultura jurídica europeia*: síntese de um milénio. Coimbra: Almedina, 2015.

HIRSCH, Joachim. *Teoria materialista do Estado*: processos de transformação do sistema capitalista de Estado. Rio de Janeiro: Revan, 2010.

IANNI, Octavio (Coord.). *Florestan Fernandes*: sociologia crítica e militante. São Paulo: Expressão Popular, 2011.

JEAMMAUD, Antoine. "Algumas questões a abordar em comum para fazer avançar o conhecimento crítico do Direito". *In:* PLASTINO, Carlos Alberto (Coord.). *Crítica do Direito e do Estado.* Rio de Janeiro: Graal, 1984.

JEAMMAUD, Antoine. "La crítica jurídica en Francia: veinte años después". *Revista Crítica Jurídica*: Revista Latinoamericana de Politica, Filosofia y Derecho, n. 25, Curitiba, Faculdades Integradas do Brasil, pp. 105–113, jan./ dez. 2006.

JÈZE, Gaston. *Principios generales del Derecho Administrativo*, vol. I. Buenos Aires: DePalma, 1948.

JÈZE, Gaston. *Principios generales del Derecho Administrativo*, vol. III, Buenos Aires: DePalma, 1948.

REFERÊNCIAS BIBLIOGRÁFICAS

JUSTEN FILHO, Marçal. "O Direito Administrativo de espetáculo". *In:* ARAGÃO, Alexandre Santos de; MARQUES NETO, Floriano de Azevedo (Coord.). *Direito Administrativo e seus novo paradigmas.* Belo Horizonte: Fórum, 2008.

KALUSZYNSKI, Martine. "Cuando el derecho reencuentra la politica. Primeros elementos de análisis de un Movimiento Crítico del Derecho". *Critica Juridica Comparada*, Bogotá, Universidad Nationale, 2010, pp. 177-210.

LEAL, Victor Nunes. *Problemas de Direito Público.* Rio de Janeiro: Forense, 1960.

LEIVA, Orlando Caputo. "A economia mundial e a América Latina no início do século XXI". *In:* SADER, Emir; SANTOS, Theotônio dos (Coord.). MARTINS, Carlos Eduardo; VALENCIA, Adrián Sotelo (Org.). Rio de Janeiro: PUC/Rio; São Paulo: Boitempo, 2009, pp. 135-163.

LIMA, Ruy Cirne. *Princípios de Direito Administrativo.* 5ª ed. São Paulo: Revista dos Tribunais, 1982.

LÓPEZ, Modesto Saavedra. "Interpretación jurídica y uso alternativo del derecho". *In*: CALERA, Nicolás López; LÓPEZ, Modesto Saavedra; IBAÑEZ, Perfecto Andrés. *Sobre el uso alternativo del derecho.* Valencia: Fernando Torres Editor, 1978.

LÖWITH, Karl. *De Hegel a Nietzsche*: a ruptura revolucionária no pensamento do século XIX: Marx e Kierkegaard. São Paulo: Unesp, 2014.

LUCE, Mathias Seibel. "A superexploração do trabalho no Brasil: evidências da história recente". *In:* ALMEIDA FILHO, Niemeyer (Coord.). *Desenvolvimento e dependência*: cátedra Ruy Mauro Marini. Brasília: Ipea, 2013, pp. 145-165.

LUCE, Mathias Seibel. *Teoria marxista da dependência*: problemas e categorias – uma visão histórica. São Paulo, 2018.

LUDWIG, Celso Luiz. *Para uma filosofia jurídica da libertação*: paradigmas da filosofia, filosofia da libertação e Direito Alternativo. 2ª ed. São Paulo: Conceito, 2011.

LUKÁCS, Georg. *História e consciência de classe.* 2ª ed. São Paulo: Martins Fontes, 2012.

LUKÁCS, György. *Ontologia do ser social*: a falsa e a verdadeira ontologia de Hegel. São Paulo: Ciências Humanas, 1979.

LUKÁCS, György. *Reboquismo e dialética*: uma resposta aos críticos de 'História e consciência de classe'. São Paulo: Boitempo, 2015.

REFERÊNCIAS BIBLIOGRÁFICAS

LYRA FILHO, Roberto. *A filosófica jurídica nos Estados Unidos da América*: revisão crítica. Porto Alegre: Fabris, 1977.

LYRA FILHO, Roberto. *Karl, meu amigo*: diálogos com Marx sobre o Direito. Porto Alegre: Sergio Antonio Fabris Editor; Instituto dos Advogados do RS, 1983.

LYRA FILHO, Roberto. *O que é Direito*. 17ª ed. São Paulo: Brasiliense, 1999.

MANNORI, Luca; SORDI, Bernardo. *Storia del diritto ammnistrativo*. Roma: Laterza, 2006.

MARINI, Ruy Mauro. *América Latina*: dependência e integração. São Paulo: Brasil Urgente, 1992.

MARINI, Ruy Mauro. *Dialética da dependência*. Petrópolis: Vozes, 2000.

MARTINS, Carlos Eduardo. "A superexploração do trabalho e a economia política da dependência". *In*: SADER, Emir; SANTOS, Theotônio dos (Coord.). MARTINS, Carlos Eduardo; VALENCIA, Adrián Sotelo (Org.). Rio de Janeiro: PUC-Rio; São Paulo: Boitempo, 2009.

MARTINS, Carlos Eduardo. "O pensamento de Ruy Mauro Marini e sua atualidade para as ciências sociais". *In*: ALMEIDA FILHO, Niemeyer (Coord.). *Desenvolvimento e dependência*: cátedra Ruy Mauro Marini. Brasília: Ipea, 2013.

MARTINS, Ricardo Marcondes. *Estudos de Direito Administrativo neoconstitucional*. São Paulo: Malheiros, 2017.

MARX, Karl; ENGELS, Friedrich. *A ideologia alemã*. 3ª ed. São Paulo: Martins Fontes, 2008.

MARX, Karl; ENGELS, Friedrich. *A sagrada família, ou A crítica da Crítica crítica contra Bruno Bauer e consortes*. São Paulo: Boitempo, 2011.

MARX, Karl. *Crítica da Filosofia do Direito de Hegel*. 3ª ed. São Paulo: Boitempo, 2013.

MARX, Karl. *Grundrisse*: manuscritos econômicos de 1857-1858: esboços da crítica da economia política. São Paulo: Boitempo, 2011.

MARX, Karl. *O 18 Brumário e as cartas a Kugelmann*. 7ª ed. São Paulo: Paz e Terra, 2002.

MARX, Karl. *O capital*: crítica da economia política. L. 1. São Paulo: Boitempo, 2013.

REFERÊNCIAS BIBLIOGRÁFICAS

MASCARO, Alysson Leandro. *Estado e forma política*. São Paulo: Boitempo, 2013.

MASCARO, Alysson Leandro. *Filosofia do Direito*. 6ª ed. São Paulo: Atlas, 2018.

MATAMOROS, Mylai Burgos. "El Derecho como ciencia social: un análisis crítico filosófico". *In:* MATAMOROS, Mylai Burgos; PADILLA, Jorge Peláez; CERVANTES, Aleida Hernández; MARTINÉZ, Edmundo del Pozo; MALDONADO, Aline Rivera; LÓPEZ, Liliana López; ESPINOZA, Yacotzin Bravo; RIVAS, Rodrigo Gutiérrez; EMANUELLI, Maria Silvia. *Imaginando otro Derecho*: contribuciones a la teoría crítica desde México. Aguascalientes; San Luís Potosí; San Cristóbal de Las Casas: Centro de Estudios Jurídicos y Sociales Mispat; Facultad de Derecho de la Universidad Autónomo de San Luis Potosí; Educación para las Ciencias en Chiapas, 2013.

MEIRELLES, Hely Lopes. *Direito Administrativo Brasileiro*. 20ª ed. São Paulo: Malheiros, 1995.

MELLO, Celso Antônio Bandeira de. *Curso de Direito Administrativo*. 30ª ed. São Paulo: Malheiros, 2013.

MELLO, Celso Antônio Bandeira de. *Conteúdo jurídico do princípio da igualdade*. 3ª ed. São Paulo: Malheiros, 2008.

MELLO, Celso Antônio Bandeira de. *Grandes temas de Direito Administrativo*. São Paulo: Malheiros.

MELLO, Celso Antônio Bandeira de. "O conteúdo do regime jurídico-administrativo e seu valor metodológico". *Revista de Direito Público*, n. 2, São Paulo, out./dez. 1967, pp. 44-61.

MELLO, Oswaldo Aranha Bandeira de Mello. *Princípios gerais de Direito Administrativo*, vol. 1, 3ª ed. São Paulo: Malheiros, 2010.

MÉSZÁROS, István. *A montanha que devemos conquistar*: reflexões acerca do Estado. São Paulo: Boitempo, 2015.

MÉSZÁROS, István. *Estrutura social e formas de consciência*: a determinação social do método. São Paulo: Boitempo, 2009.

MIAILLE, Michel. *El Estado de Derecho*: introducción al derecho constitucional. Coyoacán: Coyoacán, 2008.

MIAILLE, Michel. *Introdução crítica ao Direito*. 2ª ed. Lisboa: Editorial Estampa, 1994.

MIAILLE, Michel. "La critique du droit". *Droit et société*, Paris, n. 20-21, 1992, pp. 73-87.

MIAILLE, Michel. "Obstáculos epistemológicos ao estudo do Direito: retorno ao movimento 'Crítica do Direito' e apontamentos sobre a crítica do Direito hoje". *Méritum*, Belo Horizonte, vol. 9, n. 2, jul./dez. 2014, pp. 263-278.

MISOCZKY, Maria Ceci; CAMARA, Guilherme Dornelas. "Enrique Dussel: contribuições para a crítica ética e radical nos Estudos Organizacionais". *Cadernos Ebap.BR*, vol. 13, n. 2, Rio de Janeiro, abr./jun. 2015, pp. 286-314.

MOTTA, Paulo Roberto Ferreira. "Direito Administrativo: Direito da supremacia do interesse público". *In:* BACELLAR FILHO, Romeu Felipe; HACHEM, Daniel Wunder. *Direito Administrativo e interesse público*: estudos em homenagem ao professor Celso Antônio Bandeira de Mello. Belo Horizonte: Fórum, 2010.

MÜLLER, Friedrich. *Quem é o povo?* – a questão fundamental da democracia. São Paulo: Max Limonad, 1998.

NASCIMENTO, Carlos Alves do; DILLENBURG, Fernando Frota; SOBRAL, Fábio Maia. "Exploração e superexploração da força de trabalho em Marx e Marini". *In:* ALMEIDA FILHO, Niemeyer (Coord.). *Desenvolvimento e dependência*: cátedra Ruy Mauro Marini. Brasília: Ipea, 2013, pp. 99-121.

NAVES, Márcio Bilharinho. *Marxismo e direito*: um estudo sobre Pachukanis. São Paulo: Boitempo, 2000.

NEGRI, Antônio. "Prefácio à edição russa de 2017". *In:* PACHUKANIS, Evguiéni. *Teoria Geral do Direito e Marxismo*. São Paulo: Boitempo, 2017.

NOBRE, Marcos (Coord.). *Curso de livre de Teoria Crítica*. 2ª ed. Campinas: Papirus, 2008.

NOBRE, Marcos. *Lukács e os limites da reificação*: um estudo sobre *História e consciência de classe*. São Paulo: Ed. 34, 2001.

OFFE, Claus; WIESENTHAL, Helmut. "Duas lógicas da ação coletiva: notas teóricas sobre a classe social e a forma de organização". *In:* OFFE, Claus. *Problemas estruturais do Estado capitalista*. Rio de Janeiro: Tempo Brasileiro, 1984.

REFERÊNCIAS BIBLIOGRÁFICAS

OFFE, Claus. "Dominação de classe e sistema político: sobre a seletividade das instituições políticas". *In:* OFFE, CLAUS. *Problemas estruturais do Estado capitalista.* Rio de Janeiro: Tempo Brasileiro, 1984.

OLIVEIRA JÚNIOR, José Alcebíades de. "Metafísica na Filosofia do Direito hoje?". *In:* ROCHA, Leonel Severo (Coord.). *Teoria do Direito e do Estado.* Porto Alegre: Sergio Antonio Fabris Editor, 1994.

OSÓRIO, Jaime. "Fundamentos da superexploração". *In:* ALMEIDA FILHO, Niemeyer (Coord.). *Desenvolvimento e dependência*: cátedra Ruy Mauro Marini. Brasília: Ipea, 2013, pp. 49-70.

OSÓRIO, Jaime. "Dependência e superexploração". *In:* SADER, Emir; SANTOS, Theotônio dos (Coord.). MARTINS, Carlos Eduardo; VALENCIA, Adrián Sotelo (Org.). Rio de Janeiro: PUC/Rio; São Paulo: Boitempo, 2009, pp. 167-187.

OST, François. "A tese de doutorado em Direito: do projeto à defesa". *Revista de Estudos Constitucionais, Hermenêutica e Teoria do Direito.* São Leopoldo, vol. 7, n. 2, mai./ago. 2015, pp. 98-116.

PACHUKANIS, Evguiéni B. *Teoria Geral do Direito e Marxismo.* São Paulo: Boitempo, 2017.

PAZELLO, Ricardo Prestes. *Direito insurgente e movimentos populares*: o giro descolonial do poder e a crítica marxista ao Direito. Curitiba, 2014, p. 545. Tese (Doutorado em Direito) – Programa de Pós-Graduação em Direito. Universidade Federal do Paraná.

PIRES, Luis Manuel Fonseca. "A pós-modernidade e o interesse público líquido". *A&C – Revista de Direito Administrativo & Constitucional*, Belo Horizonte, a. 13, n. 52, abr./jun. 2013, pp. 133-144.

POCHMANN, Marcio. *Nova classe média?* – o trabalho na base da pirâmide social brasileira. São Paulo: Boitempo, 2012.

POCHMANN, Marcio. *O mito da grande classe média*: capitalismo e estrutura social. São Paulo: Boitempo, 2014.

PRADO JÚNIOR, Caio. *Evolução política do Brasil*: e outros estudos. São Paulo: Companhia das Letras, 2012.

PUCEIRO, Enrique Zuleta. *Teoria del derecho*: una introducción crítica. Buenos Aires: Depalma, 1987.

QUEIRÓ, Afonso Rodrigues. "A teoria do desvio de poder em Direito

Administrativo". *Boletim da Faculdade de Direito da Universidade de Coimbra*, suplemento ao vol. XVI, Coimbra, 1942, pp. 41-78.

QUEIRÓ, Afonso Rodrigues. *O poder discricionário da Administração*. 2ª ed. Coimbra: Coimbra Editora, 1948.

RANGEL, Jesús Antonio de la Torre. *El derecho que nace del pueblo*. Bogotá: Fica; Ilsa, 2004.

RANGEL, Jesús Antonio de la Torre. *El derecho que sigue naciendo del pueblo*: movimientos sociales y pluralismo jurídico. Universidad Autónoma de Aguascalientes; Coyoacán, 2012.

RANGEL, Jesús Antonio de la Torre. *Iusnaturalismo histórico analógico*. Ciudad de México: Porrúa, 2011.

RANGEL, Jesús Antonio de la Torre. *Hacia una organización jurídica del Estado, solidaria y liberadora*. Distrito Federal: Jus, 1977.

REALE, Miguel. *De dignitate jurisprudentiae*: oração de paraninfo aos bacharelandos da Faculdade de Direito da Universidade de São Paulo, em 1951. São Paulo: Faculdade de Direito da Universidade de São Paulo, 1952.

RIVERO, Jean. *Droit administratif*. Paris: Dalloz, 1960.

RÚBIO, David Sánchez. "Prólogo". *In:* MÉDICI, Alejandro. *La constitución horizontal*: teoría constitucional y giro decolonial. Aguascalientes; San Luís Potosí; San Cristóbal de Las Casas: Centro de Estudios Jurídicos y Sociales Mispat; Facultad de Derecho de la Universidad Autónomo de San Luis Potosí; Educación para las Ciencias en Chiapas, 2012.

SALAZAR, Carlos Derpic. *El Derecho del poder contra el poder*: alternativas para afrontar los vicios de la (in)justicia en Bolívia. Aguascalientes; San Luís Potosí; San Cristóbal de Las Casas: Centro de Estudios Jurídicos y Sociales Mispat; Facultad de Derecho de la Universidad Autónomo de San Luis Potosí; Educación para las Ciencias en Chiapas, 2013.

SANÍN-RESTREPO, Ricardo. *Teoria crítica constitucional*. Aguascalientes; San Luís Potosí; San Cristóbal de Las Casas: Centro de Estudios Jurídicos y Sociales Mispat; Facultad de Derecho de la Universidad Autónomo de San Luis Potosí; Educación para las Ciencias en Chiapas, 2013.

SANTOS, José Anacleto Abduch. *Direitos fundamentais*: efetividade mediante afirmação da supremacia do interesse público. Curitiba, 2012, 189 f. Tese (Doutorado em Direito) – Programa de Pós-Graduação em Direito, Universidade Federal do Paraná.

REFERÊNCIAS BIBLIOGRÁFICAS

SARMENTO, Daniel. *Dignidade da Pessoa Humana na Ordem Constitucional Brasileira*: conteúdo, trajetória e metodologias. Rio de Janeiro, 2015, 392 f. Tese (Concurso de Professor Titular de Direito Constitucional) – Faculdade de Direito. Universidade Estadual do Rio de Janeiro.

SARMENTO, Daniel. "Supremacia do interesse público? As colisões entre direitos fundamentais e interesses da coletividade". *In:* ARAGÃO, Alexandre Santos de; MARQUES NETO, Floriano de Azevedo (Coord.). *Direito Administrativo e seus novo paradigmas*. Belo Horizonte: Fórum, 2008.

SCHIER, Paulo Ricardo. Ensaio sobre a supremacia do interesse público sobre o privado e o regime jurídico dos direitos fundamentais. *Cadernos da Escola de Direito e Relações Internacionais da Faculdades do Brasil*, vol. 1, n. 2, Curitiba, jan./jun. 2003, pp. 55-72.

STRECK, Lenio. *Reforma trabalhista*: contrato intermitente é inconstitucional. Disponível em: https://www.conjur.com.br/2017-dez-04/streck-reforma-trabalhista-contrato-intermitente-inconstitucional. Acesso em: 19 de março de 2021.

TÁCITO, Caio. *Direito Administrativo*. São Paulo: Saraiva, 1975.

TÁCITO, Caio. "A Administração e controle de legalidade". *Revista de Direito Administrativo*, vol. 37, São Paulo, jul./set. 1964, pp. 1-11.

TÁCITO, Caio. "O abuso de poder administrativo no Brasil: conceito e remédios". *Revista de Direito Administrativo*, vol. 56, São Paulo, abr./jun. 1965, pp. 1-26.

TAYLOR, Charles. *Hegel*: sistema, método e estrutura. São Paulo: Realizações, 2014.

TIMMERMANS, Benoît. *Hegel*. São Paulo: Estação Liberdade, 2005.

UNGER, Roberto Mangabeira. *O Direito na sociedade moderna*: contribuição à crítica da teoria social. Rio de Janeiro: Civilização Brasileira, 1979.

UNGER, Roberto Mangabeira. *Política*: os textos centrais, a teoria contra o destino. São Paulo: Boitempo, 2001.

UNGER, Roberto Mangabeira. *The critical legal movement*: another time, a greater task. London: Verso, 2015.

VEDEL, Georges. *Droit administratif*. Paris: Universitaires de Paris, 1958.

REFERÊNCIAS BIBLIOGRÁFICAS

ZANOBINI, Guido. *Corso di Diritto Amministrativo*, vol. 1, 5ª ed. Milão: Dott A. Giuffrè, 1947.

WARAT, Luiz Alberto. *Introdução Geral ao Direito*. Interpretação da lei: temas para uma reformulação, vol. I. Porto Alegre: Sergio Antonio Fabris Editor, 1994.

WARAT, Luiz Alberto. *Introdução Geral ao Direito*: o direito não estudado pela teoria jurídica moderna, vol. III. Porto Alegre: Sergio Antonio Fabris Editor, 1997.

WARAT, Luis Alberto. "A partir de Kelsen". *In:* PRADO, Luiz Régis; KARAM, Munir (Coord.). *Estudos de filosofia do Direito*: uma visão integral da obra de Hans Kelsen. São Paulo: Revista dos Tribunais, 1984.

WEIL, Eric. *Hegel e o Estado*: cinco conferências seguidas de Marx e a filosofia do Direito. São Paulo: Realizações, 2011.

WESTPHAL, Kenneth. "O contexto e a estrutura da Filosofia do Direito de Hegel". *In:* BEISER, Frederick C. (Coord.). *Hegel*. São Paulo: Ideias & Letras, 2014.

WOLKMER, Antonio Carlos. *Introdução ao pensamento jurídico crítico*. 9ª ed. São Paulo: Saraiva, 2015.

WOLKMER, Antonio Carlos. *Elementos para uma crítica do Estado*. Porto Alegre: Sergio Antonio Fabris Editor, 1990.

WOLKMER, Antonio Carlos; WOLKMER, Maria de Fátima Schumacher. "Marxismo, pluralismo e teoria crítica do Direito na América Latina". *In:* BELLO, Enzo; LIMA, Letícia Gonçalves Dias; LIMA, Martonio Mont'Alverne Barreto; AUGUSTIN, Sérgio (Coord.). *Direito e marxismo*: tendências atuais. Caxias do Sul: Educs, 2012.

NOTAS

NOTAS

NOTAS

A Editora Contracorrente se preocupa com todos os detalhes de suas obras! Aos curiosos, informamos que este livro foi impresso no mês de maio de 2021, em papel Pólen Soft 80g, pela Gráfica Copiart.